성찰 ①

〈성찰〉에 대한 학자들의 반론과 데카르트의 답변

나남
nanam

한국연구재단 학술명저번역총서
서양편 337

성찰 ①
〈성찰〉에 대한 학자들의 반론과 데카르트의 답변

2012년 2월 25일 발행
2016년 2월 5일 2쇄

지은이_ 르네 데카르트
옮긴이_ 원석영
발행자_ 趙相浩
발행처_ (주) 나남
주소_ 413-120 경기도 파주시 회동길 193
전화_ (031) 955-4601 (代)
FAX_ (031) 955-4555
등록_ 제 1-71호 (1979. 5. 12)
홈페이지_ http://www.nanam.net
전자우편_ post@nanam.net

ISBN 978-89-300-8615-8
ISBN 978-89-300-8215-0 (세트)

책값은 뒤표지에 있습니다.

'한국연구재단 학술명저번역총서'는 우리 시대 기초학문의 부흥을 위해
한국연구재단과 (주)나남이 공동으로 펼치는 서양명저 번역간행사업입니다.

성찰 ①

〈성찰〉에 대한 학자들의 반론과 데카르트의 답변

르네 데카르트 지음 | 원석영 옮김

나남
nanam

Meditationes de Prima Philosophia

by

René Descartes

1642

옮긴이 머리말

라틴어로 쓰인 《제일철학에 대한 성찰》(이하 《성찰》)의 초판은 1641년에 파리에서 출판되었고, 재판은 1642년에 암스테르담에서 출판되었다(이에 대한 자세한 설명은 옮긴이 해제 첫 번째 부분 참조). 처음에 《성찰》이, 현재 우리나라에서 다양한 번역본이 나와 있는 《성찰》 본문만으로 출판된 것이 아니다. 초판에는 《성찰》에 대한 6개의 반박과 이에 대한 데카르트의 답변들이 함께 출판되었고, 이듬해 재판이 출판될 때에는 하나의 반박과 이에 대한 데카르트의 답변 그리고 디네 신부에게 보내는 데카르트의 편지가 추가되어 출판되었다. 《성찰》 본문에 대한 학자들의 반박과 데카르트의 답변에 대한 이 번역서는 아당과 타네리(이하 아당 타네리)의 데카르트 전집 중 VII에 들어 있는, 1642년에 출판된 재판을 번역한 것이다. 이 재판이 오늘날 《성찰》의 정판으로 받아들여지고 있다. 아당 타네리의 전집은(*Œuvres de Descartes publiées par Charles Adam & Paul Tannery*) 1897~1913년에 이르기까지 총 13권(I-V는 서한, VI-XI은 저술들, XII와 XIII은 전기, 인덱스 등)으로 출판되었으며, 1964~1975년에 이르기까지 국립과학연구센터(The Centre National de la Recherche Scientifique)와 공동편집으로 브랭 철학총서(*Librairie Philosophique J. Vrin*)로 파리에서 다시 출간되었는데, 이 책은 이 판에 실린 것을 번역한 것이다.

번역상 어려움이 있을 때, 옮긴이는 독일어 번역본으로는 *Meditationen ueber die Grundlagen der Philosophie mit saemtlichen Einwaenden und Erwiderungen* (Artur Buchenau 역, Felix Meiner Hamburg, 1915)을 참조했고, 영어 번역으로는 Elizabeth S. Haldane과 G. R. T. Ross가 번역한 *The philosophical works of Descartes* (Cambridge, 1911)의 2권을 참조했다. 독일어 번역본에는 "디네 신부에게 보내는 편지"가 빠져있다.

아당 타네리 전집은 오늘날 데카르트 작품을 지시하는 데에서 스탠더드로 사용되는 판으로, 그 인용방식은 아당 타네리의 이니셜을 딴 AT에다 해당작품이 실려 있는 책의 번호를 로마자 대문자로 덧붙여 표기하고 그 다음에 쪽수를 기입하는 것이 일반적 관례다. 예를 들자면 《성찰》은 "AT VII(,) 00(쪽)"으로 표기한다. 번역서를 사용한 경우에도 일단 아당 타네리 판에 따른 지시를 하고 덧붙여 역서를 지시하는 경우가 대부분이다. 예를 들면, 《정신지도를 위한 규칙들》(*Regulae ad directionem ingenii*)의 경우 "AT X 402쪽, 이현복 65쪽"이라고 병기한다. 이 번역서의 양쪽 측면에 있는 숫자가 바로 아당 타네리 판에 따른 쪽수이다.

아당 타네리는 반론가들의 말은 '이탤릭'으로, 그들의 데카르트 인용은 '정자'로, 데카르트의 말은 '정자'로, 데카르트의 그들 인용은 '이탤릭'으로 처리했다. 이 책에서는 모든 말을 정자로 표기하고, 인용의 경우 인용부호와 고딕을 동시에 사용하기로 했다. 데카르트 자신이 자신의 작품이나 서한에서 인용한 경우에도 인용부호와 고딕을 동시에 사용했다. 인용부호가 있지만 고딕처리하지 않은 문장들은 반론가나 데카르트가 상대방이 함직한 말로 생각한 것을 제시한 것들이다. 반론가들과 데카르트가 서로를 인용하는 과정에서 정확하게 인용한 경우도 많지만, 부정확하게 혹은 축약된 형태로 또는 부분 부분을 함께 인용한 경우도 많다. 옮긴이는 정확하게 인용한 경우는 동일하게, 그렇지 않은 부분은 각각의 텍스트에 맞게 번역했다. 번역본의 다양한 어투는 반론가들과 데카르트의 관계를 고려하여 옮긴이가 임의로 적용한 것이다. "디네 신부에게 보낸 편지"도 마찬가지다.

《성찰》 본문이 인용되었을 경우, 일관성을 고려하여 옮긴이는 대부분 이현복 교수의 아당 타네리 판 번역을 따랐다. 이를 양해해준 한양대 철학과 이현복 교수와 문예출판사에 감사드린다.

이 책에는 두 가지 주가 있다.

그 하나는 아당 타네리가 해당된 텍스트와 관련이 있다고 생각한 《성찰》 본문이나 반박과 답변, 데카르트의 편지, 그리고 그의 다른 작품들을 지시한 것이다. 옮긴이는 《해제》의 첫 번째 부분(" 《제일철학에 대한 성찰》의 탄생배경과 과정")에서 아당 타네리가 지시한 편지들 가운데 많은 부분을 참조하여 설명했다. 아당 타네리는 지시된 곳이 《성찰》 본문이거나 반박과 답변일 경우 AT VII 기호가 생략되었는데, 옮긴이도 이를 따랐다. 참고로 "소르본의 신학자들에게 바치는 헌사"는 1~6쪽까지이고, "독자를 위한 서언"은 7~10쪽까지이며, "여섯 성찰의 요약"은 12~16쪽까지다. 그리고 《성찰》 본문은 17~90쪽까지이며, 이 번역서에 번역된 "성찰에 대한 학자들의 반론과 데카르트의 답변"은 91~603쪽까지이다. 아당 타네리는 쪽수뿐만 아니라 몇 번째 줄까지 지시하고, 지시와 참조를 구분했다. 그런데 번역서의 양쪽 측면에 있는 쪽수에 따른 줄의 수와 아당 타네리 판의 줄의 수가 다를 수밖에 없기 때문에, 옮긴이는 모든 지시와 참조에 '참조'를 덧붙였다. 참고로 AT 한 쪽에는 30줄이 들어있다.

다른 하나는 옮긴이가 덧붙인 주로서 이 경우 〔역주〕라는 표기를 해놓았다.

반론가들이나 데카르트가 라틴어 서적을 인용하거나 지시했을 경우, 비록 그들이 사용한 판본과 우리가 접할 수 있는 판본이 다를 수 있지만, 옮긴이는 그 둘을 비교하고 차이가 있을 경우 번역하고 지적했다.

라틴어 원전을 넣은 경우 (,)로 표기해 두었는데, 처음의 원어는 원문에 있는 그대로의 것이며, 나중의 것은 동사인 경우에는 원형을, 명사인 경우에는 같은 수의 1격을 써넣은 것이다. 격은 다르지만 형태가 같은 경우 반복하지 않았다. 옮긴이가 본문에 첨가한 것은 〔 〕로 표기했다.

이 번역본은 3~4년 전에 나왔어야 했다. 옮긴이의 개인적인 사정 때문에 이렇게 늦어진 것에 대해 한국연구재단에 죄송함을 표한다.

아울러 감사드릴 분들이 있다. 이 번역을 지원해준 한국연구재단과 이 책을 출판하는 나남출판사에 감사를 표한다. 이 번역본의 출판에 관심을 가져주신 전북대 철학과 대학원생들로 이루어진 연구동아리 여러분들께 번역본이 늦어진 데 대한 죄송함과 감사를 전하고 싶다. 옮긴이는 본디 이 번역을 친구인 한양대 철학과 이현복 교수와 함께 할 생각이었고, 그 때문에 그에게 그 생각을 전하기까지 했다. 그럼에도 옮긴이의 개인적인 사정 때문에, 혼자서 번역을 하겠다고 하고 한국연구재단에 단독번역을 지원했다. 이를 흔쾌히 양해해준 이 교수에게 고마움을 전한다. 옮긴이가 2002년에 데카르트의 《철학의 원리》의 번역본을 냈을 때, 깜빡하고 고마움을 표하지 못한 친구가 있다. 지난 10년 동안 그를 볼 때마다 민망했는데, 이제라도 고마움을 전할 수 있어 다행이다. 《철학의 원리》 제 4부에는 혈액순환 등 인체와 관련된 부분이 들어 있다. 그 부분을 번역할 때, 옮긴이에게 의문이 일 때마다 항상 자세히 설명해준 친구 김태웅 인천성모병원 산부인과 교수에게 고마움을 전하고 싶다.

이번 번역 때 우리말 교정을 도와준 후배 조관형과 한양대 철학과 대학원생 조재일에게 커다란 고마움을 전한다. 이 둘의 도움이 없었다면, 이 번역은 불가능했다. 아우구스티누스와 아퀴나스와 수아레즈 원전에 대한 정보를 주신 연세대 철학과의 이재경 교수님과 박경자 박사님에게도 고마움을 전하고 싶다. 불어와 관련해서 도움을 준 후배 정순현 박사, 송대현 박사, 이성준에게도 감사한 마음을 전하고 싶다. 옮긴이해제 세 번째 부분과 관련해서는 후배 성균관대 홍지호 교수의 도움이 컸다. 심신이 힘들 때마다 찾아가면 항상 오랜 상담을 통해 힘과 용기를 북돋아 주신 혜화가정의원 정승호 원장님께도 감사를 드리고 싶다.

옮긴이가 제일 잘할 수 있고 또 해야 할 것은 철학이라고 하면서, 항상 격려해주고 정신적으로나 물질적으로나 많은 도움을 준 JFM 대표이사인 친구 김지현의 따뜻한 마음에 항상 고마움을 느낀다. 그와 그의 가족에게 감사의 마음을 전하고 싶다. 볼 때마다 초심을 일깨워주는 친구 김수곤 사무장에게도 고마움을 전한다. 무슨 일이든 마다않고 도움을 주는 후배 박제민이 옮긴이에게 늘 힘을 준다. 어려울 때 큰 힘을 준 김성호 박사와, 주기적으로 만나 무엇에 관해서든 대화를 나눌 수 있고 항상 훈훈하고 즐거운 시간을 함께 보낼 수 있는 괴팅겐 동아리(건국대 미래대학 국제학부 홍성규 교수님, 외국어대 독어과 김창준 교수님, 서울대 철학과 안성두 교수님, 황금나침판 양민석 이사님과 가족분들)에도 고마움을 전하고 싶다. 유학시절 옮긴이에게 많은 도움을 주었을 뿐만 아니라, 이후 지금까지도 한결같은 마음으로 언제든 무슨 일이든 마다않고 도움을 주는 친구 Swarthmore Liberal Arts College의 철학과 과장으로 재직 중인 Peter Baumann에게 고마움을 표하고 싶다.

2012년 1월

원 석 영

▪ 참고문헌

《가톨릭 성경》, in: http://info. catholic. or. kr/bible/view. asp

박종현, 《헬라스 사상의 심층》, 서광사, 2001.

서양근대철학회 편, 《서양 근대 철학》, 창비, 2001.

인터넷 브리태니커 백과사전과 위키 백과사전

Anselmus, *Proslogion*, in: *S. Anselmi Opera*, ed. by F. C. Schmitt, Stuttgart, 1984.

Bieler, Ludwig, *Geschichte der roemischen Literatur*, Walter de Gruyter, 4. Aufl., 1980.

Cottingham, Stephen 외 3인, *The philosophical Writings of Descartes*, V. III, The Correspondence, Cambridge University Press, 1991 (CSMK).

Gaukroger, Stephen, *Descartes, an intellectual biography*, Clarendon Press, Oxford, 1995.

Grant, Edward, *The Foundations of Modern Science*, Cambridge University Press, 1996.

Latin Vulgate, in: http://www. fourmilab. ch/etexts/www/Vulgate/

Lombardus, Petrus, *Sententiarum libri quatuor*, in: http://www. archive. org/details/petrilombardisen01pete

St. Aquinas, *Summa Theologica*.

St. Augustinus, *De Libero arbitrio*, in: http://www. augustinus. it/latino/

______, *De Quantitate animi*, in: http://www. augustinus. it/latino/

______, *Soliloquia*, in: http://www. augustinus. it/latino/

______, *De Utilitate credendi*, in: http://www. augustinus. it/latino/

Suárez, Fransico, *Metaphysicae disputationes*, in: http://homepage. ruhr-uni-bochum. de/Michael. Renemann/suarez/index. html

*인명 등 일반적인 내용들일 경우, 그대로 갖다 쓴 경우에도 지시를 생략했다.

성찰 ①

〈성찰〉에 대한 학자들의 반론과 데카르트의 답변

차례

제 2 권 차 례 성 찰 ②

첫 번째 반박[1] 91

존경하는 이들에게,

내가 데카르트 씨의 글을 자세히 검토해 주기를 바라는 자네들의 마음을 나는 잘 알고 있네. 어떤 상황에서건 변함없이 내게 따뜻한 우정을 보여주었던 자네들의 뜻을 내가 저버려서는 안 되겠지. 내가 자네들을 얼마나 소중히 여기는지를 알리기 위해서라도, 그리고 나의 부족함을 확연히 드러내기 위해서라도 말일세. 그래야 차후에 내가 어려울 때 자네들이 나를 더욱더 감싸주게 될 것이고, 내가 부족한 경우에는 내게 기대를 덜 걸지 않겠나.

내가 아는 한, 데카르트 씨는 아주 뛰어난 능력과 겸양을 겸비한 사람이다. 냉소의 신(神)인 모무스(Momus)조차, 만일 그의 곁에 있다면, 사랑할 정도의 능력과 겸양을. 그는 "나는 생각한다(*cogito*), 그러므로 나는 존재한다(*ergo sum*)"[2]고 주

1) 이 반론은 알크마(Alkmaar)의 신부인 카테루스(Caterus)가 제기하는 것이다. 그는 이 반론을 데카르트의 친구들인 바니우스(Bannius)와 블뢰뫼르트(Bloemaert)에게 보냈다. AT III 242쪽 4번째 줄, 265쪽 20번째 줄, 267쪽 9번째 줄, 272쪽 27번째 줄 참조.

2) 《성찰》 본문에는 'cogito, ergo sum'이란 표현이 나오지 않는다. 그 표현은 《방법

장한다. 게다가, "나는 생각 그 자체(*ipsa cogitatio*),[3] 혹은 정

서설》(1637)에 등장했던 표현이다(AT VI 33쪽). 《성찰》보다 앞서 출판된 《방법서설》에 등장하는 위의 표현에 상응하는 《성찰》의 텍스트는 다음과 같다.

"Adeo ut, …, staturndum sit hoc pronuntiatum, Ego sum, ego existo, quoties a me profertur, vel mente concipitur, necessario esse verum"(25쪽). "나는 있다, 나는 현존한다는 명제는 내가 이것을 발언할 때마다 혹은 마음속에 품을 때마다 필연적으로 참이라는 결론에 이르게 된다"(이현복 43~44쪽). 그러나 《철학의 원리》(1644)에서 데카르트는 다시 'Cogito, ergo sum'이란 표현을 사용한다(AT VIII-1 7쪽, 원석영 12쪽).

c) 어떤 한 명제와 관련하여 cogito, ergo sum처럼 많은 연구가 진행된 것은 철학사에서 드문 일일 것이다. '자아에 대한 수많은 연구는 제쳐두고, 현대 언어 분석 철학적인 고찰만을 예로 들더라도, 에이어(A. J. Ayer)의 "Cogito, ergo sum"(*Analysis* vol. 14, 1953~1954), 윌리엄스(B. Williams)의 "The Certainty of Cogito"(Descartes, *A Collection of Critical Essays*, ed. W. Doney, New York, 1967), 힌티카(J. Hintikka)의 "Cogito, ergo sum: Inference or Performance?"(*Philosophical Review*, LXXI, 1962, 재수록 in: Doney) 등의 논문들을 대표로 하여, sum에 대한 인식이 직관적인지, 추론적인지, 수행적인지에 대한 논쟁이 연이어졌다. 힌티카가 수행적 해석을 제시하는 데 결정적 역할을 한 것은 《성찰》에 나오는 표현이다.

d) 데카르트는 《정신지도를 위한 규칙들》 중 제3규칙에서 'se existere'(자신이 존재한다)와 'se cogitare'(자신이 생각하고 있다; AT X 368쪽, 이현복 26쪽)를 정신이 직관에 의해 인식할 수 있는 것들의 예에 포함시켜 놓았고, 제12규칙에서는 정신과 신체의 이원론을 가설로서 도입하고, 'sum, ergo Deus est'(나는 있다, 그러므로 신은 있다; 421쪽, 이현복 89쪽)와 'intelligo, ergo mentem habeo a corpore distinctem'(나는 이해한다, 그러므로 나는 물체와 다른 정신을 가지고 있다; 422쪽, 이현복 89쪽)를 필연적인 추론의 예로 들고 있다.

3) 〔역주〕 데카르트의 생각이란(*cogitatio*) 무엇인가에 대한 설명은 160쪽 참조. 《철학의 원리》 i 9(AT VIII-1 7쪽, 원석영 13쪽)에서의 설명은 이렇다.

"나는 생각이라는 말로써 우리가 의식하는 한에서 우리 안에서 일어나는 모든 것을 의미한다(*illa omnia, quae nobis consciis in nobis fiunt, quatenus eorum in nobis conscientia est*). 따라서 여기서는 이해(*intelligere*)나 의지(*velle*)나 상상(*imaginari*)뿐만 아니라, 감각(*sentire*) 또한 사유(*cogitare*)와 동일한 것이다."

신(*mens*)[4] 이다"라고까지 주장한다. 맞는 말이다. 그런데 생각 할 때, 나는 대상에 대한 관념들(*ideas rerum, ideae rerum*)을 내 안에(*in me*) 가지고 있다. 특히 가장 완전하고 무한한 존재에 대한 관념을 가지고 있다. 이 또한 맞는 말이다. 그런데 그 가장 완전하고 무한한 존재에 대한 관념이 지니고 있는 대상적 실재성에(*realitatem objectivam, realitas objectiva*)[5] 필적할 만한 92

이와 같이 "cogitatio"는 우리 말 "사유"보다 훨씬 더 광범위한 표현이다. 역자는 "cogitatio"를 "생각"으로 번역했으나 간혹 우리말 문맥의 어감에 따라 "사유"로, 내용에 따라 "의식"이나 "의식상태"로 번역할 것이다.

4) 〔역주〕 데카르트는 anima와 mens를 동의어로 사용하고 있다. 역자는 anima는 존재론적 어감을 갖는 "영혼"으로 번역했고 mens는 기능적 어감을 갖는 "정신"으로 번역했다. 중요한 것은 이 둘 모두 비물질적인 실체를 의미한다는 점이다. 《성찰》(AT VII 26쪽, 이현복, 45쪽)과 《방법서설》(AT VI 46쪽 이하, 이현복 202쪽 이하) 참조.

5) 〔역주〕 원어는 "realitas objectiva"(〈제 3성찰〉)인데 《철학의 원리》 i 17(AT VIII-1 11쪽 이하, 원석영 19쪽 이하)에서는 이를 "objectiva perfectio"와 같은 의미로 사용하고 있다. 이현복은 이를 표상적 실재성이라고 번역했는데, 역자는 대상적 실재성으로 번역했다. 데카르트의 설명으로부터 그 의미를 따져보면 이렇다. 세상에 존재하는 모든 것은 그 자체로서 실재성을 지니는데, 이는 형상적 실재성(*realitas formalis*)이다. 그런데 모든 것이 똑같은 크기의 형상적 실재성을 지니고 있지는 않다. 첫째, 카테고리에 따른 차이가 있는데, 그 순서는 실체, 속성, 양태 순이다. 둘째, 같은 카테고리에 속해 있는 것들 간에도 차이가 있는데, 실체라는 카테고리의 한 예를 들자면 "신체" 전체는 "다리"보다 더 커다란 완전성을 지니고 있다. 왜냐하면, "다리"는 불완전한 실체이기 때문이다. 데카르트가 모든 관념들이 사고의 양태인 한 서로간에 차이가 없다고 할 때는 그것들이 모두 관념이라는 카테고리에 속하는 것으로서 같은 크기의 형상적 실재성을 지니고 있다는 의미이다. 그런데 관념들은 관념인 한에서 어떤 것을 대상적으로 드러낸다. 이 때문에 관념들은 서로 다른 관념으로 구별되는데, 데카르트는 그 관념들이 드러내는 대상들의 형상적 실재성의 차이를 근거로 그 관념들에게 형상적 실재성과는 다른 의미로서의 실재성을 부여한다. 바로 이것이 대상적 실재성이다. 이는 잘 알려진 바와 같이 중세 아리스토텔레스-스콜라 철학의 유산이다(161쪽 참조).

존재가 아닌 내가 그 관념의 원인일 수는 없다. 그러므로 그 관념의 원인은 나보다 더 완전한 어떤 것이어야 한다. 결국 나 이외에도 어떤 것이, 즉 나보다 더 완전한 어떤 것이 존재한다. 그것은 임의로 존재하는 어떤 것이 아니라, 디오니시우스[6]가 《신의 이름들》의 8장에서 거론한, 모든 존재(*totum esse*)〔에 대한 관념을 원형으로〕 절대적이고 무제한적으로 담고 있는 원인 같은 것이다.

너무 무리하지 않기 위해서, 일단 여기서 잠시 멈추어야 할 것 같다. 내 머리는 오이리푸스 해협처럼 긍정과 부정, 그리고 반복되는 입증과 반박으로 들끓고 있다. 데카르트 씨와 견해를 달리하고 싶지는 않으나, 그렇다고 동의할 수도 없다. 관념은 원인을 필요로 한다고 하시는데, 도대체 어떤 원인을 필요로 하는 것입니까? 관념이란 무엇인지를 설명해 주십시오. 지성 안에(*in intellectu*) 대상적으로(*objective*) 존재하는 것인 한, 관념은 사유된 것(*res cogitata*)입니다. 그런데 대상적으로 지성 안에 존재한다는 것이 무슨 뜻입니까? 일찍이 저는 이렇게 배웠습니다. 그것은 대상의 양태에 따라 지성의 행위를 규정하는 것이다[7]라고 말입니다. 그런데 이는 외적 명칭(*extrinseca denominatio*)에 불과할 뿐, 실재하는 어떤 것이 아닙니다(*nihil rei*). '나 자신을 본다'는 것이 단지 '시선을 나 자신에게 향한다'는 것을 뜻할 뿐이듯, '어떤 것이 사유된다' 혹은 '그것이 지성 안에 대상적으로 존재한다'는 것은 생각을 그 대상에 멈추고 규

---

6) 〔역주〕 Dionysius Areopagita. 5세기에 활동한 인물로 신플라톤주의와 기독교를 결합하고 스콜라 철학을 위한 방법론적 예비작업을 수행했다. 저서로는 《신비신학》, 《천상의 위계》 등이 있다.

7) 〔역주〕 원어는 "est ipsum actum intellectus per modum objecti terminare" 이다.

정한다는 것일 뿐입니다. 이는 대상이 움직이거나 변하지 않더라도, 심지어 존재하지 않더라도, 일어날 수 있는 일입니다. 실제로 존재하는 것도 아닌, 단순한 명칭에 불과한 무(無)의 원인을 무엇 때문에 탐구해야 합니까?

그럼에도 불구하고, 아주 뛰어난 그 사람〔데카르트〕은 "각각의 관념은 특정한 대상적 실재성을 지니고 있다. 이 때문에 각각의 관념은 그 실재성을 어떤 원인으로부터 획득하여 지니고 있는 것이다"[8] 라고 주장한다. 그러나 그렇지 않다. 대상적 실재성이란 오로지 명칭에 불과할 뿐 실제로 존재하는 것이 아니다.
반면에, 원인이란 실제로 영향을(*realem influxum* … & *acutalem*, 93
realis influxus … & *actualis*) 끼친다. 실제로 존재하지 않는 것은 원인을 받아들일 수도 없고, 따라서 원인으로부터 비롯되는 영향을(*actualem causae effluxum*, *actualis causae effluxus*) 실제로 받을 수도 없다. 하물며 필요로 한다는 것은 터무니없는 주장이다. 그러므로 나는 관념들을 가지고는 있지만, 이것들의 원인을 필요로 하지는 않는다. 하물며 나보다 더 위대하고 무한한 것을 원인으로 필요로 한다는 것은 터무니없는 말이다.

그러나 〔누군가가 나에게〕 네가 관념의 원인을 인정하지 않는다면 무엇 때문에 어떤 특정한 관념이 어떤 특정한 대상적 실재성을 지니고 있는지 그 이유를 설명하라〔고 할 것이다〕. 아주 좋은 지적이다. 나는 친구들과 논쟁하기를 주저하지 않고, 즐기는 편이다. 나는 데카르트 씨가 다른 곳에서 삼각형과 관련해서 제시한 설명을 모든 관념들에게 적용시켜보겠다. 그는 "내 생각 밖 외부세계 어디에도 그 도형이 존재하지 않고 또 지금까지 결코 존재한 적이 없더라도, 그것의 특정한 본성이나 본질 혹은 형상은 불변하고 영원한 것이다"[9] 라고 주장한다. 원인을

8) 41쪽, 20~23번째 줄 참조.

필요로 하지 않는 진리가 영원하다는 것은 당연하다. 나룻배는 나룻배이지, 그 이외의 다른 어떤 것도 아니다. 다부스는 다부스이지 오이디푸스가 아니다. 그럼에도 누군가가 집요하게 그 이유(*rationem, ratio*)를 요구한다면, 무한하지 않은 우리 지성의 불완전성이 바로 그 이유이다. 동시에 단적으로 존재하는 세계(*universum quod est simul & semel*)를 한 번에 파악할 수 없기 때문에, 정신은 모든 선(*bonum*, 善)을 나누고 조각낸다. 즉, 정신은 자신이 어떤 것 전체를 낳을 수 없을 경우, 그것을 완벽하지 않은 상태로(*inadaequate*) 조금씩 낳아간다.

그는〔데카르트〕 이렇게 이어간다. "어떤 것이 관념을 통해 지성 안에 대상적으로 존재하는 존재방식이 불완전한 방식이기는 하지만, 그렇다고 그것이 결코 무(無)는 아니다. 따라서 무로부터 나올 수는 없다."[10] 이는 다의적인 주장이다. 만일 무가 실제로 존재하는 것이 아니라면(*ens non actu*), 무는 단지 무일 뿐이다. 왜냐하면 무란 실제로 존재하는 것이 아니기 때문이다. 따라서 무는 무에서 나온다. 다시 말해서, 그것은 어떤
94 원인에 의해 존재하게 되는 것이 아니다. 그러나 만일 그가 무로써 허구적인 것, 즉 일반적으로 이성에 의해 구성된 존재(*ens rationis*)라고 불리는[11] 그런 허구적인 것을 의미하는 것

---

9) 64쪽, 12~16번째 줄 참조.

10) 41쪽, 26~29번째 줄 참조.

11) 원어는 "quod vulgo ens rationis indigetant"인데, 역자는 번역할 수가 없다. indigetare는 종교적 용어로서 그 의미는 사안에 상응하는 기도의 정식에 따라 신에게 도움을 요청하는 것이다. 그러나 이 의미를 가지고 위의 문장을 번역한다는 것은 불가능하다. 부케나우(Artur Buchenau)는 was man gemeinhin als blosses Gedanken-Wesen(ens rationis) bezeichnet로(83쪽) 번역했고, 헬데인과 로스(Haldane & Ross)는 something vulgarly styled an 'ens rationis'로(3쪽) 번역했다.

이라면, 그것은 무가 아니라 판명하게 파악되는(*concipitur*, *concipi*) 존재이다. 그럼에도 불구하고 단지 사유될 뿐 실제로 존재하지는 않기 때문에, 그것은 사유될 뿐 결코 어떤 원인에 의해 존재하게 되는 것은 아니다.

그는 말하길, "나보다 더 완전한 존재에 대한 관념은" 당연히 "그러한 존재로 인해 존재하는 것인데, 그러한 존재가 존재하지 않는다면,[12] 그 관념을 가지고 있는 나 자신이 과연 존재할 수 있는지 아닌지를 계속해서 탐구해 볼 수 있다." 그는 "나는 과연 무엇으로부터 존재하는 것인가?"라고 묻는다. "나 자신으로부터, 아니면 부모로부터, 아니면 다른 어떤 것들로부터 등. 그러나 만일 내가 나 자신으로부터 존재한다면, 나는 어떤 것을 의심하지도 원하지도 않을 뿐더러, 내겐 결코 어떠한 부족함도 없을 것이다. 왜냐하면 나는 내가 관념으로 가지고 있는 모든 완전성들을 나 자신에게 부여하였을 것이고, 따라서 나 자신이 신일 것이기 때문이다."[13] 그러나 내가 다른 것으로부터 존재하는 것이라면, 종국에 나는 자기 자신으로부터 존재하는 어떤 것에 이르게 될 것이다. 그렇다면 나는 이와 관련해서 내가 나 자신으로부터 존재한다고 할 때 펼친 논증과 동일한 논증을 펼칠 수 있다.[14] 이는 성 토마스가 걸은 바로 그 길, 즉 작용인에 의한 인과성(*causalitate causae efficientis*, *causalitas causae efficientis*)으로부터 출발하는 길을 따르는 것이다.[15] 그는〔성 토마스〕 이를

---

12) 47쪽 28번째 줄~48쪽 2번째 줄 참조.

13) 48쪽 29번째 줄~49쪽 2번째 줄 참조.

14) 50쪽 4~6번째 줄 참조.

15) 《신학대전》(*Summa totius Theologiae*), 첫 번째 부분, 질문 II: 신에 관하여, 신은 존재하는가? 3절: 신이 존재하는지 아닌지? 7쪽, 2항: Secunda via est ex ratione causae efficientis.

〔역주〕 1) 질문 II의 3절에서 성 토마스는 신이 존재한다고 해야 함을 입증할

철학자〔아리스토텔레스〕로부터 취했다. 그러나 관념들의 원인

수 있는 5개의 길을 거론했는데, 그 두 번째 길이 바로 작용인을 근거로 삼고 있다. 이를 원문 그대로 인용하자면 다음과 같다.

"Secunda via est ex ratione causae efficientis. Invenimus enim in istis sensibilibus esse ordinem causarum efficientum: nec tamen invenitur, nec est possibile, quod aliquid sit causa efficiens sui ipsius, quia sic esset prius se ipso, quod est impossiblie. Non autem est possibile quod in causis efficientibus procedatur in infinitum, quia in omnibus causis efficientibus ordinatis primum est causa medii, et medium est causa ultimi, sive media sint plura, sive unum tantum. Remota autem causa, removetur effectus. Ergo si non fuerit primum in causis efficientibus, non erit ultimum, nec medium. Sed si procedatur in infinitum in causis efficientibus, non erit prima causa efficiens, et sic non erit nec effectus ultimus, nec causae efficientes mediae; quod patet esse falsum. ergo est necesse ponere aliquam causam efficientem primam, quam omnes Deum nominant."

"작용인을 근거로 삼는 길은 다음과 같다. 우리는 감각할 수 있는 것들에 작용인들이 질서지어져 있음을 발견한다. 그럼에도 불구하고 그 중 어떤 것이 자기 자신의 원인이라는 것을 발견할 수 없을 뿐더러, 어떤 것도 자기가 자기 자신의 원인이 되는 것은 불가능하다. 왜냐하면 그러기 위해서는 그것이 자기 자신보다 먼저 존재해야 하는데, 이것이 불가능하기 때문이다. 그러나 또한 작용인들을 추적하는 것이 무한으로 질주한다는 것 역시 가능하지 않다. 질서가 부여된 모든 작용인들 중 맨 처음의 것은 가운데 것의 원인이고, 가운데 것은 마지막 것의 원인이다. 이때 가운데 것이 오직 하나이든 다수이든 문제가 되지 않는다. 그러나 원인이 제거되면, 그 결과 또한 제거된다. 그러므로 작용인들 중 맨 처음의 것이 없다면 마지막 것도 없게 될 것이고, 가운데 것 역시 없게 될 것이다. 만일 작용인들을 추적하는 것이 무한으로 질주하는 것이라면, 제 1작용인은 존재하지 않게 될 것이고 이에 따라 마지막 결과도 없게 될 것이며, 중간 작용인들 또한 존재하지 않게 될 것이다. 이는 거짓임이 분명하다. 따라서 어떤 최초의 작용인을 가정해야 하는데, 이것이 바로 우리가 신이라고 부르는 것이다."

〔역주〕 2) 카테루스는 'ratio causae efficientis'를 'causalitas causae efficientis'로 인용하였는데, 그 이유가 기억을 잘 못해서인지, 아니면 판본이 달라서인지, 확실하지 않다.

이라는 문제가 그들을 괴롭히지는 않았다. 바로 본론으로 들어가지 않고 이 무슨 부질없는 짓인가. 나는 생각한다, 그러므로 나는 존재한다. 물론 나는 정신 그리고 생각 그 자체이다. 정신과 생각은 자기 자신으로부터 존재하거나 다른 것으로부터 존재하는 것이다. 후자의 경우 계속 어떤 것으로부터 존재하는가? 자기 자신으로부터인 경우, 그것은 신이다. 자기 자신으로부터 존재하는 것은 자기 자신에게 모든 것을 쉽게 부여할 수 있기 때문이다.

나는 데카르트 씨가 의욕은 넘치지만 혹 능력이 모자랄 수 95
도 있는 독자를 외면하지 않기를 간절하게 바라고 또 바란다. 자기 자신으로부터라는 것은 두 가지 방식으로 이해될 수 있다. 그 하나는, 적극적인 의미로서, 자기 자신으로부터라는 것을 원인으로서의 자기 자신으로부터라고 이해하는 것이다. 따라서 자기 자신으로부터 존재하고 자기 자신에게 존재를 부여하는 것은, 자신이 원하는 것을 미리 선택하여 자신에게 부여할 경우, 자기 자신에게 모든 것을 부여할 것이라는 점에는 의심의 여지가 없으므로 그것은 신일 것이다. 다른 하나는, 다른 어떤 것으로부터가 아니라 자기 자신으로부터라는 의미로서 소극적으로 이해하는 것이다. 내가 알기로는 후자가 모든 사람들이 이해하는 방식이다.

그러나 어떤 것이 다른 어떤 것으로부터가 아니라 자기 자신으로부터 존재하는 것이라면, 그것이 모든 것들을 포괄하고 무한하다는 것을 어떻게 증명할 수 있을까요? 자기 자신으로부터 존재하는 것은 자기 자신에게 모든 것을 부여했을 것이라고 한다면, 저는 이를 받아들일 수 없습니다. 왜냐하면 자기 자신으로부터라는 것은 자기 스스로가 원인이라는 의미가 아니며, 따라서 나중에 자신에게 속할 것을 미리 고르는 선택권이 없었기 때문입니다. 나는 언젠가 수아레즈로부터 다음의 말을 들은 적이 있습니다. 모든 제한(*limitatio*)은 원인으로부터 유래한다. 따라서 어떤 것이 제한되어 있고 유한한 이유는 그것의 원인이 더 크고 더 완전한 것을 줄 수 없었기 때문이거나, 혹은 주기를 원하지 않았기 때문이다. 고로 어떤 것이 원인으로부터가 아니라 자기 자신으로부터 존재한다면, 그것은 당연히 무제한적이고 무한할 것이다.

나는 도무지 나 자신을 진정시킬 수가 없습니다. 만일 제한이 내적 구성원리(*intrinsecis principiis constituentibus, intrinseca principia constituentia*)로부터 유래하는 것이라면 어떻게 될까요? 다시 말해서, 비록 다른 어떤 것이 아니라 자기 자신으로부터 존재한다 하더라도, 제한이 당신이 무한함을 입증하지 않은 형상과 본질 그 자체(*ipsa forma & essentia*)로부터 유래하는 것이라면 말입니다. 당신이 따뜻한 것은 따뜻하다고 가정한다면, 그것은 내적 구성원리로부터 따뜻한 것이며, 그래서 차가운 것이 아닐 것입니다. 차가움 그 자체는 무(無)로부터 존재하는 것이라고 상상하는 것은 당신의 자유이겠지만 말입니다. 나는 다른 사람들이 명백하게 밝힐 수 없었던 것을 대신할 만한 근거들을 데카르트 씨가 가지고 있지 않으리라고 생각할 수 없다.

그래도 내가 데카르트 씨에게 동의할 수 있는 것이 있기는 하다. 그는 "내가 명석판명하게 인식하는 것은 그것이 무엇이든 참된 존재이다"[16] 라는 것을 일반규칙으로 세웠다. 내가 생각하

---

16) 35쪽, 14~15번째 줄 참조.

〔역주〕 원문은 "Quidquid clrae distincteque cognosco, istud sane ens verum est"인데, 《성찰》 원문과는 차이가 있다. 사소한 것은 무시하더라도, 원문에는 cognosco(인식)가 아니라 percipio(지각)로 되어 있고, ens

는 것은 그것이 무엇이든 참된 존재이다. 나는 어렸을 때부터 거의 모든 키메라들(망상)과 이성에 의해 구성된 존재들을 참혹한 유배에 처했다. 어떤 능력도 자신에게 고유한 대상으로부터 빗겨날 수 없다. 의지가 작용하면, 그것은 선을 향한다. 감각 그 자체가 오류를 범하는 것은 물론 아니다. 시각은 그것이 보는 것을 볼 뿐이며, 귀는 그것이 듣는 것을 들을 뿐이다. 금빛 찬란한 금속을 보고 있다면, 제대로 보는 것이다. 보이는 것이 금이라고 판단할 때, 오류를 범하는 것이다. 따라서 데카르트 씨가 모든 오류의 책임을 판단과 의지에게 묻는 것은 너무나 당연하다. 96

그렇다면 이제 원하던 것을 그 규칙에서 이끌어내 보십시오. "나는 무한한 존재를 명석판명하게 인식한다. 그러므로 그것은 참된 존재이다. 즉, 어떤 것이다"〔가 당신이 원하던 것입니까?〕. 그러나 사람들은 당신에게 "당신은 무한한 존재를 명석판명하게 인식합니까?"라고 물을 것입니다. 그들이 이 물음으로써 의미하는 것은 잘 알려져 있고 널리 사용되는 이 말, 즉 "무한한 것은 무한한 것인 한 인식될 수 없다"라는 것입니다. 내가 천각형에 관해 생각하면서 어떤 도형을 떠올릴 경우, 천각형을 마음속에 그리거나 마음속으로 지각하는 것은 아닙니다. 내가 천 개의 변을 일일이 직관할 수는 없습니다. 따라서 실상 그들이 묻는 것은 이 물음입니다. 즉, 만일 무한한 것을 이루고 있는 무한한 완전성들을 마치 눈앞에 둔 것처럼 명

---

verum(참된 존재)이 아니라 verum(참)으로 되어 있다는 점은 지적할 만하다. 그러나 이런 오류는, 사소한 것이든 아니든, 카테루스에게만 국한된 것이 아니다. 이는 다른 모든 반론가들과 데카르트에게도 해당된다. 이러한 오류는 대부분 무시할 수 있는 정도이기 때문에, 특별한 경우가 아닌 한, 지적하지 않을 것이다.

석하게 볼 수 없다면, 어떻게 무한한 것을 무한한 것으로서 판명하게 사유할 수 있는가?라는 물음입니다.

이게 바로 성 토마스가 하고자 했던 말이 아닐까 한다. 그는 신이 존재한다는 명제가 자명한 명제(*propositionem per se notam, propositio per se nota*)임을 부정했기 때문에, 다마스케누스(Damasceno, Damascenus)[17]를 이끌어 들여 자기 자신에게 다음과 같이 반박을 한다. "모든 이들은 신 존재에 대한 인식을 타고난다. 그러므로 신이 존재한다는 것은 자명한 사실이다."[18] 그리고 이에 이렇게 답한다. "신 존재에 대한 인식은 대충 어림짐작에 불과한 인식이다. 즉, 우리는 신이 인간의 지복
97 (*beatitudo*)이라는 정도의 인식만을 타고날 뿐이다 … .[19] 그런데 그것이 곧 신 존재에 대한 인식은 아니다. 다가오는 사람이 페트루스라 할지라도, 다가오는 사람을 인지하는 것이 곧 그가 페트루스임을 인식하는 것은 아니듯이 말이다"[20] 이는 신이 궁극적 목적이라는 개념, 가장 완전한 최초의 존재라는 개념, 혹은 신은 모든 것을 포괄하는 존재라는 개념을 토대로 대충 어림짐작으로 인식되는 것이지, 신에 대한 엄밀한 개념을 통해 인식되는 것은 아니라고 주장하는 것과 마찬가지이다. 따라서 신은 무한하고 우리에게 알려져 있지 않다. 나는 데카르트 씨가

---

17) Johannes Damascenus(676~745. 12. 5). 시리아의 성직자이자 수사. 다마스케누스에서 태어나 성장했으며, 예루살렘 남동쪽에 있는 자신의 수도원인 Mar saba 수도원에서 운명했다. 신학, 법학, 철학, 음악 등 다방면으로 박식했다. 저서로는 *Fountain of knowledge*, *Philosophical chapters*, *Concerning heresy*, *An exact Exposition of orthodox faith* 등이 있다.

18) 《신학대전》, 질문 II, 1절: 신의 존재는 자명한지? 6쪽 1항.

19) 원문은 "in quantum scilicet Deus est hominis beatitudo, id naturaliter nobis insertum est …"이다.

20) 《신학대전》, 질문 II, 1절: 신의 존재는 자명한지? 6쪽 2항.

이런 식의 의문을 제기하는 자에게 쉽게 대응할 것임을 잘 알고 있다. 그럼에도, 나는 그가 내가 오로지 배움을 위해 인용하는 것들 가운데 보이티우스(Boetius)[21]의 것을 기억하리라 믿는다. "영혼이 지니는 공통개념들(*communes animi conceptiones*)이 있지만, 그것들은 단지 현자들에게만 자명하다."[22] 따라서 좀더 현명해지기를 갈망하는 사람들이 많은 것들을 묻더라도, 이는 놀랄 일이 아니다. 그들이 모든 사안의 제1토대(*primum totius negotii fundamentum*)가 무엇인지 알고는 있지만 그것을 이해하려면 많은 노력이 필요하기 때문에 그것과 오랫동안 씨름하더라도, 이 또한 놀랄 일이 아니다.

따라서 누군가가 최고의 존재이자 가장 완전한 존재에 대한 명석판명한[23] 관념을 가지고 있다는 것을 인정하기로 하자.

---

21) 〔역주〕 Boethius(480~524). 사람들은 보이티우스를 마지막 로마인이자 첫 번째 스콜라 철학자라고 부른다. 그는 고대 철학(특히 아리스토텔레스)의 자료들을 번역하고 주를 달고 편찬했다. 그가 쓴 유명한 《철학의 위안》(*De consolatione philosopiae*)은 지혜를 추구하고 신을 사랑하는 것이 인간 행복의 진정한 원천이라고 주장하는 신플라톤주의적 저서이다.

22) 《신학대전》, 질문 II, 1절: 신의 존재는 자명한지? 6쪽 2항에서 재인용한 것임.

23) 〔역주〕《철학의 원리》 i 45(AT VIII-1 21쪽 이하, 원석영 38~39쪽)에서 데카르트는 명석한 지각과 판명한 지각을 이렇게 설명한다. "바라보는 눈에 현존해서 눈을 충분히 강하고 분명하게 자극하는 것들을 우리가 명석하게 본다고 말하듯이, 나는 집중하는 정신에 현존해서 드러난 지각을 명석한 지각이라 부른다. 그리고 나는 명석하기 때문에 모든 다른 것과 잘 구별되어 단지 명석한 것만을 담고 있는 지각을 판명한 지각이라 부른다." 그는 통증을 예로 들어 이를 구체적으로 설명한다. "심한 통증을 느끼고 있는 사람은 통증에 대해 아주 명석한 지각을 가지고 있다. 그러나 그 지각이 항상 판명하지는 않다. 왜냐하면 일반적으로 사람들은 통증에 대한 지각을 통증의 본성에 대한 모호한 판단과 혼동하기 때문이다. 즉, 사람들은 그들이 유일하게 명석하게 지각하는 통증에 대한 감각과 유사한 어떤 것이 통증을 느끼는 곳에 존재한다고 믿는다. 따라서 이와 같이 판명하지 않은 명석한 지각이 있을 수 있다. 그러나 명석하지 않은 판명한 지각은 있을 수 없다"(같은 책 I 46, 원석영 39쪽).

당신은 여기서 더 나아갈 수 있습니까?[24] 그런 무한한 존재가 존재한다, 그리고 "신의 존재는 나〔데카르트〕에게 적어도 수학적 진리가 지금까지 누려온 확실성과 동일한 확실성을 지니고 있음에 틀림이 없을"[25] 정도로 확실하다. "따라서 존재를 결여한 (다시 말해서 최고로 완전한) 신을 생각한다는 것은 골짜기를 결여한 산을 생각하는 것과 마찬가지로 모순이다."[26] 바로 이곳이 결정적인 고비다. 여기서 물러서는 자는 패배를 시인해야 한다. 그런데 나는 나보다 더 강한 자를 상대하고 있으니, 내게는 산발적 전투가 조금이라도 유리할 것 같다. 패할 수밖에 없
98 기 때문에, 패배를 면할 수는 없지만 미룰 수만 있다면 얼마만큼이라도 미루기 위해서는 말이다.

첫째, 비록 우리가 권위에 의존하지 않고 오로지 논리로써 그를 상대하고 있는 것이지만, 내가 〔그때그때〕 기분에 따라 아주 뛰어난 그 사람〔데카르트〕에게 괜한 시비를 거는 것이 아님을 보이기 위해서라도 성 토마스의 말을 먼저 들어보도록 하자. 그는 이렇게 자기 자신에게 반박을 한다. "신이라는 이름이 무엇을 의미하는지를 이해하는 즉시 신이 존재한다는 것을 알게 된다. 그 이름은 그보다 더 위대한 것을 의미하기란 불가능한 그런 것을 의미한다.[27] 실제로도 존재하고 또 지성 안에도 존재하는 것이 지성 안에만 존재하는 것보다 더 위대하다. 신이라는 이름을 이해하는 즉시 그것은 지성 안에 존재하게 된다. 이로부터 신이 실제로 존재한다는 것 또한 귀결된다."[28] 이 논증을 나

---

24) 〔역주〕 원어는 "quid inde promoves ulterius"이다.

25) 65쪽 29번째 줄~66쪽 첫 번째 줄 참조.

26) 66쪽 12~15번째 줄 참조.

27) 〔역주〕 원어는 "significatur enim hoc nomine 〔Deus〕 id quo maius significari non potest"이다.

28) 《신학대전》, 질문 II, 1절, 6쪽, 1과 2항.

는 이런 형식으로 재구성하겠다. 신이란 그보다 더 위대한 것을 의미하는 게 불가능한 그런 것이다.[29] 그런데 그보다 더

〔역주〕 1) 이는 성 안셀무스의 이른바(비록 칸트가 명명한 것이기는 하지만) 존재론적 신 존재 증명을 염두에 둔 것이라고 생각한다. 안셀무스의 신 존재 증명은 다음과 같다.

"cum audit 〔insipiens〕 hoc ipsum quod dico: aliquid quo maius nihil cogitari potest', intelligit quod audit; et quod intelligit in intellectu eius est, etiam si non intelligat illud esse. Aliud enim est rem esse in intellectu, aliud intelligere rem esse. … Et certe id quo maius cogitari nequit, non potest esse in solo intellectu. Si enim vel in solo intellectu est, potest cogitari esse et in re, quod maius est. Si ergo id quo maius cogitari non potest, est in solo intellectu: id ipsum quo maius cogitari non potest, est quo maius cogitari potest. Sed certe hoc esse non potest. Existit ergo procul dubio aliquid quo maius cogitari non valet, et in intellectu et in re"(Proslogion, 2장, in; S. Anselmi Opera, ed. by F. C. Schmitt, Stuttgart, 1984, vol. I, 101~102쪽).

"〔어리석은 자도〕, 내가 바로 이것, 즉, '그보다 더 위대한 것을 생각할 수 없는 것'을 말할 때, 이를 들으면 들은 것을 이해합니다. 그리고 비록 그가 자신이 이해한 것이 실제로 존재한다는 사실을 알지 못한다 하더라도, 그것은 그의 지성 안에 존재합니다. 어떤 것이 이성에 존재한다는 것을 아는 것과 그것이 실제로 존재한다는 것을 아는 것은 별개의 일입니다. '그보다 더 위대한 것을 생각할 수 없는 것'이 단지 지성 안에만 존재할 수는 없습니다. 왜냐하면 만일 그것이 지성 안에만 존재한다면, 우리는 그것이 실제로도 존재한다고 생각할 수 있는데, 이 경우 그것은 앞의 것보다 더 위대한 것이 되기 때문입니다. 그러므로 '그보다 더 위대한 것을 생각할 수 없는 것'이 단지 지성 안에만 존재할 수는 없습니다. 따라서 만일 '그보다 더 위대한 것을 생각할 수 없는 것'이 지성 안에만 존재한다면, 바로 그 '그보다 더 위대한 것을 생각할 수 없는 것'이 그보다 더 위대한 것을 생각할 수 있는 것'이 됩니다. 그러나 이는 있을 수 없는 일입니다. 그러므로 '그보다 더 위대한 것을 생각할 수 없는 위대한 것'이 지성 안에뿐만 아니라 실제로도 존재한다는 것은 의심의 여지가 없습니다.

〔역주〕 2) 데카르트는 〈제 5성찰〉에서 신의 완전성 개념으로부터 그 존재를 증명하고자 한다.

29) 〔역주〕 원어는 "Deus est quo maius significari non potest"이다.

위대한 것을 의미하는 게 불가능한 그런 것은 존재를 포함한다. 그러므로 신이란 그 이름에 혹은 그 개념에 존재를 담고 있는 것이다. 따라서 우리는 존재를 결여한 신을 생각할 수 없으며, 또한 신이 존재하지 않는다고 생각할 수도 없다. 좋다. 그런데 그것이 또한 데카르트 씨의 논증이기도 한 것 아닌가? 성 토마스는 "신을 그보다 더 위대한 것을 지칭하는 게 불가능한 그런 것"이라고 정의한다. 데카르트 씨는 신을 가장 완전한 존재라고 한다. 실제로 이런 존재보다 더 위대한 것을 지칭하는 건 불가능하다. 성 토마스는 계속하길, "그보다 더 위대한 것을 의미하는 게 불가능한 그런 것은 존재를 포함한다." 그렇지 않으면 그보다 더 위대한 것이 의미될 수 있다. 즉, 존재를 포함하는 것이 의미될 수 있다. 데카르트 씨도 동일한 방식으로 논의를 전개하는 것처럼 보이지 않는가? 신은 최고로 완전한 존재이다. 최고로 완전한 존재는 당연히 존재를 포함한다. 그렇지 않으면 그것은 최고로 완전한 존재가 아니다. "따라서 신이라는 이름을 이해하는 즉시 그것은 지성 안에 존재하게 되므로, 이로부터 신이 실제로 존재한다는 것 또한 귀결된다"고 성 토마스는 말한다. 다시 말해서, 그보다 더 큰 위대한 것의 본질에 대한 개념(*conceptu essentiali*, *conceptus essentialis*)에 존재가 포함되어 있다는 것을 통해 그것이 존재한다는 사실이 바로 귀결된다. 데카르트 씨 역시 똑같은 말을 한다. 그러나 그는 "내가
99 존재를 배제한 채 신을 생각할 수 없다는 것으로부터 신과 존재는 서로 분리될 수 없다는 사실이 귀결된다. 따라서 신은 참으로 존재한다"고 주장한다.[30] 그러나 성 토마스는 자기 자신과 데카르트 씨에게 이렇게 답한다. "누군가가 신이라는 이름으로 말해지는 것이 신이라는 이름으로 의미되는 것임을 안다고 하더라

30) 67쪽 2~5번째 줄 참조.

도, 그 때문에 그가 그 이름으로 의미되는 것이 세계에 존재한다는 것을 안다는 결론은 나오지 않는다. 단지 그것이 지성에 의해 이해되었다는 것을 안다는 결론만 나올 뿐이다. 신이 실제로 존재한다는 것을 입증할 수 있으려면 그보다 더 위대한 것을 생각하는 게 불가능한 어떤 무엇이 존재한다는 것이 받아들여져야 하는데, 신이 존재하지 않는다고 주장하는 사람들은 그것을 받아들이지 않는다."[31] 이를 근거로 나 또한 이렇게 간략히 답할 수 있다. 최고로 완전한 존재는 자신의 이름만으로도 존재를 함축한다는(*importare*) 것이 받아들여지더라도, 그 존재가 바로 세계에 실제로 존재하는 어떤 것이라는 결론이 도출되는 것은 아니다. 다만 최고로 완전한 존재라는 개념과 존재라는 개념이 서로 불가분하게 결합되어 있다는 결과만 도출될 뿐이다. 그러한 최고의 존재가 실제로 존재한다고 가정하지 않는 한, 이로부터 신이 실제로 존재한다는 결론을 이끌어 낼 수는 없다. 왜냐하면 단지 그런 가정에서만, 그 최고의 존재가 모든 완전성들을 포함할 것이고, 따라서 실제적 존재(*realis existentiae*, *realis existentia*)라는 완전성 또한 실제로 포함할 것이기 때문이다.

존경하는 친구들이여 나를 이해해 주게나. 나는 〔이제〕 피곤하다네. 말장난을 좀 하려네. 존재하는 사자라는 복합체(*complexum*)는 본질적으로 사자와 존재라는 양태 모두를 포함하고 있다. 만일 그 둘 중 하나를 제거하면, 그것은 더 이상 동일한 복합체로 남아 있을 수 없다. 그런데 신은 영구히 그 복합체를 명석판명하게 인식한 것일까? 그 복합체에 대한 관념은 복합체로서 그 두 부분을 본질적으로 포함하는 것일까? 다시 말해서, 존재가 본질로서 그 복합체에, 즉 존재하는 사
자에 속하는 것일까? 그것이 복합체임을 가정하지 않는 한 신 100

31) 《신학대전》 첫 번째 부분, 질문 II, 1절, 6쪽, 2항.

의 판명한 인식은, 반복해서 말하자면, 신의 판명한 인식은 그 두 부분 중 어느 하나가 그 복합체에 영원히 필연적으로 속해 있어야 한다는 것을 강제하지 않는다. 단지 그런 가정에서만, 그것은 자신의 모든 완전성을 담고 있고, 따라서 실재적인 존재를 자신의 본질로서 또한 담고 있게 될 것이다. 마찬가지로, 내가 최고의 존재를 판명하게 인식하고 또 최고로 완전한 존재가 자신의 본질개념 속에 존재를 담고 있다 하더라도, 그 최고의 존재가 실제로 존재한다는 것을 가정하지 않는 한 이로부터 그 존재가 실제로 존재하는 어떤 것이라는 결론이 도출되는 것은 아니다. 왜냐하면 단지 그런 가정에서만, 그 존재는 자신의 모든 완전성들과 같이 자신의 실제적 존재를 포함할 것이기 때문이다. 따라서 그런 가장 완전한 존재가 존재한다는 것은 달리 증명되어야만 할 것이다.

영혼의 본질과 그것의 신체와의 구분에 관해 간단히 언급하고자 한다. 아주 뛰어난 그 사람이〔데카르트〕 이미 나를 아주 지치게 만들었기 때문에, 그 이상 할 수도 없다. 그는 영혼과 신체의 구분(*distinctionem animae a corpore*, *distinctio animae a corpore*)을, 만일 구분이 존재한다면, 영혼과 신체가 판명하게 그리고 각각 독립적으로 파악될(*concipi*) 수 있다는 것으로부터 입증하는 듯하다. 이와 관련해서 나는 학식이 아주 출중한 그 사람을 스코투스(Scotus)와 논쟁하도록 하겠다. 스코투스는 어느 하나를 다른 하나와 판명하게 그리고 독립적으로 파악하기 위해서는 그가 형상적이라고 또 대상적이라고 부르는 구분으로 충분하다고 주장한다. 이 구분을 그는 실재적 구분(*realem*〔*distinctionem*〕, *realis*〔*distinctio*〕)과 이성에 의한 구분(〔*distinctionem*〕 *rationis*, 〔*distinctio*〕 *rationis*) 사이에 자리매김했다. 이에 따라 그는 신성한 정의와 자비를 구분하였다. 그는 "이 둘은 이성의 작용 이전에 서로 다른 형상적 근거를 지니고 있는 것들이기 때문에 그 중 하나가 다른 하나가 될 수 없다. 그럼에도, 정의가 자비와는 독립적으로 생각될 수 있다는 것에서 이 둘이 독립적으로 존재한다는 결론이 도출되는 것은 아니다"라고 주장한다.

어쩌다보니 편지라고 하기엔 너무 많은 이야기를 한 것 같네. 앞서 자네들이 제의한 사안과 관련해, 이것이 내가 말해야 한다고 생각한 것이었다네. 그러나 존경하는 이들이여, 자
네들 판단에 무엇이 더 나은지 잘 생각들 해보게. 자네들이 내 101
편에 선다면, 우리가 함께 데카르트 씨를 굴복시키는 건 그리 어렵지 않을 걸세. 자네들이 그의 편에 선다면, 나는 손을 들어 항복을 표하겠네. 또 한 번 패배를 맛보느니 차라리 그 편이 내게는 더 나으이. 강령들 하시게.

첫 번째 반박에 대한 답변

존경하는 친구들에게,[1]

자네들은 참으로 강력한 반론가〔카테루스〕를 내세웠구먼. 아주 경건하고 예의 바른 신학자인 그가 신과 관련된 송사에서(*Dei causae*, *Dei causa*) 진지한 반론가가 되기보다는 신과 신의 대변인을 옹호하고자 하지 않았더라면, 그의 재능과 학식은 내게 많은 어려움을 주었을 것일세. 그가 자신의 의무를 충실하게 이행하지 않은 것은 영예로운 일이지만, 그렇다고 나의 암묵적 동조가 마찬가지로 칭송을 받아서는 아니 될 것일세. 나는 여기서 그를 적으로 간주하고 그에게 답변하기보다는, 그의 반박(*artificium*)을 내게 도움이 되도록 전개해 나가고자 하네.

먼저 그는 신 존재를 증명하기 위해 내가 제시한 근거가 독자들의 뇌리에 더 잘 새겨질 수 있도록 간략하게 요약했다. 또한 그는 아주 명석하게 증명되었다고 판단한 것들에 대해 간단히 동의를 표했다. 그렇게 자신의 권위로서 이것들을 굳건히 한 후, 그는 특별한 어려움을 야기하는 한 가지 문제와 관련하

1) 〔역주〕 이는 카테루스와 데카르트를 중재하는 바니우스와 블레뫼르트를 칭한다.

102 여 의문을 제기했는데, 그것은 바로 도대체 관념(*ideae*, *idea*)이라는 말로써 무엇을 이해해야 하는가와 그 관념이 어떤 원인을 필요로 하는가이다.

나는 "관념이란 사고된 것(*rem cogitatam*, *res cogitata*), 그것이 지성 안에 대상적으로 존재하는 것인 한, 바로 그 자체이다"[2]라고 썼다. 그런데 그는 자신이 이를 이해했다고 상상하고 내가 한 것과는 전혀 다른 말을 한다. 즉, 그는, "대상적으로 지성 안에 존재한다는 것은 대상의 양태에 따라 지성의 작용을 규정하는 것이며, 이는 외적 명칭(*extrinseca denominatio*)에 불과할 뿐, 실재하는 어떤 것이 아니다 등"[3]을 주장한다. 나는 그가 이렇게 하는 의도가 나로 하여금 내가 한 말을 더 명석하게 설명할 수 있는 기회를 주기 위함이라고 생각한다. 여기서 주목해야 할 것은 그가 〔사고된〕 것(*rem*, *res*) 그 자체를 지성 바깥에 있는 것으로 간주하고 있다는 점이다. 이 경우 그것이 대상적으로 지성 안에 존재한다는 것은 사실 외적 명칭에 불과하다. 그러나 내가 말한 관념이란 결코 지성 바깥에 존재하는 것이 아니며, 이 때문에 "대상적으로 존재한다"(*esse objective*)는 것은 항상 대상들이 지성 안에 존재하는 방식으로 지성 안에 존재한다는 것을 뜻할 뿐이다. 예를 들어, 누군가가 태양이 나의 지성 안에 대상적으로 존재한다는 사실로부터 태양에 무슨 일이 일어나는가 하고 묻는다면, 나는 외적 명칭 이외의 그 어떤 일도 태양에 일어나지 않는다고 쉽게 답할 수 있다. 왜냐하면, 그것은 지성작용을 대상의 양태에 따라 규정하는 일이기 때문이다. 그러나 태양의 관념과 관련하여 그것이 무엇이냐고 누

---

2) 〔역주〕 원어는 "ideam esse ipsam rem cogitatam, quatenus est objective in intellectu"이다.

3) 92쪽, 14~17번째 줄 참조.

군가가 물어, 그것이 지성 안에 대상적으로 존재하는 것인 한 그것은 사고된 것이라고 답한다면, 그 누구도 그 관념을 태양 그 자체라고 이해하지 않을 것이다. 그러한 외적 명칭이 지성 안에 존재하는 한 말이다. 또한 이때 "대상적으로 지성 안에 존재한다"는 것은 지성작용을 그 대상의 양태에 따라 한정하는 것이 아니라 지성의 대상들이 항상 지성 안에 존재하는 방식으로 존재하는 것을 의미한다. 따라서 태양의 관념은, 태양이 하늘에 있듯이 형상적으로가 아니라, 대상적으로 지성 안에 존재하는 바로 그 태양이다. 다시 말해, 항상 대상들이 지성 안에 존재하는 방식으로 존재하는 바로 그 태양 말이다. 이러 103
한 존재방식은 대상들이 지성 바깥에 존재하는 존재방식보다 훨씬 더 불완전하다. 그럼에도 불구하고, 내가 이미 앞에서 말했듯이, 그것이 그 때문에 명백하게 무(無)인 것은 아니다.

아주 학식이 뛰어난 그 신학자〔카테루스〕는 나의 설명이 다의적이라고 주장하는데, 그의 의도는 내가 바로 그 다음에 설명하는 다의성을 상기시킴으로써 자신의 주장을 무시하지 못하도록 하기 위함인 것 같다. 일단 그는 관념에 의해 그런 식으로 지성 안에 존재하는 것은 "실제적 존재"(*ens actu*), 다시 말해, 지성 바깥에 있는 존재가 아니라고 주장한다. 이는 사실이다. 이어서 그는 그런 대상이 "허구적인 것이거나 이성에 의해 구성된 존재인 것은 아니며 판명하게 사유되는 어떤 실제적인 것이다"라고 주장한다.[4] 이로써 그는 내가 가정한 것을 모

---

4) 〔역주〕 이는 카테루스가 한 말을 왜곡한 것이다. 카테루스는, 만일 "무(無)인 것은 아니다"라는 주장에서 데카르트가 무로써 이성에 의해 구성된 존재라고 불리는 허구적인 것을 의미하는 것이라면, 그것은 판명하게 사유되는 어떤 실제적인 것이다라고 했다. 이 말을 문맥에 맞게 이해한다면, 우리는 '관념에 의해 지성 안에 대상적으로 존재하는 것은 이성에 의해 구성된 존재라고 불리는 허구적인 것'으로 이해해야 한다. 그리고 그것은 카테루스에 따르면

두 인정한다. 그러나 그는 그 대상이 "단지 사유될 뿐 실제로 존재하지는 않기 때문에," (다시 말해서, 단지 관념일 뿐 지성 바깥에 있는 것은 아니기 때문에) "사유될 수 있을 뿐," "어떤 원인을 가질 수 있는 것은 아니다"[5] 라고 덧붙인다. 즉, 지성 바깥에 존재하기 위해 필요한 원인을 필요로 하지 않는다는 것이다. 나는 이에 동의한다. 그러나 그것이 사유되려면 원인이 필요하며, 지금 문제는 그러한 원인과 관련이 있을 뿐이다. 만일 누군가가 최상의 기술(技術)로 고안된 어떤 기계에 대한 관념을 가지고 있다면, 우리는 당연히 그 관념의 원인이 무엇인지를 물을 수 있다. 누군가가 그 관념은 지성 바깥에서는 무(無)에 불과하기 때문에 어떤 원인을 갖고 있는 것이 아니라 사유될 수 있을 뿐이라고 한다면, 이는 만족할 만한 답이 아닐 것이다. 왜냐하면 여기서 묻고 있는 것은 단지 그 관념을 갖게 된 원인이 무엇인가 하는 것이기 때문이다. 누군가가 바로 지성, 즉 지성작용의 원인으로서의 지성 그 자체가 원인이라고 한다면, 이 또한 만족할 만한 답이 될 수 없을 것이다. 그것이 의심의 여지가 없는 사실이긴 하지만, 지금 문제는 단지 그 관념 속에 대상적으로 존재하는 기술(技術)과 관련되어 있기 때
104 문이다. 그 기계에 대한 관념은 특정한 기술(技術)을 대상적으로 담고 있는데, 그 관념은 그것을 어떤 원인으로부터 취득하여 가지고 있음에 틀림없다. 이 관념과 관련하여 대상적 기술(技術)이 가지고 있는 지위는 신의 관념과 관련하여 대상적

무가 아니라 판명하게 파악되는 어떤 실제적인 것이다. 그러나 데카르트는 자신의 주장 "무인 것은 아니다"의 무라는 말을 "이성에 의해 구성된 존재라고 불리는 허구적인 것을 의미하는 것이라면"으로 대체하여 "그런 대상이 허구적인 것이거나 이성에 의해 구성된 존재인 것은 아니며"라는 문장을 이끌어 낸 후, "그것은 판명하게 사유되는 어떤 실제적인 것이다"라는 말을 덧붙였다.

5) 93쪽 22번째 줄~94쪽 4번째 줄 참조.

실재성이 가지고 있는 지위와 동일하다. 당연히 그 기술(技術)의 원인은 여러 가지일 수 있다. 그 관념을 가지고 있는 자가 이전에 그 기계를 본 적이 있어서 이를 토대로 그 관념을 만든 것일 수도 있고, 그가 기계에 대해 상당한 지식을 가지고 있기 때문일 수도 있으며, 혹 그가 탁월하고 섬세한 재능을 가지고 있어서 어떠한 사전지식 없이도 단지 자신의 재능만으로 고안해냈을 수도 있다. 다음 또한 주목해야 한다. 단지 대상적으로 그 관념 속에 존재하는 모든 기술은 형상적이든 뛰어난 방식이든[6] 필연적으로 그 원인 속에 놓여 있어야만 한다. 그 원인이 어떤 종류의 것이든 말이다. 신에 대한 관념 속에 있는 대상적 실재성과 관련해서도 이와 마찬가지라고 믿어야 한다. 그것이 실제로 존재하는 신 안에 있지 않다면 도대체 어디에 그렇게 있을 수 있겠는가? 명민한 그 사람은 이 모든 것을 완전히 꿰뚫고 있다. 그래서 그는 "**무엇 때문에 그 관념이 특정한 대상적 실재성을 지니고 있는지**"[7]에 대한 설명을 요구할 수 있

6) 〔역주〕 뛰어난 방식으로(*eminenter*)라는 말의 의미는 실재성의 우월함을 의미하는데, 이때 한 가지 어려움이 있다. 첫 번째 반박 주 5의 〔역주〕를 따른다면, 형상적 실재성들끼리나 대상적 실재성들끼리 그 우위를 결정하는 데에는 어려움이 없다. 그런데 문제는 데카르트가 실재성들끼리의 우위문제를 형상적 실재성과 대상적 실재성 사이에도 적용시키는 데서 발생한다. 왜냐하면 한 관념이 가지고 있는 대상적 실재성이 다른 관념들이 가지고 있는 대상적 실재성보다 제아무리 크더라도, 그 대상적 실재성이 과연 실제로 존재하는 대상이 지니는 형상적 실재성과 비교될 수 있는지가 불명확하기 때문이다. 또 억지로라도 비교하고자 한다면, 실재성의 측면을 고려해 볼 때, 당연히 그 어떤 대상이든 그것이 존재하는 것인 한 그것이 지니는 형상적 실재성이 그 어떠한 대상적 실재성보다 우월해야 하지 않겠는가. 그러나 데카르트는 달리 생각한다. 그의 첫 번째 신 존재 증명은 신에 대한 관념이 지니고 있는 대상적 실재성은 너무나 크기 때문에 신 이외에는 그 어떤 것도, 그것이 대상적이든 형상적이든, 그 원인이 될 수 없다는 주장에 근거를 두고 있다. 당연히 이를 받아들일 사람은 거의 없을 것이다. 161쪽 참조.

다는 점을 인정한다. 그리곤 이 물음에 그는 먼저 나의 말을 빌려 다음과 같이 답한다. "내가〔데카르트〕 삼각형의 관념과 관련해서 한 설명은 모든 관념들과 관련해서도 마찬가지다. 즉, 혹 내 생각 외부세계 어디에도 그 도형이 존재하지 않는다 하더라도, 그것의 특정한 본성이나 본질 혹은 형상은 불변하고 영원한 것이다"라고 말이다. 그리고 그는 "그 관념은 원인을 필요로 하지 않는다"고 주장한다. 그럼에도 불구하고 그는 자신의 설명이 충분하리만큼 만족할 만하다고 생각하지 않는다. 왜냐하면 삼각형의 본질이 불변하고 영원하다고 해서 우리가 왜 그 관념을 가지고 있는지에 대한 탐구가 바람직하지 않은 것은 아니기 때문이다. 이런 이유로 그는 "그럼에도 불구하고 누군가가 집요하게 그 이유를 요구한다면, 무한하지 않은 우리 지성의 불완전성이 바로 그 이유"라고 한다. 이로써 그는 나에게 동의하지 않는 사람들이 그 문제와 관련해서 사실과 부합하는 그 어떤 답도 제시하지 못했다는 것을 의미하는 듯하다. 왜냐하면 기계
105 학에 대한 무지가 불완전한 기계도 아닌 아주 정교한 기계를 우리가 구상하는 데 대한 원인이 될 수 없듯이, 우리 지성의 불완전성이 우리가 신에 대한 관념을 가지고 있는 것에 대한 원인이 될 수는 없기 때문이다. 이와는 반대로, 만일 누군가가 상상가능한 모든 기술(技術)을 담고 있는 기계에 대한 관념을 가지고 있다면, 그 관념은 모든 상상가능한 기술(技術)을 실제로 담고 있는 어떤 원인으로부터 유래한 것이라고 추론하는 것이 바람직하다. 비록 그 원인이 그 관념 속에는 대상적으로 담겨 있을지라도 말이다. 동일한 방식으로, 우리가 생각할 수 있는 모든 완전성을 담고 있는 신에 대한 관념을 가지고 있기 때문에, 그 관념 또한 모든 그런 완전성을 담고 있는 어떤

7) 93쪽, 5~21번째 줄 참조.

원인에, 즉 실제로 존재하는 신에 의존해 있다고 추론하는 것
은 아주 명백한 일이다. 모든 이들이 숙련된 기술자일 수 없
고, 그 때문에 아주 뛰어난 기술을 담고 있는 기계에 대한 관
념을 모두가 가지고 있을 수 없듯이, 만일 신의 관념을 파악하
는 것과 관련해서도 모든 이들이 똑같은 능력을 가지고 있지
않다면, 그 두 추론 중 어느 하나가 다른 하나보다 더 어려울
수는 없다.[8] 그러나 신의 관념은 모든 이들의 정신에 똑같은
방식으로 각인되어 있고, 또 그 관념이 우리 자신으로부터가
아니면 결코 다른 어느 곳으로부터도 우리에게 이를 수 없다는
사실을 알고 있기 때문에, 우리는 그 관념이 우리 지성의 본성
에 속해 있는 것이라고 가정한다. 잘못이라고 할 것까지는 없
지만, 우리는 우리가 특별히 고려해야 하는, 그리고 위의 논
증의 힘과 빛이 의존하는 그 어떤 것을 간과하고 있는데, 그것
은 다음과 같다. 만일 지성이[9] 사실 그대로 단지 유한한 존재
에 불과하고 신을 자기 자신의 원인으로 가지고 있지 않다면,
신에 대한 관념을 가질 수 있는 능력이 우리 지성에 놓여 있을
수 없다는 것 말이다. 이 때문에 나는 더 나아가 "신이 존재하 106
지 않는다면 과연 내가 존재할 수 있을까"[10]의 문제를 탐구한
것이다. 이전과 다른 근거를 제시하기 위해서가 아니라, 오히
려 같은 근거를 더 철저히 설명하기 위해서다.

그런데 자신의 임무에 너무 충실하고자 한 나머지 그는 나를 곤혹스러운 처지로 몰고 있다. 그는 나의 논증을 다른 논

8) 〔역주〕 상상가능한 모든 기술(技術)을 담고 있는 기계에 대한 관념을 가지고 있을 때, 그 관념은 상상가능한 모든 기술(技術)을 실제로 담고 있던 어떤 원인으로부터 유래한 것이라고 추론하는 것과 신의 관념으로부터 그 원인, 즉 신을 추론하는 것을 말함.

9) AT III 273쪽 4번째 줄 참조.

10) 48쪽 1~2번째 줄 참조.

증, 예를 들어 성 토마스와 아리스토텔레스로부터 유래하는 논증과 비교하는데, 그 비교의 목적은 내가 그들이 걸어온 길과 똑같은 길로 접어들었음에도 불구하고 무엇 때문에 똑같은 길을 철저하게 걷지 않았는지에 대한 해명을 요구하려는 데 있는 것 같다. 그러나 다른 것들에 관해서는 거론하지 않고 단지 나 자신이 쓴 것에 관해서만 설명하고자 하는 것을 그가 양해해 주기를 바란다.

첫째로, 나는 내가 감각적인 것들에서 작용인들의 어떤 질서나 연속(*ordnimen sive succesionem quandam cuasarum efficientium*, *ordo sive successio quaedam cuasarum efficientium*)이 존재하는 것을 본다는 것으로부터 나의 논증을 도출하지 않았다. 나는 신이 존재한다는 것이 그 어떤 감각적인 사물들이 존재한다는 것보다도 훨씬 더 분명하다고 믿기 때문이다. 그리고 그러한 작용인들을 연속적으로 추적해서 내가 도달하게 되는 것은 오로지 나의 지성의 불완전성에 대한 인식일 뿐이라는 점이 또 다른 이유이다. 왜냐하면 나는 그렇게 무한한 원인들이 어떻게, 그 어떤 것도 최초의 원인일 수 없게끔, 영원히 연속하게 되었는지를 파악할 수 없기 때문이다. 내가 그것을 파악할 수 없다는 사실로부터 제 1원인이 존재해야 한다는 것이 귀결되지 않는 것은 당연하다. 이는 내가 유한한 크기의 무한 분할을 파악할 수 없다는 사실로부터 종국에는 더 이상 분할될 수 없는 어떤 것이 존재한다는 것이 귀결되지 않는 것과 매한가지이다.
107 단지 유한한 나의 지성은 무한한 것을 파악하지 못한다는 것만이 귀결될 뿐이다. 그래서 나는 나 자신의 존재를, 즉 원인들의 연속(*serie*, *series*)에 의존하지 않으면서도 그 어떤 것도 이보다 더 내가 잘 알 수는 없는 나 자신의 존재를 내 논증의 기반으로 삼은 것이다. 그리고 나 자신과 관련해서, 내가 어떤

원인에 의해 만들어졌는지를 묻기보다는 어떤 원인에 의해 내가 지금 현재 보존되는 것인지를 물은 이유는 이 물음을 통해 원인들의 연속에 관한 문제로부터 나를 자유롭게 만들려고 했기 때문이다.

그 다음으로 나는 내가 정신과 신체로 이루어져 있는 한에서가 아니라, 정확하게 단지 사유존재인 한에서 나의 원인이 무엇인지를 물었던 것이다. 이는 결코 사소한 지적이 아니다. 그렇게 함으로써 나는 많은 선입견에서 훨씬 더 자유로워질 수 있었고, 그 결과 자연의 빛에 주목할 수 있었기 때문에 나 자신에 대해 물을 수 있었고, 어떤 방식으로든 내가 의식하지 못하는 것은 내 자신 안에 존재할 수 없다는 것[11]을 확실하게 할 수 있었다. 이는 내가 나의 부모로부터 생겨났음을 알기 때문에 내 부모 또한 조부모로부터 생겨났다는 것을 고려하는 경우와는 전혀 다른 것이다. 부모님들의 부모님들을 계속 추적해 나가면 무한에 빠질 수밖에 없는데, 이를 모면하기 위해 어떤 원인을 제1원인으로 삼는 경우와는 전혀 다른 것이다.

그 밖에 나는 내가 사유존재인 한에서뿐만 아니라, 무엇보다도 특히 최고로 완전한 존재의 관념이 내 안에 존재하고 있다는 것에 주목하는 한에서 나의 원인이 무엇인지를 물었던 것이다. 나의 증명의 힘은 전적으로 이 하나에 달려 있다. 그 까닭은 다음과 같다. 첫째, 적어도 내가 이해할 수 있는 한도 내에서 신이 무엇인지는 그 관념 속에 담겨져 있는데, 참된 논리학의 규칙에 따를 때[12] 어떤 것과 관련해서 "그것이 무엇인지"를 이해하기도 전에 "그것이 존재하는지 아닌지"를 물어서는 결
코 안 되기 때문이다. 둘째, 내가 나 자신으로부터 존재하는 108

11) AT III 273쪽 11번째 줄 참조.

12) AT III 272쪽 25번째 줄 참조.

것인지 혹은 다른 사람으로부터 존재하는 것인지를 검토할 계기와 나의 결함을 인식할 계기를 마련해 준 것이 바로 그 관념이기 때문이다. 끝으로, 나의 원인이 존재할 뿐만 아니라 그 원인 속에는 모든 완전성들이 있으며 따라서 그 원인이 곧 신이라는 것을 가르쳐 준 것도 바로 그 관념이기 때문이다.

마지막으로, 나는 어떤 것이 자기 자신의 작용인일 수도 있음이 불가능하다고 주장한 적이 없다. 작용인의 의미가 시간적으로 앞선 혹은 결과와는 상이한 원인들에게만 제한적으로 적용되는 경우에는 그것이 명백하게 불가능하다. 그러나 지금 우리가 다루는 문제와 관련해서는 그런 제한을 두어서는 안 된다. 왜냐하면 작용인이라는 말의 의미를 그렇게 제한할 경우 그 문제가 참으로 가치 없게 될 것이기 때문이다. 동일한 것이 자기 자신보다 시간적으로 앞설 수 없고 또 자기 자신과 다를 수 없다는 것을 누가 모르는가! 또한 자연의 빛이 결과보다 시간적으로 앞서야 함을 작용인(*rationem efficientis, ratio efficienes*)의 조건으로 명하는 것은 아니기 때문에라도 작용인이라는 말의 의미를 그런 식으로 제한해서는 안 된다. 왜냐하면 작용인은 오히려 결과를 산출하는 동안에만, 따라서 결과에 시간적으로 앞서지 않는 동안에만 고유한 의미로서의 원인이라는 의미를 지니기 때문이다. 자연의 빛은 어떤 것과 관련해서 그것이 무엇 때문에 존재하는지에 대한 앎을 추구하거나, 그것의 원인에 대해 탐구하거나, 혹 그것이 원인을 가지고 있지 않을 경우, 그것이 원인을 필요로 하지 않는 이유가 무엇인지를 요구하는 것 등의 것을 허용하지 않는 것이란 결코 존재하지 않는다고 명한다. 만일 내가 어떤 것도 어떤 식으로든 자기 자신에 대해[13] 결코 작용인이 결과와 맺고 있는 관계를 맺을 수 없다고 믿는다면, 이로부터 내가 어떤 제 1원인이 존재한다는

결론을 내린다는 것을 터무니없는 일이다. 나는 오히려 제1원
인이라 불리는 것 자체의 원인을 계속 탐구하게 될 것이고 따 109
라서 모든 원인들의 제1원인에 결코 도달하지 못할 것이다. 그러나 나는 그 안에 이루 다 소진할 수 없는 힘이 있어서, 존재하기 위해 다른 어떤 것의 도움도 필요로 하지 않았고 또한 지금 자신의 존재를 보존하기 위해 다른 어떤 것의 도움도 필요로 하지 않는, 따라서 어떤 식으로든 자기 자신의 원인인 것이 존재할 수 있다는 것을 분명히 인정한다. 그리고 나는 신이 그런 존재라고 알고 있다. 내가 영원히 존재해왔고 또 그 어떤 것도 나에 앞서 존재하지 않았었다 하더라도, 시간은 부분들로 나뉠 수 있기 때문에 만일 어떤 원인이 매순간 나를 재창조(*rursus efficiat, rursus efficere*) 하듯이 〔나를 보존〕하지 않는다면 내가 지금 존재하고 있다는 사실로부터 조금 후에 내가 존재할 것이라는 결론이 나오지 않는다. 이러한 점을 고려해 볼 때, 나는 나를 보존해 주는 그 원인을 "작용인"이라고 부르길 주저하지 않을 것이다. 같은 식으로 비록 신이 존재하지 않은 적은 단 한순간도 없었지만, 신은 바로 그 자신이 자신을 실제로 보존하는 자이기 때문에 당연히 신을 고유한 의미로서의 "자기 자신의 원인"(*sui causa*) 이라고 할 수 있다. 그렇지만 이로써 내가 작용인의 적극적 영향(*influxum, influxus*) 에 의한 보존을 의미하는 것이 아니라, 신은 그 본질상 항상 존재하지 않을 수 없다는 것[14] 을 의미하는 것뿐임을 명심해야 한다.

지금까지의 설명을 통해서 나는 아주 뛰어난 학식을 지닌 신학자〔카테루스〕가 설명이 필요하다고 지적한 자기 자신으로"부터"(*a se*) 라는 말의 구분에[15] 대해 쉽게 답할 수 있다. 오로지

13) AT 335쪽 11번째 줄 참조.

14) AT III 335쪽 19번째 줄~336쪽 3번째 줄 참조.

'작용하는'이라는 말의 고유하고 엄밀한 의미(*efficientis significationem, efficientis significatio*)에만 주의를 기울인 탓에 어떤 것이 자기 자신의 작용인일 수 없다고 생각하고 그 어떤 다른 종류의 원인도 이곳에서 작용인에 상응하는 지위를 갖지 못한다는 점에 주목하는 사람들은[16] 일반적으로 어떤 것이 자기 자신으로"부터" 존재한다고 하면 그것이 원인을 가지고 있지 않다는 의미로만 이해한다. 그렇지만 만일 그들이 말보다는 사실에 더
110 주의를 기울이고자 한다면, 그들은 "자기 자신으로부터"라는 말에 대한 소극적 이해가 단지 인간 지성의 불완전성에서 유래할 뿐 사실에 근거를 둔 것이 아니라는 점을 쉽게 알게 될 것이다. 이와는 달리 적극적 이해란 사실적 진리로부터 얻어진 것이며 나의 논증은 오로지 그것에서 전개된 것이다. 예를 들어, 누군가가 어떤 물체가 그 물체 자신으로부터 존재한다고 믿을 경우, 그는 이를 그것이 원인을 가지고 있지 않다는 의미로 이해하는 것일 것이다. 어떤 적극적 근거에 의거해서 그것을 주장하는 것이 아니라 단지 그것의 원인을 알지 못하기 때문에 소극적으로 주장하는 것일 뿐이다. 그런데 이는 그가 지닌 어떤 불완전성을 드러내 줄 뿐이다. 만일 그가 나중에 시간의 한 부분이 다른 부분에 의존하지 않는다는 점을 알게 되고(*consideret, considere*) 또 이 때문에 설혹 그 물체가 지금까지 자기 자신으로부터, 다시 말해서 원인 없이 존재해 온 것이 사실이라 하더라도, 만일 그 물체가 자기 자신을 연속적으로 재창조하는 힘 같은 것을 지니고 있지 않다면 위의 사실은 그 물체를 나중에 존재하도록 하는 데 충분하지 않다는 점을 알게 된다면, 그는 자신이 "자기 자신으로부터"라는 말의 의미를 소극적으로 이해

15) 95쪽 1~8번째 줄 참조.

16) AT III 336쪽 4~21번째 줄 참조.

했다는 것을 쉽사리 인식하게 될 것이다. 그리고 그는 물체에 대한 어떤 관념 속에도 그러한 힘이 존재하지 않는다는 것을 알게 될 것이다. 따라서 그는 그 물체가 자기 자신으로부터 존재하는 것이 아니라는 결론을 바로 내리게 될 것이며 "자기 자신으로부터"라는 말의 적극적인 의미를 이해하게 될 것이다. 마찬가지로 우리가 신이 자기 자신으로부터 존재한다고 할 때, 우리는 이 또한 소극적으로, 즉 그것의 원인이 존재하지 않는다는 의미로 이해할 수 있다. 그러나 만일 우리가, 앞서 했듯이, 신이 왜 존재하는지 혹은 신이 왜 자신의 존재를 보존하는지에 관해 탐구하고 그의 관념 속에 담겨 있는 우리가 파악할 수 없는 거대한 힘에 주목한다면, 그 힘이 너무나 탁월한 까닭에 그 힘만이 신이 자신의 존재를 보존하는 원인일 뿐 그 밖의 다른 어떤 것도 그 원인일 수 없다는 것을 분명히 인식한다. 그래서 우리는 신이 자기 자신으로부터 존재한다는 것을 더 이상 소극적으로 주장하는 것이 아니라 가장 적극적으로 주장하는 것이다. 혹 있을 수 있는 말에 대한 논란의 여지를 없애고자, 신이 자기 자신의 작용인이라고 말하는 것은 불필요한 일 111
이다. 그렇지만 우리는 자기 자신으로부터 존재하는 것 혹은 자기와는 다른 어떤 것을 원인으로 가지고 있지 않는 것이 무로부터 존재하는 것이 아니라 그 자신이 가지고 있는 참되고 위대한 힘에(*reali eius potentiae immensitate, realis eius potentiae immensitas*)에 의해 존재하는 것임을 지각한다. 이 때문에 신은 작용인이 그 결과와 관련하여 행하는 것과 동일한 것을 어떤 식으로든 자기 자신과 관련하여 행하며 따라서 자기 자신으로부터 적극적으로 존재한다고 생각해도 무방하다. 그리고 누구나 자기가 그와 똑같은 의미에서 자기 자신으로부터 존재하는지를 자기 자신에게 묻는 것 또한 무방하다. 자신 안에서 이른바 한순간도 자기 자신을 보존하기에 충분한 어떠한 힘도 발견하지 못할 때 당연히 그는 자기가 다른 것으로부터 존재한다는 결론을 내릴 것이다. 즉, 자기 자신으로부터 존재하는 다른 어떤 것으로부터 말이다. 여기서 문제가 되는 것은 과거나 미래가 아닌 현재이기 때문에, 그 물음은 무한히 계속되지 않는다. 나는 내가 전에 명시하지 않았던 다음의 것을 이 자리에서 덧붙이고자 한다. 그는 어떤 제 2의 원인에 이르는 것이 아니라 자기 바깥에 있는 것을 보존할 수 있을 정도로 커다란 힘을 지니고 있는 〔제 1〕 원인에, 자신의 고유한 힘으로 자신을 훨씬 더 잘 보존하는[17] 따라서 자기 자신으로부터 존재하는 원인에 이르게 된다.

"모든 제한은 원인으로부터 유래한다"(*omnem limitationem esse a causa*)[18] 고 하는데, 나는 그〔수아레즈〕가 참된 사실을 인지하고는 있지만 그것을 부적절한 말로 표현한 탓에 어려움을 해결할 수 없다고 믿는다. 이를 적절하게 표현하자면, 제한은 단지 그 이상의 완전성에 대한 부정(否定)일 뿐이며 이러한 부정은 원인으로부터 유래하는 것이 아니라 유한한 것 그 자체이다. 비록 모든 것이 원인에 의해 제한되어 있다는 것이 참이기는 하지만, 자명하지는 않기 때문에 입증되어야만 한다. 명석한 신학자〔카테루스〕가 매우 잘 답했듯이, 각각의 것이 이런저
112 런 방식으로 제한되어 있다고 생각할 수 있다. 오로지 3개의 선분으로만 이루어져야 하는 것이 삼각형의 본성과 관련되어 있듯이, 그러한 제한은 각각의 것의 본성과 관련되어 있다. 존재하는 모든 것은 원인으로부터 존재하거나 혹은 원인으로서의 자기 자신으로부터 존재한다. 이는 내게 자명한 사실로 보

17) AT III 273쪽 16번째 줄 참조.

18) 95쪽, 14번째 줄 참조.

인다. 우리는 존재뿐만 아니라 존재의 부정(否定) 또한 이해할 수 있다. 따라서 존재하지 않을 수도 있는데 존재하는 것과 관련해서 그것이 왜 존재하는지에 대해 어떤 이유도 제시될 수 없을 정도로 자기 자신으로부터 존재하는 그 어떤 것도 상상할 수 없다. 다시 말해서 자신이 가지고 있는 힘의 뛰어남 탓에 "자기 자신으로부터"라는 말을 원인으로부터라고 해석해서는 안 되게끔 할 정도로 자기 자신으로부터 존재하는 그 어떤 것도 상상할 수 없다. 오로지 신만이 그런 힘을 가지고 있을 수 있다는 것을 증명하는 것은 아주 쉬운 일이다.

그 다음으로, 그가〔카테루스〕 내게 동의한 것은[19] 실제로 의심의 여지가 없는 것임에도 불구하고 일반적으로 거의 도외시되고 있는 것이다. 따라서 그의 권위로써 그것을 확증해 준 것은 나에게 큰 도움이 되며 철학에 드리운 어둠을 제거하는 데 커다란 의미가 있다.

그는 현명하게도 내가 "무한한 것을 명석판명하게 인식하는가"[20] 하고 묻는다. 나는 이런 종류의 반박을 예방하고자 노력했지만, 그것은 누구나 자연스럽게 제기할 수 있는 반박이기 때문에 그의 물음에 자세히 답하는 것은 가치 있는 일이다. 나는 먼저 무한한 것은, 그것이 무한한 것인 한, 결코 파악되지 않는다(*nullo modo comprehendi*)[21]라고 답하고 싶다. 그럼에도 불구하고 어떤 것이 우리가 그 안에서 어떤 제한도 발견할 수 없는 것임을 명석판명하게 아는 것(*intelligi*)이 그것이 무한한 것임을 명석하게 아는 것을 의미한다면, 나는 무한한 것을 안다고 주장하고자 한다.

---

19) 95쪽, 28번째 줄 참조.
20) 96쪽, 11~12번째 줄 참조.
21) AT III 273쪽 24번째 줄 참조.

113 여기서 나는 "부정"(不定, *indefinitum*)과 "무한"(*infinitum*)을 구별하며, 모든 점에서 제한이 발견되지 않는 것만을 고유한 의미로서의 "무한한 것"이라고 부른다. 오로지 신만이 이런 의미로 무한한 것이다. 반면에 내가 단지 어떤 점에서 한계를(*finem*, *finis*) 인식하지 못하는 것들, 즉 상상적 공간의 연장이나, 수의 크기나, 크기의 가분성 등과 같은 것들은 "부정(不定)한 것"이라고 부른다. 그러나 그것들이 모든 점에서 한계를 가지지 않는 것은 아니기 때문에 "무한한 것"이라고 부르지는 않는다.[22)]

그 밖에도 나는 무한의 형상적 근거, 즉 무한성(*infinitatem*, *infinitas*)과 무한한 것을 구별한다. 무한성과 관련해서는 이렇다. 그것이 가장 적극적인 것임을 알고는 있지만, 우리는 그것을 단지 소극적인 방식으로, 즉 우리가 그것에서 어떠한 제한도 인식하지 못한다는 것으로부터 알 뿐이다. 그러나 우리는 무한한 어떤 것(*rem*, *res*)은 적극적으로 안다. 하지만 우리가 그것을 완벽하게(*adaequate*) 아는 것은 아니다. 다시 말해서 그것에서 알 수 있는 것을 모두 다 파악하는 것은 아니다. 바다를 응시할 때, 비록 우리가 바다 전체를 한눈에 다 넣을 수도 그것의 거대한 크기를 측정할 수도 없겠지만, 우리는 우리가 바다를 보고 있다고 말할 수는 있다. 만일 우리가 바다 전체를 한눈에 넣기 위해 멀리서 바라본다면 우리는 단지 그것을 애매하게 볼 수 있을 뿐이다. 이는 또한 우리가 천각형의 모든 변을 한눈에 응시할 때, 우리는 그것에 대해 단지 애매한 표상만을 가지게 되는 것과 마찬가지다. 그러나 우리가 가까이서 바다의 일정 부분을 응시할 경우, 우리는 그것을 명석판명하

---

22) AT III 273쪽 27번째 줄 참조.
〔역주〕《철학의 원리》 AT VIII-1 15쪽, 원석영, 27~28쪽 참조.

게 볼 수 있다. 이는 천각형의 하나 또는 2개의 변을 응시할 경우, 그것에 대한 표상(表象) 역시 명석판명한 것과 마찬가지다. 같은 근거로, 나는 모든 신학자들과 함께 신이 인간 정신에 의해 파악될 수 없다는 것을 인정한다. 게다가 멀리서 대 114
상을 바라보듯이 신 전체를 단번에 정신에 담고자 하는 사람들은 신을 판명하게 인식할 수 없다. 인용된 부분에서 성 토마스는 신에 대한 인식이 오로지 애매한 상태로[23] 우리 안에 존재한다고 했는데, 이는 그가 바로 그런 의미로 한 말이다. 그러나 신의 완전성들에 개별적으로 주목하고, 그 완전성들을 파악하려 하기보다는 그 완전성들에 의해 사로잡히려 하고, 자신들의 모든 정신력을 그 완전성들에 대한 관조에 투입하고자 하는 이들은 실제로 그 어떤 피조물들에서보다 신에게서 명석판명한 인식의 자료들을 훨씬 더 광범위하게 그리고 훨씬 더 쉽게 발견한다.

성 토마스가 이를 부정하지 않았음은 그가 그 다음 절[24]에서 신 존재가 증명될 수 있다고 단언한 것에 비추어 볼 때 명백하다. 그러나 내가 신이 명석판명하게 인식될 수 있다고 주장했을 때, 그곳이 어디였든지 간에, 나는 단지 우리 능력의 척도에 맞추어진 그런 유한한 인식을 의미했을 뿐이다. 그리고 내가 주장한 것들이 참이기 위해서는 그러한 인식만으로도 충분하다. 내가 그것을 단 두 곳에서만 주장했다는 사실에 주목한다면, 더더욱 그렇다. 신에 대해서 우리가 형성하는 관념 속에 어떤 실제적인 것[25]이 담겨 있는 것인지, 혹은 차가움의

23) 96쪽 27~28번째 줄 참조.

24) 《신학대전》, 첫째 부분, 질문 II, 2절: 신의 존재는 증명될 수 있는지(6~7쪽, 7항)?

25) AT III 274쪽 3번째 줄 참조.

관념 속에 단지 뜨거움의 부정만이 존재하듯이 — 이는 의심의 여지가 없는데 —, 부정(*rei negatio*)만이 담겨 있는지의 문제가 논의된 데가 바로 그 중 한 곳이다. 그리고 세 변이 삼각형의 본성에 속하는 것과 마찬가지로 가장 완전한 존재의 본성(*rationem, ratio*)에 존재가 속한다고 주장한 데가 다른 한 곳이
115 다. 우리는 신에 대한 완벽한(*adaequata Dei cognitione, adaequta Dei cognitio*) 인식이 없이도 뒤의 것을 알 수 있다.

그는〔카테루스〕 여기서 다시금 나의 논증들 가운데 하나를[26] 성 토마스의 다른 논증과 비교하는데, 그 의도는 마치 그 둘 중 어떤 것에 더 큰 힘이 실려 있는지를 나로 하여금 보이도록 하려는 데 있는 듯하다. 그런데 나는 실제로 별다른 질투심 없이 이를 할 수 있다. 왜냐하면 성 토마스는 그 논증을 자신의 것처럼 사용하지도, 나와 동일한 결론을 내리지도 않았으며, 이 점에서 나는 영국 박사[27]와 견해가 다르지 않기 때문이다. 그는 신 존재가 우리에게 자명한지를, 다시 말해서 누구에게나 명백한지를 묻고 이를 부정하는데, 이는 옳다. 그가 자신에게 이의를 제기하는 논증은 이렇다. "신이라는 이름이 무엇을 의미하는지를 이해하면 그보다 더 위대한 것이 의미되기란(*significari*) 불가능하다는 것을 이해한다. 그러나 실제로도 존재하고 또 지성 안에도 존재하는 것이 지성 안에만 존재하는 것보다 더 위대한 것이다. 따라서 신이라는 이름이 의미하는 것을 이해하면 신은 실제로도 그리고 지성 안에도 존재한다는 것을 알게 된다."[28] 여기에는 논리의 형식과 관련된 명백한 오류가 존재한다. 그는 단지 "따라서 신이라는 이름이 의미하는 것을

---

26) 98쪽 2번째 줄 참조.

27) 〔역주〕 성 안셀무스를 의미함.

28) 98쪽 5번째 줄~10번째 줄 참조.

이해하면 신이라는 이름은 실제로도 그리고 지성 안에도 신이 존재한다는 것을 의미함을 알게 된다"는 결론만 내렸어야 했다. 어떤 것이 말로 의미된다는 이유만으로 그것이 참임이 드러나는 것은 아니다. 반면에 나의 논증은 다음과 같았다. 어떤 것(*rei*, *res*)의 참되고 불변하는 본성이나 본질 혹은 형상에 속한다고 우리가 명석판명하게 인식하는 것을 우리는 그것과 관련
해서 참이라고 주장할 수 있다. 그런데 신이 무엇인지를 충분 116
하리만큼 엄밀하게 탐구한 후에, 우리는 존재한다는 것이 그의 참되고 불변하는 본성에 속한다는 것을 명석판명하게 인식한다. 따라서 우리는 신과 관련해서 그가 존재한다는 것이 참이라고 주장할 수 있다. 여기서는 적어도 결론이 올바르게 도출되었다. 대전제 또한 부정될 수 없다. 왜냐하면 이미 앞서 "우리가 명석판명하게 인식하는 것은 모두 참이다"[29]라는 것을 받아들였기 때문이다. 이제 소전제만 남아 있는데, 여기에 어느 정도 어려움이 있다는 것을 나는 인정한다. 왜냐하면 첫째로, 우리는 나머지 모든 것들과 관련해서 존재를 본질과 구분하는 데 아주 익숙해져 있어서[30] 어떻게 존재가 다른 것들의 본질에는 속하지 않지만 신의 본질에는 속하는지를 제대로 주시할 수가 없기 때문이다. 둘째로, 어떤 것의 참되고 불변하는 본질에 속하는 것들과 단지 지성의 조작에 의해 그것에 귀속된 것들을 구분하지 않은 탓에, 비록 존재가 신의 본성에 속한다는 것을 충분히 주시함에도 불구하고, 신의 본질이 불변하고 참된 것인지 아니면 우리가 조작한 것에 불과한 것인지를 알지 못하므로 우리가 신이 존재한다는 결론을 내리지 않기 때문이다.

29) 95쪽 28번째 줄 참조.
30) AT V 164쪽 참조.

첫 번째 어려움을 제거하기 위해서는, 가능한 존재(existentiam possibilem, existentia possibilis)와 필연적인 존재(existentiam necessariam, existentia necessaria)를 구분해야 한다. 또 명석판명하게 인식되는 것들의 개념이나 관념들 속에는 가능한 존재가 담겨져 있지만[31] 오로지 신의 관념을 제외하고는 그 어디에도 필연적 존재가 담겨져 있지 않다는 점을 주목해야 한다. 나는 신의 관념과 다른 모든 관념들 사이에 놓인 이러한 차이를 주의 깊게 관찰하는 사람들은 다음의 사실을 지각하게
117 되리라는 점을 의심하지 않는다. 우리가 어떤 것들을 생각하고자 한다면 그것들을 존재하는 것들로 생각해야 하더라도,[32] 이로부터 나오는 결론은 그것들이 존재한다는 것이 아니라 단지 존재할 수 있다는 것일 뿐이다. 왜냐하면 실제적인 존재(*actualis existentia*)와 그것들이 가지고 있는 그 밖의 다른 고유한 성질들과의(*proprietatibus, proprietates*) 결합이 필연적이지는 않기 때문이다. 그러나 우리는 실제적 존재가 신이 가지고 있는 그 밖의 다른 속성들과 필연적으로 그리고 항상 결합되어 있다는 것을 알기 때문에, 이로부터 신이 존재한다는 결론이 당연히 도출된다는 것을 지각한다.

두 번째 어려움을 제거하려면, 참되고 불변하는 본성이 아닌 다만 지성에 의해 구성된 허구적 본성만을 담고 있는 관념들은 바로 그 지성에 의한 추상화에 의해서(*per abstractionem*) 뿐만 아니라 명석판명한 작용에 의해서도(*per operationem*) 나뉠 수 있다는 점을 주목해야 한다. 따라서 지성이 그렇게 나눌 수 없는 것은 지성에 의해 구성된 것이 아니라는 것에는 의심

31) AT III 274쪽 9번째 줄 참조.

32) 〔역주〕 원문은 "etiamsi caeteras quidem res nunquam intelligamus nisi tanquam existentes"이다.

의 여지가 없다. 예를 들어, 내가 날개 달린 말이나 실제로 존재하는 사자 혹은 사각형에 내재하는 삼각형을 생각할 때, 나는 또한 반대로 날개가 달리지 않은 말이나 존재하지 않는 사자나 사각형에 내재하지 않는 삼각형 등을 생각할 수 있다. 따라서 나는 그것들이 참되고 불변하는 본성을 지니고 있지 않다는 것을 쉽게 인식한다. 그러나 삼각형이나 사각형을(사자나 말의 본성은 우리에게 분명하게 드러나 있지 않기 때문에 말이나 사자에 관해서는 언급하지 않겠다) 생각하는 경우, 나는 삼각형의 세 각의 합이 두 직각과 같다는 것 등과 같이 내가 삼각형의 관념 속에서 발견하는 것은 그것이 무엇이든 삼각형과 관련하여 참이라고 주장하게 될 것이다. 또한 사각형과 관련해서도 내가 사각형의 관념 속에서 발견하는 것이라면 그것이 무엇이든 그렇게 할 것이다. 물론 세 각의 합이 두 직각과 같다는 것을 추상하고도 삼각형을 생각할 수는 있다. 그렇지만 명석판명한 작용을 통해서, 즉 내가 말하는 것을 올바르게 이해하 118
면서 삼각형과 관련하여 그것을 부정할 수는 없다. 그 밖에도 내가 삼각형에만 속하는 것들을 사각형에 혹은 사각형에만 속하는 것들을 삼각형에 귀속시키기 위해서가 아니라 그 둘의 결합으로부터 도출되는 것들만을 검토하기 위해 사각형에 내재한 삼각형을 고찰한다면, 그것의 본성은 삼각형이나 사각형의 본성만큼 참되고 불변할 것이다. 그 때문에 나는 사각형의 넓이는 그것에 내재하는 삼각형의 넓이의 두 배이다 등과 같이 그 복합도형의 본성에 속하는 것들을 주장할 수 있다.

그러나 내가 만일 가장 완전한 물체의 관념 속에 담겨 있는 존재를 고찰한다면, 실제로도 존재하고 지성 안에도 존재하는 것이 단지 지성 안에만 존재하는 것보다 더 커다란 완전성이라는 이유 때문에 그처럼 가장 완전한 물체가 존재한다고 결론내릴 수는 없다. 단지 존재할 수도 있다는 결론을 내릴 수 있을 뿐이다. 왜냐하면 나는 그 관념이 모든 물질적 완전성들(*corporeas perfectiones, corporeae perfectiones*)을 하나로 결합하는 내 지성에 의해 주조된 것이라는 점과 존재가 다른 물질적 완전성들로부터 나오는 것이 아니라는 점을 잘 알기 때문이다. 그 이유는 그것들에 대해서는 긍정도 부정도 가능하다는 사실에 놓여 있다. 물체의 관념을 검토하면 나는 물체 속에는 자기 자신을 생산할 힘도, 그리고 보존할 힘도 놓여 있지 않다는 것을 지각한다. 이 때문에 나는 물체가 제아무리 가장 완전하다 할지라도 물체의 본성에 필연적 존재가—여기서 문제는 바로 이것 하나뿐인데—속하지 않는다는 결론을 정당하게 내린다. 골짜기를 가지고 있지 않는 것이 산의 본성에 속하지 않고 두 직각보다 큰 각을 가지는 것이 삼각형의 본성에 속하지 않는 것과 마찬가지로 말이다. 그러나 물체와 관련해서가 아니라, 궁극적으로 함께 존재할 수 있는 완전성들을 모두 지니고 있는 것과
119 관련해서, 과연 존재가 그 완전성들 가운데 속해야 하는지를 묻는 것이라 하더라도, 처음에 우리는 의아해할 것이다. 왜냐하면 유한한 우리 정신이 그런 완전성들을 서로 분리된 상태로 고찰하는 데에만 익숙해져 있는 탓에, 그것들이 얼마나 필연적으로 결합되어 있는지를 바로 알아챌 수는 없을 것이기 때문이다. 그러나 만일 우리가 가장 힘 있는 존재(*enti summe potenti, ens summe potens*)에게 존재가 속하는지 또 어떤 종류의 존재가 속하는지를 주의 깊게 검토한다면, 우리는 일단 그러한 존재에는 적어도 다른 나머지 모든 것들에서처럼, 즉 우리가 명석판명한 관념을 가지고 있는 모든 것들과 지성의 조작에 의해 구성된 것들에서처럼 가능한 존재가 속한다는 사실을 명석판명하게 지각하게 될 것이다. 그 다음에, 그러한 존재의 거대

한 힘에 주목하여 그것이 자신의 고유한 힘으로 존재할 수 있다는 것을 인식하지 못한 채 그것의 존재가 가능한 존재라는 것을 생각할 수 없기 때문에, 이로부터 그것이 실제로 존재하며 또 영원히 존재해왔다는 결론을 내리게 될 것이다. 자신의 고유한 힘으로 존재할 수 있는 것은 항상 존재한다는 것은 자연의 빛에 의해 명백하다. 따라서 이렇게 우리는 가장 힘 있는 존재의 관념 속에 필연적 존재가 담겨 있다는 것을 인식하게 된다. 지성의 조작에 의해서가 아니라, 존재한다는 것이 그러한 존재의 참되고 불변하는 본성에 속하는 것이기 때문에 말이다. 또한 우리는 가장 힘 있는 그러한 존재가 신의 관념 속에 담겨 있는 다른 모든 완전성들을 자기 자신 안에 지니고 있지 않을 수 없다는 것을 쉽게 지각하게 된다. 따라서 그러한 완전성들은 지성에 의한 조작에 의해서가 아니라 자신들의 본성으로 인해 서로 결합된 채 신 속에 존재한다.

세심한 주의를 기울이는 사람들에게는 이 모든 것들이 아주
명백할 것이다. 그것들은 내가 이미 전에 썼던 것들과는 단지 120
설명방식에서만 차이가 있을 뿐이다. 능력의 차이가 있는 사람들에게 도움이 되고자 하는 의도에서 설명방식을 바꾼 것뿐이다. 나는 증명과정에 기여하는 모든 것을 기억하지 못하는 사람은 나의 논증을 궤변으로 간주하게 될 것이라는 점을 부정하지 않는다. 이 때문에 나는 과연 내가 그것을 사용해야만 할지를 적잖이 고민했다는 것 또한 부정하지 않겠다. 그것을 제대로 소화하지 못하는 사람들에게 다른 것들에 대해서도 의구심을 갖게끔 하는 계기를 마련해 주는 것은 아닐까 하고 적잖이 고민했다. 그러나 신의 존재를 증명할 수 있는 길은 오직 두 가지뿐이다. 즉, 결과에 의거한 것과 신의 본질이나 본성에 의거한 것, 두 가지. 첫째 것은 내가 〈제3성찰〉에서 능력

껏 제시했으며, 둘째 것도 빠져서는 안 된다고 생각했다.

아주 학식이 뛰어난 신학자〔카테루스〕가 스코투스에게서 차용한 형상적 구분과 관련해서, 나는 간단히 이렇게 주장하련다.[33] 형상적 구분은 양태적 구분과 다르지 않으며, 그것은 내가 완전한 존재들(〔*entibus*〕 *completis*, 〔*entia*〕 *completa*)과 엄밀하게 구분한 불완전한 존재들(*entia incompleta*)하고만 관련이 있을 뿐이다. 그것은 어떤 것을(*rem*, *res*) 불완벽하게(*inadaequate*) 파악하는 지성의 추상화를 통해 어느 하나를 다른 하나와는 판명하게 그리고 분리된 상태로 파악하는 데는 충분하다. 그러나 그것은 각각의 것들을 독립적인 그리고 다른 모든 것과 상이한 존재로 인식할 정도로 판명하게 그리고 분리된 상태로 파악하는 데는 충분하지 않다. 이를 위해서는 전적으로 실재적 구분이[34] 요구된다. 예를 들어 동일한 물체의 모양과 운동 간에는 형상적 구분이 있다. 우리는 운동을 모양 없이 또는 모양을 운동 없이 잘 인식할 수 있다. 또 그것들을 물체로부터 추상해도 우리는 그 둘을 다 잘 인식할 수 있다. 그렇지만 우리는 그 운동이 내재한 사물(*re*, *res*) 없이 운동을 완전하게(*complete*)
121 인식할 수 없다. 또한 모양이 내재한 사물 없이 모양을 완전하게 인식할 수 없다. 끝으로 우리는 모양이 내재할 수 없는 사물에 운동이 내재한다고 상상할 수 없으며 또 운동할 수 없는 사물에 모양이 내재한다고 상상할 수도 없다. 이와 마찬가지로 나는 올바른 사람 없이 올바름을, 가련한 사람 없이 가련함을 〔완전하게〕 인식하지 못한다. 올바른 사람이 동시에 가련한 사람일 수 없다고 생각해서는 안 된다. 물체란 단지 연장되어 있고 모양을 지니고 있으며 운동할 수 있는 등의 것이라고 생

33) 〔역주〕《철학의 원리》 AT VIII-1 28~30쪽, 원석영 49~51쪽 참조.

34) AT III 474쪽 9번째 줄 참조.

각하면서, 그리고 정신의 본성에 속하는 모든 것을 물체에게서 부정하면서 나는 물체를 완전하게 인식한다. 거꾸로 물체의 관념 속에 있는 것이라면 그것이 무엇이든 그것이 정신 속에 있다는 것을 부정함에도 불구하고 나는 정신을 의심하고 인식하며 의지하는 등의 완전한 것(*res completa*)으로 인식한다. 만일 정신과 신체 간에 실재적 구분이 존재하지 않는다면 이는 불가능하다.[35)]

존경하는 친구들이여, 이것들이 자네들의 극진하고 아주 뛰어난 능력을 지닌 친구가 주목했던 것들에 대해 내가 답해야 한다고 여긴 것들일세. 내가 이러한 답으로도 그를 만족시키지 못했다면, 그가 나의 부족한 점들이나 잘못된 점들을 지적해 주었으면 하고 바라네. 내가 자네들을 통해서 그로부터 이를 전해 받는다면, 나는 대단히 고맙게 생각하겠네.

---

35) 〔역주〕 여기서 볼 수 있듯이, 정신과 신체의 실재적 구분과 관련해서, 데카르트는 완전한 인식(*completa cognitio*)과 완벽한 인식(*adaequata cognitio*)을 구분한다. 실재적 구분에 요구되는 것은 "completa cognitio"이지 "adaequata cognitio"가 아니다. 다시 말해서 어떤 하나가 다른 하나 없이 존재할 수 있는 완전한 존재라는 것임을 아는 데 필요한 것은 "completa cognitio"이지 어떤 대상에 대해 그 대상이 가지고 있는 성질을 모두 다 아는 의미로서의 "adaequata cognitio"가 필요한 것은 아니다. 네 번째 반박의 첫 번째 부분에 대한 답변, 220쪽 이하 참조.

두 번째 반박[1)]

존경하는 이여, 자네는 새로운 적들에 맞서 만물의 주인을 지키고 그의 존재를 증명하는 데 진정 복받은 듯하네. 이제부 122
터 건전한 사람들이, 자네의 《성찰》을 주의 깊게 읽고 난 후 모든 것이 의존해 있는 영원한 신(*numen aeternum*)의 존재를 고백하지 않을 자는 아무도 없을 것이라는 기대를 가져도 좋을 만큼 말일세. 그럼에도 불구하고 우리는 자네에게 다음을 요구하고 청하기로 했네. 부디 아래에 지적된 부분들을 명백하게 해서, 가능함에도 불구하고 분명하게 증명되지 않은 것이 남아 있는 일이 절대로 없도록 하게나. 자네는 이미 오래전부터 지속적 성찰을 통해 자네의 정신을 훈련시켜왔네. 그래서 다른 사람들에게는 의심스럽고 아주 모호하게 보이는 것들이더라도 자네에게는 아주 확실하겠지. 자네는 아마 자네 정신의 명석한 직관(*claro mentis intuitu, clarus mentis intuitus*)을 통해 마치 자연의 빛(*prima praeciupaque naturae lumina*)을 보듯이 그것들을 지각하겠지. 그 때문에 우리는 자네가 더 분명히 그리고 더 자세히 증명할 만한 가치가 있는 것들에만 주목하려고 한다네. 이 일이 잘 매듭지어지면 자네의 논증들, 즉 신에게 더 큰 영광을 드리기 위해 그리고 모든 인간들에게는(*ominum*

mortalium, omnes mortales) 커다란 도움을 주기 위해 끌어들인 논증들이 증명력을 지니고 있다는 사실을 부정할 수 있는 자는 거의 없을 것이네.

첫째, 자네는 자네가 단지 생각하는 것(*rem cogitantem, res cogitans*)이라는 결론을 내리기 위해 온갖 노력을 기울여 단지 가상적으로 모든 물체들의 상(象)을 물리쳤을 뿐, 실제로 혹은 진심으로 그런 것은 아니라는 점을 기억하겠지. 이후 자네가 정신이나 생각(*cogitationem, cogitatio*) 혹은 생각하는 것 이외에는 그 어떤 것도 아니라는 결론을 내릴 수 있다고 믿어서는 안 되네. 유일하게 이것이, 첫 두 성찰과 관련해서, 즉 생

1) AT III, 282쪽 6번째 줄과 18~19번째 줄 참조.
〔역주〕 이 반박은 메르센과 그의 지인들에 의한 것이다. 프랑스 멘 지방 출신의 메르센(Marin, Mersenne, 1588~1648)은 수학자·물리학자이자 프란체스코 수도회의 수사였고, 라플레슈 예수회 왕립학교를 나왔다. 데카르트 역시 이 학교를 나왔지만 같이 학교를 다닌 시기는 없다. 메르센이 선배이다. 처음에 그는 신학과 철학을 연구하였으나, 이후에는 수학·물리학·천문학을 주로 연구하였다. 그는 세계 여러 나라의 학자들과 연구에 관한 내용을 서신교환함으로써 과학발달에 영향을 미쳤으며, 특히 음향학분야에 중요한 연구를 하였다. 주저인 《일반 화성학》(*Harmonie Universelle*) (1636~1637)에는 소수(素數)·완비수(完備數)에 관한 수학적 연구, 음속의 측정, 현(絃)의 진동에 관한 물리학적 연구, 음악이론도 포함되어 있다. 데카르트가 파리에 있을 때 광학을 함께 연구했으며, 서로 아주 많은 편지를 주고받았다. 정중한 태도와 해박한 지식을 지닌 그는 데카르트가 관심을 가졌던 모든 것을 나누었다. 데카르트는 《성찰》 본문을 쓴 후 메르센에게 보내면서, 그것들을 몇몇 학자들과 사상가들에게 돌린 후 그 반박문을 받아 주기를 부탁했다. 카테루스 이외의 반박자들은 메르센이 정한 것이다. 또 메르센은 필사본으로 나돌던 갈릴레이의 〈기계론〉을 1634년에 프랑스에서 프랑스어로 처음으로 출판했으며, 같은 해에 갈릴레이의 《두 세계 시스템에 관한 대화》 중 첫 이틀 동안의 대화를 요약하여 다른 책으로 출판했다. 그는 또 1636년에 갈릴레이의 《두 새로운 과학》 원고를 읽고 몇 달 후 아주 짧은 발췌본을 출판했으며, 1638년 9월에 《두 새로운 과학》 전문에 대한 요약을 출판했다.

각하는 자네가 존재한다는 사실만은 적어도 확실하다는 것을 분명하게 보여주는 첫 두 성찰과 관련해서, 우리가 주목한 것일세. 좀더 이야기하겠네. 여기까지 자네는 자네가 생각하는 것임을 인식하고 있네. 그러나 생각하는 그것이 무엇인지는 모르고 있다네. 만일 그것이 물체였다면, 즉 다양한 운동과 충돌을 통해 우리가 생각이라고 부르는 것을 만드는 물체였다면 어찌하겠는가? 자네가 물체를 물리쳤다고 생각하는 것은 자네 자유지만, 그 경우 자네의 생각은, 자신을, 즉 물체인 자네 자신을, 조금도 물리치지 않았다는 점에서 착각일 수 있네. 물체가 생각할 수 없다는 것을 도대체 어떻게 증명할 것인가? 생각 그 자체가 물질운동(*motus corporeos*, *motus corporei*)이 123
아니라는 것을 어떻게 증명할 것인가? 자네가 물리쳤다고 믿는 자네 몸이(*tui corporis systema*)나 그것의 일부분이, 이른바 뇌가, 우리가 생각이라고 부르는 운동을 일으키는 데 일조할 수 있다네. 자네는 "나는 생각하는 것이다"라고 말하네. 그러나 자네가 물질운동(*motus corporeus*) 혹은 운동하는 물체(*corpus motum*)가 아니라는 것을 어떻게 아는가?

둘째, 자네는 자네가 결코 만들 수 없다고 주장하는 최고의 존재에 대한 관념(*idea summi entis*)으로부터 그 존재의 존재 필연성을(*necessitatem existentiae*) 결론짓고자 하네. 즉, 자네의 정신에 드러나는 그 관념이[2] 유래할 수 있는 유일한 존재인 최고 존재의 존재 필연성을 말일세. 그러나 설령 최고의 존재가 존재하지 않더라도 혹은 우리가 그것이 존재한다는 것을 모르더라도 혹은 우리가 그의 존재에 대해 생각조차 하지 않더라도, 우리는 우리들 자신 속에서 토대, 즉 그 하나만을 기반으

---

2) 45쪽 참조.

로 삼아도 그 관념을 만들 수 있는, 충분한 토대(*fundamentum*)를 발견한다네. 생각하는 나 자신이 어떤 등급의 완전성을 지니고 있음을 내가 모른다는 말인가? 따라서 나 이외의 다른 사람들도 유사한 등급의 완전성을 지니고 있다는 것 또한 내가 모른다는 말인가? 이로부터 나는 임의의 수를 생각할 수 있는 토대뿐만 아니라 한 등급에 한 등급을 계속 더해 무한까지 갈 수 있는 토대를 가지게 된다네. 이는 한 등급(*unicus gradus*)의 빛이나 따뜻함이 존재하더라도, 내가 항상 새로운 등급을 상상하여 그것에 더하면서 무한까지 갈 수 있다는 것과 마찬가지라네. 그렇다면 이와는 달리, 내가 내 안에서 지각하는 존재의 등급에 다른 임의의 등급을 더할 수 없고 또 모든 가능한 등급들로부터 완전한 존재에 대한 관념을 만들 수 없는 이유가 무엇이란 말인가? 그러나 자네는 심지어, 결과는 앞서 원인에 존재하지 않았던 등급의 어떠한 완전성이나 실재성도 가질 수 없다고 말했네. 물론 (우리가 파리 같은 동물들이나 식물들 또한 생명이 — 생명은 어떤 등급의 물질보다 더 고귀한 것인데 — 없는, 태양과 비와 흙에 의해 생성되며, 이로부터 결과가 원인 속에 존재하지 않았던 어떤 실재성을 원인으로부터 지니게 되는 일이 발생할
124 수 있다는 것을 알고 있다는 점을 무시하더라도) 그 관념은 이성에 의해 구성된 존재(*ens rationis*)에 불과하며, 이러한 존재는 자네보다 고귀하지 못하네. 그 밖에도, 자네가 학식이 있는 자들 가운데서 성장하지 못한 채 어떤 외딴 곳에서 홀로 살았더라도, 그 관념을 가지고 있었을 것이라는 것을 어떻게 알 수 있는가? 그 관념은 자네의 영혼이 앞서 행했던 성찰들이나 책들이나 친구들과 나누었던 대화들을 통해 획득한 것이지, 단지 자네의 정신에게서 혹은 최고의 존재에게서 획득한 것이 아니라네. 따라서 최고의 존재가 존재하지 않는다면 자네가 그

관념을 가지고 있을 수 없다는 점은 좀더 분명하게 입증되어야만 하네. 자네가 그렇게 한다면, 우리는 자네에게 바로 동의하겠네. 그런데 그 관념이 이미 전에 획득된 개념들(*anticipatis notionibus, anticipatae notiones*)에서 유래하는 것이라는 점은 캐나다인들이나 후론족이나 다른 야만인들이 그런 관념을 드러내 보이지 않는다는 사실에서 확실해지는 듯하네. 자네는 또한 물질적인 것들(*rerum corporalium, res corporales*)에 대한 사전(事前) 검토를 통해 그 관념을 구성해 낼 수도 있다네. 그렇다면 자네의 그 관념은 이 물질세계, 즉 자네가 생각할 수 있는 모든 면에서 완전성을 담고 있는 이 물질세계 이외의 어떤 것도 지시하지 않는다네. 게다가, 비물질적인 것이나 영적인 것으로 우리를 이끄는 어떤 것을 덧붙이지 않는 한, 여전히 자네는 가장 완전한 물질적 존재 이외의 어떤 존재도 존재한다고 결론지을 수 없다네. 자네가 천사의 관념을 (가장 완전한 존재의 관념을 만들 수 있는 것처럼) 만들 수 있다는 것을 덧붙이고자 하네. 이 경우 그 관념은, 자네가 천사보다 불완전할지라도, 천사에 의해 자네 안에 있게 된 것이 아니라네. 무한수나 무한선의 관념을 가지고 있지 않듯, 자네는 신에 대한 관념도 가지고 있지 않다네. 자네가 무한수의 관념을 가질 수 있다 하더라도, 그 수는 불가능하네.[3] 다른 모든 완전성들을 포괄하는 유일한 완전성의 단일성과 단순성에 대한 관념은 단지 사고하는 지성의 작용(*operatione intellectus ratiocinantis, opreatio intellectus ratiocinantis*)에 의해 만들어지는 것임을 인정하게나. 실제로 존재하는 것이 아니라 단지 지성 안에만 존재하는 보편적 단일성들(*unitates universales*)이 만들어지는 방식과 똑같은

---

3) 〔역주〕 원어는 "quam si possis habere, est tamen numerus ille impossibilis" 이다.

방식으로 말일세. 예를 들어 유적인, 초월적인 단일성(*unitate generica, transcendentali, unitas generica, transcendentalis*) 등이 그렇듯이.

셋째, 자네는 아직 신의 존재에 대해 확신하지 못하네. 그럼에도 불구하고 자네는 신이 존재한다는 것을 자네가 명석판
125 명하게 알기 전에는, 어떠한 것에 관해서도 확신할 수 없다고, 즉 어떠한 것도 명석판명하게 인식할 수 없다고 하네. 그렇다면 자네가 생각하는 것이라는 것을 자네가 아직 명석판명하게 알지 못한다는 결과가 나온다네. 그 인식은, 자네 말에 따르자면, 신 존재에 대한 명석한 인식에 의존해 있는데, 자네가 생각하는 것이라는 결론을 내린 곳에서 자네는 아직 신 존재를 증명하지 않았기 때문에 그렇다네.

무신론자도 삼각형의 세 각의 합이 두 직각과 같다는 것을 명석판명하게 인식한다는 점을 염두에 두게. 그가 신의 존재를 가정하기는커녕 다음을 이유로 명백히 부정하더라도 말일세. 만일 신이 존재한다면, 신은 최고의 존재일 것이며, 최고로 선한 자, 다시 말해서 무한한 자일 것이다. 그런데 모든 종류의 완전성에서 무한한 것은 임의의 다른 것, 즉 임의의 다른 존재와 선한 것, 이른바 임의의 비존재와 악한 것까지도 배제한다. 그럼에도 불구하고 존재들, 선한 것들, 비존재들, 그리고 악한 것들이 매우 많이 존재한다. 〔무신론자가 신을 부정하는 이유는 이 때문이라네〕 불경한 자들이 내세울 수 있는 군더더기를 남겨 두지 않으려면, 우리는 자네가 이 반박에 충분히 대처해야만 한다고 생각하네.

넷째, 자네는 신이 거짓말을 하거나 속일 수 있다는 사실을 부정하네. 그것을 긍정하는 학자들이 없지 않음에도 불구하고 말일세. 예를 들어 가브리엘(Gabriel)[4] 이나 아리미넨시스

(Ariminensis)[5] 와 같은 학자들은 절대적인 힘(*absoluta potestate, absoluta potesta*)의 소유자인 신은 거짓말을 할 수 있다고, 말하자면 자신의 생각(*suam mentem, sus mens*)이나 자신이 내린 결정에 반하는 어떤 것을 인간에게 암시할 수 있다고 믿는다네. 그렇지만 자네는 신이 거짓말을 하거나 속일 수 있다는 사실을 부정하네. 예지자를 통해 신이 아무런 조건 없이 니네베인들에게 "아직 40일 〔남았으며〕 그리곤 니네베가[6] 멸망하리라"고 했을 때처럼. 또, 그가 다른 많은 말을, 그러나 그가 그 말이 자신의 생각과 결정에 상응하기를 원하지 않았기 때문에 실현되지 않았던 말을, 했을 때처럼. 따라서 신이 파라오를 모질게 대하고 눈을 멀게 했다면, 그리고 예지자들에게 거짓된 영(靈, *mendacii spiritum, mendacii spiritus*)을 불어넣었다면, 126
그가 우리를 속이지 않는다는 것을 어떻게 알 수 있는가? 마치 의사가 환자들을 대하듯이 그리고 아버지가 어린 자식들을 대하듯이, 신이 인간들을 대할 수 없다는 말인가? 그 둘이 현명하고 유용하게 환자들이나 어린 자식들을 자주 속이듯 말일세. 만일 신이 순수한 진리를 우리에게 보여준다면, 어떤 눈

---

4) 가브리엘 비엘(Gabriel Biel), 15세기의 마지막 스콜라 철학자.

5) 리미니 출신의 게오르그 아르미니(Gregoire d'Arimini ou de Rimin), 14세기의 신학자. 베일(Bayle)의 철학사전 참조.
〔역주〕 리미니는 이탈리아 티타노 산(山)과 산마리노의 북동쪽에 있는 항구이며, 아드리아 해(海)로 흘러드는 말레키아 강(江) 하구 부근에 위치해 있다. 6~8세기에는 비잔틴제국의 지배를 받았으며, 그후 고트족(族)·랑고바르족(族)·프랑크족(族) 등에게 정복당했다. 13세기에는 자치시가 되었으나, 13세기 말부터 16세기 초까지 말라테스타가(家)가 이곳을 다스렸다. 1509년 이래 로마 교황령이 되었으며, 나폴레옹 전쟁 동안 프랑스가 잠시 통치한 것을 제외하고는 계속 교황의 지배하에 있다가, 1860년에 이탈리아 왕국에 병합되었다.

6) 〔역주〕 아시리아의 옛 수도.

이, 어떤 정신의 예리함이 그것을 감당할 수 있을까?

그렇지만 신이 기만자라고, 그래서 자네가 명석판명하게 알고 있다고 믿는 것들에서〔조차〕 자네를 속일 수 있는, 그런 기만자라고 상상할 필요는 없네. 자네는 결코 그렇게 생각하지 않지만, 그러한 기만의 원인이 자네 안에 있을 수 있기 때문이라네. 만일 자네의 본성이 항상 기만을 당하는 혹은 적어도 자주 기만을 당하는 것이라면 어떨까? 자네가 명석판명하게 인식한다고 믿는 것들에서 자네가 속지도 또 속을 수도 없다는 사실을 자네는 어떻게 아는가? 자신이 햇빛보다도 더 명석하게 알고 있다고 생각하는 것에 대해서조차 속는 사람이 어디 한두 사람인가? 따라서 명석판명한 인식의 원리는 보다 더 명석판명하게 설명되어져야 하네. 건전한 정신을 지닌 사람이라면 그 누구도 결코 자신이 명석판명하게 알고 있다고 믿는 것들에 대해서는 속지 않을 수 있게끔 말일세. 그렇지 않을 경우, 여전히 우리는 사람들에게서나 자네에게서 어떤 확실성도 인지하지 못하네.

다섯째, 자신의 정신의 명석판명한 인식을 따를 때, 의지는 결코 오류를 범하거나 잘못을 저지르지 않는 데 반해, 지성에 의해 명석판명하게 파악되지 않은 것(*conceptum intellectus minime clarum & distinctum*)을 따를 때, 자신을 위험에 노출시키는 것이라면, 이로부터 어떤 결과가 도출되는지 보게나. 터키인이든 어떤 다른 사람이든, 기독교를 받아들이지 않기 때문에 죄를 저지르는 것은 아니지만, 기독교를 받아들이면, 기독교의 진리를 명석판명하게 인식하지 못하기 때문에 죄를 저지르게 되는 것이라는 결과가 도출되지. 만일 자네의 그 규칙들이 참이라면, 의지가 받아들일 수 있는 것은 거의 아무것도 없을 것이라네. 왜냐하면 자네가 의심의 여지가 없는 확실성을 위

해 요구하는 명석함과 판명함으로 우리가 인식하는 것은 거의
없기 때문에 그렇다네. 따라서 자네는, 진리를 지키고자 하지 127
만, 지나친 요구를 해서 〔진리체계를〕 세워나가는 것이 아니라
전복시키고 있다는 것을 알아야 하네.

여섯째, 신학자〔카테루스〕의 반박에 대한 답변에서, 자네는 자네가 도출한 결론과 관련하여 오류를 범하는 것 같네. "어떤 것의 참되고 불변하는 본성이나 본질 혹은 형상에 속한다고 우리가 명석판명하게 인식하는 것은 그것과 관련해서 참이라고 주장할 수 있다. 그런데 (신이 무엇인지를 충분하리만큼 엄밀하게 탐구한 후에) 우리는 존재한다는 것이 그의 참되고 불변하는 본성에 속한다는 것을 명석판명하게 인식한다."[7] 그러나 결론은 다음과 같았어야 하네. 즉, "그러므로 (신이 무엇인지를 충분하리만큼 엄밀하게 탐구한 후에) 우리는 존재한다는 것이 그의 참되고 불변하는 본성에 속한다는 것을 참이라고 주장할 수 있다"라고 결론지었어야 하네. 이로부터 결론지어지는 것은 신이 실제로 존재한다는 것이 아니라, 단지 신의 본성이 가능하거나 모순이 아니라면, 신은 존재해야 한다는 것이네. 다시 말해서, 신의 본성이나 본질은 존재가 포함되지 않은 채로 파악될 수 없기 때문에, 만일 신의 본성이 가능하거나 모순이 아니라면 신은 실제로 존재한다는 결론 말일세. 이는 다른 사람들이 구성한 다음 논증으로써 제기될 수 있네. "만일 신이 존재한다는 것이 모순이 아니라면(*implicet*, *implicare*) 신이 존재한다는 것은 확실하다. 그런데 신이 존재한다는 것은 모순이 아니다." 그런데 이때 소전제가 문제라네. 즉, "그런데 신이 존재한다는 것은 모순이 아니다" 말일세. 반대자들은 그것이 참인지 의심스럽다고 주장하거나 혹은 그것을 부정한다네. 그 밖에도 자네

7) 115쪽 22번째 줄~116쪽 3번째 줄 참조.

논증에서는 이 전제(*clausula*, "신이 무엇인지를 명석판명하게 탐구하자마자")가 참이라고 간주되어 있는데, 여전히 그 누구도 그것이 참이라고 믿지 않는다네. 자네 역시 무한한 존재를 다만 불완벽하게(*inadaequte*) 파악할 뿐이라고 스스로 고백하지 않았던가. 신의 여타 속성에 관해서도 분명히 같은 식으로 말해야 하네. 그것이 무엇이든 신 안에 있는 것은 전적으로 무한하다는 식으로 말일세. 그렇다면 과연 누가 불완벽한 방식이 아니라면 잠시라도 신에 관한 것을 파악할 수 있단 말인가?[8] 자네는 도대체 어떻게 명석판명하게 신이 무엇인지를 탐구한 것인가?

일곱째, 자네는 인간 정신의 불멸성에 관해서는 전혀 거론하
128 고 있지 않네. 그것이야말로 그 불멸성이 가당치 않다고 생각하는 사람들을 겨냥해서 자네가 최선을 다해 입증하고 또 증명했어야 할 것이었네. 왜냐하면 그들은 그것을 철저히 부정하고, 심지어 증오까지 할 테니까 말일세. 게다가, 아직 우리는 — 이미 첫 번째 부분에서 말했듯이 — 인간 영혼이 신체 전체와 구분됨을 자네가 충분히 입증했다고 보지 않는다네. 이에 우리는 영혼과 신체의 구분으로부터 영혼이 소멸되지 않거나 불멸한다는 결론이 도출되는 것은 아니라고 생각한다는 것을 덧붙이겠네. 만일 영혼의 본성이 신체적인 삶의 시한에 한정되어 있다면, 그리고 신이 영혼에게 단지 신체적인 삶과 함께 소멸되는 만큼의 힘과 존재만을 부여했다면, 어떻겠는가?

이러한 점들이 (존경하는 이여) 자네가 우리에게 설명해 주길 바라는 것일세. 그럼으로써 매우 정교한, 그리고 우리가 믿기에, 참된 《성찰》에 대한 독서가 누구에게나 아주 유용해

---

8) 〔역주〕 원문은 "quis nisi inadaequatissime, ut ita loquamur, vel aliquatisper Dei quidpiam mente potest attingere?"이다.

지도록 말일세. 바로 이 때문에 다음은 의미 있는 일이 될 걸세. 즉, 자네가 자네의 답변 끝에다가 정의와 요청과 공리를 먼저 끌어들인 후 이 모든 것을 자네가 그렇게 오랫동안 심취해왔던 기하학적 방식에 따라(*more geometrico, mors geometricus*) 결론짓는 것 말일세. 모든 독자의 마음을 한눈에 충족시키기 위해서, 또한 신의 섭리로 가득 채워주기 위해서라도.

두 번째 반박에 대한 답변[1]

제일철학에 관한 나의 보잘것없는 책에 대한 자네들의 지적을 나는 매우 즐겁게 읽었다네. 자네들의 지적으로부터 나는 자네들이 내게 가지고 있는 호의와 자네들이 가지고 있는 신에 대한 경건함, 그리고 신의 영광을 더 크게 하고자 하는 노력을 다시금 실감하네. 하물며, 자네들이 나의 증명들을 검토할 만 129
한 가치가 있다고 판단했을 뿐만 아니라, 자네들이 제기한 질문들 가운데 쉽게 답할 수 있는 것이 없는 듯하니, 내 어찌 즐겁지 않을 수 있겠는가.

첫째, 자네들은 내게 이런 주의를 주었지. "나는 내가 단지 생각하는 것(*rem cogitantem, res cogitans*)이라는 결론을 내리기 위하여 단지 가상적으로 모든 물체들의 상(象)들을 물리쳤을 뿐이라는 사실을 기억해야 하며, 혹 이로부터 내가 진짜 정신 이외에는 그 어떤 것도 아니라는 결론을 내릴 수 있다고 믿어서는 안 된다"[2]고 말일세. 나는 그것을 잘 기억하고 있었다네. 두 번째 성찰에서 한 다음의 말로써 나는 이미 그것을 입증한 것이라네. 즉, "그러나 나에게 알려져 있지 않다는 이유로 내가 지금

---

1) AT III 286쪽 18번째 줄과 293쪽 2번째 줄 그리고 328쪽 21번째 줄 참조.

2) 122쪽 17~21번째 줄 참조.

무(無)라고 간주하는 것이 실제로는 내가 알고 있는 이 나와 다른 것이 아닐 수도 있다. 나는 이에 관해 아는 바가 없다. 그러나 나는 지금 이에 관해 논하는 것이 아니다"[3] 등의 말로 이미 입증한 것이라네. 이로써 나는 독자들에게 다음을 분명히 하고자 한 것이라네. 즉, 그곳에서 나는 정신이 신체와 다른 것인지(*distincta*) 아닌지를 묻고 있는 것이 아니라, 단지 확실하고 명백한 인식을 얻을 수 있는 정신의 고유한 성질들(*proprietates, proprietas*)을 검토하는 것일 뿐이라는 점을. 그곳에서 정신의 고유한 성질들을 많이 발견했기 때문에, 나는 자네들이 나중에 덧붙인 주장, 즉 "그럼에도 불구하고 나는 생각하는 것이 무엇인지 모른다"[4]는 주장을 아무런 조건 없이 받아들일 수는 없다네. 왜냐하면 비록 내가 그 생각하는 것이 신체와 동일한 것인지 아니면 다른 것인지를 모른다고 고백하기는 했지만, 그 때문에 내가 생각하는 것이 무엇인지를 알지 못한다고 한 것은 아니기 때문이라네. 어느 누가 그 어떤 것을, 자신이 그것에서 인식한 것 이외에는 아무것도 가지고 있지 않다고 할 정도로 알고 있는가? 어떤 것과 관련해서 우리가 많은 것을 지각하면 할수록, 우리는 그것을 그만큼 더 잘 아는 것이라고 하네.
130 그런 식으로 우리는 우리가 오랫동안 함께 살아온 사람들을 단지 얼굴만 아는 사람들이나 혹은 이름만을 들어본 사람들보다, 비록 우리가 이들을 전혀 모르는 것은 아니라 할지라도, 더 잘 아는 것이라네. 나는 이런 의미로 보통 신체에 귀속되는 것들 없이 고찰된 정신이 정신없이 고찰된 신체보다 더 잘 알려진다는 사실을 증명했다고 믿네.[5] 내가 거기서 의도한 바는

3) 27쪽 24~27번째 줄 참조.

4) 122쪽 25~26번째 줄 참조.

5) 원문은 "Quo sensu existimo me demonstrasse mentem, sine iis quae

다만 그뿐이라네.

그렇지만 나는 자네들이 암시하는 것이 무엇인지 안다네. 즉, 내가 제일철학에 관해 단지 6개의 성찰만 썼음에도 불구하고, 첫 두 성찰에서 내가 지금까지 설명한 것 이외에는 아무것도 한 것이 없다는 사실에 독자들이 놀라게 될 것이며, 또 그 때문에 그 두 성찰이 너무 빈약하여 출판될 가치가 없다고 판단하게 될 것이라는 점들 말일세. 이에 대해 나는 단지 다음과 같이 답하겠네. 판단하면서 나머지 성찰을 읽는 사람들이, 나의 자료가 바닥났다고 추측하게 될 것을 나는 두려워하지 않는다네. 그러나 각각 집중을 요구하기 때문에, 다른 것들과 분리된 채 고찰되어야 하는 것들에 내가 각각의 성찰을 분배한 것은 매우 합리적이었다고 생각하네.

나는 아카데미학파 사람들과 회의주의자들이 물질적인 것들에 대한 회의에 관해서 쓴 책들을 많이 그리고 오랫동안 봐왔기 때문에 새삼 그것을 다시 끌어들이는 것은 내게도 지겨운 일이었다네. 그럼에도 불구하고 모든 물질적인 것들에 관해 의심하는 일에 익숙해지는 것보다 우리를 확고한 인식으로 더욱 잘 인도하는 것은 없다네. 내가 그 주제에 성찰 하나를[6] 온전히 배분하지 않을 수 없었던 이유가 바로 그 때문이었네. 나는 독자들이, 다른 성찰로 넘어가기 전에, 단순히 그 성찰을 읽는 데 필요한 짧은 시간이 아니라, 몇 달 혹은 적어도 며칠을 그 성찰이 다루는 것들을 고찰하는 데 쓰기를 바랐다네. 그렇게 한다면 그들이 훨씬 더 커다란 수확을 얻을 수 있었을 것이라는 데에는 의문의 여지가 없다네.

---

corpori tribui solent consideratam, esse notiorem quam corpus sine mente spectatum"이다.

6) 〔역주〕 〈제일성찰〉을 의미하는 것임.

둘째, 우리는 지금까지 정신에 속하는 것들에 대해 단지 아주 애매한 그리고 감각적인 것들의 관념들과 뒤섞인 관념들만
131 가지고 있다네. 그리고 이것이 영혼이나 신에 관해 이야기되는 것들 가운데 그 어느 것도 충분하리만큼 분명하게 이해될 수 없었던 가장 커다란 결정적인 이유였다네(prima & praecipua). 이 때문에, 만일 내가 정신의 고유한 성질들(*proprietates seu qualitates*)이 신체의 성질들과 어떻게 구별되어야 하는지를 보인다면, 나는 이로써 큰 의미가 있는 일을 하게 되는 것이라고 믿었네. 이미 많은 사람들이 형이상학적인 것들을 이해하려면 정신을 감각으로부터 멀리해야 한다고 말했네. 그럼에도 불구하고 지금까지 그 누구도 그것을 어떻게 할 수 있는지를 보여준 적은 없다네. 그런데 이를 할 수 있는 참된 길, 그리고 나의 판단에 따르면 유일한 길은 나의 〈제 2성찰〉에 들어 있네. 그런데 그 길은 한 번만 가보는 것으로 충분한 그런 길이 아니라네. 정신적인 것(*res intellectuales*)과 물질적인 것을 뒤범벅으로 만드는 삶의 오랜 습관을 제거하려면, 그것들을 구분하는 상반된 습관을 통해, 적어도 며칠 동안 얻어진 상반된 습관을 통해 제거하려면, 그 길을 오랫동안 그리고 반복해서 가보아야 하네. 이것은 내가 〈제 2성찰〉에서 왜 그 밖의 것에 관해서는 아무런 언급도 하지 않았는가에 대한 아주 정당한 이유였다고 나는 생각하네.

그 밖에도 자네들은 여기서 바로 "물체가 생각할 수 없다는 것을 도대체 내가 어떻게 증명할 것인가?"[7] 라고 묻네. 그렇지만 내가 나는 그곳에서 아직 그런 질문의 빌미를 제공하지 않았다고 답하더라도, 나를 이해해 주게나. 나는 〈제 6성찰〉에서야

7) 122쪽 30번째 줄 참조.

처음으로 그 주제를 이와 같은 말로써 다루기 시작했기 때문이라네. "어느 하나를 다른 하나 없이 명석판명하게 인식하기만 하면, 나는 그것이 다른 것과 상이하다고 충분히 확신할 수 있다" 등과 같은 말로써.[8] 그리고 조금 뒤에, 내가 "나와 아주 밀접하게 결합되어 있는 신체를 가지고 있을지라도, 한편으로 내가 오직 생각하는 것이고 연장된 것이 아닌 한에서 나는 나 자신에 대한 명석판명한 관념을 가지고 있고, 다른 한편으로 물체가 오 132
직 연장된 것이고 생각하는 것이 아닌 한에서 물체에 대한 명석판명한 관념을 가지고 있으므로, 나(다시 말해서 정신)는 내 신체와는 다르고, 신체 없이 존재할 수 있다는 것은 확실하다."[9] 이에 다음을 간단히 덧붙일 수 있네. "생각할 수 있는 것은 모두 정신이거나, 혹은 정신이라 불린다. 그런데 정신과 신체는 실제로 구분되기 때문에, 어떤 신체도 정신이 아니다. 따라서 어떤 신체도 생각할 수 없다."

사실 나는 자네들이 무엇을 부정할 수 있을지 잘 모르겠네. 어느 하나를 다른 하나 없이 명석하게 인식하는 것이 그 둘이 실제로 구분된다는 것을 인식하는 데 충분하다는 것을 부정하는가? 그렇다면 그보다 더 확실한 실재적 구분의 징표를 제시해 보게나. 나는 그것이 가능하다고 믿지 않네. 무슨 말을 하려고들 하는가? 하나가 다른 하나 없이 존재할 수 있는 그 둘이 실제로 구분된다는 것을 부정하는 것인가? 다시 한 번 묻겠네. 자네들은 어느 하나가 다른 하나 없이 존재할 수 있다는 것을 어떻게 인식하는가? 무엇이든 구분의 징표가 되기 위해서는 인식되어져야만 하네. 자네들은 아마도 그것을 감각으로부

---

8) 78쪽 4번째 줄 이하 참조.

9) 78쪽 13~20번째 줄 참조. 그런데 78쪽에 있는 글에는 "(다시 말해서 정신, hoc est mentem)"이 들어 있지 않다.

터 얻는다고 하겠지. 왜냐하면 어느 하나를 다른 하나 없이 보고 만질 수 있을 테니까 말일세. 그러나 감각에 대한 신뢰는 지성에 대한 신뢰보다 덜 확실하네. 그리고 동일하고 하나인 것이 여러 가지 형태로, 혹은 여러 장소에, 혹은 여러 양태로 나타나 둘로 여겨지는 것이 다양한 방식으로 가능하네. 끝으로, 만일 자네들이 〈제 2성찰〉의 마지막 부분에 있는 밀랍에 관한 설명을 기억한다면,[10] 물체 그 자체가 고유한 의미로서 지각되는 것이 아니라, 오로지 지성에 의해 지각되는 것임을 알게 될 것이네. 따라서 어떤 것을 다른 것 없이 감각한다는 것은 어떤 것에 대한 관념을 가지고 그 관념이 다른 것에 대한 관념과 동일하지 않다고 이해하는 것과 다르지 않다네. 그러나
133 이는 어느 하나가 다른 하나 없이 지각되기 때문에 가능한 일이라네. 그 둘에 대한 관념이 명석판명하지 않으면, 그럴 수 없다네. 따라서 자네들이 제시하는 실재적 구분의 징표는, 그것이 확실한 징표가 되려면, 나의 것으로 환원되어야만 하네.

그러나 만일 어떤 사람들이 자신들이 정신과 신체에 대한 판명한 관념들을 가지고 있다는 것을 부정한다면, 그들에게 다음을 부탁하는 것 이외에 내가 달리할 수 있는 일이 없네. 〈제 2성찰〉의 내용에 충분한 주의를 기울여 혹 그들이 뇌가 생각하는 데 이바지한다는 견해를 가지고 있다면, 그 견해가 어떤 적극적인 근거에 기인한 것이 아니라, 단지 신체를 가지고 있지 않은 적이 한 번도 없어서 그들의 정신활동이 신체로 인해 적지 않은 방해를 받았기 때문임을 알아달라고 부탁하는 것 이외에는 말일세. 이는 어릴 적부터 발이 쇠사슬에 항상 묶여 있었기 때문에 그 쇠사슬이 자신의 신체의 일부이며, 따라

10) 30쪽 8번째 줄~31쪽 25번째 줄 참조.

서 걷기 위해서는 그것이 필요하다고 생각하는 것과 마찬가지 경우라네.

둘째, 자네들이 "우리는 우리들 자신 속에서 신에 대한 관념을 만들 수 있는 충분한 토대(*fundamentum*)를 발견한다"[11] 고 말한다고 해서, 나의 입장과 다른 것을 주장하는 것은 아니라네. 나도 세 번째 성찰 끝부분에서 분명하게 "그 관념은 내게 본유적이다"[12] 라고, 또는 나 자신으로부터가 아닌 다른 어느 곳으로부터 내게 오는 것이 아니라고 했네. 또한 나는 "우리가 최고의 존재가 존재한다는 것을 모른다 하더라도 그 존재에 대한 관념을 만들 수 있다"는 것은 인정하지만, "최고의 존재가 존재하지 않더라도 그럴 수 있다"[13] 는 것은 인정하지 않네. 나는 오히려 "내 논증의 모든 힘은, 만일 내가 신에 의해 창조된 것이 아니라면, 신에 대한 관념을 만들 수 있는 능력이 내 안에 있을 수 없다는 데 놓여 있다"[14] 는 점에 주의를 환기시켰다네.

그리고 자네들이 파리나 식물 등과[15] 관련해서 한 이야기가 자네들로 하여금 앞서 원인에 존재하지 않았던 어떤 등급의 완 134
전성이 결과 속에 존재할 수 있다는 것을 입증할 수 있게 해주는 것은 아니라네. 영혼(생명)이 없는 물체들 안에 놓여 있지 않은 어떤 완전성도 이성을 가지고 있지 않은 생물들 안에 놓여 있지 않다는 것은 확실하기 때문이라네. 혹, 만일 그러한 완전성이 있다면, 그것은 다른 곳에서 주어진 것이라네. 태양과 비와 흙이 그것들의 완벽한(*adaequatas*, *adaequatae*) 원인이

11) 123쪽 10~12번째 줄 참조.
12) 51쪽 6~14번째 줄 참조.
13) 123쪽 12~13번째 줄 참조.
14) 51쪽 30번째 줄 참조.
15) 123쪽 26~27번째 줄 참조.

아님은 확실하네. 만일 누군가가, 자신이 파리의 생성에 이바지하는 그리고 파리가 가지고 있는 등급만큼의 완전성을 가지고 있는 원인을 인식하지 못한다는 한 가지 이유 때문에, 그러면서도 자신이 알고 있는 원인들 이외에는 다른 어떤 원인도 존재하지 않는다는 사실을 확신하지 못함에도 불구하고, 이로부터 자연의 빛 그 자체에 의해 명백한 사실을 — 이에 관해서는 내가 조금 있다가 자세하게 설명하겠지만 — 의심하는 계기를 마련한다면, 이는 매우 불합리한 일일 것이네.

이밖에도 물질적인 것들에 대한 고찰을 토대로 자네들이 파리와 관련해서 제기한 반론은, 순서에 따라 (올바르게) 철학을 하기 위하여 내가 성찰한 과정을 좇아 자신들의 생각을 감각적인 것들로부터 해방시키게 될 사람들의 마음에 다가갈 수 없을 것이라는 점을 덧붙이네.

자네들이 우리가 가지고 있는 신에 대한 관념을 "이성에 의해 구성된 존재"[16] (*ens rationis*) 라고 부른다고 해서 더 나아질 것은 아무것도 없다네. 왜냐하면 "이성에 의해 구성된 존재"라는 것을 그것이 존재한다는 의미로서가 아닌, 단지 지성의 모든 작용(*omnis operatio intellectus*) 은 "이성에 의해 구성된 존재", 다시 말해서 이성으로부터 유래하는 존재라는 의미로 이해한다면, 그것은 사실이 아니기 때문이라네. 오히려 이 세계 전체가 신의 이성에 의해 구성된 존재, 다시 말해서 신의 정신의 단순한 행위를 통해 창조된 존재라고 할 수 있네. 그리고 이미 나는 여러 곳에서 내가 단지 관념의 대상적 완전성이나 실재성에 관해서만 논의하고 있다는 것을 충분하리만큼 누차 밝혔네. 즉, 아주 훌륭하게 고안된 기계에 대한 관념 속에 존재하

---

16) 124쪽 첫 번째 줄 참조.

는 대상적 기술성(*artificium objectivum*)과 마찬가지로, 관념 속
에 단지 대상적으로만 있는 모든 것을 실제로 가진 원인을 요 135
구하는 대상적 완전성이나 실재성에 관해 논의하는 것이라는
점 말일세.

그리고 사실 나는 최고의 존재가 존재하지 않는다면 그 관념이 내 안에 존재할 수 없다는 것을 더 분명하게 드러내기 위해 과연 무엇을 더 보탤 수 있을지 모르겠네. 알다시피, 독자가 내가 이미 써 놓은 것들에 좀더 주의를 기울이고, 혹 자연의 빛을 가리고 있는 선입견이 있다면 그것에서 자신을 해방시키고, 또 모호하고 거짓된 것임에도 불구하고 오랫동안 사용해 온 탓에 정신에 깊이 각인되어 있는 의견들보다는 그보다 더 명백하고 참된 것이 있을 수 없는 제1개념들(*primis notionibus, primae notiones*)을 신뢰하는 데 익숙해지도록 하는 것 외에는 말일세.

"앞서 원인 속에 유사한 방식으로든 또는 어떤 뛰어난 방식으로든[17] 존재하지 않았던 어떤 것도 결과 속에 존재하지 않는다"(*nihil sit in effectu, quod vel simili vel eminentiori aliquo modo praeexistiterit in causa*)는 것이 바로 제1개념 중 하나라네. 즉, 그 어떤 개념도 그보다 더 명석할 수 없는 제1개념 중 하나라네.[18] 그리고 일반적으로 익숙한 개념, 즉 "무(無)로부터는 무가 나온다"(*a nihilo nihil fit*)는 개념도 그것과 다르지 않다네. 왜냐하면 원인 속에 존재하지 않았던 어떤 것이 결과 속에 존

---

17) 한 관념의 원인이 그 관념이 표상하는 대상보다 더 커다란 형상적 실재성을 지녔을 때를 의미함.

18) 〔역주〕 이때 "notio"를 "지식"이나 "명제"로 혹은 헬데인과 로스를 따라 "원리"로 번역하는 것도 좋을 듯했지만, "개념"이 현재 굳어진 번역어라 역자도 이에 따랐다. 중요한 것은 우리가 여기서도 볼 수 있듯이, "notio"가 "개념"뿐만 아니라 "명제"도 포함한다는 것을 아는 것이다.

재한다는 것을 인정하면, 그 어떤 것이 무로부터 만들어졌다는 것 또한 바로 인정해야 하기 때문이네. 또한 결과 속에 존재하는 것과 동일한 것이 그러한 원인 속에 존재하지 않는다면, 무엇 때문에 무가 원인일 수 없는지 명백하지 않기 때문이라네.

"모든 관념들 속에는 단지 대상적으로만 존재하는 실재성이나 완전성이 그 원인들 속에는 형상적으로 또는 더 뛰어난 방식으로 존재해야만 한다"는 것 또한 제 1개념이라네. 우리가 우리의 정신 바깥에 있는 것들의 존재에 대해 가지고 있던 믿음은 오로지 이 개념으로부터 기인한 것이네. 그것들에 대한 관념들이 감각을 통해 우리의 정신에 도달하는 것이라는 이유 때문이 아니라면, 대체 어떻게 우리가 그것들이 존재한다고 생각할 수 있었겠는가?

그러나 우리 안에 전능하고 가장 완전한 존재에 대한 관념이 있으며, 그 관념의 대상적 실재성이 형상적으로든 혹은 다른 어떤 뛰어난 방식으로든 우리 안에서 발견되지 않는다는 사실은 나와 함께 충분히 주의를 기울이며 오랫동안 성찰할 사람들에게는 분명해질 것이라네. 다른 사람의 생각에 의존해 있는
136 것을 주의를 기울이지 않는 자에게 넣어 줄 수는 없는 일일세.

이로부터 신이 존재한다는 것이 아주 명백하게 결론지어지네. "관념 속에 대상적으로 존재하는 모든 완전성은 그것의 원인 속에 실제로 존재해야 한다"는 것이 제 1개념임을 모를 정도로 빈약한 자연의 빛을 지니고 있는 사람들에게, 나는 그 관념을 가지고 있는 정신이 자기 자신으로부터 존재할 수 없다는 사실을 통해 신이 존재한다는 것을 훨씬 더 알기 쉽게 증명하였네. 따라서 나는 자네들의 동의를 얻는 데 무엇이 더 필요한지 모른다네.[19]

신 관념을[20] 혹 내가 "영혼이 앞서 생각한 개념들이나 책들이나 친구들과 자유로이 나누었던 대화들" 등을 통해 획득한 것이지, "단지 나의 정신에게서만 획득한 것은 아니다"[21]라는 주장 역시 설득력이 없다네. 왜냐하면 내가 그 사람들에게 그들은 그 관념을 자기 자신으로부터 가진 것인지, 아니면 다른 사람에게서 얻은 것인지를 묻는다면, 논증은 내가 그 관념을 어떻게 가지게 되었는지를 묻는 경우와 똑같은 방식으로 진행될 것이기 때문이라네. 그리고 이 논증으로부터 그 관념이 최초로 흘러나온 그곳이 바로 신이라는 결론을 내리게 될 것이라네.

그런데 여기서 자네들이 덧붙이는 것, 즉 "물질적인 것들에 대한 사전(事前) 검토를 통해 그 관념을 구성해 낼 수도 있다"[22]는 것은, 우리가 청력을 가지고 있지 않지만, 색 지각으로부터 소리에 대한 인식에 이를 수 있다는 주장보다 더 사실과 먼 것이네. 색과 소리는 신과 물질적인 것들보다 더 많은 유사한 점이 있다네. 자네들은 "비물질적 혹은 영적 존재로 이끄는 어떤 것을 내가 덧붙이기를"[23] 요구하지만, 자네들로 하여금 그 성 137
찰이 적어도 어떤 유용성을 가지고 있음을 알 수 있도록 하기 위해서는 자네들을 〈제 2성찰〉로 돌려보내는 것이 내게는 최선이라네. 오직 그것 하나만을 위해 그곳에 준비된 그리고 그보다 앞서 내가 쓴 다른 그 어떤 것에 비해 결코 적지 않은 노력을 들인 긴 설명이 아무 효과가 없다면, 한두 마디의 말로 과연 내가 무엇을 이룰 수 있겠는가?

---

19) 124쪽 9번째 줄 참조.

20) 원문은 "ideam, quae mihi Deum repraesentat"이다.

21) 같은 쪽 4~5번째 줄 참조.

22) 같은 쪽 12~13번째 줄 참조.

23) 같은 쪽 17~18번째 줄 참조.

내가 단지 인간 정신에 관해서만 다루었다는 것이 문제가 될 수는 없네. 나는 내가 가지고 있는 관념, 예를 들어 신의 지성에 대한 관념이 우리가 우리의 지성에 대해 가지고 있는 관념과 다르지 않다는 사실을 흔쾌히 인정하네. 무한수에 대한 관념이 4에 대한 관념이나 2에 대한 관념과 다르다는 것과 같은 정도의 차이를 제외하고는 말일세. 이는 신의 각각의 속성들, 즉 그 자취들을 우리가 우리 자신 속에서 발견하는 신의 각각의 속성들과(*attributis*, *attributa*) 관련해서도 마찬가지라네.

그 밖에도 우리는 신에게서 절대적인 위대함(*absolutam immensitatem*, *absoluta immensitas*)과 단순성, 그리고 다른 모든 속성들을 포괄하는 단일성을 인식하네. 그런데 이 단일성은 아무런 예가 없는, 즉 앞서 말한 바와 같이[24] "마치 기술자가 자신의 작품에 찍어놓은 표식과 같은 것"이라네. 이를 근거로 우리는 우리 지성이 지니고 있는 결함으로 인해 우리가 우리 자신에게서 지각하듯이 신에게서도 단편적으로 고찰하는 가운데 그 어느 것도 신과 우리에게 같은 의미로 속하는 것이 아님을 인식하네. 또한 우리는 많은 특수하고 부정(不定)한 것들(*multis indefinitis particularibus*, *multa indefinita particularia*)에 대한 관념들을, 예를 들어 부정(不定)이나 무한한 인식에 대한 관념, 힘과 수와 길이 등에 대한 관념, 무한한 것들에 대한 관념들을 가지고 있네. 이것들 가운데 어떤 것들은, 예를 들어 인식이나 힘 같은 것들은 신 관념 속에 형상적으로 들어 있지만, 어떤 것들은 예를 들어 수와 길이 같은 것들은 단지 뛰어난 방식으로 들어 있을 뿐이라는 것을 인식하네. 만일 신 관
138 념이 허구에 불과하다면, 이는 실로 일어날 수 없는 일이라네.

---

24) 51쪽 16~17번째 줄 참조.

그 관념이 모든 사람들에게 동일한 방식으로 일정하게(*constanter*) 파악될 수 있는 것은 아니라네. 하지만 다음은 매우 주목할 만한 가치가 있다네. 신의 속성들(즉, 단지 인간의 지성을 통해 인식될 수 있는 속성들)을 기술하는 데는 형이상학자들이 의견일치를 보고 있다는 것 말일세. 이에 반해 우리는 물질적인 것과 감각적인 것의 본성과 관련해서 철학자들이 그 정도의 의견일치에 도달할 수 있을 정도로 확실하고 명백한 관념을(*ideam quammaxime crassam & palpabilem, idea quammaxime crassua & palpabilis*) 그 어떤 물질적인 것과 감각적인 것에 대해 가지고 있지 못하다네.

오로지 가장 완전한 존재의 본성에만 주의를 기울이고자 한다면, 그 누구도 신에 대한 관념을 파악하는 데 오류를 범할 수 없을 것이라네. 그러나 사람들이 모순된 주장을 하는 것은 서로 다른 것들을 뒤섞기 때문이라네. 그리고 신과 관련된 허구적인 관념(*chimericam ideam, chimerica idea*)을 만들기 때문에, 나중에 그런 관념을 통해 표상되는 신의 존재를 부정하는 것은 당연한 일이라네. 이와 마찬가지로, 자네들이 여기서 "가장 완전한 물질적 존재"[25]에 관해 말할 때, 만일 자네들이 가장 완전하다는 말을 절대적 의미로 사용하는 것이라면, 즉 그 존재란 우리가 그 안에서 모든 완전성들을 발견할 수 있는 물질적인 것이라는 의미로 사용하는 것이라면, 자네들은 모순된 주장을 하는 것일세. 왜냐하면 물체의 본성 그 자체가 많은 불완전성들을 함축하고 있기 때문이라네. 예를 들자면, 물체는 나뉠 수 있다거나 물체의 각각의 부분은 다른 부분이 아니라는 것 등의 불완전성을 말일세. 나뉘지 않음이 나누어짐보다 더

25) 124쪽 16~17쪽 참조.

커다란 완전성임은 자명하네. 만일 자네들이 〔가장 완전한 것이라는 말로써〕 단지 물체에 관한 한 가장 완전한 것을 의미하는 것이라면, 그것은 신이 아니네.

자네들이 "천사에 대한 관념과 ― 우리는 이 관념보다 덜 완전
139 한데" ― 관련해서 덧붙이는 것, 즉 "그 관념이 천사에 의해 우리 자신 속에서 만들어졌어야 할 필요는 없다"[26] 는 데 나는 흔쾌히 동의하네. 왜냐하면 나는 이미 〈제 3성찰〉에서 "그 관념은 우리가 가지고 있는 신에 대한 관념과 인간에 대한 관념들로부터 만들어질 수 있다"[27] 고 했기 때문이라네. 따라서 자네들의 주장은 결코 나의 입장과 충돌하지 않는다네.

그러나 자신이 신에 대한 관념을 가지고 있다는 것을 부정하지만, 그 대신 신에 대한 어떤 그림 같은 것을 〔마음속에〕 그린다고 하는 사람들은 이름을 부정하는 것이지 사실을 부정하는 것은 아니라네. 나는 그 관념이 〔뇌의 한 부분으로서의〕 상상력(*phantasia*)에 각인된 물질 대상들에 대한 상(象)과 동일한 본성(*naturae*, *natura*)을 지닌 것이 아니라, 단지 이해하거나 판단하거나 사고하는 지성을 통해 우리가 지각하는 것이라고 믿네. 그리고 사고나 지성을 통해 내가 나보다 우위에 있는 어떤 완전성에 접할 수 있다는 것 하나만으로도, 예를 들어 내가 수를 세면서 가장 큰 수에 도달할 수 없기 때문에 셈과 관련해서 나의 능력을 넘어서는 어떤 것이 존재한다는 것을 인식한다는 것 하나만으로부터도, 나는 다음이 필연적으로 귀결된다고 주장하네. 무한수가 존재한다거나 혹은 자네들의 주장과는 달리,[28] "그 수가 불가능"하지 않다는 결론이 아니라, 나는

26) 124쪽 18~21번째 줄 참조.

27) 43쪽 5~9번째 줄 참조.

28) 124쪽 23번째 줄 참조.

내가 생각할 수 있는 것보다 더 큰 수를 생각할 수 있는 능력을 내 자신에게서가 아니라 나보다 더 완전한 어떤 다른 존재에게서 받은 것이라는 결론 말일세.

무한수에 대한 개념(*conceptus*)을 관념이라 부르든 그렇게 부르지 않든, 이는 사실과는 무관한 일이네. 그러나 나보다 더 완전한 그 존재가 무엇인지, 즉 그 자신이 실제로 존재하는 무한수인지 아니면 어떤 다른 것인지를 알기 위해서는, 나에게 그 관념을 주는 힘 이외에도, —이 힘은 그로부터 나오는 것인데— 그 안에 존재할 수 있는 다른 모든 것들을 고찰해 보아야만 하네. 신은 오로지 그러한 방식으로 발견된다네. 140

끝으로, 신은 우리가 "생각할 수 있는 것이 아니라고" 할 때,[29] "생각"이 의미하는 바는 신을 완벽하게(*adaequate*) 파악하는 "생각"이지, 우리 안에 존재하는 그리고 신이 존재한다는 것을 인식하는 데 충분한 그에 대한 "불완벽한(*inadaequata*) 생각"을 의미하는 것은 아니네. 그리고 "신의 모든 완전성들의 단일성에 대한 관념은 반암(斑岩)의 보편자들이 만들어지는 것과 동일한 방식으로 만들어진다는 주장"[30] 역시 하찮은 것이라네. 여기에는 확실히 매우 커다란 차이가 있네. 즉, 그것이 신에 관련해서는 특별하고 적극적인 완전성을 지칭하는 반면에, 유적인 단일성은 각각의 개별자들의 본성에 아무것도 실질적으로 더해주는 것이 없다는 점 때문에 말일세.

셋째,[31] "신이 존재한다는 것을 알기 전에, 우리는 어떠한 것도 알 수 없다"고 내가 말했을 때, 나는 이를 우리가 결론을 도출하는 데 사용했던 근거들에 주목하지 않은 채 기억할 수 있

29) 〔역주〕 원문은 "cum Deus dicitur esse incogitabilis"이다.

30) 124쪽 24~28번째 줄 참조.

31) 같은 쪽 29번째 줄 참조.

는 결론들에 대한 지식에 한정해서 설명하는 것임을 분명한 표현을 써가며 확실하게 했네.[32] 궤변가들은 일반적으로 원리들에 대한 앎(*notitia*)을 지식이라고 부르지 않네. 그러나 우리가 생각하는 것임을 인지하면, 원리들에 대한 앎은 어떤 삼단논법으로도[33] 귀결되지 않는 제 1개념이라네. 누군가 "나는 생각

---

32) 69쪽 20~22번째 줄 참조.

33) AT V 147쪽 참조.

〔역주〕 1) 이는 일명 〈버만과의 대화에서〉를 의미함. 해당부분을 번역하면 다음과 같다.

버만의 질문: 《철학의 원리》 I. 10에서는(AT VIII-1 8쪽, 원석영 14~15쪽 참조) 그 반대를 주장하지 않았습니까?

데카르트의 답변: 이 결론, 그러므로 나는 존재한다 전에 대전제인 생각하는 것은 존재한다가 알려질 수 있다. 실제로 그 전제는 나의 결론에 앞서며 또 나의 결론은 그 전제에 의해 뒷받침되기 때문이다. 그래서 저자는(데카르트 자신을 의미함) 그 대전제가 앞선다고 한 것이다. 왜냐하면 그것은 항상 암묵적으로 전제되고 또 앞서기 때문이다. 그러나 그 때문에 내가 항상 명백하게 그리고 명시적으로 그것이 앞선다는 것을 인식하는 것은 아니며, 또 그것을 나의 결론에 앞서 알고 있는 것도 아니다. 왜냐하면 나는 단지 내가 내 안에서 경험하는 것을, 즉 나는 생각한다, 그러므로 존재한다는 것을 주목할 뿐, 일반개념(*generalem notionem, genalis notio*), 즉 생각하는 것은 존재한다는 것을 주목하는 것이 아니기 때문이다. 앞에서 주의를 주었듯이, 우리는 그런 명제들을 특수명제들과 분리하지 않고 그것들 속에서 고찰하기 때문이다. 위에서 인용된 것은 이런 의미로 이해되어야 한다.

〔역주〕 2) 데카르트는 1648년 4월 16일에 네덜란드 에그몬트에서 20살의 청년 신학자이자 자신의 숭배자인 버만(Franz Burman, 1628~1679)의 방문을 받고 식사를 하면서 자신의 저서들인 《성찰》, 《철학의 원리》, 《방법서설》에 관한 그의 질문에 답했다. 그후 버먼은 4월 20일에 그 대화내용을 역시 데카르트 숭배자인 클라우스베르그(Johannes Clausberg, 1622~1655)에게 전했는데, 이에 관한 클라우스베르그의 기록의 필사본이 남겨져 있다. 아당과 타네리는 이에 텍스트 비평을 가하여 그들의 데카르트 전집 중 서간문을 모아둔 책들 가운데 V권에 1648년 4월 16일자의 서간문 형태로 실어 놓았다. 그 텍스트는 라틴어다.

한다, 그러므로 나는 있거나 존재한다"라고 할 때, 그는 자신의 존재를 삼단논법을 통해 "생각"으로부터 연역하는 것이 아니라, 정신의 단순한 직관을 통해 자명한 것으로(*tamquam rem per se notam simpmici mentis intuitu*) 인식하는 것이네. 이는 다음을 보면 명백하네. 만일 그가 삼단논법을 통해 자신의 존재를 연역하는 것이라면 그는 먼저 대전제, 즉 "생각하는 것은 모두 있거나 존재한다"라는 대전제를 알고 있었어야 하네. 그러나 그가 오히려 자신이 존재하지 않는다면 자신이 생각한다는 일이 일어날 수 없다는 것을 스스로 경험함으로써 그 대전제를 배운다는 것이 확실하네. 개별자들에 대한 인식으로부터 일반 141
명제를 만드는 것이 우리 정신의 본성이라네.

"무신론자가 삼각형의 세 각의 합이 두 직각과 같다는 것을 명석하게 인식한다"[34]는 점을 내가 부정하는 것은 아니네. 다만 나는 그의 인식(*cognitionem, cognitio*)은 참된 지식이(*scientiam, scientia*) 아니라는 점을 주장하는 것이라네. 의심스러운 것이 될 수 있는 어떤 인식도 지식이라고 불려서는 안 되네. 또한 무신론자이기 때문에, 그는 자신에게 아주 명백히 보이는 것에 관련해서도 속임을 당하지 않는다는 것을 확신할 수 없네. 이는 이미 충분히 밝혀진 바이네. 혹 그러한 의심이 생기지 않더라도, 자신이 검토하는 동안에 혹은 다른 사람에 의해 그 의심이 제기되면, 그러한 의심이 그에게 생길 수 있네. 그리고 신을 인식하기 전에는 결코 그러한 의심에서 벗어나게 되지 못한다네.

그가 자신이 신이 존재하지 않는다는 것에 대한 증명들을 가지고 있다고 생각하더라도 차이는 없네. 왜냐하면 그 증명

34) 125쪽 6번째 줄 참조.

들이 결코 참된 증명일 수 없는 까닭에 그것들이 지닌 문제점들이 항상 그에게 지적될 수 있기 때문이라네. 그런 경우 그는 그 의견에서 벗어나게 된다네.

실제로 이는 어려운 일이 아니네. 만일 그가 자신의 증명들을 위해 단지 자네들이 덧붙인 것, 즉 "모든 종류의 완전성에서 무한한 것은 어떤 임의의 다른 존재를 배제한다는 것 등"[35]을 제시한다면 말일세. 첫째로, 다른 모든 존재들을 배제하는 것이 무한한 것의 본성에 속한다는 것을 어떻게 아는가 하는 질문을 받을 때, 그가 근거를 가지고 답할 수 있는 것은 아무것도 없다네. 일반적으로 "무한한 것"이라는 말은 유한한 것들의 존재를 배제하는 어떤 것을 의미하지 않기 때문이네. 또 그가 무(無)라고 믿는, 그래서 어떤 본성도 가질 수 없다고 믿는 것의 본성에 관하여 그가 알 수 있는 것은 다른 사람들로부터 받아
142 들인 그 말의 의미 이외에는 아무것도 없기 때문이네. 둘째로, 그 허구적인 무한한 것(*imaginarii infiniti*, *imaginarium infinitum*)의 무한한 힘이 아무것도 창조할 수 없다면, 그 힘에 의해 어떤 일이 일어날 수 있을까? 끝으로, 우리는 우리 자신 속에서 많은 인식능력을 인지하기 때문에, 어떤 다른 것 안에도 인식능력이 존재할 수 있으며 그것이 우리 안에 있는 것보다 더 클 수 있다고 생각하는 것은 어려운 일이 아니네. 그러나 그 힘이 무한히 증가될 수 있다고 믿더라도, 우리가 그 때문에 우리의 것이 작아진다는 두려움을 가지게 되지는 않는다네. 이는 신에게 돌려지는 나머지 모든 것들과 관련해서도 마찬가지며, 힘과 관련해서도 다르지 않네. 단지 우리가 우리 안에 신의 의지에 의해 놓인 힘 이외의 그 어떤 힘도 존재하지 않는다고 가

35) 같은 쪽 10~11번째 줄 참조.

정한다면 말일세. 따라서 신은 창조물을 배제하지 않는 무한한 자(신)로 분명하게 인식될 수 있네.

넷째, "신이 거짓말을 하거나 속일 수 있다는 사실을 부정함으로써",[36] 나는 내가 현재나 미래의 모든 형이상학자들과 신학자들의 의견과 같은 의견을 견지하고 있다고 믿네. 반면에 자네들이 제시한 반론들은, 내가 신이 화를 낸다거나 혹은 신이 영혼의 그 밖의 다른 감정들에 노출되어 있다는 것을 부정할 때, 신에게 인간의 그런 감정들을 귀속시키는 성서의 구절들을 내게 들이대는 것보다 나을 바가 없다네. 모든 사람들이 다음 두 가지 방식의 차이를 알고 있다네. 그 하나는 신에 관해 일반적으로(*ad vulgi sensum*) 이야기하는 방식이네. 이는 성서에서 흔히 사용되는 방식으로서 비록 진리를 담고 있긴 하지만 인간과 관련된(*veritatem ad homines relatam, veritas ad homines relata*) 진리를 담는 방식이라네. 다른 하나는 인간과 관련된 진리가 아니라 진리 그 자체(*nudam veritatem, nuda veritas*)를 표현하는 방식이네. 철학을 하는 사람들은 모두 두 번째 방식을 사용해야 하네. 나 역시, 특히 나의 《성찰》에서, 그 방식을 사용해야만 했네. 왜냐하면 그곳에서 나는 그 어떤 인간 존
재도 내게 알려져 있지 않다고 가정하고 나 자신을 정신과 신 143
체로 이루어진 것으로서가 아니라 단지 정신으로서만 고찰하고 있었기 때문이라네. 이로부터 내가 그곳에서 글자 그대로의 거짓에 관해서가 아니라, 단지 속임에 담겨 있는 내적 그리고 형상적 악의(*formali malitia, formalis malitia*)에 관해 이야기한 것이라는 사실이 명백하네.

따라서 선지자와 관련하여 제기된 것, 즉 "아직 40일 그리곤

---

36) 125쪽 16번째 줄 참조.

니네베가 멸망하리라"는 것은 결코 말 그대로 거짓이 아니라, 그 결과가 조건적이었던 협박이었다네. 그리고 "신이 파라오를 모질게 대했다는 것" 혹은 그와 유사한 것이 말해질 때, 신이 그것을 적극적으로(*positive*)가 아니라 단지 소극적으로(*negative*), 즉 파라오가 개종하게끔 할 은총을 내리지 않은 것으로 이해해야 하네. 그럼에도 불구하고 나는 신이 예지자들을 통해 글자 그대로 거짓을 퍼뜨릴 수 있다고 하는 사람들을 탓하고 싶지는 않네. 예를 들자면 병자를 치료하기 위해 병자를 속이는 거짓 같은 것들을, 다시 말해 악의가 전혀 없는 거짓을 탓하고 싶지는 않네.

물론 이보다 더 문제가 되는 것은 다음이라네. 즉, 예를 들자면 수종(水腫)에 걸린 사람이 목이 마른 경우처럼 때때로 우리가 신이 우리에게 준 자연적인 본능(*naturali instinctu, naturalis instinctus*) 그 자체에 의해 실제로 속임을 당함을 보는 것 말일세. 이 경우 그는 본성에 의해, 즉 신이 그에게 신체를 보존하도록 하기 위해 준 본성에 의해 마실 것에 적극적으로 이끌리는 것이라네. 마실 것은 그에게 해가 될 테니, 본성이 그를 속이는 것 아닌가. 그러나 나는 이런 사실이 어떻게 신의 자비와 진실함에 어긋나지 않는지를 〈제 6성찰〉에서 밝혀 놓았네.

그러나 그런 식으로 설명될 수 없는 것들과 관련해서는, 즉 가장 명석하고 정확한 판단들과 관련해서는, 다시 말해 설사
144 그것들이 거짓일 경우 그보다 더 명석한 판단들을 통해 그리고 어떤 다른 자연능력의 도움을 빌어 교정할 수 없는 그런 판단들과 관련해서는, 우리가 속을 수 없다고 나는 단언한다네. 최고의 존재이기 때문에, 신은 가장 선하고 가장 참된 존재가 아닐 수 없으며, 또 그 때문에 그로부터 유래하는 어떤 것이 적극적으로 거짓으로 이끈다는 것은 이치에 맞지 않기 때문이

라네. 신에 의해 주어지지 않은 어떤 것도 우리 안에 실제로 존재할 수 없다네(이는 신의 존재와 함께 증명되었는데). 그런데 우리는 참을 인식할 수 있는 그리고 참을 거짓과 구별할 수 있는 참된 능력(*realem facultatem, realis facultas*)을 가지고 있다네(이는 우리 안에 참과 거짓에 대한 관념이 내재해 있다는 것 하나만을 보아도 명백한 사실이라네). 따라서 만일 이 능력이, 적어도 우리가 그 능력을 올바르게 사용할 때조차(다시 말해서 명석판명하게 지각된 것이 아니면 그 어떤 것에도 동의하지 않을 때조차. 그 외에는 달리 그 능력에 대한 올바른 사용이란 무엇인지를 상상할 수 없는데)도 참으로 이끌지 않는다면, 그러한 능력을 우리에게 준 신은 기만자로 간주될 것이라네.

따라서 신의 존재를 인식한 후 자네들은 다음이 필연이라는 것을 안다네. 만일 우리가 명석판명하게 지각하는 것들을 의심하고자 한다면, 우리는 신을 기만자라고 상상해야 하겠지만, 우리는 그가 기만자라고 상상할 수 없기 때문에, 그것들은 전적으로 참이며 또 확실하다는 것을 인정해야 한다는 것 말일세.

〈제일성찰〉에서 제기됐지만 뒤따르는 성찰들에서 내가 철저하게 제거한 의심들 속에 자네들이 여전히 머물러 있다는 것을 알기 때문에, 나는 여기서 내가 보기에 인간이 가질 수 있는 모든 확실성(*omnis humana certitudo*)이 의지하는 토대를 다시 한 번 제시하고자 하네.

우리는 우리가 어떤 것을 올바르게 지각했다고 믿는 즉시 자동적으로 그것이 참임을 확신하네. 만일 이 확신이 결코 우리가 의심할 만한 어떤 근거도 가질 수 없을 정도의 확신이라면, 우리가 더 이상 탐구할 것은 아무것도 없네. 우리는 우리가 합리적으로 원할 수 있는 모든 것을 다 가진 것이라네. 누

145 군가가 그 정도로 참임을 우리가 확신하는 것이 신이나 천사에게는 거짓으로 보인다고 상상하고, 또 그 때문에 절대적 의미(*absolute loquendo*)에서는 거짓이라고 상상한다면, 이것이 우리와 무슨 상관이 있는가? 만일 우리가 그런 절대적인 거짓을 믿지 않고 또 그것이 있을 법하다고 생각조차 하지 않는다면, 무엇 때문에 그런 절대적인 거짓(*absolutam falsitatem, absoluta falsitas*)에 대해 걱정해야 하는가? 우리가 그 확신이 결코 제거될 수 없을 정도로 강한 확신이라고 간주하기 때문에, 그것은 가장 완전한 확실성과 동일한 것임이 분명하다네.

그러나 우리가 어떤 그런 확신을, 다시 말해 굳고 변함없는 확신을 가지고 있는지에 대해서는 의심할 수 있네.

우리가 조금이라도 모호하거나 애매하게 지각하는 것들에 대해 그런 확신을 가질 수 없다는 것은 아주 분명하네. 그것이 어떤 종류의 모호함이든, 그것은 우리가 그것들에 관해 의심할 충분한 이유가 된다네. 우리가 아무리 명석하게 지각하는 것들이더라도, 그것들이 단지 우리가 감각하는 것에 불과한 것이라면, 우리는 그것들에 관해 그러한 확신을 가질 수 없네. 우리는 감각에 오류가 있을 수 있음을 자주 경험하네. 수종에 걸린 사람이 목이 마르거나, 황달이 있는 사람에게 눈이 노랗게 보일 때처럼 말일세. 황달이 있는 사람이 우리가 눈을 하얗게 보는 것보다 덜 명석판명하게 눈을 노랗게 보는 것은 아니네. 따라서 그런 확신은, 만일 그것이 우리가 가질 수 있는 것이라면, 단지 우리의 지성이 명석하게 지각하는 것들과 관련해서만 국한될 뿐이라는 것만 남아있네.

이 중 어떤 것들은 우리가 참이라고 믿지 않으면 결코 생각조차 할 수 없을 정도로 아주 분명할 뿐만 아니라 동시에 또한 아주 단순한 것들이라네. 예를 들자면, 내가 의심하는 동안 나

는 존재한다거나, 이미 일어난 일이 일어나지 않은 일일 수는
없다거나 하는 것들처럼 우리가 그런 확실성을 명백하게 갖는
것들이 그런 것들이라네. 우리는 그것들을 생각하지 않고서는
그것들을 의심할 수 없다네. 그런데 이미 전제했듯이, 우리는 146
그것들이 참이라고 믿지 않으면서 그것들을 생각할 수 없네.
따라서 우리는 그것들이 참임을 믿지 않으면서 그것들에 관해
의심할 수가 없다네. 다시 말해서 우리는 결코 그것들을 의심
할 수 없네.

"우리가 다른 사람들이 햇빛보다 더 명석하게 자신들이 알고 있다고 믿었던 것들에 대해 속고 있었다는 사실을 자주 경험했다"[37] 는 것은 문제가 안 되네. 우리는 지각의 명석함을 오로지 지성을 통해서만 얻은 사람들에게 그런 일이 일어났었다는 것을 알지 못하는데, 이는 우리에게만 국한된 것이 아니라네.[38] 그런 일은 단지 감각이나 어떤 잘못된 선입견들로부터 명석함을 획득했던 사람들에게만 일어났던 일이네.

누군가 그것들이 신이나 천사에게 거짓으로 보인다고 상상하더라도, 이 또한 문제가 안 되네. 우리 지각의 명백함(*evidentia*)은 그러한 것들을 상상하는 사람에게 귀 기울이는 것을 허락지 않는다네.

우리가 우리의 지성에 의해 아주 명석하게 지각하는 것들 가운데는 다른 것들도 있네. 우리가 그것들에 대한 인식이 의존하는 근거들에 충분한 주의를 기울이는 동안에는 의심할 수 없는 것들이 그런 것들이라네. 그런데 우리는 때때로 그 근거들은 잊어버린 채 그 근거들에서 연역된 결론들만을 기억할 수 있다네. 따라서 우리가 그 결론들이 명백한 원리들로부터 연역

---

37) 126쪽 14~15번째 줄 참조.

38) 〔역주〕 원어는 "vel ab ullo adverti potest"이다.

되었음을 기억하는 한, 우리가 그것들에 대해 여전히 굳고 변함없는 확신을 가지고 있는 것인지 아닌지를 물을 여지가 남아 있네. 결론을 주장할 수 있기 위해서는 기억이 전제되기 때문에 말일세. 이에 나는 이렇게 답하네. 신에 의해 주어진 지성 능력이 우리를 진리로(*verum*) 이끌지 않는다는 것은 불가능하다는 것을 인식할 정도로 신을 잘 아는 사람들은 그러한 확신을 가지고 있지만, 그 밖의 다른 사람들은 그러지 못하다고 말일세. 나는 〈제 5성찰〉의 끝 부분에서 이를 아주 분명하게 밝혀 놓았네.[39] 따라서 여기서 더 이상 보탤 것이 없어 보이네.

147 다섯째, 나는 "의지가 지성에 의해 명석판명하게 파악되지 않은 것(*conceptum intellectus minime clarum & distinctum*)을 따를 때, 자신을 위험에 노출시키는 것"[40] 임을 자네들이 부정하고 있다는 사실에 놀라네. 만일 의지가 추구하는 것이 명석하게 인식된 것이 아니라면 무엇이 의지를 확실하게 만드는가? 철학자이든 신학자이든 지성을 사용하는 평범한 사람이든, 누가 다음의 것을 인정하지 않았는가? 즉, 어떤 것에 동의하기 전에, 그것을 명석하게 인식하면 할수록 오류에 빠질 위험이 그만큼 덜하게 되며, 근거를 모른 채 판단을 내리는 사람들이 잘못을 저지른다는 것을 말일세. 어떤 개념(*conceptus*)도, 그 속에 모르는 것이 포함되어 있다는 이유에서가 아니면, 모호하거나 애매하다고 하지 않네.

따라서 자네들이 "신앙을 받아들이는 문제"(*de fide amplectanda*)[41]와 관련하여 제기하는 반박은 나나 인간 이성(*humanam rationem, humana ratio*)을 수련시킨 사람들에게 어떤 힘도 발휘하지 못

39) 70쪽 15번째 줄 참조.

40) 126쪽 21~24번째 줄 참조.

41) 같은 쪽 25~28번째 줄 참조.

하네. 사실은 그 누구에게도 힘을 발휘하지 못하네. 신앙이 모호한 것들과 관련되어 있더라도, 신앙을 받아들이는 이유가 모호한 것은 아니라네. 오히려 그것은 모든 자연의 빛보다 더 명백하다네. 물론 우리가 동의하는 내용(*materiam, materia*)이나 사안(*rem, res*) 그 자체와 의지를 동의로 이끄는 형식적 근거(*rationem formalem, ratio formalis*)는 구분되어야 하네. 왜냐하면 우리는 오로지 후자에 대해서만 명료성(*perspicuitatem, perspicuitas*)을 요구하기 때문이네. 내용(*materiam, materia*)과 관련해서는, 그 누구도 그것이 모호할 수 있다는 것을, 더욱이 모호함 그 자체를 결코 부정한 적이 없네. 오류의 위험 없이 동의할 수 있기 위해서는 우리의 개념들로부터 모호함이 제거되어야 한다고 판단하면, 나는 모호함 그 자체에 관해서는 명석한 판단을 내리는 것이라네. 더 나아가, 우리의 의지를
동의로 이끌 수 있는 명석성 혹은 명료성은 두 가지라는 점을 148
주목해야 하네. 그 하나는 자연의 빛에 의한 것이고, 다른 하나는 신의 은총에 의한 것이네. 일반적으로 신앙은 모호한 것들과 관련되어 있다고는 하지만, 이는 단지 그것과 연계된 사안이나 내용이 그렇다는 것이지 형식적 근거가—우리는 그 때문에 신앙으로써 동의하는 것인데—모호하다는 것은 아니네. 오히려 형식적 근거는 어떤 내적인 빛이 그 본질이며, 신이 초자연적으로 그 빛을 비추어 주는 우리는 우리가 믿어야 하는 것으로 제시된 것들이 신에 의해 계시된 것이며 신은 결코 기만자일 수 없다고 믿는다네. 이는 종종 모든 자연의 빛보다 더 확실하며 또 은총의 빛이기 때문에 더 명백하다네.

터키인들이나 다른 비신자들이 기독교를 받아들이지 않음으로써 죄를 짓는 것은 모호한 것들을 모호한 것이라고 하지 않으려고 하기 때문이 아니라, 그들을 내적으로 감동시키는 신

의 은총에(*divinae gratiae interius illos moventi*, *divinae gratia interius illos movens*) 저항하거나 혹은 다른 죄를 저지름으로써 자신들을 은총에 어울리지 않도록 만들기 때문이라네. 모든 초자연적 은총을 박탈당하고 우리 기독교인들이 신의 계시라고 믿는 것들을 전혀 알지 못하는 비신자가 잘못된 추론들에 이끌려 신에 의해 계시된 것들을—이러한 것들이 그에게는 아무리 모호하더라도—받아들이게 된다고 할지라도, 그 때문에 신자가 되는 것은 아니라고 나는 감히 주장하네. 오히려 그는 자신의 이성을 올바르게 사용하지 못했다는 점에서 죄를 저지르게 되는 것이라고 나는 감히 주장하네. 그리고 이와 관련해서 결코 어떤 정통한 신학자도 다른 의견을 표방한 적이 없다고 나는 감히 믿는다네. 또한 내 글을 읽게 되는 사람들은 내가 저 초자연적인 빛을 인정하지 않았다고 생각할 수 없을 것이네. 왜냐하면 나는 그것을 거짓의 원인(*falsitatis causam*, *falsitatis causa*)을 탐구한 〈제 4성찰〉에서 아주 분명한 표현을 통해 설명했기 때문이네. 즉, "그 빛이 우리의 가장 내적인 사
149 고를 의지에 따르도록 하지만, 그렇다고 우리의 자유를 감소시키는 것은 아니다"[42] 라는 표현을 통해서 말일세.

그 밖에도 나는 자네들이 다음을 기억하길 바라네. 의지에 따라 받아들여도 되는 것들과 관련해서, 나는 일상생활(*usum vitae*, *usus vitae*)과 진리에 대한 관조(*contemplationem veritatis*, *contemplatio veritatis*)를 아주 엄격하게 구별했네. 일상생활과 관련해서, 나는 단지 명석하게 지각된 것들에게만 동의해야 한다고 생각하기는커녕, 결코 개연적인 것들조차 항상 기대해서는 안 된다고 생각하네. 때때로 우리는 우리가 전혀 알지 못하

42) 〔역주〕 원문은 "illud intima cogitationis nostrae disponere ad volendum, nec tamen minuere libertatem"이다(58쪽 2~4번째 줄 참조).

는 것들 중 어느 하나를 선택해야 하며, 일단 선택한 후에는, 특정한 반대근거가 있지 않은 한, 아주 명료한 근거들을 기반으로 해서 선택한 경우와 마찬가지로 우리의 선택을 굳건히 지켜야 한다고 나는 생각하네. 내가 《방법서설》 26쪽에서 설명했듯이 말일세.[43] 그러나 오로지 진리에 대한 관조가 주제인 한, 모호하게 그리고 충분하리만큼 판명하게 지각되지 않은 것들에 동의해서는 안 된다는 것을 누가 부정한 적이 있는가? 내가 《성찰》에서 오로지 진리에 대한 관조만을 주제로 삼았다는 것은 나의 논의 그 자체가 잘 보여주며, 나는 그 점을 〈제일성찰〉의 끝부분에 분명하게 밝혀 놓았다네. 즉, "내가 주제로 삼은 것은 행위가 아니라 단지 인식이기 때문에, 내가 아무리 불신에 치우치더라도 지나친 일일 수 없다"[44]고 말일세.

여섯째,[45] 내가 만든 삼단논법의 결론을 비난하지만, 잘못은 자네들이 저지르는 것 같아 보이네. 자네들이 원하는 결론을 위해서는 대전제가 이랬어야만 하네. 즉, "우리가 어떤 것의 본성에 속한다고 명석하게 인식하는 것은 그것의 본성에 속한다는 것을 참이라고 주장할 수 있다"고 말일세. 이 경우 그 논증에는 무용한 동어반복 이외에는 아무것도 들어 있지 않을 것이
라네. 그러나 나의 대전제는 다음과 같았네. "우리가 어떤 것 150
의 본성에 속한다고 명석하게 인식하는 것은 그것과 관련해서 참이라고 주장할 수 있다." 다시 말해서, 동물임이 인간의 본성에 속한다면 인간이 동물이라는 것이, 합이 두 직각과 같은 세 각을 갖는 것이 삼각형의 본성에 속한다면 삼각형은 합이 두 직각과 같은 세 각을 가지고 있다는 것이, 존재가 신의 본성에

43) AT VI 24쪽 18번째 줄 이하 참조.

44) 22쪽 19~22번째 줄 참조.

45) 127쪽 3~12번째 줄 참조.

속한다면 신이 존재한다는 것이 참이라고 말일세. 그리고 소전제는 이랬네. "그런데 신이 존재한다는 것은 신의 본성에 속한다." 이 전제들로부터 자네들이 원하는 결론, 즉 "따라서 우리는 존재한다는 것이 신의 본성에 속한다는 것을 참이라고 주장할 수 있다"라는 결론이 아니라, 내가 내린 결론과 동일한 결론이 도출되어야 한다는 것은 명백하네. "따라서 신과 관련해서 그가 존재한다는 것이 참이라고 주장할 수 있다"는 결론 말일세.

자네들이 덧붙인 예외조건(*exceptione, exeptio*)을 사용하려면,[46] 자네들은 대전제를 부정하고 이렇게 했었어야 하네. "우리가 어떤 것의 본성에 속한다고 명석하게 인식하는 것은 단지 그것의 본성이 가능하거나 모순되지 않는 경우에만 그것과 관련해서 주장될 수 있다"고 말일세. 그러나 자네들에게 바라건대, 그 조건이 얼마나 미약한지 보게나. 모든 사람들이 대체로 그렇듯이 자네들도 "가능한 것"(*possibile*)이라는 말로써 인간의 사고(*humano conceptui, humanus conceptus*)와 모순되지 않는 것을 의미한다면, 내가 기술한 신의 본성이 가능하다는 것은 분명하네. 왜냐하면 나는 신의 본성에 속해야 한다고 우리가 명석판명하게 지각하는 것 이외에는 아무것도 그 본성 안에 넣지 않았기 때문이네. 따라서 그것은 인간의 사고와 모순될 수가 없네. 그런데 자네들이 "가능한 것"이라는 말로써 대상 그 자체의 측면에서 어떤 다른 가능성을 의미하는 경우, 만일 그것이 앞서 제시된 의미와 일치하지 않는다면 그것은 결코 인간 지성에 의해 인식될 수 없다네. 그리고 그것은 그 때문에 인간
151 이 인식하는 여타의 것들을 전복시킬 만한 힘을 가질 수 없을 뿐만 아니라, 신의 본성이나 존재를 부정할 만한 힘 또한 가질

46) 127쪽 12~16번째 줄 참조.

수 없다네. 그 까닭은 이러하네. 우리는 그 신성한 본성에 대한 개념 속에서 어떤 불가능성도 발견할 수 없을 뿐더러, 오히려 우리가 그 개념에 포함시키는 모든 것들은 그 중 어떤 것이 신에게 속하지 않는다면 모순으로 보일 정도로 서로 결합되어 있네. 그럼에도 불구하고 신 본성의 가능성을 정당하게 부정할 수 있다면, 삼각형의 세 각의 합이 두 직각과 같을 가능성이나 혹은 실제로 사유하는 자가 존재할 가능성 역시 정당하게 부정할 수 있네. 그렇다면 우리가 감각에 의존하여 참임을 주장하는 것들을 그보다 훨씬 더 정당하게 부정할 수 있다네. 따라서 아무런 근거도 없이 인간의 모든 인식이 제거될 수 있게 되네.

자네들이 내 논증과 비교하는 논증, 즉 "신이 존재한다는 것이 모순이 아니라면, 그가 존재한다는 것은 확실하다. 그런데 그것은 모순이 아니다. 따라서" 등[47]과 관련해서, 그 논증은 내용적으로는(*materialiter*) 참이지만, 형식적으로는(*formaliter*) 궤변이라네. 왜냐하면 대전제에 있는 '모순'이라는 말은 원인개념, 즉 그로 인해 신이 존재할 수 있는 원인개념과 관련이 있는 반면에, 소전제에서는 단지 신성한 존재와 본성에 대한 개념과 관련 있기 때문이라네. 이는, 만일 대전제가 부정될 경우, 다음과 같이 논증되어야 한다는 것으로부터 분명하네. "만일 신이 아직 존재하지 않는다면, 신이 존재한다는 것은 모순이다. 왜냐하면 신을 창조하는 데 충분한 어떤 원인도 존재하지 않기 때문이다. 그런데 전제한 바와 같이, 그가 존재한다는 것은 모순이 아니다. 따라서 등"처럼 말일세. 그러나 만일 소전제가 부정되면, 이렇게 주장되어야 한다네. "그것의 형상적 개념에 모순을 담고 있는 어떠한 것도 들어 있지 않은 것은 모순된 것이 아니다. 그런데 신성

47) 127쪽 17~18번째 줄 참조.

한 존재 혹은 본성의 형상적 개념 속에는 모순을 담고 있는 그 어떠한 것도 들어 있지 않다. 따라서 등"처럼 말일세. 이 둘은 서로
152 아주 다르네. 왜냐하면 어떤 것과 관련해서는 그것의 존재가능성에 지장을 주는 그 어떤 것도 인식되지 않을 수 있지만, 원인의 측면에서는 그것의 생성가능성을 방해하는 어떤 것이 인식될 수 있기 때문이라네.

비록 우리가 신을 단지 불완벽하게(*inadaequate*), 또는 "아주 불완벽하게"[48] — 이 표현이 자네들 마음에 더 든다면 — 파악할 뿐이라 하더라도, 이것이 그의 본성이 가능하다는 것 혹은 모순되지 않음이 확실하다는 것에 장애가 되지는 않는다네. 그리고 우리가 그 본성을 충분하리만큼 명석하게 탐구했다(이를 인식하는 데 충분할 정도로 그리고 또한 필연적 존재가 그의 본성에 속한다는 것을 인식하는 데 충분할 정도로)고 주장하는 데 장애가 되지는 않는다네. 왜냐하면 모든 모순이나 불가능성(*implicantia sive impossibilitas*)은 오로지 서로 대립하는 관념들을(*ideas sibi mutuo adversantes, ideae sibi mutuo adversantes*) 잘못 결합시키는 우리의 개념 속에만 존재하는 것이기 때문이네. 그것이 지성의 바깥에 있는 것들에[49] 존재할 수는 없다네. 왜

48) 127쪽 27번째 줄 참조.

49) AT V 161쪽 참조.

〔역주〕〈버먼과의 대화〉의 해당부분을 번역하면 다음과 같다.

버먼의 질문: 그러나 우리의 관념들은 사물에 의존하고 있습니다. 따라서 만일 우리의 관념들 (속)에 모순이 있다면, 사물들 (속)에도 모순이 있게 됩니다.

데카르트의 답변: 사물들을 드러내 주는 한, 관념들은 사물에 의존해 있다. 그렇지만 모순은 사물들 속에 존재하는 것이 아니라 오로지 우리들의 관념들 속에만 존재한다. 왜냐하면 우리는 관념들만을 서로 모순되게 결합하기 때문이다. 반면에 사물들은 서로 모순되지 않는다. 왜냐하면 사물들은 모두 존재할 수 있기 때문이다. 그래서 어느 하나가 다른 하나와 모순되지 않는 것

냐하면 지성의 바깥에 존재한다는 바로 그 사실로 인해 그것은 모순된 것이 아니라 가능한 것임이 분명하기 때문이네. 우리의 개념 속에 모순이 생기는 이유는 오로지 개념이 모호하고 애매하기 때문이라네. 명석하고 판명한 개념 속에는 결코 모순이 있을 수 없네.[50] 따라서 우리가 신의 본성을 충분하리만큼 명석하게 탐구하였다는 것과 그 본성이 모순되지 않음을 주장하기 위해서는, 우리가 신과 관련해서 지각하는 몇 안 되는 것들을—비록 완벽하게는 아닐지라도—명석판명하게 인식하는 것만으로도 충분하네. 무엇보다도, 비록 신에 대한 우리의 관념이 완벽하지 않더라도(*inadaequate*), 그 안에 필연적 존재가 들어 있음을 우리가 인지하는 것만으로 충분하네.

일곱째, 나는 이미 《성찰》에 대한 요약문에서[51] 왜 내가 영 153
혼의 불멸성에 관해서는 아무것도 쓰지 않았는지를[52] 설명했네. 나는 내가 영혼이 신체 전체와 구분됨을[53] 충분히 입증했다고 그 앞에서 지적했네. 그러나 자네들이 덧붙인 것, 즉 "영혼의 신체와의 구분으로부터 영혼의 불멸성이 귀결되지 않는다. 왜냐하면 그럼에도 불구하고 신이 영혼을 신체적인 삶의 종료와 함께 소멸되는 본성을 갖도록 만들었다고 주장할 수 있기 때문이라는 것"[54]과 관련해서, 나는 이를 반박할 수 없음을 고백하네. 나는 신의 자유의지에 달려 있는 것을 인간의 이성능력으

이다. 그러나 반대로 관념들 (속)에서는 모순이 발생한다. 왜냐하면 우리는 관념들에 상이한 사물들을—관념들 각각은 서로에게 모순되지 않지만—결합하여 하나의 관념을 만드는 데, 모순은 그렇게 해서 생기는 것이기 때문이다.

50) 같은 곳 참조.

51) 13쪽 25번째 줄~14쪽 17번째 줄 참조.

52) 127쪽 30번째 줄~128쪽 첫 번째 줄 참조.

53) 128쪽 4~5번째 줄 참조.

54) 128쪽 6~10번째 줄 참조.

로 규정하고자 시도할 만큼 무모하지 않다네. 자연적 인식(*naturalis cognitio*)은 인간 정신이 신체와 상이하며 또 실체라는 것을 가르쳐 주네. 그리고 인간의 신체가 다른 물체들과 다른 점은 오로지 지체들의 배열과 그와 유사한 종류의 우연한 성질들에 있다는 것을 가르쳐 주네. 끝으로, 신체의 죽음은 단지 분리나 모양의 변화에 달려 있다는 것도 가르쳐 주네. 우리는 정신과 같은 실체의 죽음이나 소멸(*annihilationem, annihilatio*)이 양태에 지나지 않는, 그것도 정신의 양태도 아닌 정신과 실제로 구분되는 신체의 양태에 지나지 않는 모양의 변화처럼 아주 하찮은 원인으로부터 귀결된다는 것을 납득시켜줄 만한 논증이나 예를 가지고 있지 않다네. 또한 우리는 어떤 실체가 소멸될 수 있음을 납득시켜줄 만한 논증이나 예 역시
154 알지 못하네. 이는, 자연철학으로부터 인식할 수 있는 한, 정신이 불멸하다는 결론을 내리기에 충분한 것이네.

그러나 신의 절대적 능력과 관련하여, 혹 신이 인간의 영혼이 자신과 결합되어 있는 신체가 파괴되는 바로 그 순간에 존재를 멈추도록 하지 않았을까 하고 묻는다면, 이에 대한 답은 오로지 신의 몫이네. 그런데 신은 우리에게 그렇게 되지 않을 것이라고 계시했기 때문에, 그것에 대해 의심할 여지란 전혀 없다네. 제아무리 작은 여지라도 말일세.

이제 자네들에게 감사할 일만 남아 있구먼. 의무감과 솔직함으로 무장한 채, 자네 자신들의 생각뿐만 아니라, 적들이나 무신론자들이 주장할 수 있는 것에까지 주목하게 만들려고 했으니 말일세. 자네들이 제기한 것들 가운데 내가 이미 나의 《성찰》에서 해결하지 않았거나 배제하지("태양에 의해 생성된 파리들, 캐나다인들, 니데베인들, 터키인들 등에 대해"[55]) 자네들이 덧붙인 것들은, 내가 제시한 길을 좇아 순수하고 훼손되지 않은 이성

이 명하는 것에 주의를 기울이기 위해 감각으로부터 받아들인 모든 것을 유보하는 사람들에게는 일어날 수 없는 생각들이라네. 이 때문에 나는 그러한 것들을 배제시킨 것은 잘한 일이라고 생각한다네)
않은 것은 하나도 없네. 그렇지만 그럼에도 불구하고 나는 자네들의 반론이 나의 의도에 아주 잘 부합하리라고 판단하네. 왜냐하면 나는 끝까지 읽고 나서 읽은 것을 모두 기억할 정도로 내가 쓴 모든 것에 매우 꼼꼼한 주의를 기울이고자 하는 독자를 거의 기대하지 않기 때문이라네. 그렇게 하지 않은 독자들은 쉽사리 의문에 빠져들게 될 것인데, 그들은 그러한 의문들이 나의
이 답변에서 충분히 설명되었다는 것을 나중에 보게 되거나, 적 155
어도 나의 답변으로부터 진리를 계속 탐구할 기회를 가지게 될 것이기 때문에 말일세.

끝으로, "독자를 한눈에 충족시키기 위해서 나의 논증들을 기하학적 방식에 따라 제시하라는"[56] 자네들의 충고와 관련해서, 내가 여기서 얼마나 그것을 따랐는지 또 얼마나 그것이 따라져야 한다고 생각하는지를 설명하는 것은 가치 있는 일이네. 나는 기하학적 방식에 따른 기술과 관련해서 두 가지를 구분하네. 그 하나는 순서(*ordinem*, *ordo*)이며, 다른 하나는 증명방식(*rationem demonstrandi*, *ratio demonstrandi*)이라네.

순서는 단지 다음을 의미하는 것이네. 즉, 가장 먼저 제시된 것들은 뒤따르는 것들의 도움 없이 인식되어야 하며, 모든 나머지 것들은 그에 따라 오로지 앞선 것들로부터 증명되도록 배열되어야 한다는 것 말일세. 나는 나의 《성찰》에서 이 순서를 가능한 한 정확하게 따르려고 노력했네. 왜 내가 정신의 신체와의 구분을 〈제 2성찰〉에서가 아니라 비로소 〈제 6성찰〉에서

55) 123쪽 26번째 줄, 124쪽 11번째 줄, 125쪽 21번째 줄, 126쪽 25번째 줄 참조.
56) 128쪽 16~18번째 줄 참조.

야 다루었는지, 그리고 내가 알고 있으며 또 원했던 다른 많은 것들을 생략했는지 그 이유를 생각해 보면 알 수 있네. 그 이유는 다름이 아니라 그것들이 더 많은 설명을 필요로 했기 때문이라네.

증명방식에는 두 가지가 있다네. 그 하나는 분석(*analysisim*, *analysis*)에 의한 것이며, 다른 하나는 종합(*synthesism*, *synthesis*)에 의한 것이라네. 분석은 어떤 것을 방법론적으로 발견하는 참된 길을 보여준다네. 마치 선험적으로(*a priori*) 발견하듯. 따라서 만일 독자가 그 길을 따르고 모든 것들에 충분한 주의를 기울인다면, 그는 자기 자신이 그것을 발견한 것처럼 완전하게 인식하게 되고 자기 자신의 것으로 만들게 될 것이네. 그러나 분석은 주의를 기울이지 않거나 그것에 적대적인(*repugnatem*, *repugnans*) 독자에게 믿음을 불러일으킬 만한 어떤 수단도 지
156 니고 있지 않다네. 제시된 것들 가운데 하나라도 — 제아무리 하찮은 것일지라도 — 놓치게 된다면, 결론의 필연성이 드러나지 않게 되기 때문에 그리고 특별한 주의를 요하는 많은 것들을 — 충분하게 주의를 기울이는 사람에게는 그것들이 명백하지만 — 종종 뛰어 넘기 때문이라네.

이와 반대로, 종합이란 그 길을 거꾸로 가면서(비록 증명 그 자체는 종종 첫 번째 방법보다 더 선험적이긴 하지만) 귀결된 것을 명석하게 증명하는 것이네. 마치 후험적으로(*a posteriori*) 발견된 것인 듯. 그것은 일련의 정의들(*definitionum*, *definitiones*)과 요청들(*petitionem*, *petitiones*)과 공리(*axiomatum*, *axiomata*)들과 정리들(*theormatum*, *theoremata*)과 문제들(*problematum*, *problemata*)을 사용하네. 그래서 만일 누군가가 뒤따르는 것들 가운데 어떤 것을 부정할 경우, 그것이 앞선 것들에 포함되어 있음을 바로 보여 제아무리 적대적이고 고집스러운 독자라 할지라도, 동

의를 이끌어 낼 수 있다네. 그러나 그것은 분석과는 달리 배움을 갈망하는 영혼들을 만족시켜주거나 달래주지는 못하네. 종합은 그것들을 발견하는 방식을 가르쳐주지는 않기 때문이네.

옛 기하학자들은 일반적으로 오로지 종합만을 자신들의 저술에서 사용했다네. 이는 그들이 분석을 전혀 몰라서 그런 게 아니네. 내 판단에는, 그들이 분석을 마치 무슨 비밀인 양 자기 자신들만을 위해 남겨놓았을 정도로, 분석에 커다란 가치를 부여했기 때문이네.

그러나 나는 《성찰》에서 참된 그리고 최선의 길인 분석만을 따랐네. 자네들이 내게 요구하는 것이 종합이라는 것에는 의심의 여지가 없네. 비록 종합이 기하학적 대상들과 관련해서는 분석 이후에 가장 적합하게 사용되는 것이긴 하지만, 나의 형이상학에도 마찬가지로 유용하게 적용될 수 있는 것은 아니네.

그 차이는 여기에 놓여 있네. 기하학적 증명을 위해 전제되
는 제 1개념들은 감각경험들과 잘 부합하기 때문에 누구라도
쉽게 받아들이네. 그 때문에 결론들을 올바르게 연역해 내는
일 말고는, 다른 어떤 어려움도 없네. 그 일은, 주의를 덜 기 157
울이는 사람일지라도 단지 앞선 것들을 기억하기만 한다면 할
수 있는 일이네. 명제들이 세분화되어 있는 것도 그것들을 쉽
게 불러들일 수 있도록 또 그렇게 해서 이른바 그것을 원하지
않는 사람들에게도 쉽게 기억이 되살려질 수 있도록 하기 위해
서 말일세.

그러나 이와는 반대로, 제 1개념들을 명석판명하게 지각하는 것보다 더 힘든 일은 형이상학에 없다네. 그 개념들이 본성상 기하학자들이 고찰하는 제 1개념들과 동일하게, 심지어 더 나아가 그보다 더 잘 알려져 있음에도 불구하고, 우리가 어릴 적부터 익숙해진 감각의 많은 선입견들이 그 개념들과 상충하

기 때문에, 그것들은 정신을 가능한 한 물질적인 것들에게서 멀리하고 아주 주의 깊게 성찰하는 사람들에게만 완전하게 인식될 뿐이라네. 그래서 그냥 그 개념들이 제시되면, 그것들은 반대하기 좋아하는 사람들에 의해 쉽게 부정될 수 있다네.

이것이 왜 내가 철학자들처럼 논문을, 혹은 기하학자들처럼 정리들이나 문제들을 쓰지 않고 《성찰》을 썼는지에 대한 이유라네. 즉, 오로지 나와 함께 사안을 주의 깊게 고찰하고 성찰하는 것을 거부하지 않을 사람들하고만 관련이 있음을 증언하고자 함 말일세. 진리를 거부하려는 싸움을 위해 채비하는 사람은 진리를 받아들이지 않도록 하는 근거들을 찾아내기 위하여 진리를 납득시키는 근거들에 대한 고찰을 멀리하기 때문에, 진리를 지각하기에 부적합하게 자신을 만든다네.

158 혹 누군가 이렇게 반박하게 될 것이네. 진리가 자신 앞에 놓여 있다는 사실을 안다면, 당연히 이에 반대할 어떤 근거도 찾아서는 안 된다. 하지만 그것이 의심스러운 한, 어떤 근거들이 더 굳건한지를 알기 위해 모든 근거들을 양쪽으로 저울질하는 것은 적합한 일이다. 따라서 만일 내가 나의 근거들이 명확하게 지각되기도 전에 참된 것들로 인정받기를 원하고 또 그것들과 모순되는 것들이 고찰되는 것을 막는다면, 이는 공정한 요구가 아니라고 말일세.

주의는 깊지만 적대적이지는 않은 독자를 기대하는 사안들과 관련해서, 만일 내가 제시하는 어떤 것들이 독자들로 하여금 보다 더 많은 진리를 발견할 희망이 조금이라도 있는 것들에 대한 고찰을 멀리하게 한다면 위의 반박은 정당할 것이네. 그러나 내가 제시하는 것들에는 모든 것들에 대한 가장 강력한 의심이 포함되어 있네. 나는 각각의 것들을 아주 심사숙고해야 한다는 것과 우리가 동의하지 않을 수 없을 정도로 명석판명하게 인식되지 않은 어떤 것도 절대로 받아들여서는 안 된다는 것만을 권하네. 반대로 내가 독자들의 영혼에서 멀리 떼어내고 싶은 것들은 그들이 한 번도 충분하게 검토한 적이 없었던, 그리고 어떤 견고한 근거로부터가 아니라 오로지 감각으로부터 획득한 것들뿐이네. 이 때문에 나는 그 어떤 사람도, 내가 제시한 것들을 외면하고 그것들과 결코 양립할 수 없으며 또한 그것들에 어둠을 드리우는 것에(다시 말해서, 감각의 선입견에) 정신을 기울일 때보다 내가 제시한 것들만을 고찰할 때, 더 큰 오류의 위험에 처하게 된다고 믿을 것이라 생각하지 않네.

이 때문에 나는 독자들에게 그에 걸맞은 특별한 주의를 기대하며, 또 다른 방법들과 비교해 볼 때 그들의 주의를 가장 잘 환기시킬 수 있는 기술방식이라고 믿었던 방식을 선택했네. 그리고 나는 이로부터 독자들이 실제로 느끼는 것보다 더
커다란 유용함을 얻을 것이라고 확신한다네. 이와는 대조적으 159
로, 일반적으로 사람들은 종합적인 기술방식으로부터 그들이 실제로 배운 것보다 더 많은 것을 배운 것 같은 생각을 하게 된다네. 나는 나와 함께 성찰하기를 원하지 않고, 또 예전에 획득한 자신들의 의견들에 집착하는 사람들이 나의 것들에 관해 내리는 판단을 모두 거부하고 또 어떤 가치도 없는 것으로 간주하는 것이 공평하다고 생각하네.

나의 《성찰》을 전체적으로 파악하는 동시에 각각의 부분들을 구분하는 것이 — 나의 《성찰》로부터 온전한 수확을 걷고자 한다면 이 두 가지를 동시에 추구해야 한다고 나는 믿는데 — 얼마나 어려운 일이 될지를 나는 알고 있네. 주의를 기울이고 순서에 따라 진리를 찾는 사람들에게조차도 말일세. 그 때문에 나는 여기서 적은 양이나마 종합적인 기술방식에 따라 덧붙이고자 하네. 이것들이 적잖은 도움이 되기를 나는 바라네.

그럼에도 불구하고 내가 여기에서는 《성찰》에서처럼 길게 쓸 생각이 없다는 점을 알아들 주게. 왜냐하면 그러지 않을 경우, 나는 《성찰》에서보다 훨씬 더 장황한 설명을 늘어놓아야 하기 때문이네. 또한 나는 내가 쓰는 것을 정확하게 설명하지 않을 것이라는 점도 알아주게나. 이는 한편으로는 간단히 하고자 함이며, 다른 한편으로는 누군가 그것만으로도 충분하다고 생각하면서, 《성찰》 그 자체에 — 나는 이로부터 훨씬 더 커다란 유용함을 얻을 수 있다고 확신하는데 — 대한 검토를 게을리 하는 일이 생기지 않도록 하기 위함이라네.

기하학적 방식에 따라 영혼과 신체의 160
구분을 증명하는 논증

정의들 (*Definitiones*)

1) "생각"(*cogitationes*, 사유, 사고)이라는 말로써 나는 우리 안에서 우리가 직접(*immediate*) 의식하는 모든 것을 의미한다. 따라서 의지나 이성이나 상상력이나 감각의 활동(*operationes*) 모두가 생각이다. 그런데 내가 "직접"이라는 말을 덧붙인 이유는 그것들로부터 귀결되는 것들을 제외하기 위해서이다. 예를 들자면, 자발적 운동 그 자체가, 생각이 그 기원이긴 하지만, 생각은 아니다.

2) "관념"(*ideae*)이라는 말로써 나는 각각의 생각의 형상(*formam*, *forma*)을, 즉 이에 대한 직접 지각을 통해 그 생각을 의식하는 생각의 형상을 의미한다. 따라서 이런 의식을 통해 내가 어떤 말로 의미하는 것에 대한 관념이 내 안에 있다는 것에 대해 확실하지 않으면 나는 어떤 말도 의미 있게 할 수 없다. 내가 〔뇌의 한 부분으로서의〕 상상력(*phantasia*)에 각인된 상(象)만을 관념이라고 하지 않는 것은 바로 그 때문이다. 오
히려 나는, 그것이 물질적인 상상력 안에 존재하는 한, 다시 161

말해서 뇌의 어떤 부분에 각인되어 있는 한, 그것을 결코 관념이라 부르지 않는다. 단지 그것이 각인되어 있는 뇌의 부분으로 향한 정신 그 자체를 형상화하는(*informant*, *informare*) 한에서만 관념이라 부른다.

3) "관념의 대상적 실재성"(*realitatem objectivam ideae*, *realitas objectiva ideae*)이라는 말로써 나는 관념을 통해 표상된 대상의 존재성(*entitatem*, *entitas*)을—이것이 관념 속에 존재하는 한—의미한다. 같은 식으로 대상적 완전성(*perfctio objectiva*)이나 대상적 작품(*artificium objectivum*) 등이 거론될 수 있다. 우리가 관념의 대상 속에 있는 것으로 지각하는 것은 그것이 어떤 것이든 관념 속에 대상적으로 존재한다.

4) 우리가 대상에서 지각하는 것과 동일한 것이 대상의 관념 속에 존재할 경우, 그것은 관념의 대상 속에 "형상적으로"(*formaliter*) 존재한다고 할 수 있다. 그것이 비록 우리가 지각하는 것과 동일하지는 않지만 그것을 대신할 수 있을 정도로 커다란 한 그것은 관념의 대상 속에 "뛰어난 방식"(*eminenter*)으로 존재한다고 할 수 있다.

5) "실체"(*Substantia*)란 우리가 지각하는 것들, 즉 고유한 성질(*proprietas vel qualitas*) 혹은 속성(*attributum*)이 직접 내재해 있는[1] 주체로서 그것들은 실체에 의해 존재할 수 있다. 실체에 대한 실제적 관념(*realis idea*)은 우리 안에 있다. 우리가 가지고 있는 실체관념은 엄밀한 의미에서 오직 다음뿐이다.

---

1) AT V 156쪽 참조.

〔역주〕〈버먼과 대화〉의 해당부분을 번역하면 이렇다.

데카르트의 설명: 실체를 분류하는 속성 이외에, 그 속성을 받쳐주는 실체 그 자체도 파악되어야 한다. 정신이 사유할 때, 사유 이외에 사유하는 실체도 존재하듯 말이다.

즉, 실체란 우리가 지각하는 것 혹은 우리의 관념 속에 대상적으로 존재하는 것이 형상적으로 혹은 뛰어난 방식으로 그 안에 존재하는 그런 것이다. 자연의 빛은 무(無)란 어떠한 실제적 속성도 가질 수 없다는 것을 알려준다.

6) 생각이 직접(*immediate*) 내재해 있는 실체는 "정신"(*Mens*)이라 불린다. 여기서 나는 영혼(*anima*)에 관해서가 아니라, 정신에 관해서 이야기하는 것이다. 영혼이라는 말은 이중적 의미를 띠고 있으며, 그 때문에 자주 물질적인 것에 사용된다.

7) 장소적 연장과 모양과 위치와 장소운동 등과 같이 연장을 전제로 하는 우연한 성질들의(*accidentium, accidentia*) 직접적인 주체(*subjectum immediatum*)는 "물체"(*Corpus*)라고 불린 162
다. 그러나 정신과 신체라고 불리는 것이 동일한 하나의 실체인지 아니면 2개의 실체인지에 대해서는 나중에 탐구되어야 한다.

8) 최고로 완전하다고 우리가 알고 있고 또 우리가 결코 그 안에는 어떠한 결함도 그리고 완전성의 제한도 들어 있지 않다고 생각하는 실체는 "신"(*Deus*)이라 불린다.

9) 우리가 어떤 것이 다른 어떤 것의 본성이나 개념 속에 담겨 있다고 할 때, 이는 그것이 그것과 관련해서 참이라고 또는 그것과 관련해서 주장될 수 있다고 하는 것과 매한가지이다.

10) 둘 중 어느 하나가 다른 하나 없이 각각 존재할 수 있을 때, 그 둘은 실제로 구분된다.

요청들 (*Postulata*)

나는 첫째로 다음을 요청한다. 독자들은 자신들로 하여금 지금까지 감각을 신뢰하게끔 만든 근거들이 얼마나 취약한지를 그리고 감각을 토대로 쌓아온 모든 선입견들이 얼마나 불확실한지를 주목해야 한다. 또한 이를 아주 오랫동안 그리고 자주 기억해서 종국에 가서는 감각을 지나치게 신뢰하지 않는 습관을 획득해야 한다. 나는 형이상학적인 것들에 대한 확실성을 지각하기 위해서는 이것이 필요하다고 판단한다.

둘째로 요청하는 것은 다음과 같다. 독자들은 자신들의 정신을 그것의 속성들과 함께, 즉 일찍이 감각으로부터 받아들인 것들을 모두 거짓으로 간주하더라도 의심할 수 없다고 인식되는 속성들과 함께 고찰해야 한다. 또한 정신을 명석하게 지각하는 그리고 모든 물질적인 것들보다 그것을 인식하기가 더 쉽다고 믿는 습관을 얻기 전까지, 그것에 대한 고찰을 멈추어서는 안 된다.

셋째는 이렇다. 독자들이 자신들에서 발견하는 자명한 명제들(*propositiones*)을, 예를 들면, "어떤 것도 존재하는 동시에 존
163 재하지 않을 수 없다" 또는 "무(無)는 어떤 것의 작용인이 될 수 없다"와 같은 명제들을 주의 깊게 고찰하여, 지성을 감각경험으로부터 자유롭고 순수하게 만들어 지성의 명료성을(*perspicuitatem intellectus, perpsicuitas intellectus*) 되찾아야 한다. 자연에 의해 주어졌음에도 불구하고, 감각경험에 의해 심하게 훼손되곤 하기 때문이다. 이래야만 뒤따르는 공리들이(*sequentium Axiomatum veritas*) 참임을 쉽게 인식할 수 있게 된다.

넷째는 이렇다. 삼각형이나 사각형 또는 다른 도형의 본성과 같이 많은 속성들이 들어 있는 본성들에 대한 관념들을 검토해야 한다. 마찬가지로 정신의 본성과 물체의 본성 그리고 무엇보다도 신의, 즉 최고로 완전한 존재의 본성 역시 검토해야 한다. 또한 우리는 우리가 그것들 속에 담겨 있다고 지각하는 모든 것들은 그것들과 관련해서 참이라고 주장될 수 있다는

것을 알아야 한다. 예를 들어, 삼각형의 본성에는 세 각의 합이 두 직각과 같다는 것이 들어 있기 때문에, 그리고 물체 혹은 연장된 것의 본성에는 가분성(*divisibilitas*)이〔우리는 머릿속에서조차(*saltem cogitatione*) 나누어질 수 없을 정도로 작은 것(*rem extensam, res extensa*)을 생각할 수 없다〕 들어 있기 때문에, 모든 삼각형의 세 각의 합은 두 직각과 같음과 모든 물체는 나뉠 수 있음을 참이라고 주장할 수 있다는 것을 말이다.

다섯째는 이렇다. 최고로 완전한 존재의 본성을 자주 그리고 오랫동안 관조해야 한다. 무엇보다도 다른 모든 본성들에 대한 관념들 속에는 가능한 존재가 담겨 있지만, 신의 관념 속에는 가능한 존재가 아니라 필연적인 존재가 들어 있음을 고찰하여야 한다. 독자들은 더 이상의 설명이 필요 없이 단지 이것 하나만으로도 신이 존재한다는 것을 인식하게 될 것이다. 또
그것은 그들에게 2라는 수는 짝수라는 것, 3은 홀수라는 것 164
등과 같은 것들만큼이나 자명하게 될 것이다. 어떤 사람들에게는 자명하지만 어떤 사람들에게는 설명을 통해서만 인식될 수 있는 것들이 적지 않게 존재하기 때문이다.

여섯째는 이렇다. 내가 《성찰》에서 열거한 명석판명한 지각과 더불어 애매모호한 지각의 예들을 모두 철저히 음미하여, 명석하게 인식되는 것들을 모호한 것들로부터 구분하는 데 익숙해져야 한다. 이는 규칙들에 의해서보다는 예들을 통해 더 쉽게 배울 수 있다. 나는 내가 《성찰》에서 그에 대한 예들을 모두 설명했다고, 아니면 적어도 내가 할 수 있는 만큼은 다루었다고 믿는다.

끝으로 일곱째는 이렇다. 명석하게 지각한 것에서는 결코 어떠한 거짓도 발견할 수 없었던 반면, 모호하게 지각된 것들에서는 오로지 우연하게 진리를 발견했었다는 사실을 주목해

야 한다. 그리고 순수한 이성에 의해 명석판명하게 지각되는 것들을 감각의 선입견이나 혹은 잘 알지 못하는 가정들을 근거로 의심하는 것이 결코 합리적이지 않음을 생각해야 한다. 이렇게 할 경우 뒤따르는 공리들을 참되고 의심할 수 없는 것으로 쉽게 받아들일 수 있게 된다. 사실 내가 그 가운데 많은 것들을 더 자세히 설명할 수 있었고, 또 좀더 정확히 하려 했다면, 공리라기보다는 정리라고 했었어야 했음에도 불구하고 말이다.

공리들 혹은 공통개념들(*Axiomata sive communes notiones*)

1) 어떤 것과 관련해서 그것이 존재하는 원인이 무엇인지를 물을 수 없는 것은 아무것도 없다. 이는 신과 관련해서도 마찬
165 가지다. 그러나 신이 존재하기 위해 어떤 원인을 필요로 하기 때문이 아니라, 신의 본성의 위대함(거대함, *immensitas*) 그 자체가 원인 혹은 근거이기 때문이다. 이 때문에 신은 존재하기 위해 어떤 원인이나 근거도 필요로 하지 않는다.

2) 현재라는 시간은 그에 가장 가깝게 앞서 있는 시간에 의존해 있지 않다. 그 때문에 어떤 것을 보존하는 데에도 그것을 처음 만드는 데 필요한 정도의 원인이 필요하다.

3) 어떤 것도 그리고 또한 어떤 것이 실제로 가지고 있는 어떤 완전성도 "무"(無) 혹은 존재하지 않는 것을 원인으로 가질 수 없다.

4) 어떤 것에 들어 있는 실재성 혹은 완전성은 그것의 제1의 그리고 완벽한 원인 속에 형상적으로 혹은 뛰어난 방식으로 담겨있다.

5) 이로부터 다음이 귀결된다. 관념들의 대상적 실재성은

그와 동일한 실재성이 대상적으로가 아니라 형상적으로 혹은 뛰어난 방식으로 담겨 있는 원인을 필요로 한다. 그리고 이 공리는, 모든 것들에 — 감각할 수 있는 것이든 그렇지 않은 것이든 — 대한 인식이 이것 하나에 의존하고 있을 정도로, 반드시 받아들여져야 한다는 것을 주목해야 한다. 예를 들어, 하늘이 존재한다는 것을 우리가 어떻게 아는가? 우리가 그것을 보기 때문인가? 그러나 그러한 시각(視覺)은 관념으로서가 아니라면 우리의 정신에 도달할 수(*attingit, attingere*) 없다. 상상력에 의해 각인된 상이 아니라, 관념, 즉 정신 그 자체에 내재하는 관념으로서가 아니면 말이다. 또한 우리는 모든 관념이 실제로 존재하는 것을 대상적 실재성의 원인으로 가지고 있어야 한다는 이유 때문이 아니라면, 그 관념을 근거로 하늘이 존재한다고 판단할 수 없다. 이에 따라 우리는 그 원인이 하늘 그 자체라고 판단한다. 이는 다른 것들과 관련해서도 마찬가지다.

6) 실재성 혹은 존재성(*entitatis, entitas*)에는 상이한 등급이 있다. 실체는 우연한 성질이나 양태보다 더 많은(커다란) 실재성을 지닌다. 무한한 실체는 유한한 실체보다 더 많은 실재성을 지닌다. 이 때문에 실체의 관념 속에는 우연한 성질의 관념 속에 보다 더 많은 실재성이 들어 있다. 그리고 무한한 실체의 166
관념 속에는 유한한 실체의 관념 속에 보다 더 많은 실재성이 들어 있다.

7) 생각하는 것(*Rei cogitantis, res cogitans*)의 의지는 당연히 의지대로 자유롭게(이것이 의지의 본질이기 때문에), 그렇지만 그것이 명석하게 인식한 선한 것으로 이끌린다. 이 때문에 의지는 자신이 가지고 있지 않은 어떤 완전성들을 알게 되면, 그리고 이것들이 자신의 역량 안에 있는 것들이라면, 자신에게

그 완전성들을 곧바로 부여한다.

8) 크고 어려운 일을 할 수 있는 것은 그보다 더 작은 일 또한 할 수 있다.

9) 실체의 속성들이나 고유한 성질들을 창조하고 보존하는 것보다, 실체를 창조하고 보존하는 것이 더 큰 일이다.[2] 그러나 이미 말했듯이, 동일한 것을 창조하는 것이 그것을 보존하는 것보다 더 큰일은 아니다.

10) 모든 것의 관념 혹은 개념 속에는 존재가 담겨져 있다. 왜냐하면 우리는 어떤 것도 존재와 연관짓지 않고서는 생각할 수 없기 때문이다. 물론, 유한한 것의 개념 속에는 가능한 존재 혹은 우연한 존재가 들어 있으며, 최고로 완전한 존재의 개념 속에는 필연적 그리고 완전한 존재가 들어 있다.

명제 (*Propositio*) I

신의 존재는 단순히 그의 본성에 대한 고찰로부터 인식된다.

증 명

어떤 것이 어떤 것의 본성이나 개념에 담겨 있다고 하는 것은 그것이 그것과 관련해 참이라고 하는 것과 동일하다(정의 9

---

2) AT V 154쪽 참조. 〈버먼과의 대화〉에서 해당부분을 번역하면 다음과 같다.

데카르트의 설명: 알다시피 동일한 실체의. 여기서 어느 한 실체와 다른 한 실체가 비교되어서는 안 된다.

버먼의 질문: 그러나 속성들은 실체와 동일합니다. 따라서 더 큰일이 일이 아닙니다.

데카르트의 답변: 모든 속성들을 하나로 뭉치면 그것은 실체와 동일하다. 그러나 개별적인 속성 각각은 그렇지 않다. 따라서 실체를 창조하는 것은 각각의 속성들을 창조하는 것, 즉 각각의 속성들을 하나하나씩 창조해서 결국 모든 속성들을 창조하는 것보다 더 큰일이다.

에 따라). 그런데 신의 관념 속에는 필연적 존재가 담겨 있다 (공리 10에 따라). 따라서 신 속에 필연적 존재가 있다고 혹은 167
신이 존재한다고 하는 것은 참이다.

이것은 삼단논법인데, 나는 이를 이미 〔자네들의〕 여섯 번째 반박과 관련해서 거론했다.[3] 그것의 결론은, 다섯 번째 요청에서 말했듯이, 선입견에서 자유로운 사람들에게는 자명할 수 있다. 그러나 그 정도의 명민함에 도달하는 게 쉬운 일이 아니기 때문에, 우리는 다른 방식들을 통해서 그것을 탐구하게 될 것이다.

명제 II

신의 존재는 단순히 그의 관념이 우리 안에 있다는 것으로부터 후험적으로(*a posteriori*) 증명된다.

증 명

우리가 가지고 있는 관념들 각각의 대상적 실재성은 다음과 같은 원인을 요구한다(공리 5에 따라). 즉, 그 대상적 실재성과 같은 만큼의 실재성을 대상적으로뿐만 아니라 형상적으로 혹은 뛰어난 방식으로 가지고 있는 원인을 말이다. 우리는 신의 관념을 가지고 있다(정의 2에 따라). 그리고 이 관념의 대상적 실재성은 형상적으로나 뛰어난 방식으로나 우리에게 있지 않으며(공리 6에 따라), 신 이외의 다른 어떤 것에도 있을 수 없다(정의 8에 따라). 따라서 우리에게 있는 신의 관념은 신을 원인으로 요구하며, 이에 따라 신은 존재한다(공리 3에 따라).

---

3) 149쪽 22번째 줄 참조.

168 **명제 III**

신의 존재는 그의 관념을 가지고 있는 우리 자신이 존재한다는 사실로부터도 증명된다.

증 명

만일 내가 나를 보존할 힘을 지니고 있다면, 나는 내가 가지고 있지 않은 완전성들을 나에게 줄 힘을 그만큼 더 가지고 있을 것이다(공리 8과 9에 따라). 왜냐하면 그 완전성들은 실체의 속성에 불과하지만, 나는 실체이기 때문이다. 그런데 나는 내게 그러한 완전성들을 부여할 힘을 가지고 있지 않다. 왜냐하면 그 힘을 가지고 있다면 나는 이미 그 완전성들을 가지고 있을 것이기 때문이다(공리 7에 따라). 따라서 나는 나 자신을 보존할 힘을 가지고 있지 않다.

그리고 나는 내가 존재하는 동안 보존되지 않고서는 존재할 수 없다. 내가 나를 보존할 힘을 가지고 있다면 나는 나 자신에 의해, 그렇지 않으면 그런 힘을 가지고 있는 다른 이에 의해서 보존된다. 그런데 나는 존재하지만, 이미 입증된 바와 같이, 그런 힘을 가지고 있지 않다. 따라서 나는 다른 이에 의해 보존된다.

그 밖에, 나를 보존하는 이는 형상적으로 혹은 뛰어난 방식으로 내 안에 있는 모든 것들을 그 자신도 가지고 있다(공리 4에 따라). 그런데 내 안에는 내가 가지고 있지 않은 많은 완전성들에 대한 지각과 함께 신의 관념에 대한 지각이 있다(정의 2와 8에 따라). 따라서 나를 보존하는 이에게도 동일한 완전성들에 대한 지각이 있다.

끝으로, 그는 자신이 가지고 있지 않은 또는 형상적으로 혹은 뛰어난 방식으로 그 자신이 가지고 있지 않은 그 어떠한 완전성들에 대한 지각도 가지고 있을 수 없다(공리 7에 따라). 왜냐하면 이미 말한 바와 같이, 그는 나를 보존할 힘을 가지고 있기 때문에, 그러한 완전성들을, 만일 가지고 있지 않다면, 자기 자신에게 줄 힘을 그만큼 더 가지고 있을 것이기 때문이
다(공리 8과 9에 따라). 그런데 바로 전에 증명했듯이, 그는 내 169
가 가지고 있지 않고 또 오로지 신 속에만 존재한다고 생각하는 모든 완전성들에 대한 지각을 가지고 있다. 따라서 그는 그것들을 형상적으로 혹은 뛰어난 방식으로 가지고 있으며, 그래서 결국 그는 곧 신인 것이다.

부연 (*corollarium*)

신은 하늘과 땅 그리고 그 안에 있는 모든 것들을 창조했다. 더 나아가 그는 우리가 명석하게 지각하는 모든 것이 우리가 지각하는 바대로 일어나게 할 수 있다.

증 명

이는 모두 앞의 명제들로부터 명석하게 귀결된다. 왜냐하면 앞선 명제에서 신의 존재가 다음으로부터 증명되었기 때문이다. 즉, 신 안에 있는 모든 완전성들을—이것들에 대한 관념을 우리는 가지고 있는데—형상적으로 혹은 뛰어난 방식으로 지니고 있는 어떤 이가 존재해야 한다는 것으로부터. 우리는 아주 커다란 능력에 대한 관념을 가지고 있는데, 그것은 오로지 그 능력을 가지고 있는 이에 의해서만 하늘과 땅 등이 창조되었고 또 내가 가능하다고 인식하는 모든 것들이 생길 수 있

을 정도로 큰 능력에 대한 관념이다. 따라서 신의 존재와 더불어 그에 관한 이 모든 것들 또한 증명되었다.

명제 IV

정신과 신체는 실제로 구분된다.

증 명

우리가 명석하게 지각하는 것은 그것이 무엇이든 우리가 지각하는 바대로 신에 의해 일어날 수 있다(앞선 부연에 따라).
170 그런데 우리는 정신을, 다시 말해서, 사유실체(*substantiam cogitant em, substantia cogitans*)를, 신체, 즉 어떤 연장실체(*substantia extensa*) 없이 명석하게 지각한다(요청 2에 따라). 또 반대로 신체를 정신없이 명석하게 지각한다(누구나 쉽게 인정하듯이). 따라서 적어도 신성한 힘을 통해 정신은 신체 없이 그리고 신체는 정신없이 존재할 수 있다.

그 중 하나가 다른 하나 없이 존재할 수 있는 실체들은 실제로 서로 구분되는 것들이다(정의 10에 따라). 그런데 정신과 신체는, 그 중 하나가 다른 하나 없이 존재할 수 있는(바로 앞에서 증명되었듯이) 실체들이다(정의 5, 6, 7에 따라). 따라서 정신과 신체는 실제로 구분된다.

그리고 다음을 주목해야 한다. 내가 여기서 신성한 힘을 매개로 한 것은 정신을 신체와 분리시키는 데 어떤 특별한 힘이 필요하기 때문이 아니다. 그것은, 단지 내가 앞에서 신에 관해 다룬 탓에, 내가 달리 사용할 수 있는 것을 가지고 있지 않기 때문이다. 우리가 그 2개의 것들이 실제로 구분된다는 사실을 인식하는 문제와 어떤 힘이 그것들을 분리하는지의 문제는 관련이 없다.

세 번째 반박[1] 171
저자의 답변과 함께

반박 I : 〈제일성찰〉에 대해 의심할 수 있는 것들과 관련하여

이 성찰에서 제시된 설명들로부터 다음은 충분하리만큼 확실하다. 깨어 있음과 참된 감각을 꿈과 구별해 줄 어떠한 기준도 없다. 이 때문에 우리가 깨어 있을 때 감각을 통해 얻게 되는 상들(象, *phantasmata*)은 외부대상들에 내재하는 (우연한) 성질들(*accidentia*)이 아니며, 일반적으로 그런 외부대상들이 존재한다는 것에 대한 증명에도 도움이 되지 못한다. 이런 이유로, 만일 우리가 심사숙고하지 않은 채 우리의 감각을 따를 경우, 우리는 응당 어떤 것이 존재하는지 아니면 존재하지 않는지를 의심하게 된다. 따라서 우리는 이 성찰이 참임을 인정한다. 그러나 이미 플라톤이나 그 밖의 다른 고대 철학자들이 감각사물들과 관련된 그런 불확실성에 대해 자세히 논의했고, 또 깨어 있음과 꿈을 구별하는 어려움은 널리 알려져 있는 사

---

1) AT III 360쪽 19번째 줄 참조.
〔역주〕 이는 토마스 홉스에 의한 것임.

실이기 때문에, 새로운 사변에 아주 뛰어난 저자가 이런 케케묵은 것들을 출판하지 않았으면 하는 심정이다.

답 변

의심할 근거들, 즉 여기서 철학자〔홉스〕가 참인 것으로 인정하는 의심할 근거들을 나는 단지 개연적인 것으로 제시했을 뿐이다. 그리고 나는 그 근거들을, 새것인 양 가장해서 팔아먹
172 기 위해서가 아니라, 한편으로는 지적인 것들에 대한 고찰과 물질적인 것들과의 구분을 위해 독자들을 준비시키기 위해 사용한 것이다. 이를 위해 그 근거들이 절대적으로 필요하다는 생각을 나는 가지고 있다. 다른 한편으로는 이어지는 성찰들에서 그 근거들에 대한 답을 하기 위해서였다. 그리고 또 다른 한편으로는 내가 나중에 제시하는 진리들이, 그런 형이상학적 의심들에 의해 흔들릴 수 없는 것들이기 때문에, 그것들이 얼마나 확고한지를 보이기 위해서였다. 따라서 나는 내가 그 근거들을 열거한 것에 대한 칭찬을 기대하지 않는다. 그렇지만 내가 그것들을 생략할 수 있었다고 믿지 않는다. 의술에 관한 글을 쓰는 사람이 치료법을 제시하고자 하는 병에 대한 기술을 생략할 수 없듯이 말이다.

반박 II : 두 번째 성찰에 대해
인간 정신의 본성에 관하여

"나는 생각하는 것이다"(*res cogitans*).[2] 그렇다. 깨어 있든 꿈을 꾸든, 나는 생각한다, 혹은 상(象)을 가지고 있다라는

2) 27쪽 13번째 줄 참조.

것으로부터 나는 생각하는 것이라는 것이 귀결된다. "나는 생각한다"와 "나는 생각하는 것이다"라는 것은 같은 의미다. 나는 생각하는 것이다라는 것으로부터 "나는 존재한다"는 것이 귀결된다. 왜냐하면 생각하는 것은 무(無)가 아니기 때문이다. 그러나 그가 "정신, 영혼, 지성(*intellectus*), 이성"(*ratio*)[3] 이라고 덧붙인 데에는 의혹이 인다. 왜냐하면 나는 다음과 같이 주장하는 것이 올바른 논증방식이라고 생각하지 않기 때문이다. 즉, "나는 생각하는 것이다"(*ego sum cogitans*), 따라서 "나는 생각(*cogitatio*)이다." "나는 이해하는 것이다," 따라서 "나는 지성(*intellectus*)이다"와 같은 논증방식 말이다. 이러한 논증방식이 올바른 것이라면, 나는 동일한 방식으로 "나는 산책하는 것이다," 따라서 "나는 산책이다"라고 할 수 있을 것이기 때문이다. 따라서 데카르트 씨는 이해하는 것(*rem intelligentem, res intelligens*)과 이해하는 것의 행위인 이해를 동일한 것으로 간주한다. 아니면 적어도 이해하는 것과 이해하는 것이 가지고 있는 능력인 지성을 동일한 것으로 간주한다. 그렇지만 모든 철학자들은 주체와 주체의 능력과 행위를 구분한다. 다시 말해서, 주체와 주체의 고유한 성질과 본질을 구분한다. 존재하는 것 173
그 자체와 그것의 본질은 서로 다른 것이다. 따라서 생각하는 것은 정신의, 혹은 이성의, 혹은 지성의 주체이며, 그 때문에 어떤 물질적인 것일 수도 있다. 비록 그 역을 상정하고 있지만, 그것이 증명된 것은 아니다. 그럼에도 불구하고 그것이 데카르트 씨가 확고히 하고자 하는 결론의 토대다.

같은 곳에서, 〔데카르트 씨는〕 "나는 내가 존재한다는 것을 알고 있다. 그런데 나는 내가 존재한다는 것을 알고 있는 내가 무

3) 같은 쪽, 13~14번째 줄 참조.

엇인지 묻고 있다. 바로 이렇게 이해된 나에 대한 앎이 내가 아직 존재여부를 모르는 것들에 의존해 있지 않다는 것은 매우 확실하다고"[4] 말한다.

이 명제에 대한 앎, 즉 "나는 존재한다"에 대한 앎이 ― 그가 우리에게 올바르게 보여주듯이 ― "나는 생각한다"에 대한 앎에 의존해 있다는 것은 매우 확실하다. 그러나 "나는 생각한다"에 대한 앎은 어디서 유래하는가? 그 앎이 오로지 이로부터, 즉 우리는 어떤 행위도 그것의 주체 없이 생각할 수 없다는 것으로부터 유래하는 것임은 확실하다. 춤추는 행위를 춤추는 사람 없이, 인식하는 행위를 인식하는 사람 없이, 생각하는 행위를 생각하는 사람 없이 생각할 수 없듯이 말이다.

이로부터 생각하는 것(*rem cogitantem, res cogitans*)은 물질적인 것이라는 결론이 나온다고 생각된다. 왜냐하면 모든 행위의 주체는 오로지 물질적인 근거하에서 또는 물질을 근거로 해서 인식될 수 있기 때문이다. 데카르트 씨 자신이 밀랍의 예에서[5] 보여주었듯이 말이다. 색과 딱딱함과 모양 그리고 그 밖의 다른 행위들이(*caeteris actibus, caeteri actus*) 변했음에도 불구하고 여전히 동일한 것으로, 다시 말해서 많은 변화들을 겪은 동일한 물질로 인식되는 밀랍의 예에서 말이다. 그러나 내가 생각한다는 것이 다른 생각(*aliam cogitationem, alia cogitatio*)을 통해 귀결되는 것은 아니다. 왜냐하면 비록 어떤 사람이 자신이 생각했었다는 것을 생각할 수 있더라도(이 생각이란 기억에 불과한 것인데), 자신이 생각한다는 것을 생각한다는 것은 전적으로 불가능하기 때문이다. 자신이 안다는 것을 알 수 없듯이 말이다. 그렇지 않은 경우, 이에 대한 물음은 무한히 진

---

4) 27쪽 28번째 줄~28쪽 2번째 줄 참조.

5) 30쪽 8번째 줄 참조.

행될 것이다. 즉, 당신이 안다는 것을 당신이 알고 있음을 당신이 아는 것을 당신은 어떻게 아는가? 하고 말이다.

따라서 나는 존재한다는 명제에 대한 앎은 나는 생각한다는 명제에 대한 앎에 의존하고, 이 명제에 대한 앎은 우리가 생각을 생각하는 물질로부터 분리할 수 없다는 데서 기인하기 때문에, 생각하는 것이 물질이 아니다라기보다는 오히려 물질이라 174
고 추론해야 한다고 생각된다.

답 변

내가 〔"생각하는 것은"〕 "정신, 영혼, 지성, 이성 등"이라고 했을 때, 나는 그러한 명칭들로써 단순히 능력을 의미한 것이 아니라 사고력을 겸비한 것을 의미한 것이다. 사람들은 일반적으로 첫 번째 두 명칭을 그렇게 이해하며, 나머지 두 명칭도 자주 그렇게 이해한다. 나는 이에 관한 설명을 여러 곳에서 제시했기 때문에, 그것을 의심할 만한 여지가 없다고 본다.

그리고 산책과 생각 간에는 어떠한 유사성도 없다. 산책은 오로지 행위 그 자체로만 간주되는 반면에, 생각은 때로는 행위로 때로는 능력으로 때로는 그 능력을 갖춘 것으로 간주되기 때문이다.

지성을 능력으로 간주할 경우, 나는 이해하는 것과 이해(*inetllectio*)가 동일한 것이라고 주장하지 않으며, 이해하는 것과 지성조차 동일한 것이라고 주장하지 않는다. 나는 단지 지성이 이해하는 것 그 자체로 간주될 때만 그 둘이 동일한 것이라고 주장할 뿐이다. 그 밖에도, 나는 내가 "것"(*rem*, *res*)이나 혹은 실체를—나는 여기에 속하지 않는 모든 것들을 배제하고자 한 것인데—지시하기 위해 가장 추상적인 어휘를 사용했음을 고백한다. 이는 이 철학자〔홉스〕가, 생각하는 것을 신체와 분리하지 않으려고, 생각하는 것을 지시하기 위해 가장 구체적인 어휘들을, 즉 "주체, 물질, 물체"라는 어휘들을 사용한 것과 대비된다.

나는 각각의 것들을 가능한 한 구분하는 나의 방식보다 많은 것들을 하나로 묶는 그의 방식이 진리를 찾아내는 데 더 적합한 듯이 보이지 않을까 하는 걱정을 하지 않는다. 그러나 이제 말보다는 사실에 관해 이야기해 보기로 하자.

175 그는, "생각하는 것은 물질적인 것일 수 있다. 비록 데카르트 씨는 그 역을 상정하고 있지만, 그것이 증명된 것은 아니다"[6] 라고 한다. 그러나 나는 결코 그 역을 상정하지 않았다. 그리고 또한 그것을 결코 토대로 삼지 않았다. 나는 그것이 증명되는 〈제 6성찰〉까지는 그것을 결정하지 않은 채로 남겨 두었다.

그리고 그가 "우리는", 생각하는 행위를 생각하는 것이 없이 생각할 수 없듯이, "어떤 행위든 그것의 주체 없이 생각할 수 없다"[7] 고 말한 것은 옳다. 왜냐하면 생각하는 것은 무(無)가 아니기 때문이다. 그런데 그는 아무런 근거도 없이, 모든 언어와 논리방식에 어긋나게, "이로부터 생각하는 것은 물질적인 것이라는 결론이 나온다고 생각된다"고 덧붙였다. "왜냐하면 모든 행위의 주체는 오로지 실체를 근거로 해서 이해되기 때문이다"[8] (혹, 원한다면, 또한 "물질적인 근거하에, 즉 형이상학적인 근거하에 이해되기 때문이다") 라고 한다. 그러나 그 때문에 〔생각하는 것이〕 물체를 근거로 해서 이해되는 것은 아니다.

논리학자들은 그리고 일반적으로 모든 사람들은 어떤 실체

6) 173쪽 2~4번째 줄 참조.

7) 같은 쪽 12~13번째 줄 참조.

8) 같은 쪽 15~18번째 줄 참조.

는 정신 실체이며 어떤 실체는 물질 실체라고 말하는 데 익숙하다. 그리고 밀랍의 예를 통해 나는 단지 색과 딱딱함과 모양이 밀랍 그 자체의 형상적 근거(*rationem formalem, ratio formalis*)에 속하지 않는다는 것만을 입증했을 뿐이다. 나는 거기서 정신의 형상적 근거에 관해 논의한 것이 아니며, 신체의 형상적 근거에 대해서조차 논의하지 않았다.

그리고 여기서 그 철학자가 어떤 생각이(*unam cogitationem, una cogitatio*) 다른 생각의 주체일 수 없다고 한 것은 사실과 무관하다. 그를 제외하고 누가 그런 상상을 했겠는가? 사실 그 자체를 간단히 설명하자면 이렇다. 생각은 생각하는 것 없이 존재할 수 없다는 것과 어떤 행위나 어떤 우연적인 성질도 그것이 내재하는 실체 없이 결코 존재할 수 없다는 것은 확실하다. 그런데 우리는 실체 그 자체를 직접적으로 인식하는 것 176
이 아니라, 단지 그것이 어떤 행위들의 주체라는 것을 통해 인식할 따름이다. 이 때문에 우리가 명백하게 상이한 행위들이나 우연한 성질들의 주체로 인정하는 실체들을 상이한 이름으로 부르는 것과 그러한 상이한 이름들이 상이한 것들을 의미하는 것인지 아니면 동일한 하나를 의미하는 것인지를 차후에 검토하는 것은 지극히 합리적이며 통상적으로 요구되는 것이다. 먼저 크기와 모양과 운동 등과 같이 장소적 연장 없이 생각할 수 없는 우연한 성질 혹은 행위들이(*actus*) 있다. 즉, 우리가 물질적(*corporeos, corporei*)이라고 칭하는 행위들이 있다. 따라서 우리는 그것들이 내재하고 있는 실체를 "물체"(*corpus*)라 부른다. 또한 모양의 주체로서의 실체가 장소운동 등의 주체와 다른 것이라고 상상할 수 없다. 왜냐하면 그런 행위들은 모두 연장이라는 공통된 근거에 속하는 것들이기 때문이다(*conveniunt sub una communi ratione extensionis, convenire sub una communi*

ratione extensionis). 그리고 다음으로 이해, 의지, 상상, 감각 등과 같이 우리가 생각(*cogitativos*, *cogitativi*)이라고 부르는 행위들이 있다. 이것들은 모두 생각 또는 지각 또는 의식이라는 공통된 근거에 속하는 것들이다. 따라서 우리는 그것들이 내재하고 있는 실체가 생각하는 것(*rem cogitantem*, *res cogitans*)이라고 혹은 정신(*mentem*, *mens*)이라고 한다. 혹 이와 다른 어떤 이름으로—단지 우리가 그 실체를 물질적인 실체와 혼돈하지 않기 위해—부르건 간에, 그 이름으로 부르는 것이라고 한다.[9] 왜냐하면 사유행위들은 신체의 행위(*actibus corporeis*, *actus corporei*)와 어떠한 동질성(*affinitatem*, *affinitas*)도 가지고 있지 않고, 또 그 행위들의 공통적 근거인 생각(*cogitatio*)은 다른 행위들의 공통적 근거인 연장과 전적으로 다른 종류의 것이기 때문이다. 우리가 그 두 실체들에 대해 판명한 개념들을 구성한 다음에, 〈제6성찰〉에서 설명된 것들로부터, 그것들이 동일한 실체인지 아니면 상이한 실체인지를 인식하기란 쉬운 일이다.

177 반박 III

"따라서 무엇이 내 생각과 구분되는 것인가? 무엇이 내 자신과 분리된 것이라고 할 수 있는 것인가?"[10]

이에 대해 혹 어떤 이는 이렇게 답할 것이다. 생각하는 나 자신이 나의 생각과 구분된다. 그리고 나의 생각이 나와 분리

9) 〔역주〕 원문은 "atque substantiam cui insunt, dicimus esse rem cogitantem, sive mentem, sive alio quovis nomine, modo ne ipsam cum substantia corporea confundamus"이다.

10) 29쪽 1~2번째 줄 참조.

된 것은 아니지만 구분되는 것이다. 앞서 말했듯이 춤추는 행위가 춤추는 사람과 구분되듯이 말이다. 따라서 만일 데카르트 씨가 지성을 사용하는 사람과 지성이 동일한 것임을 보인다면, 우리는 다시 스콜라철학적 어법에(*modum loquendi, modus loquemdi*) 빠지게 될 것이다. 지성이 이해하고, 시각이 보며, 의지가 의지하고, 또한 마찬가지로 산책, 혹 적어도 산책하는 능력이 산책을 한다. 이것들은 모두 다 모호하고, 부적합하며 또 우리에게 익숙한 데카르트 씨의 통찰력과 어울리지 않는다.

답 변

"… 것"이(*rem, res*) 양태와 구분되듯, 생각하는 내가 나의 생각과 구분된다는 것을 부정하지 않는다. 그런데 내가 "따라서 무엇이 내 생각과 구분되는 것인가?"라고 물을 때, 나는 그것을 나라는 실체와 관련해서가 아니라 그곳에서 거론된 사유양태들과 관련해서 물은 것이다. 그리고 내가 "무엇이 내 자신과 분리된 것이라고 할 수 있는 것인가?"라는 물음을 덧붙인 것은, 단지 그러한 모든 사유양태들이 내 안에 존재한다는 것을 의미하고자 한 것뿐이다. 이와 관련해서 어떤 의문이나 모호함이 일어날 수 있는지 나는 모르겠다.

반박 IV

"따라서 그 밀랍이 무엇인지 결코 상상할 수 없으며, 단지 정신에 의해 파악될 뿐이라는 것을 인정하는 일만 남아 있다."[11)]

11) 31쪽 16~18번째 줄 참조.

178 상상, 다시 말해서 어떤 관념을 가지는 것과, 정신으로 파악하는 것, 다시 말해서 추론을 통해 어떤 것이 있거나 존재한다는 것을 귀결짓는 것 간에는 커다란 차이가 있다. 그런데 데카르트 씨는 이 둘이 어떤 점에서 다른지를 설명하지 않았다. 옛 소요학파 철학자들 역시 실체는 감각에 의해서 지각되는 것이 아니라, 근거들에 의해 귀결되는 것임을 아주 분명하게 가르쳤다.

만일 추론(*ratiocinatio*)이 이름들(*nominum*, *nomines*)이나 명칭들(*appellationum*, *appellationes*)의 결합과 연결에 불과한 것이라면, 있다(*est*, *esse*)라는 말로 우리는 무엇을 말하는 것일까? 만일 그렇다면, 우리는 사유를(*ratione*, *ratio*) 통해서는 결코 대상들의 본성(*natura rerum*)에 대해 아무것도 귀결짓지 못하며, 단지 대상들의 명칭을 협약(이는 우리가 임의로 만든 것인데)에 따라 결합하는지 아닌지 만을 귀결지을 수 있다. 만일 그렇다면—이는 가능한 듯한데—추론은 이름들에 의존하게 될 것이고, 이름들은 상상력에 의존하게 될 것이며, 또 상상력은 아마도, 감각과 마찬가지로, 신체기관들의 운동에 의존하게 될 것이다. 그렇다면 정신은 신체기관의 어떤 부분들에 있는 운동에 불과하게 될 것이다.

답 변

나는 상상력과 순수한 정신에 의한 파악(*conceptum*, *conceptus*)의 차이를 이곳에서〔〈제 2성찰〉〕 설명했다. 즉, 밀랍의 예에서, 어떠한 것들이 우리가 상상력을 통해 파악하는 것이고 또 어떠한 것들이 우리가 오로지 정신으로 파악하는 것인지를 열거하면서 말이다. 나는 그것을 다른 곳에서도〔〈제 6성찰〉〕 설명했다. 우리가 어떻게 동일한 하나의 대상을, 예를 들어, 오각형을 한편으로는 이해하고 다른 한편으로는 상상하는지를 설명하면서 말이다. 그런데 추론에서 결합이란 이름들의 결합이 아닌, 이름에 의해 의미되는 대상들의 결합이다. 나는 누가 역으로 생각할 수 있는지 궁금하다. 프랑스 사람과 독일 사람이 동일한 것들에 대해 명백하게 동일한 것을—상이한 언어 179
로 생각하는 것이긴 하지만—추론할 수 있다는 것을 누가 의심하는가? 언어의 의미와 관련해서 우리가 임의로 만든 협약에 대해 이야기함으로써, 철학자〔홉스〕는 자기 자신에게 유죄 판결을 내리는 것이 아닐까? 만일 그가 말이 어떤 것을 의미한다는 것을 인정한다면, 무엇 때문에 그는 추론이 단지 말과 관련된 것이 아니라 오히려 말로써 의미된 어떤 것에 관련된 것이라고 주장하지 않는가? 그는, 정신이 운동이라고 결론짓는 것과 똑같은 권리를 가지고, 지구가 하늘이라거나 혹은 그 밖의 자기 마음에 드는 어떤 것이라고 결론지을 수 있을 것이다.

반박 V : 〈제 3성찰〉에 대해
신과 관련하여

"이것들(알다시피, 인간의 생각들) 중에 어떤 것들은, 예를 들어 내가 인간이나 키메라나 하늘이나 천사를 생각할 때처럼, 대상들의(*rerum*, *res*) 상(象, *imagines*) 같은 것들인데, 관념(*idea*)이란 말은 원래 그런 것들에만 적합한 말이다."[12]

인간을 생각할 때 나는 모양과 색으로 이루어진 관념 혹은 상(象)을 떠올리는데(*agnosco*, *agnoscere*), 나는 그것이 인간과 유사한지 아닌지 의심할 수 있다. 내가 하늘을 생각할 때도 마

---

12) 37쪽 3~6번째 줄 참조.

찬가지다. 그리고 키메라를 생각할 때 나는 관념 혹은 상(象)을 떠올리는데, 나는 그것이 어떤 동물, 아직 존재한 적은 없지만 존재할 수 있는, 또는 지금은 아니지만 언젠가 존재했던 혹은 존재하지 않았던, 어떤 동물과 유사한지 아닌지 의심할 수 있다.

그런데 내가 천사를 생각할 때, 때로는 불꽃의 상(象)이, 때
로는 날개 달린 아름다운 소년의 상(象)이 영혼에 나타나는데,
내가 보기에 그 상들은 천사와 전혀 유사하지 않다. 따라서 그
것이 천사의 관념이 아니라는 것도 확실해 보인다. 그러나 우
180 리는 신에게 봉사하는, 눈에 보이지 않고 또 물질로 이루어지
지 않은 피조물들이 존재한다고 믿기 때문에, 우리가 믿거나
가정하는 것들에게 천사라는 이름을 부여한다. 그 관념이, 즉
그것으로 내가 천사를 상상하는 그 관념이 비록 볼 수 있는 것
들에 대한 관념으로부터 구성된 것임에도 불구하고 말이다.

신의 이름을 경배하는 데에도 똑같다. 우리는 신에 대한 상(象)이나 관념을 가지고 있지 않다. 상(象)을 가지고 신을 경배하는 것이 금지된 이유도 바로 그 때문이다. 즉, 우리가 파악할 수 없는 신을 우리가 파악한다고 생각하지 않도록 하기 위해서 말이다. 따라서 우리 안에 신에 대한 어떤 관념이 존재한다고 생각되지 않는다. 태어날 때부터 눈이 먼 사람이 불 가까이로 이끌려갔을 때마다 자신이 따뜻해지는 것을 느꼈다면, 그는 자신을 따뜻하게 하는 어떤 것이 존재한다는 것을 지각하며, 또 그것이 불이라고 불리는 것을 들으면 불이 존재한다는 결론을 내린다. 그렇지만 그는 불의 색깔이나 모양을 알지 못하고 영혼에 드러나는 어떤 관념이나 상(象)도 가지지 못한다. 이와 마찬가지로 인간은, 자신이 가지고 있는 상(象) 혹은 관념들의 원인이 존재해야 하고, 또 그 원인에 앞선 원인이 존재

해야 하며, 이런 식으로 〔원인들이〕 계속된다고 생각하기 때문에, 결국 어떤 끝에 대한, 혹은 어떤 영원한 원인, 즉 존재하기 시작한 적이 결코 없기 때문에 자기보다 시간적으로 앞선 원인을 가질 수 없는 그러한 원인에 대한 가정으로 이끌리게 된다. 〔그래서〕 그는 어떤 영원한 것이 필연적으로 존재한다는 결론을 내린다. 그럼에도 불구하고 그가 그런 영원한 것에 대한 관념이라고 할 수 있는 어떤 관념을 가지고 있는 것은 아니다. 그는 그가 믿는, 혹은 떠올린 것을(*rem agnitam, res agnitas*) 신이라고 부르거나 칭하는 것일 뿐이다.

데카르트 씨는 이 명제, 즉 우리가 우리 영혼 속에 신에 대한 관념을 가지고 있다는 명제로부터 그것의 정리(*Theorematis, Thoeremata*), 즉 신(전능하고 전지하며 세계를 창조한 자)이 존재한다는 정리에 대한 증명으로 나아가기 때문에, 신에 대한 관념을 보다 더 잘 설명했어야 했고, 그것으로부터 신의 존재뿐만 아니라 세계의 창조 역시 연역했었어야 했다.

답 변 181

여기서 그〔홉스〕는 관념이라는 말로써 신체적인 상상력(*phantasia corporea*)에 각인된 물질적인 것들의 상(象)만을 이해하려 한다. 이런 전제하에서, 천사나 신에 대한 적합한 관념이(*priopriam ideam, propria idea*) 있을 수 없다는 것을 입증하는 것은 간단하다. 내가 관념이라는 말로써 정신이 직접 지각하는 모든 것을 의미한다는 것을 이미 여러 곳에서 밝힌 바 있지만, 여기서 다시 한 번 밝히고자 한다. 나는 내가 원하거나 두려워할 때 내가 원한다는 것과 두려워한다는 것 역시 함께 지각하기 때문에, 의지와 두려움도 관념에 속한다. 우리가 신을 생각할 때, 어떠한 상(象)도 떠올리지 않음에도 불구하고, 내가 관념이란 말을 사용한 이유는 이렇다. 이미 철학자들이 신적 정신의 지각형상들(*formas perceptionum mentis divinae*, *formae perceptioum mentis divinae*)을 지시하기 위해 그 말을 빈번히 사용해왔고, 또 그보다 더 적합한 말을 내가 알고 있지 못하기 때문이다. 나는 내가 의도한 의미에 주의를 기울이고자 하는 사람들에게는 신 관념에 대한 나의 설명이 충분할 것이라고 생각한다. 그러나 나의 말을 나와는 달리 이해하고자 하는 사람들에게는 나의 설명이 늘 부족할 것이다. 끝으로 그가 여기서 세계의 창조에 관해 덧붙인 것은 주제와 동떨어진 것이다.

반박 VI

"그 밖에도 생각은(*cogitationes*) 상이한 형상을 지니고 있다. 예를 들자면, 내가 원하거나, 두려워하거나, 긍정하거나, 부정할 때, 나는 항상 어떤 것을 대상으로서 가지고 있다. 그런데 이때 나의 생각은 그것과 유사한 것 이외의 것도 담고 있다. 이 중 어떤 것은 의지 혹은 정념(*affectus*)이라 불리고, 어떤 것은 판단이라 불린다."[13]

182 누군가가 원하거나 두려워할 때, 당연히 그는 그가 두려워하는 것에 대한 상(象)이나 그가 원하는 행위에 대한 상(象)을 가지고 있다. 그러나 그가 원하거나 두려워할 때 그의 생각 속에 무엇이 더 들어 있는지에 관해서는 설명이 없다. 두려움이 생각이라는 것은 당연하다. 그렇지만 두려워하는 것에 대한 생각 이외에 또 다른 어떤 것이 어떻게 생각 속에 들어 있을

---

13) 37쪽 6~12번째 줄 참조.

수 있는지 나는 모르겠다. 달려드는 사자에 대한 두려움이 달려드는 사자의 관념과 그 결과(이는 그 관념이 마음속에 일으키는 것인데) — 이로 인해 두려워하게 된 자는 우리가 도망이라고 말하는 동물적 운동으로 이끌리게 되는 것인데 — 이외의 다른 어떤 것을 더 의미하는가? 도망이라는 운동은 이미 생각이 아니다. 이 때문에, 두려움 속에는 대상과의 유사성이 생명인 생각 이외의 그 어떤 것도 놓여 있지 않다. 이는 의지와 관련해서도 마찬가지다.

그 밖에, 긍정이나 부정은 말이나 명칭 없이 존재할 수 없다. 따라서 동물은 긍정할 수도 부정할 수도 없고, 또 생각으로조차도 결코 긍정도 부정도 할 수 없다. 따라서 판단이란 것을 할 수 없다. 인간과 동물의 생각이 비슷할 수는 있다.[14) 왜냐하면 우리가 인간이 달린다고 주장할 때, 달리고 있는 자기 주인을 보고 개가 갖는 생각과 다른 생각을 우리가 갖는 것이 아니기 때문이다. 따라서 긍정이나 부정은 긍정을 이루는 말이 긍정하는 자가 생각하는 것에 대한 말이라는 생각 이외의 그 어떠한 것도 더하지 않는다. 이는 생각에 대상과의 유사성 외의 다른 어떤 것을 더 더하는 것이 아니라, 동일한 것을 반복하는 것에 지나지 않는다.

답 변

사자를 보는 동시에 그것을 두려워하는 것이 단지 그 사자를 보는 것과는 다르다는 것은 자명하다. 마찬가지로 어떤 사람이 달리는 사람을 보는 것과 자신이 그 사람을 보고 있다는 것을 긍정하는 것은 — 이는 말없이 일어나는 것인데 — 다른

---

14) 〔역주〕 원어는 “attamen cogitatio similis potest esse in homine & vestia”이다.

183 것이다. 나는 여기서 답변을 필요로 하는 것이 무엇인지 모르겠다.

반박 VII

“내가 어떻게 그 관념〔신에 대한 관념〕을 신으로부터 받았는지를 검토하는 일만 남아 있다. 나는 이 관념을 감각으로부터 얻지 않았다. 이 관념은, 보통 감각적 사물들에 대한 관념들이 그렇듯이, 감각대상이 외적 감각기관에 나타날 때 혹은 나타나는 것처럼 보일 때 기대치 않게 나에게 들어온 것이 아니다. 또 그 관념은 내가 만든 것도 아니다. 나는 그 관념에서 어떤 것을 제거할 수도 또 추가할 수도 없기 때문이다. 그러므로 이제 남은 것은, 나 자신에 대한 관념이 본유적이듯이, 그 관념 역시 본유적이라는 것뿐이다.”[15]

만일 신에 대한 관념이 존재하지 않는다면(신의 관념이 존재한다는 것은 입증되지 않았는데), 이 모든 탐구는 허튼 짓이 될 것이다. 나 자신에 대한 관념은(나의 신체를 고려한다면) 시각으로부터 유래한다. (만일 정신을 고려한다면) 정신에 대한 관념이라는 것은 없으며, 우리는 단지 인간 신체에 내재하면서 그 신체에 동물적 운동을 부여하는, 그리고 이를 통해 감각하고 움직이는 어떤 것이 존재한다고 추론할 뿐이다. 따라서 그것이 무엇이든 우리는 그것에 대한 관념 없이 그것을 영혼이라고 부르는 것이다.

---

15) 51쪽 6~14번째 줄 참조.

답 변

만일 신에 대한 관념이 존재한다면(존재한다는 것이 명백하듯이), 이 모든 반박은 허튼 짓이 될 것이다. 게다가 영혼에 대한 관념은 존재하는 것이 아니라 다만 추론된 것이라고 한다면, 이는 상상력 속에 각인된 상(象)은 없지만 그럼에도 불구하고 내가 관념이라고 부르는 것은 존재한다고 하는 것과 동일하다.

반박 VIII 184

"태양에 대한 다른 관념은 천문학적 근거에서, 다시 말해서 내가 본유적으로 지닌 어떤 개념들로부터(*ex notitionibus*) 이끌어낸 것이다."[16]

어떤 주어진 시점에, 태양에 대한 관념은 하나뿐이라고 생각된다. 눈으로 보든, 추론을 통해 눈으로 보는 것보다 태양이 훨씬 더 크다는 것을 알든 말이다. 왜냐하면 후자는 태양에 대한 관념이 아니라, 태양이 훨씬 더 가까운 곳에서 관찰될 경우, 이 관념이 훨씬 더 클 것이라는 논증을 통한 결론이기 때문이다.

그러나 상이한 시점에 따라 태양에 대한 관념은 상이할 수 있다. 예를 들어, 한 번은 그냥 맨눈으로 보고, 다음번에는 망원경으로 보는 경우처럼 말이다. 그런데 천문학적 근거들은 태양에 대한 관념을 크거나 작게 만드는 것이라기보다는, 감각관념들이 잘못된 것임을 가르쳐 주는 것이다.

---

16) 39쪽 22~24번째 줄 참조.

답 변

여기서도, 논의되는 것이 태양의 관념이 아니라고 주장하지만 막상 기술되는 것은 내가 관념이라고 부르는 바로 그것이다.

반박 IX

"왜냐하면 나에게 실체를 나타내는 관념은 단지 양태나 우연한 성질을 나타내는 관념보다 더 높은 등급의 무엇이기 때문이다. 말하자면 실체를 나타내는 관념이 더 많은 대상적 실재성을 담고 있기 때문이다. 또 신의 관념은 — 이 관념을 통해 나는 영원하고 무
185 한하며 전지전능하고 만물의 창조자인 최고의 신을 인식하는데 — 유한한 실체를 나타내는 관념보다 당연히 더 많은 대상적 실재성을 담고 있다는 것은 의심의 여지가 없기 때문이다."[17]

나는 이미 앞서 신에 대한 관념도 영혼에 대한 관념도 존재하지 않다는 것을 여러 번 지적했다. 나는 이제 실체에 대한 관념도 그렇다는 것을 추가한다. 실체는 (우연한 성질들과 변화들의 물질적인 주체이기 때문에) 오로지 추론을 통해 얻어지는 것일 뿐, 파악되는 것은, 다시 말해서, 우리에게 어떤 관념을 드러내 주는 것은 아니다. 이것이 사실이라면, 어떻게 실체를 나타내는 관념이 우연한 성질을 나타내는 관념보다 더 높은 등급의 무엇이라고, 즉 더 많은(커다란) 대상적 실재성을 가지고 있는 것이라고 할 수 있는가? 그 밖에도, 데카르트 씨는 더 많은 실재성으로서 무엇을 말하려는지 다시 한 번 생각해보았으면 한다. 실재성이 많고 적고 할 수 있다는 말인가?[18] 만일

17) 40쪽 12~20번째 줄 참조.

18) 〔역주〕 원어는 "realitas suscipit magis & minus?"이다.

그가 어떤 것이 다른 것보다 더 많은 것이라고 생각한다면,[19] 어떻게 하면 그것을 우리의 이해력에 맞게 — 모든 증명에서 요구되는 그리고 그가 다른 경우에 사용한 정도의 명료함으로써 — 설명할 수 있을지를 생각해 보았으면 한다.

답 변

나는 어떤 방식으로 지각되든 지각되는 것들은 모두 관념이라 부르고 또 생각을 통해 얻어지는 것도 마찬가지로 관념이라 부른다는 것을 누누이 지적했다. 그리고 나는 실재성이 어떻게 많고 적고 할 수 있는지에 대해서도 이미 충분히 설명했다. 따라서 실체는 양태보다 더 많은 것이다. 그러므로 만일 실제적 성질이나 불완전한 실체가 있다면, 이것들은 양태보다 더 많은 것이지만 완전한 실체들보다는 덜한 것이다. 끝으로 만일 무한하고 독립적인 실체가 있다면, 그것은 유한하고 의존적인 실체보다 더 많은 것이다. 이는 모두 아주 자명하다.

반박 X 186

"따라서 이제 남아 있는 것은 오직 신의 관념뿐이며, 이 관념에 나 자신에게서 나올 수 없는 어떤 것이 있는지 혹은 없는지를 고찰해야 한다. 신이라는 이름으로 내가 이해하는 바는, 무한하고 독립적이며 전지전능한 실체로서, 나 자신은 물론 나 이외에 다른 어떤 것이 존재한다면 그 모두가 그에 의해 창조된, 그러한 실체이다. 실로 이런 것들은 모두, 내가 곰곰이 생각하면 할수록, 그만큼 더 나 자신에게서 나온다고 할 수 없는 것들이다. 그

---

19) 〔역주〕 원어는 "si putat unam rem alia magis esse rem"이다.

러므로 앞서 말했던 것들로부터 신이 필연적으로 존재한다는 결론을 내려야 한다."[20]

신에 대한 관념이 어떤 관념인지 알아보기 위해[21] 그리고 그 관념 속에 우리 자신에게서 나올 수 없는 어떤 것이 있는지 없는지를 알기 위해 신의 속성들을 고찰하면서, 나는, 내가 오류를 범하는 것이 아니라면, 우리가 신이라는 이름으로(*ad nomen Dei*) 생각하는 것들이 우리에게서 나오지 않는다는 것과 그것들이 외부대상들이 아닌 다른 어떤 곳에서 나올 필요가 없다는 것을 발견한다. 신이라는 말로 나는 실체를 이해한다. 다시 말해서, 신을 존재하는 것으로 이해한다(관념을 통해서가 아니라 추론을 통해). 나는 신이라는 말로 무한한 실체 (다시 말해, 그 끝(*terminos, termini*)을, 혹은 내가 그 너머를 상상할 수 없는 가장 끝부분을 파악하거나 상상할 수 없는)를 이해한다. 이로부터, "무한한 자"라는 이름으로(*ad nomen infiniti*) 생성되는 관념은 신적인 무한성의 관념이 아니라 내가 지닌 유한한 것들 혹은 제한된 것들에 대한 관념이라는 결론이 도출된다. 나는 신이라는 말로 독립적인 실체를 이해한다. 다시 말해서 나는 신이 유래하는 원인을 파악하지 못한다. 이로부터, 내가 "독립적인 것"(*ad nomen Independentis*)이라는 이름으로 가지는 관념은 상이한 시간에 발생한 그리고 그 때문에 의존적일 수밖에 없는 것들의 관념들에 대한 기억에 불과하다는 것이 밝혀진다.

이 때문에 신이 "독립적 〔존재〕"라고 하는 것은 신이 내가 상
187 상하지 못하는 기원을 지닌 것들 중 하나라고 하는 것에 불과
하다. 마찬가지로 신이 무한하다고 하는 것은 신이 우리가 그 한계를 파악할 수 없는 것들에 속하는 것이라고 하는 것과 동

20) 45쪽 9~18번째 줄 참조.

21) 원문은 "ut Dei ideam inde habemus"이다.

일하다. 이런 식으로 신에 대한 모든 관념이 배제된다. 기원도 끝도 없는 관념이란 도대체 어떤 관념인가?

"최고로 지적인"(*summe intelligentem, summe intelligens*). 나는 데카르트 씨가 어떤 관념을 통해 신의 지성을(*intellectionem, intellectio*) 이해하는지?라고 묻고 싶다.

"전능한." 마찬가지로 어떤 관념을 통해 신의 능력(*potentia*)을, 즉 아직 일어나지 않았지만 미래에 일어날 일들에 관여하는 신의 능력을 이해하는지?라고 묻고 싶다. 물론 나는 그것을 신이 앞서 행한 행위들에 대한 상(象)이나 기억으로부터 추론을 통해 이해한다. 즉, 신은 그렇게 일어나도록 했다. 따라서 그는 그렇게 일어나게 할 수 있었다. 그러므로 동일하게 존재하는(*existens idem*) 신은 또 그렇게 일어나게 할 수 있을 것이다. 다시 말해서 신은 그렇게 일어나게 할 수 있는 능력을 가지고 있다. 그런데 이 모든 것들은 외부대상들에서 나올 수 있는 관념들이다.

"존재하는 모든 것들의 창조자." 나는 내가 본 것들에서, 예를 들자면 나는 한 점에서 시작해서 지금 자신이 가지고 있는 모양이나 크기로 태어나고 성장하는 인간 같은 것들에서 창조에 대한 어떤 상을 상상할 수 있다. 어느 누구도 창조자라는 이름으로 이와 다른 관념을 가지고 있지 않다. 그러나 우리가 세계가 창조된 것으로 상상할 수 있다는 것이 창조를 입증하는데 충분한 것은 아니다. 그 때문에, 어떤 "무한하고 독립적이며 전능한 등"의 것이 증명된다 하더라도, 창조자가 존재한다는 것이 귀결되는 것은 아니다. 모든 것을 창조했다고 우리가 믿는 어떤 것이 존재한다는 것으로부터 세계가 그것에 의해 창조된 것이라는 결론을 정당하게 내릴 수 있다고 생각하지 않는다면 말이다.

그 밖에도, 그는 신에 대한 관념과 우리 영혼에 대한 관념
188 이 본유적이라고 주장하는데, 나는 꿈을 꾸지 않으면서 깊이 잠든 사람들의 영혼이 생각하는지 생각하지 않는지를 알고 싶다. 만일 깊이 잠든 사람들이 생각하지 않는다면, 그들은 그때 어떤 관념도 가지고 있지 않은 것이다. 그렇다면 어떤 관념도 본유적이지 않다. 본유적인 것은 언제나 있는 것이기 때문이다.

답 변

우리가 신에게 귀속시키는 것들 중 그 어느 것도 외부대상들에게서 나올 수 있는 것은 없다. 왜냐하면 외부대상들, 다시 말해서 물질적인 것들에 존재하는 것들과 유사한 그 어떤 것도 신 안에 존재하지 않기 때문이다. 그런데 우리가 어떤 것과 유사하지 않다고 생각하는 것은 그것이 무엇이든 간에 그 어떤 것에서가 아니라, 우리의 사고 속에 있는 그 상이성의 원인에서 나온다는 것은 명백하다.

나는 그 철학자〔홉스〕가 외부대상들에서 어떤 식으로 신의 지성을(*intellectionem Dei*, *intellectio Dei*) 연역하는지 묻고 싶다. 나는 관념으로써 지각의 형상을 의미한다고 하면서 내가 신의 전지함에 대해 어떤 관념을 가지고 있는지를 쉽게 설명했다. 자신이 무엇인가를 생각하고 있다는 것을 지각하지 못하는 사람이 어디 있는가? 지성에 대한 그러한 형상이나 관념을(*ideam intellectionis*, *idea intellectionis*) 가지지 못한 자가 어떻게 그것을 부정(不定, *indefinite*)하게 확장시켜 신성한 지성에 대한 관념과 그 밖의 나머지 속성들에 대한 관념을 구성한단 말인가?

그러나 나는 신 존재를 증명하기 위하여 우리 안에 있는 신의 관념을 사용했고, 또 그 관념 속에는 거대한 힘이, 즉 만일 신이 존재한다면 그 자신을 제외하고 그가 창조하지 않은 어떤 것이 존재한다는 것은 모순이라고 생각할 수 있을 정도의 거대한 힘이 들어 있다. 이 때문에 그의 존재가 증명되었다는 사실로부터 전 세계 혹은 신과 다른 모든 것들이—만일 그것들이 존재한다면 그것들이 무엇이든 간에—그에 의해 창조된 것이라는 결론 또한 도출된다.

끝으로, 내가 어떤 관념이 본유적이라고 할 때, 나는 그 관 189
념이 우리에게 항상 자신을 드러내고 있다는 것을 의미하는 것은 아니다. 그런 의미라면, 어떤 관념도 결코 본유적이지 않을 것이다. 내가 본유적이라는 말로 의미하는 것은 단지 우리가 우리 안에서 그 관념을 끄집어 낼 수 있다는 것이다.

반박 XI

"그러므로 내가 신의 존재를 증명하는 데 사용한 논증의 힘은 전부 다음에 놓여 있다. 즉, 신이 실제로 존재하지 않는다면, 나는 지금의 상태로, 다시 말해서 신에 대한 관념을 가지고 있는 상태로 존재하는 일이 일어날 수 없다고 인식한다는 데 내 논증의 힘이 놓여 있다. 신, 말하자면, 내 안에 그의 관념이 놓여 있는 신 말이다."[22]

우리가 신의 관념을 가지고 있다는 것이 증명되지 않았기 때문에, 그리고 기독교는 신이 파악될 수 없다는 것을 의무로서 받아들이도록 하기 때문에, 내식대로 말하자면, 그의 관념을 가지고 있지 않기 때문에, 창조는커녕 신의 존재조차 증명

22) 51쪽 첫 번째 줄~52쪽 3번째 줄 참조.

되지 않았다는 결론이 나온다.

답 변

신이 파악될 수 없다고 한다면, 그것은 신을 완벽하게(*adaequate*) 담고 있는 개념을 파악할 수 없다고 하는 것일 뿐이다. 나는 우리가 신의 관념을 어떤 식으로 아는 것인지에 대해서는 지겹도록 설명했다. 나의 증명들을 뒤집는 어떤 것도 이곳에서 여태껏 제기된 적이 없다.

190 반박 XII : 〈제 4성찰〉에 대해
참과 거짓에 관하여

"나는 오류를, 그것이 오류인 한에서, 어떤 실제적인 것이 아니라 단지 결함(*defectum*, *defectus*)일 뿐이라고 이해한다. 따라서 오류를 범하는 데에는 그것을 범하게 할 목적으로 신이 따로 준 능력이 필요하지 않다."[23]

무지가 단지 결함일 뿐이라는 것은 확실하다. 또 무지에 어떤 적극적 능력이 필요하지 않다는 것 역시 확실하다. 돌이나 무생물이 오류를 범하지 않는 이유도 단지 그들에게 추론능력이나 상상력이 없기 때문이라고 나는 생각한다. 따라서 오류를 범하는 데에는 추론능력, 적어도 상상력이 필요하다고 쉽게 결론지을 수 있다. 이 두 능력은 모든 그리고 오로지 오류를 범하는 것들에게만 귀속된 적극적 능력이다.

그 밖에도 데카르트 씨는, "나는 그것들(알다시피 나의 오류들)이 동시에 작용하는 두 원인에, 즉 내 안에 있는 인식능력과

---

23) 54쪽 24~28번째 줄 참조.

선택능력 혹은 자유의지(*arbitrii libertate, arbitrii libertas*)에 달려 있음을 주목한다"[24]고 말한다. 이는 앞서 했던 주장들과 모순되어 보인다. 아무런 증명 없이 캘빈주의자들의 견해에 반하여 자유의지가 받아들여지고 있다는 것 또한 지적되어야 한다.[25]

답 변

비록 오류를 범하는 데에는 추론능력(판단능력 혹은 긍정이나
부정하는 능력이라고 하는 것이 더 낫지만)이 필요한 것은 사실
이지만, 그것에 결함이 있기 때문에 그 결함이 실제적인 것이 191
라는 결론이 도출되는 않는다. 돌을 보고 눈이 멀었다고 하지 않듯이, 돌이 시각능력을 가지고 있지 않다는 이유 하나 때문에, 돌의 실명(失明)이 실제적이라는 결론이 나오지 않듯이 말이다. 나는 내가 아직까지 이 반박에서 어떠한 올바른 추론도 발견하지 못했다는 사실에 놀라고 있다. 나는 자유와 관련해서 우리 모두가 우리 안에서 경험하는 것 외에는 그 어떤 것도 받아들이지 않았다. 그리고 그것은 자연의 빛에 의해 아주 잘 알려져 있다. 또한 나는 무엇 때문에 그것이 내가 앞에서 주장했던 것들과 모순된다고 하는지 그 이유를 모르겠다.

신의 예정(*praeordinationem, praeordinatio*)을 고려한다면, 우리의 자유가 어떻게 신의 예정과 양립하는지를 이해할 수 없는 사람들이 많이 있을 것이다. 그럼에도 불구하고, 그 누구라도, 그냥 자기 자신만을 고려한다면, 의지와 자유가 동일한 하나임을 경험하지 못하는 사람은 아무도 없다. 그리고 이곳

---

24) 56쪽 11~14번째 줄 참조.

25) 〔역주〕 원문은 "Ubi notandum quoque arbitrii libetatem seeumi sine probatio, contra opinionem Calvinistarum"이다.

은 다른 사람들이 그것에 관해 어떤 견해를 가지고 있는지를 검토하는 장소가 아니다.

반박 XIII

"예컨대 지난 며칠 동안 어떤 것들이 세계에 존재하는지 아닌지를 검토하고 또 이를 내가 검토한다는 사실로부터 내가 존재한다는 것이 명백하게 귀결된다는 것을 알았을 때, 나는 내가 그토록 명석하게 인식한 것이 참이라고 판단하지 않을 수 없었다. 내가 어떤 외적인 힘에 의해 강요되었기 때문이 아니라, 이성 안에 있는 커다란 빛으로부터 내 의지 속에 커다란 경향(*propensio*)이 일어났기 때문이다. 그러므로 그것에 대해 내가 덜 비결정적(*indifferens*)일수록 나는 그만큼 더 자발적으로 그리고 더 자유롭게 그것을 믿은 것이다."[26)]

이 말, 즉 "지성 안에 있는 커다란 빛"이라는 말은 은유적 표
192 현이지 논증적 표현이 아니다. 의심하지 않는 사람은 각기 저마다 그러한 빛을 구실로 그가 의심하지 않는 것에 대해, 그것을 실제로 아는 사람이 주장하고자 하는 것과 같은 크기의, 의지의 경향을 갖게 된다. 따라서 그 빛은 어떤 사람이 어떤 견해를 집요하게 방어하고 고집하는 원인일 수 있다. 그가 그것이 참이라는 것을 알아서가 아니라.

그 밖에도, 어떤 것이 참임을 아는 것뿐만 아니라 믿거나 동의하는 것 역시 의지와 다른 것이다. 왜냐하면 우리는 강력한 논증에 의해 입증되거나 또는 그럴듯하게 설명되는 것들을 우리가 원하건 원하지 않건 믿기 때문이다. 사실은 다음과 같다. 명제들을 긍정하거나 부정하거나 옹호하거나(*propugnare*)

---

26) 58쪽 26번째 줄~59쪽 4번째 줄 참조.

반박하는(*refellere*) 것은 의지의 행위이다. 그러나 그렇다고 내적 동의가 의지에 의존하는 것은 아니다.

따라서 귀결된 결론은 충분히 증명되지 않았다. "이런 자유의지의 잘못된 사용 속에 오류의 형상을 구성하는 결여(*privatio*)가 놓여 있다"[27] 라는 결론 말이다.

답 변

"커다란 빛"이라는 말이 서술적 표현인지 아닌지의 문제는 현재의 주제와 관련이 없다. 단지 그 말이 설명적이기만 하면 될 뿐이며, 이는 사실이다. 지성에 있는 빛으로서 내가 의미하는 것이 인식의 명료성(*perspicuitatem*, *perspicuitas*)이라는 것을 모르는 사람은 아무도 없다. 물론 그것을 가지고 있다고 믿는 사람들 모두가 그것을 가지고 있는 것은 아닐 테지만 말이다. 그러나 이것이 명백한 지각없이 고집되는 의견과 인식이 서로 매우 다른 것임을 알지 못하도록 방해하는 것은 아니다.

그는 우리가 원하건 원하지 않건 간에 명석하게 지각된 것들에 동의하게 된다고 하는데, 이는 우리가 좋은 것임을 명석하게 인식한 것을 우리가 원하건 원하지 않건 욕구한다고 하는 것과 같다. 이 경우에 "원하지 않으면서"라는 말은 아무 쓸모가 없다. 우리가 동일한 것을 원하고 또 원하지 않는다는 것은 모순이다.

---

27) 60쪽 6~7번째 줄 참조.

193 반박 XIV : 〈제5성찰〉에 대해 물질 사물의 본성에 관하여

"예를 들어, 내가 삼각형을 상상할 때, 내 생각 외부의 세계 어디에도 이 도형이 존재하지 않고 존재한 적도 없었다고 하더라도, 그 도형의 특정한 본성 혹은 본질 혹은 형상은 불변하고 영원하다. 그것은 내가 고안해 낸 것이 아니며 또 나에게 의존해 있는 것도 아니다. 이는 삼각형과 관련된 여러 가지 고유한 성질들이 증명될 수 있다는 점에 비추어 볼 때 분명하다."[28]

만일 삼각형이 세계 어디에도 존재하지 않는다면, 나는 어떻게 그것이 어떤 본성을 가지고 있는지를 이해할 수 없다. 왜냐하면 어디에도 존재하지 않는 것은 존재하지 않는 것이기 때문이다. 삼각형은 지각된 삼각형으로부터(*triangulo viso, triangulum visum*) 혹은 시각적 상상으로부터 정신 속에 생기는 것이다. 그런데 우리가 한 번 삼각형이라는 이름으로 불렀던 것은(이로부터 삼각형의 관념이 생기는 것인데), 설사 삼각형 그 자체가 사라지더라도, 그 이름은 남게 된다. 마찬가지로 만일 우리가 한 번 삼각형의 세 각의 합이 두 직각과 같다는 것을 사유를 통해 인식하고 또 다른 이름, 즉 "두 직각과 같은 세 각의 합을 지닌 것"이라는 이름을 삼각형에 부여한다면, 설사 세계에 그런 각이 존재하지 않더라도, 이름은 남게 될 것이다. 그리고 이 명제는 영원히 참인 것으로 남아 있게 될 것이다. "삼각형은 두 직각과 같은 세 각의 합을 가지고 있는 것이다"라는 명제 말이다. 그러나 만일 모든 삼각형이 사라지게 된다면, 삼각형의 본성은 영원하지 않게 될 것이다.

마찬가지로 "인간은 동물이다"라는 명제 역시 그 말들이 영원

---

28) 64쪽 11~18번째 줄 참조.

하기 때문에 영원히 참일 것이다. 그러나 인류가 사라진다면, 인간의 본성은 더 이상 존재하지 않게 될 것이다.

이로부터 본질이란, 그것이 존재와 구분되는 것인 한, 이름 194
(말)들의 결합에 불과하다는 것이 확실하다. 그 때문에 존재 없는 본질이란 우리가 만들어낸 것이다. 존재와 본질의 관계는 영혼에 있는 인간의 상(象)과 인간의 관계와 같다. 달리 말하자면, 소크라테스의 존재와 본성의 관계는 "소크라테스는 존재한다"라는 명제와 "소크라테스는 인간이다"라는 명제의 관계와 같다. 소크라테스가 존재하지 않는 지금, "소크라테스는 인간이다"라는 명제는 단지 이름들의 연결을 의미할 뿐이다. 그리고 "이다"(*est*) 혹은 "임"(*esse*)이라는 것은 두 가지 이름으로 명명된 대상의 동일함에 대한 상(象)을(*imaginem unitatis*, *imago unitas*) 가지고 있는 것이다.

답 변

본질과 존재의 구분은 누구나 알고 있다. 그리고 영원한 진리들에 대한 관념이나 개념 대신, 영원한 이름들과 관련된 주장된 것에 대해서 나는 이미 충분한 비판을 가했다.

반박 XV : 〈제 6성찰〉에 대해
물질 사물의 존재에 관하여

"신은 그것(관념들이 물체들에서 유래하는지 아닌지)을 인식할 수 있는 능력을 내게 주는 대신, 그 관념들이 물질 사물에서 유래한다는 것을 믿는 커다란 경향을 주었다. 이 때문에 그 관념들이 물질 사물들이 아닌 다른 것에서 유래한다면, 어떻게 신이 기만자가 아니라고 할 수 있을지 모르겠다."[29]

195 치료를 위해 환자를 속이는 의사들이 죄를 저지르는 것이 아님은 공통된 의견이다. 자식들이 잘되게 하기 위해 자식들을 속이는 아버지들 역시 그렇다. 기만이라는 범죄는 거짓말이 아닌, 기만자의 부정(不正)에 있다. 따라서 데카르트 씨는 "신은 어떤 경우에도 우리를 속일 수 없다"는 명제가 보편적으로 참인지 아닌지를 알 수 있을 것이다. 보편적으로 참이 아니라면, "물질 사물이 존재한다"는 결론이 도출되지 않기 때문이다.

답 변

나의 결론을 위해 필요한 것은 우리가 어떤 경우에도 속을 수 없어야 한다(나는 오히려 우리가 자주 속는다는 것을 인정하는데)는 것이 아니다. 필요한 것은, 우리의 오류가 신 안에 놓여 있는 속이고자 하는 의지를 증언하더라도 속지 않아야 한다는 것이다. 그러한 능력이 신 안에 놓여 있다는 것은 모순이다. 다시금 잘못된 추론이 여기서 행해졌다.

마지막 반박

"이제 나는 양자 사이에(다시 말해서 꿈과 깨어 있음 사이에) 아주 커다란 차이가 있음을 안다. 꿈은 결코 기억에 의해 삶의 다른 모든 활동과 연결되지 않는다."[30]

나는 다음이 확실한지를 묻겠다. 어떤 사람이, 자신이 꿈을 꾸고 있는 것인지 아닌지를 의심하는 꿈을 꾸면서, 자기 꿈이

---

29) 79쪽 27번째 줄~80쪽 4번째 줄 참조.

30) 89쪽 21~24번째 줄 참조.

지나간 일들의 관념들과 연결되는 꿈을 꿀 수 없다는 것 말이다. 만일 그런 꿈을 꿀 수 있다면, 꿈꾸는 사람에게 자신이 전에 한 행위들로 여겨지는 것들은, 깨어있을 때와 동일하게, 참이라고 간주될 수 있다. 그 밖에도, 그〔데카르트〕 스스로가
주장하듯이, 모든 지식의 확실성과 진리는 오로지 참된 신에 196
대한 인식(*una cognitione, una cognitio*)에 의존해 있기 때문에, 무신론자는 지난 삶에 대한 기억으로부터 자신이 깨어 있다는 것을 추론할 수 없으며, 또 참된 신에 대한 인식 없이는 어느 누구도 자신이 깨어 있다는 것을 알 수 없다.

답 변

꿈꾸는 사람이 꿈꾸는 것들을 지난 일들과 실제로 연관지을 수는 없다. 자신이 그것들을 연관짓고 있다고 꿈을 꿀 수는 있을망정 말이다. 잠자는 사람이 속을 수 있다는 것을 누가 부정하는가? 하지만 나중에 깨어나게 되면, 그는 자신의 오류를 쉽게 알아채게 된다.

물론 무신론자도 지난 삶에 대한 기억으로부터 자신이 깨어 있다는 것을 추론할 수 있다. 그러나 그는 그것이 자신이 오류를 저지르지 않을 정도로 확실한 징표인지를 알 수 없다. 속이지 않는 신에 의해 자신이 창조된 것임을 모른다면 말이다.

네 번째 반박[1)]

존경하는 이〔메르센〕에게 드리는 편지

존경하는 분이여, 당신은 제게 호의를 베풀고자 한 게 아니었습니다. 당신의 크나큰 호의에 대한 보상을, 당연히 커다란 보상을, 요구하고 있으니 말입니다. 당신은 저를 아주 뛰어난 작품에, 오로지 제가 그것에 대한 저의 생각을 밝히기만 하면 된다는 조건을 걸고, 참여하게 하려고 했지만 사실상 그 조건은 가장 아름다운 것들을 알고자 하는 욕구가 강요한 아주 까

---

1) 〔역주〕 이 반박은 아르노(1612~1694)가 제기한 것이다. 그는 이 반박문을 논쟁의 중재자인 메르센에게 보냈기 때문에, 그에게 보내는 편지를 제일 앞에 둔 것이다. 프랑스 신학자인 아르노는 '대(大) 아르노'라 불렸으며, 1641년에 파리대학에서 신학박사 학위를 취득했다. 그는 고대의 엄격한 계율로 되돌아갈 것을 주장했다. 특히 그는 비가톨릭적 성향을 지닌 얀세니즘(*Jansenism*)의 지도자로서 근대주의의 예수회와 잦은 마찰을 불러일으켰는데, 이는 1643년에 출간한 저서 《빈번한 성체배수(聖體拜受)에 대하여》에서 예수회의 도덕설을 비난한 사실에서 잘 드러난다. 이후 이 저작으로 그와 예수회와의 대립이 격화되었고, 결국 1656년 파리대학에서 제명되었다. 더욱이 루이 14세가 얀센주의자를 탄압하였기 때문에, 1668년까지 은둔생활을 한 후, 1679년 벨기에로 피신했지만 끝내 고국으로 돌아오지 못하고 그곳에서 죽었다. 그의 또 다른 저작으로는 포르루아얄 수도원 부속학교를 위하여 C. 랑슬로와 함께 쓴 《문법》(1660)과, C. J. H. 니콜과 함께 쓴 《논리학》(1662)이 있다.

197 다로운 조건입니다. 그리고 그 조건은, “무력이나 협박에 의해 어떤 일이 강요된 경우”, 지휘자가 예외상황을 인정하듯, “이 일이 욕구에 이끌려 진행된 것이라면”, 제가 아주 자유롭게 거부했을 그런 까다로운 조건입니다.

당신이 제게 원하는 것이 대체 무엇입니까? 저자에 대한 저의 판단을 기대하지 않겠지요. 제가 그의 아주 뛰어난 능력과 남다른 학식을 얼마나 높이 평가하는지를 당신은 이미 알고 있으시니 말입니다. 당신은 또한 제가 얼마나 골치 아픈 일들에 매여 있는지 잘 알고 있습니다. 당신이 제게 과분한 일을 떠맡기더라도, 제가 저의 단순함을(*tenuitatis, tenuitas*) 의식하지 못하는 상황이 일어나진 않습니다. 그럼에도 불구하고 당신이 제가 검토해 주길 바라는 것은 특별한 능력(*ingenium*)과 아주 맑은 정신을 요구합니다. 즉, 정신을 혼란하게 하는 모든 외부의 일들로부터 자유로이 해방되기를 말입니다. 이는 오로지 주의 깊게 성찰하고 자신(정신)에 전적으로 집중해야만 가능하다는 사실을 당신도 잘 알고 있습니다. 그렇지만 당신이 해달라고 부탁하니 해야겠지요. 그러니 제가 저지르게 되는 잘못은, 그것이 무엇이든, 모두 당신이 책임져야 할 몫이 될 것입니다. 당신이 제게 쓰기를 부탁한 것이니 말입니다. 그런데 철학이 이 작품을〔《성찰》〕 온전히 소화할 수 있음에도 불구하고, 그 사람은〔데카르트〕 아주 겸손하게도 자기 생각의 옳고 그름을 신학자들의 판단에도 맡기고 있습니다. 이 때문에 저는 여기서 두 가지 역할을 수행하고자 합니다. 먼저 저는 우리 정신의 본성과 신에 관련해서 철학자들이 유독 반박할 법한 문제들을 제기하겠습니다. 그리고는 신학자가 그 작품 전반에 걸쳐(*in opere universo*) 부딪칠 수 있는 문젯거리들을 제시하겠습니다.

인간 정신의 본성에 관하여

여기서 가장 먼저 나를 엄습하는 것은 놀라움이다. 존경하는 이〔데카르트〕 역시, 신학뿐만 아니라 철학에 대해서도 누가 보아도 놀랄 정도로 뛰어난 능력을 지닌 성 아우구스티누스(D. Augustinus)가 확립해 놓은 것을 자기 철학의 원리로 삼았다. 《자유의지에 관하여》(*De Libero arbitrio*)의 2권 3장에서,[2] 알리피우스(Alipius)는 에우오디우스(Euodius)와 논하며 신의 존재를 증명하게 된다. 알리피우스는 "가장 분명한 것들로부터 198 논의를 시작하기 위해, 나는 당신에게 당신 자신이 존재하는지를 그리고 혹 당신이 나의 이 질문에 속는 것은 아닌지 두려워하고 있는지를 묻겠다"고 한다. "당신이 존재하지 않는다면, 결코 속을 수 없기 때문에" 말이다. 우리 저자〔데카르트〕의 말도 이와 유사하다. "그러나 누군지는 모르지만 아주 유능하고 교활한 기만자가 집요하게 항상 나를 속이고 있다고 가정해 보자. 만일 그가 나를 속인다면, 내가 존재한다는 것 또한 의심할 수 없게 된다."[3] 그러나 여기서 좀더 나가보자. 문제가 될 수 있는 것을, 즉 어떻게 이로부터 우리의 정신이 신체와 분리되어 있다는 것이 귀결될 수 있는지를 살펴보도록 하자.

나는 내가 신체를 가지고 있는지를 의심할 수 있다. 물론 세계에 물체가 존재하는지도 의심할 수 있다. 그럼에도 불구하고 나는 내가 있다는 것을 혹은 존재한다는 것을, 내가 의심 혹은 생각하는 동안에 의심할 수는 없다.

따라서 의심하고 생각하는 나 자신은 물체가 아니다. 내가 만일 물체라면 신체에 대해 의심하면서 나는 나 자신에 대해

---

2) AT III 358쪽 15번째 줄 참조.

3) 25쪽 5~8번째 줄 참조.

의심하는 것일 것이기 때문이다.

당연히, 심지어 내가 확고하게(*obstinata mente, obstinata mens*) 물체가 결코 존재하지 않는다고 주장하더라도, 나는 어떤 것이며, 따라서 신체가 아니다라는 입장은 그대로 남아있다.

이는 그의 예리한 면을 잘 보여준다. 하지만 누군가 이미 저자가 자기 자신에게 제기한 반박을 재차 제기하게 될 것이다. 즉, 내가 물체에 대해 의심한다고 혹은 물체의 존재를 부정한다고, 물체가 존재하지 않는다는 것이 입증되는 것은 아니라는 반박 말이다. 그는 이렇게 말한다. "따라서 내가 혹 모르고 있다는 이유로 내가 지금 무(無)라고 가정하는 것들이 실제로는(*in rei veritate*) 내가 알고 있는 나와 다르지 않은 것일 수 있지 않을까? 이는 모르는 일이다. 그런데 나는 지금 그것을 논하는 것이 아니다. 나는 내가 존재한다는 것을 알고 있고, 이런 내가 무엇인지를 묻는 것이다. 바로 이와 같이 이해된 나 자신에 대한 앎이 내가 존재하는지의 여부를 아직 모르는 것들에 의존한 것이 아니라는 점은 매우 확실하다."[4]

199 그러나 그는 《방법서설》에서 제시된 논증을 통해 연역된 것이, 물질적인 것은 그것이 무엇이든 자기 정신의 본성으로부터 제외된다는 것일 뿐임을 고백한다. "사실 그 자체의 순서(*in ordine ad ipsam rei veritate*)가 아닌 단지 자신이 지각하는 순서에 따라(따라서 그가 그 자신의 본질에 속하는 것이라고 알고 있는 것은 오로지 자기 자신이 생각하는 무엇이라는 것밖에는 없다는 의미인데)."[5] 이로부터 그의 논의가 여전히 동일한 범주 안에 머물러 있다는 것과, 그래서 그 자신이 해결하게 될 것이라고 스스로 약속한 문제는 손대지 않은 채 남아 있다는 것이 분명

4) 27쪽 24번째 줄~28쪽 첫 번째 줄 참조.

5) 8쪽 1~11번째 줄 참조. 데카르트의 원문에는 괄호가 없음.

하다: "다른 어떤 것도 그의 본질에 속하지 않는다는 것에 대해 인식하는 것으로부터 다른 어떤 것도 실제로 그의 본질에 속하지 않음이 어떻게 귀결되는가라는 문제."[6] 나의 지루함을 토로하자면, 나는 그가 과연 〈제 2성찰〉에서 그 문제를 해결했는지 모르겠다. 추측건대, 그는 그것을 〈제 6성찰〉에서 입증하려고 한 것 같다. 왜냐하면 그는 그것이 〈제 2성찰〉에서는 아직 마련하지 못한, 신에 대한 명석한 앎에 의존해 있다고 판단했기 때문이다. 그는 이를 다음과 같이 수행한다.

그가 말하길, "나는 내가 명석판명하게 인식하는 것은 모두 내가 그것을 인식하는 바대로 신에 의해 만들어질 수 있음을 알고 있다. 이 때문에, 내가 어느 하나를 다른 하나 없이 명석판명하게 인식할 수 있다는 것으로 그 중 하나가 다른 하나와 다른 존재임을 확신하는 데에 충분하다. 왜냐하면 적어도 신은 그 둘을 분리시킬 수 있기 때문이다. 어떤 힘에 의해 그 중 하나가 다른 하나와 상이한 것으로 존재하게 된 것인지는 문제가 안 된다. 한편으로는 내가 오직 생각하는 것이고 연장된 것이 아닌 한에서 나는 나 자신에 대한 명석판명한 관념을 가지고 있고, 다른 한편으로는 물체란 오직 연장된 것일 뿐 생각하는 것이 아닌 한에서 물체에 대한 명석판명한 관념을 가지고 있으므로, 나는 내 신체와
실제로 다르고 또 그것 없이 존재할 수 있음이 확실하다."[7] 200

여기서 잠깐 쉬기로 하자. 이 얼마 되지 않는 짧은 글 속에 모든 어려운 고비(*cardo*)가 놓여 있는 것 같다.

위의 삼단논법의 전제(*positio*)가 참이더라도, 그것이 모든 인식에—설사 그것이 명석판명하다 하더라도—해당되는 것으로 이해해서는 안 된다. 그것은 단지 대상에(*rei*, *res*) 대한

---

6) 같은 쪽 12~15번째 줄 참조.

7) 78쪽 2~8번째 줄과 15~20번째 줄 참조.

완벽한(*adaequata*) 인식에만 해당되는 것으로 이해해야 한다. 왜냐하면 존경하는 이〔데카르트〕는 신학자에게 한 답변에서 어떤 것을(*rem, res*) 불완벽하게(*inadaequate*) 파악하는 지성의 추상화를 통해 어느 하나를 다른 하나와는 판명하게 그리고 분리된 상태로 파악하는 데에는[8] 형상적(*formalem, formalis*) 구분(*distinctionem, distinctio*)으로 충분하지 실재적(*realem, realis*) 구분이 요구되지는 않는다고 하기 때문이다. 그 다음에 그는 다음과 같이 주장한다.

"나는 물체란 단지 연장되어 있고 모양을 지니고 있으며 운동할 수 있는 등의 것이라고 생각하면서, 또 정신의 본성에 속하는 모든 것을 물체에서는 부정하면서 물체가 무엇인지를 완전하게(*complete*) 인식한다. 거꾸로 물체의 관념 속에 있는 것은 그것이 무엇이든 그것이 정신 속에 있다는 것을 부정하지만, 정신은 의심하고 인식하며 의지하는 등의 완전한 것이라고 인식한다. 따라서 정신과 신체 사이에는 실재적 구분이 존재한다."[9]

그러나 만일 누군가 이 전제에 의문을 제기하고, 당신이 자기 자신을 연장된 것이 아니라 생각하는 것으로 파악하는 한 당신을 불완벽하게 파악한 것(*inadaequatam tantum esse tui conceptionem*)일 뿐이라고, 또 당신이 자기 자신을 생각하는 것이 아닌 연장된 것으로 파악할 때도 그런 것일 뿐이라고 한다면, 당신은 자기 자신의 주장이 위에서 어떤 방식으로 입증되었는지를 보여주어야 한다. 나는 그것이 마치 증명될 수 없는 원리로서 입증될 필요 없이 받아들여져야 할 정도로 명석한 것이라고 생각하지 않는다.

또 이 첫 번째 부분은, 즉 "당신은,[10] 물체란 단지 연장되어

---

8) 120쪽 19~21번째 줄 참조.

9) 121쪽 6~14번째 줄 참조.

있고 모양을 지니고 있으며 운동할 수 있는 등의 것이라고 생각
하면서, 또 정신의 본성에 속하는 모든 것을 물체에서는 부정하 201
면서도, 물체란 무엇인지를 당신이 완전히(*complete*) 인식할 수 있다"는 것은 별 도움이 안 된다. 왜냐하면 우리의 정신이 물질이라고 주장하는 사람도 그 때문에 모든 물체가 정신이라고 믿지는 않을 것이기 때문이다. 따라서 신체와 정신이 관계를 맺고 있는 방식은 유와 종이 관계를 맺고 있는 방식과 동일하다. 유(類)는 종(種) 없이, 즉 그것이 무엇이든 종(種)에 고유한 그리고 특별한 것을 부정함으로써(*de illo negando quidquid speciei proprium & peculiare est*) 인식될 수 있다. 이 때문에 논리학자들은 일반적으로 종이 부정된다고 해서 유가 부정되는 것은 아니라고 말하는 것이다. 그런 식으로 원의 고유한 성질들은 하나도 알지 못하면서도 나는 모양을 알 수 있다. 따라서 정신을 물체 없이 완전하고 완벽하게(*complete & adaequate*) 인식할 수 있다는 것을 입증하는 일만 남게 된다.

나는 그 저작〔《성찰》〕을 통틀어 처음에 제기된 것 이외에는 그것을 입증하는 데에 적합한 어떤 다른 논증도 보지 못했다. 즉, "나는 물체, 즉 연장된 것이 존재한다는 것을 부정할 수 있다. 그럼에도 불구하고, 내가 그것을 부정하거나 생각하는 한, 내가 존재한다는 것은 내게 확실하다. 따라서 나는 물체가 아니라 생각하는 것이며, 물체는 나에 대한 앎에 속하지 않는다"라는 것 외에는.

그러나 나는 이로부터 나에 대한 어떤 앎을 물체에 대한 앎 없이도 획득할 수 있다는 것만 귀결된다고 생각한다. 그런데 내가 나의 본질에서 신체를 배제시키는 한, 내가 속임을 당하지 않는다는 것을 확신할 정도로 그 앎이 완전하고 완벽한 것

---

10) 데카르트의 원문에서는 "나"임.

인지는(*completam & adaequatam, completa & adaequata*) 아직 전혀 분명치 않다. 예를 들어 설명하자면 다음과 같다.

반원에 그려진 각은 직각이라는 것과 그 각과 원의 지름으로 이루어진 삼각형이 직각삼각형이라는 것을 아는 사람이 있다고 하자. 그는 직각의 대변으로 이루어진 정사각형의 넓이가 다른 두변으로 이루어진 2개의 정사각형의 넓이와 같다는 것을 의심할 수 있으며, 더욱이 확실하게 알지도 못하면서 잘못된 추론에 속아 그것을 부정할 수도 있다. 존경하는 이와 마찬가지로 그는 잘못된 확신에 빠져 다음을 확언할 것처럼 보인다.

즉, "나는 그 삼각형이 직각삼각형이라는 것을 명석판명하
202 게 지각한다. 그럼에도 불구하고 나는 그 직각의 대변으로 이루어진 정사각형의 넓이가 다른 두 변으로 이루어진 2개의 정사각형의 넓이와 같다는 것을 의심한다. 따라서 그 직각의 대변으로 이루어진 정사각형의 넓이가 다른 두 변으로 이루어진 2개의 정사각형의 넓이와 같다는 것은 그 삼각형의 본질에 속하지 않는다."

내가 그 직각의 대변으로 이루어진 정사각형의 넓이가 다른 두 변으로 이루어진 2개의 정사각형의 넓이와 같다는 것을 부정하더라도, 나는 그것이 직각삼각형이라는 것에 대해서는 확신하고 있고 또 그 삼각형의 각들 중 하나가 직각이라는 것에 대한 앎은 나의 정신 속에 명석하고 판명한 것으로 남아 있다. 이것이 그런 한, 결코 신도 그것이 직각이 아니도록 할 수 없을 것이다.

따라서 그 관념은 남아 있고, 내가 의심하는 것은 본질에서 제거되어 그 본질에 속하지 않게 된다.[11)]

---

11) 원어는 "Non ergo id de quo dubito, immo quo sublato, ea manet idea, ad illius essentiam pertinet"이다.

그 밖에, "나는 내가 명석판명하게 인식하는 것은 모두 내가 그것을 인식하는 바대로 신에 의해 만들어질 수 있음을 알고 있다. 이 때문에, 내가 어느 하나를 다른 하나 없이 명석판명하게 인식할 수 있다는 점은 그 중 하나가 다른 하나와 다른 존재임을 확신하는 데에 충분하다. 왜냐하면 적어도 신은 그 둘을 분리시킬 수 있기 때문이다." 그러나 나는 그 삼각형이 직각삼각형이라는 것을, 그 직각의 대변으로 이루어진 정사각형의 넓이가 다른 두 변으로 이루어진 2개의 정사각형의 넓이와 같다는 것에 대한 인식 없이, 명석판명하게 인식한다. 따라서 적어도 신은 그 직각의 대변으로 이루어진 정사각형의 넓이가 다른 두 변으로 이루어진 2개의 정사각형의 넓이와 다른 직각삼각형을 만들 수 있다.

나는 여기서 이 사람이 직각삼각형을 명석판명하게 지각하는 것이 아니라고밖에는 달리 어떤 답을 해야 할지 모르겠다. 그가 삼각형의 본성을 지각하는 것보다, 더 명석하게 내가 나의 정신의 본성을 지각한다는 것을 내가 어떻게 아는가? 내가 생각한다는 것으로부터 내가 존재한다는 것에 대해 내가 확신하는 것과 마찬가지로, 그는 반원에 내접한 삼각형에 하나의 직각이 있다는 것에 대해—이는 직각삼각형에 대한 앎인데—확신한다.

따라서 그가 직각삼각형임을 명석판명하게 알고 있는 삼각형의 본성이 그 직각의 대변으로 이루어진 정사각형의 넓이가 다른 두 변으로 이루어진 2개의 정사각형의 넓이와 같다는 것을 함축하지 않는다고 믿을 경우, 그는 속임을 당하는 것이다.
그렇다면 무엇 때문에 이와는 달리 내가 다음과 같이 믿을 때 203
속임을 당하지 않는다는 것인가? 즉, 이른바 내가 생각하는 것임을 내가 명석판명하게 알고 있는 나의 본성에 내가 생각하는 것 이외에 다른 어떤 것도 속하지 않는다고 믿을 때 말이다. 내가 연장된 것이라는 것이 그것에 속할 수도 있지 않은가.

그리고 분명히 누군가 다음과 같이 주장할 것이다. 내가 생각한다는 것으로부터 내가 존재한다는 결론을 이끌어 내는 한, 내가 그런 식으로 형성한 관념이 나 자신을 생각하는 것 이외의 다른 어떤 것으로도 나의 정신에 드러내지 않는다면, 이는 놀랄 일이 아니다라고 말이다. 왜냐하면 그 관념은 오로지 나의 생각으로부터 취해진 것일 뿐이기 때문이다. 따라서 그 관념으로부터 그 관념 속에 들어 있는 것 이외의 다른 어떤 것도 나의 본질에 속하지 않는다는 것을 보이기 위한 논증을 취할 수는 없다고 생각된다.

게다가 그 논증은 논증자의 의도 이상의 것을 증명하는 듯하며, 우리를 플라톤의 견해로(저자가 이를 부정하긴 하지만) 이끌어 가는 듯하다. 즉, 우리의 본질에는 어떤 물질적인 것도 속하지 않는다는, 따라서 인간은 오로지 영혼일 뿐 신체는 영혼의 운송수단에 불과하다는 견해로 말이다. 이로부터 인간은 신체를 사용하는 영혼이라고 정의내려진다.

따라서 만일 당신이 다음과 같이 대답한다면, 즉 신체가 단순하게 나의 본질에서 제외되는 것이 아니라 단지 엄격하게 내가 생각하는 것인 한 내 본질에서 제외되는 것이라고 한다면, 다음을 두려워해야 한다고 생각된다. 즉, 누군가가 혹시 내가 생각하는 것인 한 나에 대한 앎이 완전하고 완벽하게(*complete & adaequate*) 파악된 존재에 대한 앎이 아닌, 완전하지 않은 앎이거나 지성의 추상화를 통해 파악된 존재에 대한 앎에 불과한 것이 아닐까 하는 의혹에 빠지지나 않을지를 두려워해야 하는 것이다.

이로부터 혹 어떤 사람은, 기하학자들이 너비 없는 길이란 없고 또 깊이 없는 너비란 없음에도 불구하고 선을 너비가 없는 길이로 그리고 표면을 깊이가 없는 길이와 너비로 파악하듯이, 이렇게 의심할 수 있을 것이다. 생각하는 모든 것은 또한 204
연장된 것인데, 그럼에도 불구하고 그것에는 연장된 다른 것들과 함께 공통적으로 가지고 있는 성질들, 예를 들자면 모양을 띨 수 있다거나 움직일 수 있다거나 하는 것과 같은 성질들 이외에도 특별히 사유하는 능력이 내재해 있는 것이 아닌가 하고 말이다. 따라서 그러한 독특한 능력을 지닌 연장된 것이 지성의 추상화에 의해 생각하는 것으로 이해되는 경우가 가능하다. 생각하는 것에 물체의 성질들이 실제로 함께 속해있음에도 불구하고 말이다. 모든 양에 길이와 함께 실제로는 너비와 깊이가 함께 속해 있음에도 불구하고, 양을 오로지 길이로만 생각할 수 있듯이 말이다.

물질적인 기관에 그러한 사유능력이 붙어 있는 것처럼 보인다는 것이 어려움을 더해준다. 그 능력이 태아들에게는 잠들어 있고, 미친 사람들에게는 제거됐다고 판단할 수 있기 때문이다. 이는 영혼을 제거하려는 불경한 자들이(*impii animorum carnifices*) 가장 강력하게 주장하는 것이다.

여기까지는 정신과 신체의 실재적 구분에 관해서였다. 그런데 존경하는 이〔데카르트〕가 영혼의 불멸성을 증명하는 과제를 스스로 떠맡았기 때문에, 정신과 신체의 구분으로부터 영혼의 불멸성이 명백하게 귀결되는지의 물음에 답해야 하는 것 역시 그의 몫이다. 일반적인 철학의 원리로부터는 영혼의 불멸성이 결코 도출되지 않는다. 일반적으로 사람들은 동물의 영혼이 신체와 구분되지만 신체와 함께 소멸된다고 생각하기 때문이다.

여기까지 스스로 질문하고 스스로 답해 온 다음에, 내가 어떻게 저자의 원리(*principia*)에 따라 — 나는 그가 그 원리를 자신의 철학하는 방법(*ex eius philosophandi ratione*)으로부터 이끌어 낸 것이라고 생각하는데—정신과 신체의 실재적 구분으로부터 정신의 불멸성이 아주 쉽게 귀결될 수 있는지를 막 설명하려고 했을 때, 존경하는 이〔데카르트〕의 새로운 작업(*lucubratiuncula*)이[12] 내게 도달됐다. 그것은 그의 작품〔《성찰》〕 전체에 커다란 빛을 비추어 줄 뿐만 아니라, 위의 문제와 관련된 부분에서는 내가 설명하려고 한 것들이 그 문제를 해결하는 데 사용되었다.

동물들의 영혼과 관련하여, 그는 다른 곳들에서(*aliis in locis*)[13]
205 동물들에게는 영혼이 내재해 있지 않으며 다만 어떤 특정한 방식으로 배열된 그리고 다양한 기관들로 형성된 물체로서 우리가 보는 모든 작용들은 그 안에서 그리고 그것을 통해 일어날 수 있는 것이라는 점을 충분히 제시하고 있다.

그러나 나는 아주 강력한 근거들로써 입증되지 않는 한, 과연 그것이 사람들의 신뢰를 얻을 수 있을지 걱정된다. 왜냐하면 어떻게 영혼의 도움 없이, 늑대 몸에서 반사되어 양의 눈에 들어온 빛이 아주 섬세한 시신경 섬유를 자극하고 뇌에 이른 그 자극으로부터 동물 정기가, 양을 도망치도록 하는 데 필요한 방식으로, 신경들로 퍼져 나가는 일이 생길 수 있는지가 처음에는 믿기지 않기 때문이다.

나는 여기서, 생각 혹은 지성(*cogitatione sive intelligentia, cogitatio sive intelligentia*)과 상상력의 차이와 관련해서 그리고 우리가 지성으로 파악하는 것들이 감각에 자신을 드러내는 것들에 비해 가지고 있는 더 커다란 확실성과 관련해서, 존경하

---

12) 데카르트가 메르센 신부에게 《성찰》을 보낸 뒤 50일이 지난 1640년 12월 31일에 보낸 《성찰》의 요약(12~16쪽 참조).

13) 〔역주〕《방법서설》 5부를 의미하는 듯함.

는 이〔데카르트〕가 제시하는 설명에 내가 전적으로 동의한다는 것을 덧붙이고자 한다. 왜냐하면 나는 이미 성 아우구스티누스에게서, 《영혼의 크기에 관하여》(*De animae quantitate*) 15번째 장에서, 다음과 같이 배웠기 때문이다.[14] 즉, 우리가 지성으로 인식하는 것이 항상 눈곱이 끼어있는 눈으로 인식하는 것보다 덜 확실하다고 확신하는 사람들을 멀리 내쳐야 한다는 것을 배웠기 때문이다.[15] 따라서 그는 또한 《독백》(*Soliloquia*) 1권 4장에서, 기하학에서 감각들이 배와 흡사하다는 것을 경험했다고 한다. 그는 이렇게 말한다. "감각들이 내가 가고자 한 곳으로 나를 데려간 후, 내가 그것들을 쉬게 하고 땅에 서서 그 모든 과정들을(*ista*) 숙고하기 시작하자, 나의 발걸음들이 오랫동안 불안해졌다. 이 때문에 기하학을 감각을 통해 배우는 것보다 육지에서 배를 모는 것이 더 빠를 것 같아 보인다. 비록 감각이 기하학을 배우는 사람들에게 처음에는 상당한 도움을 주는 것처럼 보이더라도 말이다."[16]

---

14) AT III 359쪽 첫 번째 줄 참조.

15) 〔역주〕 아르노의 원문은 "didici procul abjiciendos esse qui sibi persuadent minus esse certa quae intelligentia cernimus, quam quae his corporeis occulis semper cum pituita bellum gerentibus"이다.

아우구스티누스의 본문은 "Minus enim ego de his rebus dubito, quam de iis quas istis oculis videmus cum pituita semper bellum gerentibus"이다. 이를 번역하면 "나는 이것들을〔지성이 인식하는 것들〕 우리가 항상 눈곱이 끼어 있는 눈으로 보는 것들보다 덜 의심한다"이다.

16) 〔역주〕 원어는 "Nam cum, inquit, ipsi〔sensus〕 me ad locum quo tendebam pervexerint, ubi eos dimisi, & iam in solo positus coepi cogitatione ista volvere, diu mihi vestigia titubarunt: quare citius mihi videtur in terra posse navigari, quam geometriam sensibus percipi, quamvis primo discentes aliquantum adiuvare videatur"이다.

206 신에 관하여

〈제 3성찰〉에서 저자가 전개하는 첫 번째 신 존재 증명은 두 부분으로 이루어져 있다. 첫 번째 부분은 신의 관념이 내 안에 있기 때문에 신이 존재한다는 것이며, 두 번째 부분은 그런 관념을 가지고 있는 나는 신에 의해서가 아니면 존재할 수 없다는 것이다.

첫 번째 부분과 관련해서, 내가 동의하지 못하는 것이 하나 있다. 존경하는 이〔데카르트〕는 "거짓은 고유한 의미에서 오로지 판단에만 존재하는 것"이라고 주장했음에도 불구하고, 조금 뒤에 "관념들이, 형상적으로(*formaliter*)는 아니지만, 질료적으로(*materialiter*) 거짓일 수 있다"[17]는 것을 인정한다. 이는 그의 원리에 어긋나 보인다.

나는 매우 불명확한 이 문제와 관련해서 나의 생각을 충분하리만큼 분명하게 설명할 수 없을까봐 두렵다. 예를 들어 설명한다면 보다 더 분명하게 할 수 있을 것이다. 그는 "만일 차가움이 단지 뜨거움의 결여에 불과한 것이라면, 차가움을 내게 적극적인 것(*rem positivam, res postiva*)으로 표상하는 차가움의 관념은 질료적으로 거짓된 것일 수도 있다"고 말한다.[18]

만일 차가움이 단지 결여에 불과한 것이라면, 그것을 내게 적극적인 것(*rem positivam, res postiva*)으로 표상하는 차가움의 관념이란 결코 존재할 수 없다. 여기서 저자는 판단과 관념을 혼동하고 있다.

차가움의 관념이란 대체 무엇인가? 대상적으로 지성 안에 존재하는 한, 그것은 차가움 그 자체이다. 그런데 차가움이

17) 43쪽 26~29번째 줄 참조.

18) 44쪽 5~8번째 줄 참조.

결여라면, 그것은 관념을 통해 지성 안에 대상적으로 존재할 수 없다. 관념의 대상적인 존재는 적극적인 존재이기 때문에 그렇다. 따라서 만일 차가움이 단지 결여에 불과하다면, 그것에 대한 적극적인 관념이란 결코 존재할 수 없게 될 것이며, 또 그에 따라 질료적으로 거짓된 관념도 결코 존재할 수 없을 것이다.

이는 존경하는 이가 무한한 존재에 대한 관념이 참된 관념이 아닐 수 없음을 증명하는 논증과 동일한 논증에 의해 확증된다. 즉, 비록 그런 존재가 존재하지 않는다고 상상할 수 있 207
더라도, 그에 대한 관념이 내게 실제적인 것을 아무것도 드러내 주지 않는 것일 수는 없다는 논증 말이다.

모든 적극적인 관념에 대해서도 그렇게 말해질 수 있다. 즉, 비록 차가움이—나는 이것이 적극적인 관념에 의해 표상된다고 생각하는데—적극적인 것이 아니라고 상상할 수 있더라도, 적극적인 관념이 실제적인 그리고 적극적인 어떠한 것도 내게 드러내 주지 않는다고 상상할 수는 없다. 관념이 사유의 양태로서 지니고 있는 존재양태에 따라 적극적인 관념이라고 불리는 것이—이런 식으로는 모든 관념들이 다 적극적인 관념인데—아니라, 그것이 담고 있고 또 우리의 정신에 드러내는 대상적 존재에 의해 적극적인 관념이라고 불리는 것이기 때문이다. 따라서 그 관념은 차가움의 관념일 수도 거짓된 관념일 수도 없다.

그러나 당신은 그 관념은 차가움의 관념이 아니기 때문에 거짓된 관념이라고 주장할 것이다. 만일 당신이 그 관념이 차가움의 관념이라고 판단한다면, 당연히 당신의 판단은 거짓된 판단이다. 그러나 당신에게는 그 관념이 매우 참된 관념이다. 결코 신의 관념을—비록 우상을 숭배하는 자들이 그러하듯이 어떤 이가 그 관념을 신이 아닌 것에 전가하더라도—질료적 으로 거짓된 관념이라고 해서는 안 되는 것처럼 말이다.

끝으로, 당신이 질료적으로 거짓된 관념이라고 하는 차가움의 관념은 대체 당신의 정신에게 무엇을 드러내 주는가? 결여를? 그렇다면 그것은 참된 관념이다. 적극적인 존재를? 그렇다면 그것은 차가움의 관념이 아니다. 그 밖에도, 대상적으로 적극적인 그 존재의 원인은—당신은 이로부터 그 관념이 질료적으로 거짓된 관념이 되는 것이라고 주장할 것인데—무엇인가? 당신은, "내가 무로부터 존재하는 한, 나 자신이다"라고 한다. 그렇다면 어떤 관념의 대상적이며 적극적인 존재가 무로부터 존재할 수 있다고 말하는 것인데, 이는 존경하는 이의 중요한 토대를 무너뜨리는 것이다.

신 존재 증명의 두 번째 부분으로 넘어가도록 하자. 그곳에서는 "무한한 존재에 대한 관념을 가지고 있는 내가 무한한 존재가 아닌 다른 존재로부터 존재할 수 있는지를 그리고 특히 나 자
208 신으로부터 존재할 수 있는지"[19] 묻고 있다. 존경하는 이는 다음의 이유로 내가 나 자신으로부터 존재할 수 없다고 주장한다. 즉, "만일 나 자신이 나에게 존재를 부여할 수 있는 것이었다면, 나는 또한 나에게 모든 완전성들을—나는 이것들에 대한 관념이 내 안에 있다는 것을 알고 있는데—부여했을 것이다"[20]라는 이유로 말이다. 그러나 신학자〔카테루스〕는, "자기 자신으로부터 존재한다는 것을 적극적(*positive*)으로가 아니라 소극적으로 받아들여야 한다"고[21] 정곡을 찌른다. 그는 말하길, "어떤 것이 다른 어떤 것으로부터가 아니라 자기 자신으로부터 존재하

19) 48쪽 1~6번째 줄 참조.

20) 같은 쪽 7~10번째 줄 참조.

21) 95쪽 6~7번째 줄 참조.

는 것이라면, 그것이 모든 것을 포괄하고 무한하다는 것을 내가 어떻게 증명할 수 있을까? 자기 자신으로부터 존재하는 것은 자신에게 모든 것을 부여했을 것이라고 한다면, 저는 이를 받아들일 수 없습니다. 왜냐하면 자기 자신으로부터라는 것은 자기 스스로가 원인이라는 의미가 아니며, 따라서 나중에 자신에게 속할 것을 미리 고르는 선택권이 없었기 때문이다."[22]

이 논증을 무력하게 만들기 위해, 존경하는 이는 또한 신과 관련해서도 "자기 자신으로부터 존재한다는 것을 더 이상 소극적으로가 아닌 적극적으로 받아들여야 한다"고[23] 주장한다. 따라서 "신은 작용인이 그 결과와 관련하여 행하는 것과 동일한 것을 어떤 식으로든 자기 자신과 관련하여 행한다"고[24] 한다. 내가 보기에 이는 억지이자 틀린 주장이다.[25]

따라서 나는 존경하는 이와 부분적으로는 의견을 같이 하면서도 부분적으로는 의견을 달리한다. 나는 적극적으로가 아니라면 내가 나 자신으로부터 존재할 수 없다는 것을 인정한다. 그러나 나는 신과 관련해서도 동일한 것을 주장해야 한다는 것은 부정한다. 실제로 나는 어떤 것이 적극적으로 자기 자신으로부터, 즉 원인으로서의 자기 자신으로부터 존재한다는 것은 명백한 모순이라고 생각한다. 이로부터 나는 저자가 그의 방식으로 증명한 것을 다음과 같이 전혀 다른 방식으로 증명한다.

내가 나 자신으로부터 존재하기 위해서는, 내가 원인으로서
의 나 자신으로부터 적극적으로 존재해야 한다. 따라서 나는 209
나 자신으로부터 존재할 수 없다. 이 삼단논법의 전제(*propositionem*,

22) 같은 쪽 9~13번째 줄 참조.
23) 110쪽 30~31번째 줄 참조.
24) 111쪽 5~7번째 줄 참조. AT III 337쪽 17번째 줄 참조.
25) AT III 330쪽 참조.

propositio)는 존경하는 이가 다음으로부터 취한 근거들이 입증한다. 즉, 시간의 부분들은 서로 분리될 수 있기 때문에, "만일 어떤 원인이 나를 매순간 다시 창조하지(*efficiat, efficere*) 않는다면, 내가 존재한다는 사실로부터 내가 존재하게 될 것이라는 것이 귀결되지 않는다"는[26] 것으로부터 말이다.

그러나 나는 입증이란 잘 아는 것을 잘 모르는 것을 통해 이루어지는 것이라는 어리석은 생각이 아니라면 거의 입증이 불가능할 정도로, 소전제(*sumptionem, sumptio*)는[27] 자연의 빛에 의해 명백하다고 생각한다. 당연히 저자도 그것이 참임을 인정하는 듯하다. 왜냐하면 그는 그것을 감히 드러내 놓고 부정하려 들지 않기 때문이다. 신학자에게 한 답변에 있는 그의 말을 비판적으로 평가해 보자.

그는 이렇게 말한다. "나는 어떤 것이 자기 자신의 작용인일 수 있다는 것이 불가능하다고 말한 적이 없다. 작용인의 의미가 시간적으로 앞선 혹은 결과와는 상이한 원인들에게만 제한적으로 적용되는 경우에는 그것이 명백하게 불가능하다. 그러나 지금 우리가 다루는 문제와 관련해서는 그런 제한을 두어서는 안 된다.[28] 왜냐하면 자연의 빛은 결과보다 시간적으로 앞서야 하는 것을 작용인(*rationem efficientis, ratio efficiens*)의 조건으로 명하지 않기 때문이다."[29]

---

26) 49쪽 3~5번째 줄 참조.

27) 〔역주〕 이 논증은 소전제가 생략된 후건부정식 삼단논법이라고 생각된다.

P1) 만일 내가 나 자신으로부터 존재하는 것이라면, 나는 원인으로서의 나 자신으로부터 존재하는 것이다.

P2) 나는 원인으로서의 나 자신으로부터 존재하는 것이 아니다.

C) 나는 나 자신으로부터 존재하는 것이 아니다.

28) AT III 337쪽 22번째 줄 참조.

29) 108쪽 7~16번째 줄 참조.

첫 번째 부분은 전혀 나무랄 데가 없다. 그런데 만일 동일한 자연의 빛이 주장하도록 명하지 않았기 때문이 아니라면 무엇 때문에 뒷부분이 더해지지 않은 채 생략되었는가, 즉 자연의 빛이 작용인은 결과와 상이한 것이어야 한다는 것을 작용인의 조건으로 명하지 않는다는 것이 첨부되지 않았는가?

실제로 모든 결과는 원인에 의존해 있기 때문에, 즉 원인으로부터 자신의 존재를 부여받는 것이기 때문에, 동일한 것이 자기 자신에 의존할 수는, 즉 동일한 것이 자기 자신으로부터 자신의 존재를 부여받을 수는 없지 않는가? 210

그 밖에도 모든 원인은 결과의 원인이고, 결과는 원인의 결과이다. 그러므로 원인과 결과 간에는 상관관계(*mutua habitudo*)가 놓여 있다. 그러나 그것은 오로지 둘만의 상관관계이다.

그리고 우리는 어떤 것이 존재를 부여받는다는 것과 그것이 존재를 부여받기 전에 이미 존재를 지니고 있다는 것을 모순 없이 이해할 수 없다.

그러나 만일 원인이라는 개념과 결과라는 개념을 동일한 것에게 그 자체와 관련하여(*respectu sui ipsius*) 귀속시킨다면, 그런 일이 발생할 것이다. 원인이라는 개념이 무슨 뜻인가? 존재를 부여한다는 뜻이다. 결과라는 개념은 무슨 뜻인가? 그것은 존재를 부여받는다는 뜻이다. 또한 원인개념은 본디 결과개념에 앞서 있다.

우리는 우리가 어떤 것이 존재를 가지고 있다고 파악하지 않는 한, 존재를 부여하는 원인이라는 개념으로써 그것을 파악할 수 없다. 누구도 자기가 가지고 있지 않은 것을 줄 수 없기 때문이다. 따라서 어떤 것이 존재를 부여받은 것이라고 파악하기 전에, 우리는 그것이 존재를 가지고 있다고 파악할 것이다. 그러나 존재를 부여받는 사람에게는 존재를 부여받는 것이 갖는 것보다 앞선다.

이는 달리 표현될 수 있다. 누구도 자기가 갖지 않은 것을 주지 못한다. 따라서 이미 존재를 가지고 있지 않는 한 누구도 자신에게 그 존재를 부여할 수 없다. 그런데 만일 누군가가 이미 존재를 가지고 있다면, 어떻게 그것을 자신에게 부여한단 말인가?

끝으로, 그는 "보존이 단지 개념적으로만(*sola ratione*) 창조와 구분되는 것임은 자연의 빛에 의해 알려져 있다"[30] 고 주장한다. 그러나 어떤 것도 자신을 창조할 수 없다는 것 역시 동일한 자연의 빛에 의해 알려져 있다. 그러므로 그것은 자신을 보존할 수도 없다.

만일 우리가 일반적 테제에서 신과 관련된 특수한 테제로 나아간다면, 신은 적극적인 의미로서 자기 자신으로부터 존재할 수 없고 다만 소극적으로 존재한다는, 다시 말해서 "다른 것으로부터 존재하지 않는다"는 것이 좀더 분명해지게 될 것이다.

211 이는 먼저 존경하는 이가 만일 물체가 자기 자신으로부터 존재한다면 그것은 적극적인 의미로 자기 자신으로부터 존재해야 한다는 것을 입증하기 위해 제시한 근거로부터 분명하다. 그는 이렇게 말한다. "시간의 한 부분은 다른 부분에 의존하지 않는다. 이에 따라 그 물체가 지금까지 자기 자신으로부터, 다시 말해서, 원인 없이 존재해 온 것이 사실이라 하더라도, 만일 그 물체가 자기 자신을 연속적으로 재창조하는 힘 같은 것을 지니고 있지 않다면, 위의 사실은 그 물체를 나중에라도 존재하도록 하는 데 충분치 않다."[31]

그러나 이 근거는 가장 완전한 또는 무한한 존재와 관련해

30) 49쪽 9~11번째 줄 참조.

31) 110쪽 14~19번째 줄 참조.

서 아무런 역할도 할 수 없을 뿐더러, 상반된 이유로 인해 오히려 그 역(*contrarium*)이 연역될 수 있다. 왜냐하면 무한한 존재의 관념 속에는 그것의 지속(*eius duratio*) 또한 무한하다는 것이 담겨 있기 때문이다. 즉, 어떤 제한에 의해서도 구속되지 않은 따라서 나뉠 수 없는, 항구적인, 전체가 동시(同時)인(*tota simul*) 지속 말이다. 이러한 지속과 관련하여 전과 후는 오로지 우리 이성의 오류나 불완전성으로 인해 파악될 수 있을 뿐이다.

이로부터 우리가 무한한 존재를 항상 존재해 온 그리고 영원히 존재를 지니게 될 존재라고 파악하지 않고서는(이는 저자 자신이 어디선가 알려 준 것인데)[32] 그것을 이른바 순간적 존재(*per momentum existere*)로서 파악할 수 없다는 것이 분명하게 귀결된다. 따라서 그런 존재가 무엇 때문에 존재를 지속하는지를 묻는 것은 허황된 일이다.

성 아우구스티누스가 자주 가르치듯(성경의 저자들 이외에는 그 누구도 그보다 더 고귀하게 그리고 뛰어나게 신에 대해 이야기한 사람은 없는데), 신 안에는 존재해왔다거나 존재하게 될 것이라는 것이 아니라 항상 존재한다는 것이 들어 있다. 따라서 이로부터 무엇 때문에 신이 존재를 지속하는지의 질문은 불합리할 수밖에 없다는 사실이 보다 명백하게 드러난다. 왜냐하면 그 질문은, 무한한 존재에서는 배제되어야 하는 것인 전과 후 그리고 무엇보다도 미래를 포함하고 있기 때문이다.

그 밖에도, 신이 자기 자신으로부터 존재한다는 것은, 마치 그것이 처음에 자기 자신을 만들었다는 듯이, 적극적으로 생각될 수 없다. 왜냐하면 그렇게 된다면 신은 존재하기 전에 존 212

---

32) 68쪽 14~16번째 줄 참조.

재했었어야 하기 때문이다. (저자 스스로 자주 공언하듯이), 단지 신은 실제로 자신을 보존하기 때문이다.[33]

그러나 보존도 첫 번째 창조도 무한한 존재에게는 적용되는 말이 아니다. 보존이라는 것이 지속적 재창조 이외에 무슨 의미를 더 가지고 있는가? 따라서 보존이라는 것은 모두 첫 번째 창조를 가정한다. 그리고 이 때문에 연속(*continuationis, continuatio*)이라는 말 그 자체는 보존이라는 말과 동일하게 어떤 잠재성을 함축한다. 그러나 무한한 존재는 잠재성을 가지지 않은 가장 순수한 행위(*actus purissimus*)이다.

따라서 우리는 오로지 우리 이성의 불완전성 때문에 신을 피조물처럼 파악하면서 신이 자기 자신으로부터 존재한다는 것을 "적극적으로" 파악할 수 있을 뿐이라고 결론지을 수 있다. 이는 또 다른 근거를 통해 좀더 확실시될 수 있다.

작용인은 오로지 존재와 관련해서(*ratione existentiae*) 찾는 것이지 본질과 관련해서(*ratione essentiae*) 찾는 것이 아니다. 예를 들어 삼각형을 보고 나는 그 삼각형의 작용인을, 즉 그로 인해 그 삼각형이 존재하게 된 작용인을 찾고자 한다. 그러나 내가 무엇 때문에 삼각형이 두 직각의 합과 같은 세 각을 가지고 있는가에 대한 작용인을 찾는다면, 이는 불합리한 일이 아닐 수 없다. 이를 찾는 사람에게 작용인을 통해 답하는 것은 바람직하지 않다. 우리는 단지 그것이 삼각형의 본성이기 때문이라고 답할 수 있을 뿐이다. 수학자들은 대상의 존재에 관해 논의하는 것이 아니기 때문에, 수학적 대상의 어떤 것도 작용인과 목적인(〔*causam*〕 *efficientem & finem*, 〔*causa efficiens & finis*〕)을 통해 증명하지 않는다. 당연히 존재하는, ―누군가

33) 〔역주〕 원어는 "sed tantum(ut saepius declarat Author), quia se revera conservat"이다.

원한다면, 존재를 보존하는―무한한 존재의 본성과 관련해서도, 두 직각의 합과 같은 세 각을 가지고 있는 삼각형의 본성과 관련하여 한 이야기는 동일하게 타당하다. 따라서 무엇 때문에 삼각형이 두 직각의 합과 같은 세 각을 가지고 있는지를 묻는 사람에게 작용인을 통해 답해서는 안 되고 단지 그것이 삼각형의 불변하는 그리고 영원한 본성이라고 답해야 하듯이, 무엇 때문에 신이 존재하는지 혹은 존재를 지속하는지를 묻는 사람에게 어떠한 작용인이나 혹은 작용인 같은 원인이(나는 여 213
기서 이름이 아니라 사실에 관해 논하는 것이다), 그것이 신 안에 있는 것이건 신 바깥에 있는 것이건, 답으로 제시되어서는 안 된다. 오직 이 하나만이, 즉 존재하고 또 존재를 지속하는 것이 가장 완전한 존재의 본성이기 때문이라는 것만이 그 근거로 제시되어야 한다.[34]

이로부터 나는 존경하는 이가 주장하는 것에 대해, 즉 "자연의 빛은 어떤 것과 관련해서 그것이 무엇 때문에 존재하는지에 대한 앎을 추구하거나, 그것의 원인에 대해 탐구하거나, 혹 그것

---

34) 〔역주〕 원어는 "ita quaerenti cur Deus sit, vel in esse perseveret, nulla, vel in Deo vel extra Deum, causa efficiens, vel quasi efficiens(de re enim, non de nomine, disputo), quaerenda est, sed id unum pro ratione asserendum, quia es est natura entis summe perfecti"이다. 이를 글자 그대로 번역하면 다음과 같다. "… 하듯이, 무엇 때문에 신이 존재하는지 혹은 존재를 지속하는지에 대해 묻는 사람은 어떠한 작용인이나 혹은 작용인 같은 원인을(나는 여기서 이름이 아니라 사실에 관해 논하는 것이다), 그것이 신 안에 있는 것이건 신 바깥에 있는 것이건, 찾아서는 안 되며, 오직 이 하나만을, 즉 존재하고 존재를 지속하는 것이 가장 완전한 존재의 본성이기 때문이라는 것을 그 근거로 제시해야 한다." 그러나 원문에 대한 번역을 이렇게 해도 의미는 통하지만, "하듯이" 앞에 있는 내용을 함께 고려하면, 즉 "nulla … causa effciens … quaerenda est"를 "nulla … causa efficiens … responderi debet"로 이해하는 것이 더 정확한 것 같아 역자는 이를 토대로 위와 같이 번역했다.

이 원인을 가지고 있지 않은 경우, 그것이 원인을 필요로 하지 않는 이유가 무엇인지를 요구하는 등의 것을 허용하지 않는 것이란 존재하지 않는다고 명한다"는[35] 주장에 대해, 이렇게 답한다. 무엇 때문에 신이 존재하는지를 묻는 이에게 작용인을 통해 답해서는 안 되며, 신 혹은 무한한 존재가 존재하기 때문이라는 것 말고는 다른 어떤 것도 답해서는 안 된다고 말이다. 그리고 신의 작용인을 찾는 이에게는 신은 작용인을 필요로 하지 않는다고 답해야 한다고 말이다. 또, 무엇 때문에 신은 작용인이 필요로 하지 않는지를 다시 묻는다면, 신은 존재가 자신의 본질인 무한한 존재이기 때문이라고 답해야 한다고 말이다. 왜냐하면 실제적 존재와 본질이 구분될 수 있는 것들만 작용인을 필요로 하기 때문이다.

위의 인용 뒤에 그가 덧붙인 말이 소용이 없는 이유가 바로 그 때문이다. 즉, 이 말 말이다. "따라서 만일 내가 어떤 것도 어떤 식으로든[36] 자기 자신에 대해 작용인이 결과와 맺고 있는 관계와 같은 관계를 맺을 수 없다고 믿는다면, 이로부터 내가 어떤 제 1원인이 존재한다는 결론을 내린다는 것은 터무니없는 일이다. 나는 오히려 제 1원인이라 불리는 것 자체의 원인을 계속 탐구하게 될 것이고 따라서 모든 원인들의 제 1원인에는 결코 도달하지 못할 것이다."[37]

그러나 만일 내가 각각의 것의 작용인을, 이른바 작용인으로서, 찾아야 한다고 믿는다면, 나는 당연히 해당되는 각각의
214 것과는 상이한 것을 그 원인으로 찾게 될 것이다. 왜냐하면 어떤 것도 결코 작용인이 결과와 맺고 있는 관계를 자기 자신과

35) 108쪽 18~22번째 줄 참조.

36) AT III 337쪽 4~16번째 줄 참조.

37) 108쪽 22번째 줄~109쪽 3번째 줄 참조.

맺을 수 없다는 것은 내게 아주 분명하기 때문이다.

나는 그〔데카르트〕가 이를 집중해서 주의 깊게 고찰해야 한다는 것을 환기시켜야 한다. 왜냐하면 신이 자기 자신을 원인으로 하여 적극적으로 자기 자신으로부터 존재한다는 명제로 기분이 상하지 않을 신학자는 거의 없을 것이라고 생각되기 때문이다.

이제 한 가지 의혹만이 남아 있다. "우리가 명석판명하게 지각하는 것은 참이라는 것이 확실한 이유는 신이 존재한다는 이유 이외에는 없다"고[38] 주장하는 한, 그는 순환논증의 오류를 범하는 것이 아닌가 하는 의혹 말이다.

만일 우리가 신의 존재를 명석하고 분명하게 지각하지 않는다면, 신의 존재는 우리에게 확실할 수 없다. 따라서 신의 존재가 우리에게 확실하기 전에, 우리가 명석하고 명백하게 지각하는 것이 참임에 대해 확실해야 한다.

나는 내가 빠뜨린 것 하나를 덧붙이겠다. 존경하는 이가 확실하다고 주장하는 것, 즉 "생각하는 것인 한, 자신 안에는 그 자신이 의식하지 못하는 것이 있을 수 없다"[39]는 것은 내게 거짓인 듯 보인다. 그가 생각하는 것인 한, 그는 자신을 통해서 자기의 정신 — 이것이 신체와 구분되는 한 — 이외에는 아무것도 알지 못한다. 그러나 정신 속에 정신이 의식하지 못하는 많은 것들이 존재한다는 사실을 모르는 사람이 있는가? 엄마의 뱃속에 있는 태아도 생각하는 능력을 가지고 있다. 그러나 태아는 이를 의식하지 못한다. 나는 이와 유사한 수많은 것들까지 거론하지는 않으려다.

38) 69쪽 16번째 줄 등 참조.

39) 49쪽 14~18번째 줄 참조.

신학자들을 주저하게 만들 수 있는 것들에 관하여

지루한 이야기를 끝내기 위해, 여기서는 자세한 논의보다는, 몇 가지 점을 지적하고 간단하게 의견을 구하는 것이 더 좋을 듯하다.

첫째, 나는 데카르트 씨의 자유롭게 철학하는 방식이 — 이
215 로 인해 모든 것을 의심하게 되는데 — 사람들의 마음을 매우 상하게 하지 않을까 두렵다. 실제로 저자 역시 《방법서설》에서[40] 보통사람들에게 그 길은 위험하다는 것을 인정한다. 그러나 그의 철학하는 방법에 의해 상한 마음이(*invidia*) 〈성찰 요약문〉에서[41] 누그러뜨려진다는 것을 나는 인정한다.

그 성찰에 〔〈제일성찰〉〕 미리 방어막을 치는 것은 잘못된 결정이 아닌 듯하다. 대상들에 대해 진지하게 의심하는 것이 아니라, 저자가 다른 곳에서[42] 요구하듯, 조금이라도 의심할 수 있는 그리고 과장된 의심이라도 할 수 있는(*hyperbolicam dubitandi occasionem, hyperbolica dubitandi occasio*) 여지를 주는 것들에 대해 잠시 동안 판단을 중지한 후, 제아무리 집요한 자라 할지라도 그 누구에게도 털끝만큼의 의심의 여지를 허락하지 않는 굳고 견고한 어떤 것을 발견하기 위함이라는 방어막 말이다. 그렇다면 나는 "내가 나의 기원의 작자를 모르기 때문에라는 말 대신에 나는 모른다고 상상하기 때문에"라고[43] 했어야 한다고 생각한다.

〈제 4성찰〉, 즉 참과 거짓에 관한 성찰과 관련해서는 일일이

---

40) 《방법서설》, AT VI 15쪽 12~17번째 줄 참조.

41) 12쪽과 16쪽 참조.

42) 89쪽 19번째 줄 참조.

43) 77쪽 15~16번째 줄 참조.

열거하기에는 너무 많은 이유 때문에, 나는 그가 《성찰》 본문이나 〈성찰요약문〉에 다음의 두 가지를 지적해 주길(*significaret, significare*) 강력히 바란다.

그 하나는 오류의 원인을 탐구하는 동안, 그는 주로 참과 거짓을 판단하는 중에 범하는 오류에 관해서만 충분히 논하고 있지, 선과 악을 추구하는 중에 발생할 수 있는 오류에 대해서는 충분히 논의하고 있지 않다는 것이다.

비록 앞의 것이 저자의 의도나 목적에 충분하더라도 만일 그곳에서 오류의 원인에 대해 설명된 것들이 뒤의 것에까지 확장될 경우 그것들은 아주 강력한 반발에 부딪히게 될 것이다. 이 때문에 현명함은 그리고 우리의 저자가 매우 사랑하는 설명의 순서는 내가 잘못 생각하는 것이 아니라면 다음을 강력히 요구할 것이다. 즉, 무용하게 불필요한 것들에 관해 논쟁하는 216
동안, 독자가 필요한 것들을 지각하는 데 방해받지 않도록 하기 위해서는, 주제와 관련이 없는 것들과 논쟁의 불씨를 제공할 수 있는 것들이 생략되어야 한다는 것 말이다.

우리의 저자가 지적해 주길 바라는 다른 하나는 다음과 같다. 우리가 명석판명하게 안 것에만 동의할 것을 주장하는 한, 그는 단지 배움(*disciplanas, disciplana*)과 관련된 것들과 지성(*intelligentia*)에 속하는 것들만을 다루는 것이지, 신앙이나 일상생활을 수행하는 데 속하는 것들을 다루는 것이 아니라는 것 말이다. 따라서 그는 억측하는 자들의 경박함(*temeritatem opinantium, temeritas opinantium*)을 꾸짖는 것이지, 분별 있게 믿는 자들의 확신(*persuasionem prudenter credentium, persuaio prudenter credentium*)을 꾸짖는 것은 아니라는 것 말이다.

훌륭한 아우구스티누스가 《믿음의 유용함에 관하여》(*De utilitate credendi*) 15장에서 현명한 가르침을 주듯이,[44] "인간 영혼에 마치 이웃인 듯 존재하지만 구분되어야 할 것 3개가 있다. 즉, 안다는 것(*intelligere*)과 믿는다는 것(*credere*)과 억측한다는 것(*opinari*)."[45]

"확실한 근거를 토대로 어떤 것을 인식하는 자"는 그것을 아는 것이다. "어떤 강력한 권위에 이끌려(*commotus*) 자신이 아직 확실한 근거를 토대로 인식하고 있지 못한 것을 참이라고 믿는 자"는 그것을 믿는 것이다. "알지 못하는 것을 안다고 생각하는 자"는 그것에 대해 억측하는 것이다.

억측은 다음의 두 가지 이유 때문에 가장 추하다. 그 첫째는 자기 자신이 이미 알고 있다고 확신하는 자는 배울 기회가 있는 경우에도 배울 수가 없기 때문이다. 둘째는 경박함은 그 자체가 좋지 않은 정신의 성향을 나타내 주는 표시이기 때문이다.

따라서 우리가 인식하는 것은 근거 덕분이고, 우리가 믿는 것은 권위 덕분이며, 우리가 억측하는 것은 오류 탓이다. 이런 설명을 한 이유는, 우리가 아직 파악하지 못한 것들과 관련해서 우리가 굳게 지니고 있는 신앙을 통해 억측을 일삼는 자들의 경박함에서 자유로워진다는 것을 알도록 하기 위함이다.

아는 것 이외에는 그 어떤 것도 믿어서는 안 된다고 주장하는 사람들은 추하고 아주 가련하다고 일컫는 억측이라는 말
217 (*nomen opinationis*)만을 경계한다. 그러나 자신이 알고 있다고 믿는 것과 자신이 모른다고 알고 있는 것을 어떤 권위에 이끌

---

44) AT III 359쪽 3번째 줄 참조.

45) 〔역주〕 아르노는 아우구스티누스의 본문을 지금까지는 정확하게 인용했는데, 여기서는 좀 다르다. 먼저 아래 인용문들은 15장이 아니라 다음 쪽에서 "조금 후, 즉 12장에서"라는 말이 암시하듯 11장에서 인용한 것들이다. 역자는 그 가운데 "확실한 근거를 토대로 어떤 것을 인식하는 자"라는 문장과 "어떤 강력한 권위에 이끌려 자신이 아직 확실한 토대를 근거로 인식하고 있지 못한 것을 참이라고 믿는" 문장은 아우구스티누스 본문에서 확인할 수 없었다.

려 믿는 것 간에는 아주 큰 차이가 있음을 주의 깊게 고찰하는 사람은 오류와 몰인정과 우쭐함의 잘못을 피하게 될 것이다.

조금 후, 즉 12장에서, 그는 다음을 덧붙인다. "만일 우리가 지각하지 못한 것은 아무것도 믿지 않기로 결정한다면, 인간 사회에 온전히 남아 있게 될 것은 아무것도 없다는 것을 보여 줄 수 있는 것들이 많이 있다." 여기까지 성 아우구스티누스의 이야기.

그 자신의 현명함에 비추어 볼 때 존경하는 이는 이러한 구분이 오늘날 별 생각 없이 불경(不敬)한 짓을 저지르려는 성향을 지닌 많은 사람들이(*ad impietates proclives*) 신앙을 전복시키기 위해 그의 말을 악용하지 못하도록 하는 데 얼마나 중요한지를 쉽게 판단할 것이다.

그러나 내가 신학자들의 기분을 가장 상하게 만들게 될 것으로 예견하는 것은 다음이다. 존경하는 이의 이론(*dogmata*)에 따른다면, 교회가 성좌의 거룩한 비밀들에 관해 가르치는 것들이 손상되지 않은 채 온전히 남아 있을 수 있을 것 같아 보이지 않는다는 것이다.

우리는 신앙을 통해 최후의 성찬에서, 빵(*Euchariscico pane, Eucharisticus panis*)의 실체는 빵에게서 제거된 탓에, 그것에는 오로지 우연한 성질들만이 남아 있을 뿐이라고 믿는다. 연장, 모양, 색, 냄새, 맛 그리고 다른 감각적인 성질들(*sensiles quqlitates*)이 바로 그 우연적인 성질들이다.

존경하는 이는 감각적인 성질들은 성질이 아니라, 단지 우리와 결합되어 있는 신체의 다양한 운동일 뿐이라고—우리는 이를 통해 우리가 색, 맛, 냄새라고 부르는 인상들을 지각하는 것인데—믿는다. 따라서 물질에는 모양과 연장과 운동성(*mobilitas*)만이 남아 있다. 그러나 저자는 이 능력들이 그들 자신이 내재하고 있는 실체 없이 인식될 수 있다는 것을 부정

218 하며 따라서 실체 없이 존재할 수 있다는 것 역시 부정한다. 그는 신학자에 대한 답변에서 이를 반복한다.[46)]

그는 그 성질들(*affectiones*)과 실체 간에 오로지 형상적 구분[47)]만을 인정하는 데, 이 구분은, 그렇게 구분된 것들이 또한 신에 의해 서로 분리되기에는 충분치 않아 보인다.

나는 존경하는 이가 신에 대해 지니고 있는 바로 그 외경심을 가지고 이를 주의 깊고 자세히 헤아릴 것임을, 그리고 다음을 위해 헌신의 노력을 다 해야 한다는 판단을 하게 될 것임을 믿어 의심치 않는다. 즉, 신의 편에 서서 불경한자들과의 소송을 염두에 두면서, 신의 권위에 기초한 신앙에 위험을 초래한 듯 보이지 않도록 하기 위해서. 그 신앙의 도움으로 불멸한 삶—그는 인간들에게 그러한 삶을 확신시키는 작업을 스스로 떠맡았는데—을 얻게 되기를 희망하는 그가 말이다.

46) 120쪽 24번째 줄 등 참조.

47) 같은 쪽 15번째 줄 참조.

네 번째 반박에 대한 답변

자네가〔메르센〕 내게 그〔아르노〕의 반박문을 보내 주었는데,
나로서는 그보다 더 예리한 사람을, 그리고 나의 글을 검토하
는 자로서 이보다 더 헌신적인 사람을 바랄 수 없었을 것이라
네. 그가 나를 그리고 나의 송사를 두둔하고 있음을 쉽게 알
수 있을 정도로, 그는 나를 친절하게 대하네. 그럼에도 불구
하고 그는 자신이 공격하는 것을 두루 살펴보고 아주 깊이 꿰
뚫어 보았네. 그 나머지 것들도 그의 눈을 피하진 못했을 것이
라고 생각할 수 있을 정도로 말일세. 그 밖에도, 그는 그가 보
기에 증명이 덜 되었다고 확실하게 판단한 것들을 밀어붙이
네. 따라서 누가 그 사람이〔아르노〕 호의로 나머지 것들을 모
른 척하고 넘어간 것일 뿐이라고 생각해도 두렵지 않을 정도로 219
말일세. 그 때문에 나는 그의 반박에 감동을 받기보다는 그가
아주 많은 것들을 그냥 넘어가 준 것이 더 기쁘다네.

첫 번째 부분, 즉 "인간 본성에 관하여" 부분에 대한 답변

나는 여기서 존경하는 이에게 감사를 표하면서, 즉 그가 신성한 성 아우구스티누스의 권위로써 나를 뒷받침해 준 데 대해

그리고 나의 근거들이 다른 사람들에게 아주 강력하게 보이지 않을까 걱정되어 그것들을 잘 제시해 준 데 대한 감사를 표하면서 시간을 허비하지는 않겠다.

나는 먼저 내가 어디서 이런 식으로, 즉 "내가 생각하는 것이라는 것 이외의 다른 어떤 것도 나의 본질(다시 말해서 오로지 나의 정신의 본성)에 속하지 않는다는 것을 인식하는 것으로부터 다른 어떤 것도 실제로 나의 본질에 속하지 않음이 귀결된다"[1]는 식의 증명을 시작했는지 설명하고자 한다. 그곳은 다름 아닌 신 존재를 증명한 곳이었다. 즉, 내가 명석판명하게 가능한 것으로 인식하는 모든 것들을 행할 수 있는 신 존재를 증명한 곳이었다.

비록 내가 아직 주목하지 못한 많은 것들이 간혹 내 안에 있을지라도(그곳에서 아직 나의 정신이 신체를 움직이는 힘을 가지고 있는지 아닌지, 또 그것과 실체적으로(*substantialiter*) 하나인지 아닌지를 알지 못한다고 가정했듯이), 내가 알고 있는 것만 가지고도 나의 입장을 고수하기에 충분하기 때문에, 나는 내가 신에 의해 내가 알지 못하는 다른 것들 없이 창조되었을 수도 있다는 것을 그리고 그 때문에 그것들이 나의 정신의 본성에 속하지 않는다는 것을 확신한다.

왜냐하면 나는 어떤 것이(*res*) 그것 없이도 존재할 수 있는 그런 것은, 그것이 어떤 것이든 그 어떤 것의 본성에 포함되어서는 안 된다고 생각하기 때문이다. 아무리 정신이 인간의 본성과 연관되어 있더라도(*quamvis mens sit de essentia homnis*), 신체와 하나됨이 정신의 본성과 고유하게 연관된 것은 아니다.

220 어떤 의미로 내가 다음을 이해하는지 또한 설명되어야 한다. "즉, 어떤 것을(*rem, res*) 불완벽하게(*inadaequte*) 파악하는

1) 199쪽 10~12번째 줄 참조.

지성의 추상화를 통해 어느 하나가 다른 하나 없이 파악된다는 것으로부터 실재적 구분이 추론되는 것이 아니라, 단지 각각이 다른 하나 없이 완전하게(*complete*) 혹은 완전한 것(*res completa*)으로 인식되는 것으로부터 실재적 구분이 추론될 뿐이다"[2]를 이해하는지 말이다.

존경하는 이가 가정하는 바와는 달리, 나는 이를 위해 완벽한 인식이(*rei adaequatam cognitionem, rei adaequata cognitio*) 요구된다고 생각하지 않는다. 차이점은 여기에 있다. 어떤 인식이 "완벽하기"(*adaequata*) 위해서는 사유되는 대상(*res cognita, re cognita*)에 들어 있는 모든 고유한 성질들이 전부 그 인식 안에 들어 있어야 한다. 이 때문에 자신이 모든 것들에 대한 완벽한 인식을(*cognitiones adaequatas, cognitiones adaequatae*) 지니고 있음을 아는 것은 오로지 신뿐이다.

그러나 창조된 지성은, 혹은 그것이 실제로 많은 것들에 대해 〔그런 인식〕을 가지고 있더라도, 신이 특별히 계시해 주지 않는 한 자신이 그런 인식을 가지고 있다는 사실을 결코 알 수 없다. 그런 지성이 어떤 것에 대한 완벽한 인식을(*adaequatam cognitionem, adaequata cognitio*) 갖기 위해서는, 지성 안에 있는 인식능력이 그것에 필적하는 것만이 요구될 뿐인데(*ut vis cognoscendi quae in ipso est adaequet istam rem*), 이는 쉽게 충족될 수 있다. 그러나 자신이 그런 인식을 가지고 있다는 것을 알기 위해서는, 즉 지성이 신조차 자신이 인식한 것보다 더 많은 것을 인식할 수 없었을 것이라는 것을 알려면, 지성의 인식능력이 신의 무한한 능력에(*infinitam potestatem, infinita potestas*) 필적하는 것이 요구되는데,[3] 이것은 명백한 모순이다.

---

2) 200쪽 6~19번째 줄 참조.

3) AT V 151쪽 참조.

그러나 두 대상간의 실재적 구분을 인식하는 데에 그것들에 대한 완벽한 인식이(*adaequata cognitio*) 필요한 것은 아니다. 우리가 그 인식이 완벽하다는 것을 알 수 없다면 말이다. 그런데 조금 전에 설명했듯이, 우리는 그것을 결코 알 수가 없다. 그러므로 그 인식이 완벽해야 한다는 것이 요구되는 것이 아니다.

따라서 내가 "대상을 불완벽하게(*inadaequate*) 파악하는 지성
221 의 추상화를 통해 어느 하나를 다른 하나 없이 인식하는 것으로 충분하지 않다"고[4] 했을 때, 나는 이로부터 실재적 구분에는 "완벽한"(*adaequatem*, *adaequata*) 인식이 아니라 단지 우리 자신이 지성의 추상화를 통해 "불완벽한"(*inadaequatq*, *inadaequata*) 것으로 만들지 못하는 인식만이 요구된다는 것이 귀결될 수 있을 뿐이라고 생각했다.

어떤 인식이 분명하게 완벽하다는(*adaequatam*, *adaequata*) 것은—이것이 참인지 거짓인지는 신이 계시해 주지 않는 한 우리가 결코 알 수 없는데—어떤 인식이, 우리가 그것을 지성의 추상화를 통해 불완벽한(*inadaequatam*, *inadaequata*) 것으로 만들지 못한다는 것을 지각할 정도로, 완벽하다는(*adaequatam*, *adaequata*) 것과는 전혀 다른 것이다.

같은 식으로, 내가 대상이 "완전하게"(*complete*) 인식되어야 된다고 했을 때, 나는 인식(*intellectionem*, *intellectio*)이 완벽해야 한다는 것을 의미한 게 아니라, 단지 내가 그것이 완전하다는(*completam*, *completa*) 것을 알 정도로 충분히 인식되어야 한다는 것을 의미했다.

나는 이 점이 그 뒤의 것들로부터와 마찬가지로 그 앞의 것들로부터도 명백하다고 믿었다. 나는 "불완전한 존재들(*entia*

---

4) 200쪽 6번째 줄 등 참조.

incompleta)과 완전한 존재들을" 구분했으며 또 실제로 구분되는 것들 "각각이 스스로 존재하는(*ems per se*) 그리고 다른 모든 것과 상이한 것으로서 인식되어야 한다"고 주장했다.[5]

그러나 나는 "내가 물체가 무엇인지를 완전하게(*complete*) 인식한다"고 한 것과 동일한 의미로 "내가 또한 정신을 완전한 것으로(*rem completam, res completa*) 인식한다"[6]는 것을 바로 그 뒤에 덧붙였다. 그것을 완전하게 인식하는 것과 그것이 완전한 것이라고 인식하는 것을 동일한 의미로 간주하면서 말이다.

그런데 여기서 다음은 물을 만하다. 즉, 내가 "완전한 것"(*rem completam, res completa*)으로서 무엇을 의미하는지 그리고 내가 실재적 구분을 위해서는 두 대상이 각각 다른 하나 없이 완전한 것으로 인식되는 것으로 충분함을 어떻게 입증하는지를 말이다.

첫 번째 질문에 대한 나의 답변은 다음과 같다. 나는 "완전 222
한 것"으로서 형상들과 속성들을 지니고 있는 실체 이외의—이것들은 내가 그것들로부터 그것이 실체임을 인식하는 데 충분한 것들인데—그 어떤 것도 의미하지 않는다.

다른 곳에서 지적했듯이, 우리는 실체를 직접 지각하는 것이 아니라, 단지 형상이나 속성들에 대한—이것들이 존재하려면 다른 어떤 것에 내재해야 하는데—지각으로부터 인식할 뿐이다. 우리는 그것들이 내재하고 있는 바로 그것을 "실체"라고 말한다.

만일 우리가 나중에 동일한 그 실체에게서 속성들을—이것들에 대한 지각으로부터 우리가 그 실체를 인식하는 것인데—제거하고자 한다면, 우리는 그것에 대한 우리의 모든 앎을 포

5) 120쪽 18번째 줄과 22~23번째 줄 참조.

6) 121쪽 6~7번째 줄과 10번째 줄 참조.

기하는 것이 될 것이다. 그리고 우리가 실체에 대해 어떤 말을 할 수는 있겠지만, 그 의미를 명석판명하게 지각하는 것은 아닐 것이다.

나는 일반적으로 어떤 실체들이 “불완전한”(*incompletas, incompletae*) 것으로 지칭되는지를 잘 알고 있다. 그러나 만일 우리가 그것들이 홀로 스스로(*per se*) 존재할 수 없기 때문에 불완전한 것이라고 한다면, 이는 그것들이 스스로 존재하는 것들(*res per se subsistentens*)인 동시에 불완전한 것들, 다시 말해서 스스로 존재할 수 없는 것들이라고 하는 것으로서, 이는 내게 모순처럼 보인다. 그런데 실체들을 다른 의미로 불완전하다고 할 수 있다. 실체인 한 그것들은 불완전한 것을 가지고 있지 않다. 다만 어떤 다른 실체에 속하는 한, 즉 이것과 스스로 존재하는 하나를 구성하는 한, 그것들은 불완전하다고 할 수 있다.

그런 의미로 손은 불완전한 실체이다. 왜냐하면 그것은 그 자신이 신체의 일부이기 때문이다. 그러나 손 하나만을 보면, 그것은 완전하다. 같은 식으로, 정신과 신체는 분명히 불완전하다. 왜냐하면 그것들은 둘이 합쳐 인간을 이루기 때문이다. 그러나 그것들 각각은 완전하다(*completae*).

223 연장되어 있음, 나누어질 수 있음, 모양을 지니고 있음(*esse extensum, divisibile, figuratum*) 등은 그것들로부터 우리가 “신체”라는 실체를 인식하는 형상들 혹은 속성들이다. 마찬가지로 인식함, 원함, 의심함(*esse intelligentem, volentem, dubitantem*) 등은 그것들로부터 “정신”이라는 실체를 인식하는 형상들이다. 나는 연장 실체가 완전하다는 것을 사유실체가 완전하다는 것과 똑같이 인식한다.

존경하는 이가 덧붙인 것, 즉 “아마도 신체와 정신이 관계를 맺고 있는 방식은 유와 종이 관계를 맺고 있는 방식과 동일하다"[7]는 것은 결코 주장될 수 없다. 왜냐하면 비록 유(類)가 이런저런 종차(種差) 없이 인식될 수 있더라도, 유(類) 없이 종은 결코 생각할 수 없기 때문이다.

예를 들자면, 우리는 원에 대해 아무것도 생각하지 않으면서, 모양을 인식할 수 있다〔비록, 어떤 특별한 모양으로 환원되지 않으면 그 인식(*intellectio*)은 판명하지 않고, 또 신체의 본성을 담고 있지 않으면 완전한 것에 대한 인식도 아니긴 하지만〕. 그러나 모양을 함께 생각하지 않고서는 원들간의 어떤 종차도 인식할 수 없다.

그런데, 내가 〈제 2성찰〉에서 충분히 보였다고 믿듯이, 정신은 우리가 그것들로부터 물체가 실체라는 것을 인식하는 형상들이나 속성들 중 어느 하나 없이도 판명하고 완전하게(*complete*) 혹은 그것이 완전한 것으로 간주되는 데 충분하리만큼 지각될 수 있다. 신체도 정신에 속하는 형상들이나 속성들 없이 판명하고 완전한 것으로 인식된다.

그럼에도 불구하고 존경하는 이는 여기서 다음과 같이 나를 압박하고 있다. "비록 나에 대한 어떤 앎이 물체에 대한 앎 없이 획득될 수 있더라도, 내가 나의 본질에서 신체를 배제시키는 한, 내가 속임을 당하지 않는다는 것을 확신할 정도로 이로부터 그 앎이 완전하다는(*completam & adaequatam, completa & adaequata*) 결론이 나오는 것은 아니다"라고[8] 말이다. 그는 이 문제를 반 224
원에 내접한 삼각형의 예를 통해 분명하게 제기한다. 우리는 그것이 직각삼각형이라는 것을 명석판명하게 인식한다. 직각의 대변으로 이루어진 정사각형의 넓이가 다른 두 변으로 이루어진 2개의 정사각형의 넓이의 합과 동일하다는 것을 모르거

7) 201쪽 5~6번째 줄 참조.

8) 같은 쪽 19~22번째 줄 참조.

나 혹은 부정하더라도 말이다. 그럼에도 불구하고 이로부터 직각의 대변으로 이루어진 정사각형의 넓이가 다른 두 변으로 이루어진 2개의 정사각형의 넓이의 합과 동일하지 않은 직각삼각형이 존재할 수 있다고 추론하는 것은 허용되지 않는다.

그러나 이 예는 관련된 사안과 여러 가지 면에서 다르다.

첫째, 혹 삼각형이 구체적으로 삼각형 모양을 지닌 실체로 간주될 수 있더라도, 직각의 대변으로 이루어진 정사각형의 넓이가 다른 두 변으로 이루어진 2개의 정사각형의 넓이의 합과 동일하다는 고유한 성질은 실체가 아니다. 따라서 "정신"과 "신체"와는 달리 이 둘 중 어느 하나도 완전한 것(*res completa*)으로 인식될 수 없다. 그 둘 중 어느 하나도 결코 내가 말하는 의미에서의 "것"(*res*)이라 할 수 없다. 즉, "내가 어느 하나 말하자면 완전한 것(*rem completam, res completa*)을 다른 하나 없이 인식할 수 있도록 하는 데 충분하다는 등의"[9] 의미에서의 "것"이라 할 수 없다. 이는 그 뒤에 이어지는 설명들에서 분명해진다. 즉, "그 밖에도 나는 내 안에서 능력들을 발견한다"는 등[10]의 설명 말이다. 나는 결코 그 능력들을 "것"이라 하지 않았고, 오히려 그것들을 "것" 혹은 실체들과 엄격히 구분했다.

둘째, 나는 직각의 대변으로 이루어진 정사각형의 넓이가 다른 두 변으로 이루어진 2개의 정사각형의 넓이의 합과 동일하다는 것을 모르는 채, 반원에 내재한 삼각형이 직각삼각형이라는 것을 명석판명하게 인식할 수는 있다. 그럼에도 불구
225 하고 나는 직각의 대변으로 이루어진 정사각형의 넓이가 다른 두 변으로 이루어진 2개의 정사각형의 넓이의 합과 동일한 삼각형을 그것이 직각삼각형이라는 것을 모른 채 명석하게 인식

---

9) 78쪽 4~5번째 줄 참조.

10) 같은 쪽 21번째 줄 참조.

할 수는 없다. 그러나 신체 없이 정신을 그리고 정신없이 신체를 우리는 명석판명하게 지각한다.

셋째, 반원에 내접한 삼각형의 개념이 그 안에 직각의 대변으로 이루어진 정사각형의 넓이와 다른 두 변으로 이루어진 2개의 정사각형의 넓이의 합이 동일하다는 것을 내포하고 있지 않다고 간주될 수는 있다. 그러나 그것이 그 안에 직각의 대변으로 이루어진 정사각형의 넓이와 다른 두 변으로 이루어진 2개의 정사각형의 넓이의 합 간의 어떤 관계(*proportio*)도 내포하고 있지 않다고 간주될 수도 없다. 따라서 그 관계가 어떠한지를 모르는 한, 그것에 속하지 않는다고 명석하게 인식되는 관계 이외의 그 어떤 관계도 그것과 관련해서 부정될 수 없다. 동일함이라는 관계와 관련해서 이를 인식하는 것은 불가능하다(*quod de proportione aequalitatis munquam potest intelligi*). 신체에 대한 개념에는 정신에 속하는 것이 아무것도 포함되어 있지 않다. 그리고 정신에 대한 개념에는 신체에 속한 것이 아무것도 포함되어 있지 않다.

따라서 비록 내가 "어느 하나를 다른 하나 없이 인식할 수 있다는 것으로 충분하다 등"이라고 했지만, 그 때문에 "내가 그 삼각형을 명석판명하게 인식한다"[11]는 것을 가정할 수는 없다. 첫째, 직각의 대변으로 이루어진 정사각형의 넓이와 다른 두 변으로 이루어진 2개의 정사각형의 넓이의 합 간의 관계는 완전한 "것"이(*res completa*) 아니기 때문이다. 둘째, 오로지 직각삼각형에서만 그 동일한 관계가 명석하게 인식되기 때문이다. 셋째, 직각삼각형의 변으로 이루어진 정사각형들의 넓이간에 존재하는 관계를 부정하면, 그 삼각형이 판명하게 인식될 수

11) 202쪽 16번째 줄 참조.

없기 때문이다.

이제 다음을 설명해야 한다. 즉, "우리가 어느 한 실체를 다
226 른 한 실체 없이 명석판명하게 인식하는 것으로부터, 어떻게 내가 어느 한 실체가 다른 실체로부터 배제된다는 것을 확신하는지를 말이다."[12)]

이것이 바로 "실체" 개념(*notio substantiae*)이다. 즉, 스스로, 다시 말해서, 어떤 다른 실체의 도움 없이 존재할 수 있다는 것 말이다. 2개의 실체를 2개의 상이한 개념을 통해 상이한 것으로 파악하고(*per duos diversos conceptus percepit*) 그것들이 실제로 다르지 않은 것이라고 판단한 사람은 결코 없었다.

그 때문에, 만일 내가 일반적인 경우보다 더 큰 확실성을 추구하는 것이 아니라면, 나는 〈제 2성찰〉에서 "정신"이 실체적으로 존재하는 것(*rem subsistentem, res subsistens*)으로서 인식됨을 보이는 것으로 만족할 수 있었을 것이다. 신체에 속하는 그 어느 것도 절대로 정신에, 또 마찬가지로, 정신에 속하는 그 어느 것도 절대로 "신체"에 귀속되지 않더라도 말이다. 또한 나는 정신이 신체와 실제로 구분됨을 증명하기 위해 그 어떠한 것도 더 이상 덧붙이지 않았을 것이다. 왜냐하면 우리는 일반적으로 모든 것들이 우리의 지각에 따른 순서로 존재하는 방식과 동일한 방식으로 진리 그 자체에 따른 순서로 존재한다고 생각하기 때문이다.[13)] 그러나 내가 〈제일성찰〉에서 제시한 과장된 의심들 가운데 하나는 다음 정도로까지 진행됐다. 즉, 내가 우리의 기원의 작자를 모른다고 가정하는 한, 그 자체에 대해(대상들이 실제로 우리가 지각하는 바대로라는 것) 확신할 수

12) 78쪽 4~6번째 줄 참조.

13) 원문은 "quia vulgo res omnes eodem modo se habere judicamus in ordine ad ipsam veritatem, quo se habent inordine ad nostram perceptionem"이다.

없을 정도로 말이다. 이 때문에 내가 〈제 3성찰〉, 〈제 4성찰〉, 〈제 5성찰〉에서 신과 진리에 관하여 쓴 모든 것들은 "정신"과 "신체"의 실재적 구분에 관한 결론에 — 나는 그 결론을 비로소 〈제 6성찰〉에서야 얻었는데 — 기여하는 것들이다.

존경하는 이는 그러나 "나는 직각의 대변으로 이루어진 정사 227
각형의 넓이와 다른 두 변으로 이루어진 2개의 정사각형의 넓이의 합과 같다는 것을 모른 채, 반원에 내재하는 삼각형을 인식한다"고 주장한다.[14] 당연히 직각의 대변으로 이루어진 정사각형의 넓이와 다른 두 변으로 이루어진 2개의 정사각형의 넓이 간의 관계에 대해 생각하지 않더라도, 그는 그 삼각형을 인식할 수 있다. 그러나 그것을 부정해야 한다고 인식할 수는 없다. 반대로 정신과 관련해서, 우리는 정신이 신체 없이 존재한다는 것뿐만 아니라 신체에 속하는 모든 것들이 정신과 관련해서 부정될 수 있다는 것 역시 인식한다. 왜냐하면 서로를 배제하는 것이 실체들의 본성이기 때문이다.

존경하는 이가 덧붙인 것, 즉 "내가 생각한다는 것으로부터 내가 존재한다는 결론을 이끌어 내는 한, 내가 그런 식으로 형성한 관념이 나 자신을 단지 생각하는 것으로 드러낸다면, 이는 놀랄 일이 아니다"[15]라는 것은 나에 대한 반박이 아니다. 왜냐하면 신체의 본성을 검토할 때마다, 나는 그 안에서 생각을 감지하게 하는 어떤 것도 발견하지 못하기 때문이다. 그리고 두 가지 "것들"간의 구분에 대해 이보다 더 강력한(*maius*) 논증을 가질 수 없다. 즉, 우리가 두 가지 "것들" 중 하나로 향할 때, 그 안에서 다른 하나와 전혀 다르지 않은 것을 발견할 수 없다는 논증 말이다.

---

14) 202쪽 17번째 줄 참조.

15) 203쪽 6~9번째 줄 참조.

나는 또한 무슨 근거로 이 논증이 "논증자의 의도 이상의 것을 증명했다고 하는지"[16] 모르겠다. 왜냐하면 어느 하나가 다른 하나와 구분된다는 것을 보이기 위해서는 그것이 신성한 힘에 의해 다른 것과 분리될 수 있다는 것을 주장해야 하기 때문이다.[17] 그리고 나는 누군가가 그 때문에 "인간은 오로지 신체를 사용하는 영혼"일[18] 뿐이라고 믿지 않도록 하기 위해 충분한 주의를 기울였다고 생각한다. 나는 정신과 신체의 구분을
228 다룬 바로 그 〈제 6성찰〉에서 정신이 신체와 실체적으로 결합되어 있다는 것 또한 함께 입증했다. 그리고 내가 기억하기에 나는 그것을 증명하는 데 그것들보다 더 강력한 것들을 어디에서건 한 번도 본 적이 없는 근거들을 사용했다. 인간의 팔이 나머지 신체와 실제로 구분되는 실체라고 주장하는 사람도, 그 때문에 팔이 온전한 인간의 본성에 속한다는 것을 부정하지는 않는다. 그리고 인간의 팔이 온전한 인간의 본성에 속한다고 주장하는 사람도 그것을 팔이 스스로 존재할(*subsistere*) 수 없다고 생각할 계기로 삼지는 않는다. 이와 마찬가지로 정신이 신체 없이 존재할 수 있다는 것을 보이면서, 내가 나의 의도 이상의 것을 증명했다고 나는 생각하지 않는다. 또한 그것이 신체와 실체적으로 결합되어 있다고 하면서, 나의 의도 이하로 증명했다고 생각하지도 않는다. 실체적 결합이 완전한 것으로서의(*rei completae, res completa*) 지성에 대해 명석하고 판명한 개념을 갖는 것을 방해하는 것은 아니기 때문이다. 그 관

---

16) 같은 쪽 14번째 줄 참조.

17) 원문은 "Nihil enim minus dici potest, ad ostendum unam rem realiter ab altera distingui, quam quod per divinam potentiam possit ab ipsa separari"이다.

18) 같은 쪽 18~19번째 줄 참조.

념이 선이나 표면의 관념과는 매우 다른 이유도 그 때문이다.[19] 그것들은, 그것들에게 길이나 너비 이외에도 깊이가 귀속되지 않으면, 그렇게 완전한 것으로 인식될 수 없다.

끝으로, "사유능력이 태아들에는 잠들어 있고, 미친 사람들에는 제거된"[20] 것이 아니라 혼란스러워진 것일 뿐이다. 그렇다고 해서 이 때문에 사유능력이 마치 신체기관들 없이는 존재할 수 없을 정도로 신체기관들에 붙어 있는 것이라고 믿어서는 안된다. 우리가 신체기관들이 자주 사유능력을 방해하는 것을 경험하는 것은 사실이다. 그러나 그렇다고 이로부터 사유능력이 신체기관들에 의해 만들어진다는 결론이 나오는 것은 결코 아니다. 그런 결론을 입증할 수 있는 근거는, 아무리 작은 근거라 해도, 존재하지 않는다.

나는 우리가 끊임없이 경험하는 정신과 신체의 밀접한 결합이 우리가 그 때문에 진지한 성찰 없이는 정신과 신체의 실재 229
적 구분에 주목하지 못하게 되는 원인이라고 생각하지 않는다. 〈제 2성찰〉에서 설명된 것들을 자주 음미하게 된다면, 사람들은 정신이 단순히 상상이나 지성의 추상화를 통해서 구분되는 것이 아니라, 구분된 것으로서 인식되는 것임을 쉽게 확신하게 될 것이라고 나는 판단한다. 왜냐하면 정신과 신체는 실제로 구분되어 있기 때문이다.

나는 영혼의 불멸성과 관련하여 존경하는 이가 덧붙인 것들[21]에 대해서는 답하지 않겠다. 왜냐하면 그것들은 나를 반박하는 것이 아니기 때문이다. 그러나 동물들의 영혼과 관련해서[22]는 몇 가지 답을 하겠다. 비록 여기가 동물들의 영혼을

19) 203쪽 27번째 줄 참조.
20) 204쪽 10~12번째 줄 참조.
21) 204쪽 15번째 줄 참조.

고찰하기에 적당한 장소도 아니고 또 자연학을 다 다루지 않고서는 내가 이미 《방법서설》의 다섯 번째 부분에서[23] 설명한 것 이상을 설명할 수 없다. 그럼에도 불구하고 아무런 설명도 하지 않으면 안 된다고 생각하기 때문에, 다음을 최대한 강조는 해야(*maxime notandum*) 할 것 같다. 만일 기관들 혹은 기기들이 — 이것들의 도움으로 기계에서도 운동이 일어나는 것인데 — 없다면, 동물들의 신체에서나 우리의 신체에서나 어떤 운동도 일어날 수 없다. 따라서 정신은 우리 내부에서 외부 지체들을 직접 움직이는 것이 아니라, 심장에서 시작해서 뇌를 통해 근육으로 흐르는 동물 정기(*spiritus*〔*animales*〕)를 지휘하여 특정한 운동에 이르도록 할 뿐이다. 그 동물 정기는 본성상(*ex se*) 여러 가지 다양한 행위에 쉽게 그리고 구분 없이 접속되기 때문이다. 우리 내부에서 일어나는 대부분의 운동은 정신에 의존해 있지 않다. 잠자는 사람들의 심장박동, 음식물의 소화, 성장(영양섭취, *nutritio*), 호흡 등이 그런 것들이다. 또 깨어 있는 사람들이 하는 산책이나 노래 등과 같은 것들이 의식되지 않은 채로 일어나는 경우, 이것들 역시 정신에 의존해
230 있지 않다. 그리고 높은 곳에서 떨어지는 사람이 머리를 보호하기 위해 손을 땅에 댈 때도, 사실 그가 의도적으로 그렇게 하는 것이 아니다. 그가 손을 땅에 대는 것은 단지 당면한 추락(*impendentis casus*, *impendens casus*)에 대한 시지각적 상이 뇌에 도달하면서 동물 정기를 신경 속으로 보내기 때문이다. 그 운동을, 이른바 정신과 무관하게(*mente invita*, *mens invita*) 마치 기계에서처럼, 일어나게 하는 데 필요한 방식으로 말이다.[24] 우리는 이를 우리 자신 내부에서 확실하게 경험한다.

---

22) 같은 쪽 29번째 줄 참조.

23) 《방법서설》, AT VI 56~59쪽 참조.

그렇다면 우리가 "양의 눈에 비친 늑대의 몸빛이" 양 내부에서 도망이라는 운동을 일으키는 것과 동일한 힘을 가지고 있다고 해서 무얼 그리 놀라는가?

동물들의 운동 중 어떤 것이 우리가 정신의 도움으로 하는 운동과 유사한 것인지 아니면 단지 동물 정기의 유입과 기관들의 배치에만 의존하는 운동과 유사한 것인지를 알기 위해 숙고하고자 한다면, 우리는 그것들간의 차이들을 고찰해야 한다. 즉, 《방법서설》의 다섯 번째 부분에서 내가 설명한 차이들을 말이다. 왜냐하면 그 이외의 다른 차이들이 더 존재한다고 나는 믿지 않기 때문이다. 그러면 동물들의 모든 행위가 단지 우리가 정신의 어떠한 도움 없이도 하는 행위와 유사할 뿐이라는 것이 쉽게 드러나게 될 것이다. 이로부터 우리는 동물들 내부에서 피를 희박하게 만드는 심장의 따뜻함에 의해 산출되는 동물 정기들의 지속적 유입과 기관들의 배치 이외에는 그 어떤 운동원리도 인식하지 못한다는 결론을 내리도록 강요받게 될 것이다. 동시에 지금까지 동물들과 관련해서 다음의 것과는 다른 것을 상상할 계기가 전혀 주어지지 않았다는 것도 알게 될 것이다. 즉, 운동의 두 원리를 구분하지 않았기 때문에, 동물 정기와 기관에만 의존하는 원리가 우리 내부에처럼 동물 내
부에도 존재한다는 것을 알았을 때, 정신 혹은 생각에 있는 다 231
른 원리 역시 그것들에 내재해 있다고 선뜻 믿는 것 말이다. 실제로 그것이 어떤 것이든 우리가 어릴 적부터 그런 식으로 확신해 오는 것은, 비록 그 후에 근거를 통해 거짓임이 밝혀진다 하더라도 우리가 오랫동안 그리고 자주 그 근거들을 유념하지 않는다면, 쉽게 제거되지 않는다.

---

24) 〔역주〕 이에 대한 데카르트의 본격적인 그리고 광범위한 논의는 사후 출판물인 《인간에 관하여》 AT X 119쪽 이하 참조.

두 번째 부분, 즉 "신에 관하여"라는 부분에 대한 답변

지금까지 나는 존경하는 이의 논증들을 반박하고 또 그의 공격을 저지하고자 시도했다. 이제 나는 자신보다 더 강한 자와 싸움하는 사람처럼 나를 전면에 직접 내세우기보다는 상대의 주먹을 피하는 방법을 택할 것이다.

여기서 그는 쉽게 인정될 수 있는 다음의 세 가지만을 자신이 이해하는 바대로 다루고 있다. 그러나 그는 내가 쓴 것들을 다른 의미로—비록 그 의미 또한 참인 듯하지만—이해했다.

첫째, "어떤 관념들은 질료적으로 거짓된 관념이다."[25] 이를 내가 설명하는 방식으로 다시 말하자면, 어떤 종류의 관념들은 판단에 오류의 요인을(*materiam erroris*, *materia erroris*) 제공한다. 그러나 그는 관념들을 형상적으로 고찰하면서, 그 관념들에는 어떤 거짓도 들어 있지 않다고 주장한다.

둘째, 신은 "원인으로서의" 자기 자신으로부터 "적극적으로" 존재한다[26]는 것이다. 여기서 나는 신이 존재하는 데 어떤 작용인도 필요하지 않게 하는 바로 그 근거가 적극적인 것 안에, 즉 그보다 더 적극적인 것은 어떠한 것도 존재할 수 없는 신의 거대함(*immensitate*, *immensitas*) 안에 정초되어 있음을 의미한
232 것이다. 그러나 그는 신이 어떤 작용인의 적극적인 영향을(*influxum*, *influxus*) 통해 자기 자신에 의해 생산되는 것도 또 보존되는 것도 아님을 입증한다. 나 역시 이에 전적으로 동의한다.

끝으로, 셋째, "정신 안에 우리가 의식하지 못하는 것이 있을 수 없다"[27]는 것이다. 내가 작용들(*operationibus*, *operationes*)과

---

25) 206쪽 8~9번째 줄 참조.

26) 208쪽 12~13번째 줄 참조.

관련하여 인식한 것을 그는 여러 힘들(*potentiis*, *potentiae*)과 관련해서 부정한다.

이 세 가지를 하나씩 꼼꼼하게 짚어보자. 그는 "만일 차가움이 단지 뜨거움의 결여에 불과한 것이라면, 차가움을 적극적인 것(*rem positivam*, *res postiva*)으로 표상하는 관념은 존재할 수 없다"[28]고 주장한다. 이때 그는 단지 "형상적으로" 취해진 관념에 대해서만 논하고 있음이 분명하다. 관념들 그 자체는 어떤 형상들일 뿐, 어떤 질료로 구성된 것이 아니다. 따라서 관념들이 어떤 것을 표상하는 한에서 고찰될 때, 그것들은 질료적으로가 아닌 형상적으로 취해지는 것이다. 그런데 그 관념들이 이것이나 저것을 표상하는 것으로서가 아니라 오로지 지성의 작용들로서만 고찰된다면, 그것들은 질료적으로 취해지는 것이라고 할 수 있을 것이다. 이 경우 그 관념들은 결코 대상들의 참과 거짓에 관여할 수 없게 될 것이다. 이 때문에 내가 이미 설명한 것과는 다른 의미로 관념들이 질료적으로 거짓된 관념이라고 할 수 없다고 생각된다. 차가움이 적극적인 것이든 아니면 결여이든, 이 중 어떤 경우에 속하는지에 따라 내가 차가움에 대해 상이한 관념을 갖는 것은 아니다. 그 관념은 내가 내 안에 항상 가지고 있던 그대로 머물러 있다. 그리고 만일 차가움이 결여임이 그리고 따뜻함만큼의 실재성을 지니고 있지 않음이 사실이라면, 나는 그 관념 자체가 나에게 오류의 요인을(*materiam erroris*, *materia erroris*) 제공한다고 주장한다. 왜냐하면 차가움과 따뜻함에 대한 두 관념 모두를 감각으로부터 받아들인 것으로서 고찰하면서는, 내가 그 중 어느 하나가
다른 하나보다 더 많은 실재성을 드러낸다는 것을 알 수 없기 233

27) 214쪽 17번째 줄 참조.

28) 206쪽 16~18번째 줄 참조.

때문이다.

실제로 "내가 판단과 관념을 혼동하는 것"[29]은 아니다. 왜냐하면 나는 관념 속에는 "질료적" 거짓이 있지만, 판단 속에는 오로지 "형상적" 거짓만이 존재할 수 있다고 했기 때문이다.

그런데 존경하는 이가 "차가움의 관념은 차가움 — 그것이 지성 안에 대상적으로 존재함에 따라 — 그 자체이다"[30]라고 할 때, 나는 구분이 필요하다고 생각한다. 왜냐하면 애매모호한 관념들은 — 차가움과 따뜻함에 대한 관념들도 틀림없이 이에 속하는데 — 자신들이 실제로 표상하는 것과는 다른 것에 관련되어 있는 경우가 자주 일어나기 때문이다. 그래서 만일 차가움이 결여에 불과하다면, 지성 안에 대상적으로 존재하는 차가움에 대한 관념은 차가움 그 자체인 것이 아니라 잘못해서 결여로 간주되는 어떤 다른 것이다. 당연히 지성 바깥에 존재를 가지고 있지 않은 것이라는 잘못된 의미로 말이다.

적어도 신에 대한 관념과 관련해서 말할 때는, 즉 명석판명한 관념과 관련해서 말할 때는 사정이 다르다. 왜냐하면 그 관념이 자신과 일치하지 않는(*conformis*) 것과 관련되어 있다고 할 수 없기 때문이다. 그런데 우상 숭배자들이 상상하는 신에 대한 관념들과 관련해서, 그것들이 우상 숭배자들이 잘못된 판단을 하게끔 하는 요인을(*materiam, materia*) 제공하는 한, 왜 그것들이 질료적으로도 거짓된 관념이라고 할 수 없는지 그 이유를 나는 모르겠다. 실제로 판단에 아무런 혹은 아주 미미한 오류의 계기를 제공하는 관념들을 질료적으로 거짓된 관념이라고 하는 것이, 커다란 계기를 제공하는 관념을 거짓된 관념이라고 하는 것보다 온당치 않음에도 불구하고 말이다. 어떤 관

29) 206쪽 18번째 줄 참조.

30) 같은 쪽 19~20번째 줄 참조.

념이 다른 관념보다 더 커다란 오류의 계기를 제공한다는 것은
예를 통해 쉽게 설명될 수 있다. 정신이 마음대로 상상해낸 모 234
호한 관념들 속에는(거짓된 신의 관념들처럼), 감각으로부터 모호하게 나타나는 관념들 속에, 예를 들어 색이나 차가움의 관념들 속에 있는 만큼의 커다란 계기가 들어 있지 않다. 내가 이미 설명했듯이, 만일 이 관념들이 실제적인 것을 드러내 주지 않는다면 말이다. 모든 관념들 가운데 감각적 욕구에서 발생하는 관념들에 있는 계기가 가장 크다. 수종에 걸린 사람에게서 목마름에 대한 관념같이 말이다. 실제로 그 관념은 마실 것이 해가 됨에도 불구하고 도움이 될 것이라고 판단하는 계기를 제공함으로써, 그 사람에게 오류를 저지르는 계기를 마련해주는 것이 아닌가?

그러나 존경하는 이는 내가 질료적으로 거짓된 관념이라고 한 차가움의 관념이 내게 무엇을 드러내 주는지 따져 묻는다. 그는, "만일 그 관념이 결여를 드러내 준다면, 그것은 참된 관념"이라고 말한다. 그리고 "만일 적극적인 존재를 드러내 준다면, 그것은 차가움의 관념이 아니"[31]라고 말한다. 이는 옳다. 하지만 내가 그 관념을 질료적으로 거짓된 관념이라고 부르는 이유는 오로지 그 관념이 애매모호하기 때문에, 내가 그것이 내 감각 바깥에 있는 어떤 적극적인 것을 드러내 주는지 아닌지를 판단할 수 없다는 것뿐이다. 그리고 그 때문에 혹 그것이 단지 결여에 불과할 수 있음에도 불구하고, 나는 그 관념이 어떤 적극적인 것이라고 판단하는 계기를 가지게 된다.

따라서 "대상적으로 적극적인 그 존재의 원인은, 나는 이로부터 그 관념이 질료적으로 거짓된 관념이 되는 것이라고 주장하는

---

31) 207쪽 19~20번째 줄 참조.

것인데, 무엇인가"[32] 라고 물어서는 안 된다. 왜냐하면 나는 그 관념이 다른 적극적인 존재에 의해서가 아니라 오로지 모호함에 의해 질료적으로 거짓된 관념이 되는 것이라고 주장하는 것이기 때문이다. 그럼에도 불구하고 이 모호함은 어떤 적극적인 존재를, 즉 감각 그 자체를 주체로서(*pro subjecto*) 지니고 있다.

그리고 내가 참된 존재인 한, 그 적극적인 존재는 확실하게 내 안에 있다. 그러나 차가움에 대한 감각관념이 차가움이라
235 불리는 내 바깥에 있는 어떤 것을 표상한다고 판단하는 계기를 유일하게 제공하는 모호함은 실재적 원인을 가지고 있지 않다. 그것은 단지 나의 본성이 모든 면에서 완전하지 않다는 사실로부터 나오는 것이다.

그리고 이는 결코 나의 토대들을 전복시키지 못한다. 나는 많은 시간을 들여가며 철학자들의 책을 공들여 읽지 않는다. 이 때문에, 만일 내가 제일 먼저 수중에 넣은 수아레즈의 책, 즉 《형이상학적 논쟁》(*Metaphysicae disputationes*)의 아홉 번째 논쟁, 2장, 4번에서 "질료적으로"라는 말이 그와 같은 의미로 사용되었다는 것을 발견하지 못했다면,[33] 내가 판단에 오류의

---

32) 같은 쪽 21~22번째 줄 참조.

33) 〔역주〕 관련된 수아레즈 텍스트는 다음과 같다.

"Quarto considerandum est compositionem et divisionem reperiri posse aut in sola apprehensiva conceptione praescindente a iudicio. aut in conceptione quae simul sit iudicativa; diximus autem in superioribus veritatem complexam proprie reperiri in compositione iudicativa; unde fit idem dicendum esse de falsitate, nam contraria sunt eiusdem generis. Unde nemo censetur decipi seu errare donec iudicet, quantumvis falsas compositiones apprehendat. Quoniam autem apprehensio illa quae fit sine iudicio regulariter fit per conceptus vocum potius quam rerum, ut supra dixi, sicut in compositione vocum est falsitas sicut in signo, ita admitti

요인을(*materiam erroris, materia erroris*) 제공한다고 한 관념들이 질료적으로 거짓이라고 했을 때, 내가 혹 그들의 설명방식을 잘못 이해한 것이 아니었나 하는 두려움을 가졌을 것이다.

내가 보기에 질타받을 만한 요소가 가장 적은데도 존경하는 이가 가장 많이 질타하는 것으로 넘어가자. 즉, 내가 "신은 작용인이 그 결과와 관련하여 행하는 것과 동일한 것을 어떤 식으로든 자기 자신과 관련하여 행한다고 생각해도 된다"[34] 라고 한 것 말이다. 이로써 나는 존경하는 이에게 "억지이자 틀린 것으로" 보이는 것을 부정한 것이다. 즉, 신은 자기 자신의 작용인이라는 것을 말이다. 왜냐하면 "동일한 것을 어떤 식으로든 행한다"고 함으로써, 나는 내가 그것이 동일하다고 믿지 않는다는 것을 지적한 것이기 때문이다. 그리고 "생각해도 된다"라는 말은 내가 인간의 불완전성 때문에 단지 그렇게 설명하는 것에 대한 표시이기 때문이다. 그러나 다른 곳에서는 그것을 항상 확실하

---

potest in illa apprehensione, quamvis in ea sit quasi materialiter, id est, non tamquam in affirmante vel proferente falsum, sed tamquam in signo quod secundum se falsum significat."

이를 번역하면 이렇다.

"네 번째로 고찰해야 할 것은 결합과 나눔은, 사전에 분석하는 판단에 의한 파악이나 판단적 파악에만 존재한다는 것이다. 그런데 우리는 앞에서 진리(*veritatem complexam*)는 그 고유한 의미에서 판단적 파악에만 존재한다고 했다. 따라서 거짓과 관련해서도 같은 설명이 주어진다. 왜냐하면 모순되는 것들은 동일한 기원에서 유래하기 때문이다. 따라서 판단을 내리지 않는 한, 비록 거짓된 종합을 하더라도, 속거나 오류를 저지른다고 할 수 없다. 그러나 판단이 없이 이루어지는 파악은 일반적으로 대상보다는 언어적 개념을 통해 이루어진다. 이 때문에, 앞서 말했듯이, 언어의 결합(종합)에 의미에서의 거짓이 존재하듯이, 〔판단이 없이 이루어지는〕 파악에 '질료적'이기는 하지만, 다시 말해서 긍정이나 부정을 통한 거짓은 인정될 수 없지만, 의미에서의 거짓, 즉 거짓된 것을 의미한다는 의미에서의 거짓은 인정될 수 있다."

34) 208쪽 14~16번째 줄 참조.

게 했다. 예를 들어, 나는 처음에, "작용인을 탐구하는 것이 허락되지 않는 것이란 존재하지 않는다"고 하고는 바로 다음을 덧
236 붙였다. "혹 그것이 원인을 가지고 있지 않은 경우 그것이 원인을 필요로 하지 않는 이유가 무엇인지를 요구하는 것"[35]을 말이다. 이 말은 내가 작용인을 필요로 하지 않는 어떤 것이 존재한다는 것을 믿었다는 사실을 잘 보여준다. 그런데 과연 신 이외의 어떤 것이 그런 것일 수 있는가? 또 나는 조금 후, "신 안에는 자신이 존재하기 위해 결코 다른 어떤 것의 도움도 필요로 하지 않을 정도로 또 지금 자신을 보존하기 위해 결코 다른 어떤 것의 도움도 필요로 하지 않을 정도로, 그래서 거의 자기 자신의 원인일 정도로 커다란 그리고 무한한 힘이 어떤 식으로든 놓여 있다"는 것을 덧붙였다. 여기서 "자기 자신의 원인"이라는 말은 결코 작용인으로 이해될 수 없으며, 단지 신의 무한한 힘이 신이 원인을 필요로 하지 않는 바로 그 원인 혹은 근거라고 이해될 수 있을 뿐이다. 그리고 소진될 수 없는 그 힘 혹은 본질의 위대함은 "가장 적극적인" 것이기 때문에, 나는 신이 원인을 필요로 하지 않는 근거나 원인을 "적극적인" 것이라고 했다. 유한한 것과 — 아무리 그것이 자신의 유(類)에서 가장 뛰어난 것이라 하더라도 — 관련해서는 그와 똑같은 주장을 할 수 없다. 그런데 만일 그것이 "자기 자신으로부터" 존재한다고 주장될 경우, 이는 단지 "소극적으로" 이해될 수 있을 뿐이다. 왜냐하면 그것의 적극적인 본성으로부터 취해진 어떤 근거도, 즉 우리가 그 때문에 그것이 작용인을 필요로 하지 않는다는 것을 인식할 어떤 근거도 제시될 수 없기 때문이다.

같은 방식으로 나는 다른 모든 곳에서도 신의 본질로부터 취해진 형상인이나 근거가, 이 때문에 신 자신이 존재하기 위

35) 108쪽 19~22번째 줄, 109쪽 3~6번째 줄 참조.

해서나 자신을 보존하기 위해서 원인을 필요로 하지 않는 것인데, 유한한 것의 작용인과는 다르다는 것을 알 수 있도록 설명했다. 왜냐하면 유한한 것은 그런 작용인 없이 존재할 수 없기 때문이다. 나는 어디서도 신이 피조물들을 보존하기 위해 사용하는 적극적인 영향을 통해(*per positivum aliquem influxum*) 자기 자신을 보존한다고 한 적이 없다. 나는 단지 자기 자신을 보존해 주는 자를 필요로 하지 않게끔 신이 가지고 있는 힘 혹은 237
본질의 거대함이 "적극적인" 것이라고 했을 뿐이다.

따라서 나는 존경하는 이가 신이 자기 자신의 작용인이 아님을 그리고 어떤 적극적인 영향을 통해 혹은 자신을 지속적으로 재생산함을 통해 자기 자신을 보존하는 것이 아님을 증명하기 위해 이끌어 들인 것들 모두를 기꺼이 인정할 수 있다. 이것만이 오로지 그의 근거들로부터 증명될 뿐이다. 그러나 나는 그 또한 신의 힘의 거대함이(*immensitatem, immensitas*)—이로 인해 신은 자신이 존재하기 위해 원인을 필요로 하지 않는 것인데—신 안에서 "적극적인" 것이라는 것과 또 다른 어떤 것들에게도 우리는 그런 종류의 "적극적인" 것을—이로 인해 다른 어떤 것들이 존재하기 위해 어떤 원인도 필요로 하지 않는—인식할 수 없음을 부정하지 않기를 바란다. 내가 신 이외의 어떤 것도, "소극적으로가" 아니라면, "자기 자신으로부터" 존재한다는 것이 인식될 수 없다고 했을 때, 나는 다만 그러한 점을 지적하고자 한 것뿐이다. 그리고 제기된 어려움을 해결하기 위해, 그 이상 더 어떤 것도 가정할 필요가 없다.

그런데 존경하는 이는 "신은 자기 자신을 원인으로 하여 적극적으로 자기 자신으로부터 존재한다는 명제로 기분이 상하지 않을 신학자는 거의 없을 것이다"[36] 라고 아주 진지하게 경고한다. 이 때문에 나는 우리가 다루는 문제와 관련해서 왜 그런 식의 설명방식이 매우 유용하며 더 나아가 왜 더 필요한지를 그리고 감정을 상하게 할 수 있다는 의혹과는 동떨어진 것인지를 조금 더 정확하게 설명하고자 한다.

나는 라틴 신학자들이, 거룩한 삼위일체의 발현(*processione personarum sacrosanctae Tritanitatis*, *processio personarum sacrosanctae Tritanitatis*)에 관해 논할 때, 신성과 관련해서 "원인"이라는 말을 사용하지 않는다는 사실을 알고 있다. 그리고 그들은, 그리스 신학자들이 구분 없이 원인(*αἴτιον*)이나 근원(ἀρχὴν, ἀρχή)
238 이라고 한 곳에서, 성자가 성부보다 더 격이 낮다고(*minorem*, *minor*) 판단할 계기를 제공하지 않기 위해 오로지 "근원"(*principii*, *principium*)이라는 말을 가장 일반적인 말로 사용하는 것을 더 선호한다는 것도 알고 있다. 그런데 나는 그런 오류의 위험이 있을 수 없는 곳에서조차 그리고 삼위로서의 신에 관해서가 아니라 단지 하나로서의 신에 관해 논하는 곳에서조차, "원인"이라는 말의 사용을 그토록 피해야 하는지 그 이유를 모르겠다. 특히 그 말이 매우 유용하고 또 거의 필연적이라고 보이는 상황에서조차 말이다.

그런데 그 말이 신 존재 증명에 이바지하는 경우보다 더 유용하게 쓰이는 경우는 없다. 그리고 그 말이 없이는 신 존재를 분명하게 증명할 수 없을 때보다 그 말이 더 긴요하게 쓰이는 경우는 없다.

굳이 유일한 것이라고까지 하고 싶지는 않지만, 작용인에 대한 고찰이 신 존재 증명을 위해 우리가 가지고 있는 제 1의 그리고 특별히 중요한 수단(*medium*)이라는 사실은 누구에게나 분명하다고 나는 생각한다. 그러나 만일 우리가 우리 영혼에

---

36) 214쪽 4~6번째 줄 참조.

게 모든 것들의 작용인들을, 게다가 신 자신의 작용인들까지 탐구할 수 있도록 허용하지 않으면, 우리는 그것을 엄밀하게 추구할 수 없다.[37] 신 존재가 증명되기도 전에, 우리가 무슨 권리로 신을 예외로 할 수 있는가? 따라서 각각의 것과 관련하여 우리는 그것이 "자기 자신으로부터" 존재하는지 아니면 "다른 것으로부터" 존재하는지를 물어야 한다. 그리고 이를 수단으로 해서, 비록 어떤 것이 자기 자신으로부터 존재한다는 것을 어떻게 이해해야 할지에 대해서는 명백하게 설명되지 않았지만, 신의 존재가 확실하게 귀결될 수 있다. 오로지 자연의 빛의 가르침만을 따르는 사람이라면, 그가 누구든 자발적으로(*sponte*) 작용인과 형상인에 대한 공통된 개념을 형성하기 때문이다. 다시 말해, "다른 것으로부터" 존재하는 것은 작용인으로서의 그것으로부터 존재하는 것이지만, "자기 자신으로부터" 존재하는 것은, 작용인을 필요로 하지 않는 본성을 가지고 있기 때문에, 형상인으로서의 자기 자신으로부터 존재한다는 개념을 형성하기 때문이다. 내가 이를 나의 《성찰》에서 설명하 239
지 않고, 자명한 것으로 간주하고 넘어간 까닭도 바로 그 때문이다.

어떤 것도 자기 자신의 작용인일 수 없다는 생각과 작용인과 형상인과의 엄밀한 구분에 익숙한 사람들이 어떤 것이 자기 자신으로부터 존재하는지의 여부가 탐구되는 것을 볼 경우, 그들은 오로지 고유한 의미로서의 작용인에 대해서만 생각하기 때문에(*de sola efficiente proprie dicat cogitantes*), 쉽게 "자기 자신으로부터"라는 것이 "원인으로부터"가 아니라 단지 소극적

37) 원어는 "Illud autem accurate persequi non possumus, nisi licentiam demus animo nostro in rerum omnium, etiam ipsius Dei, causas efficientes inquirendi"이다.

으로 "원인 없이"라고 이해되어야 한다고 생각할 수 있다. 무엇 때문에 존재하는지에 관해서 물어서는 안 되는 어떤 것이 있다고 믿을 정도로 말이다. 첫 번째 반론가가 올바르게 입증한 것처럼, 만일 "자기 자신으로부터"라는 말에 대해 이런 해석이 받아들여진다면, 신 존재 증명을 위한 어떤 근거도 결과들로부터 얻어질 수 없을 것이다. 이 때문에 결코 그런 해석을 받아들여서는 안 된다.

나는 이에 걸맞은 답을 하기 위해서는 다음이 필요하다고 생각한다. 즉, 고유한 의미로서의 "작용인과 무(無)원인"(*nullam causam, nulla causa*) 간에 어떤 중간자가, 즉 "대상의 적극적인 본질"(*positivam rei essentiam, positiva rei essentia*)이 존재한다는 것을 보이는 것 말이다. 작용인 개념은 우리가 기하학자들에게서 보는 방식과 마찬가지 방식으로 적극적인 본질에까지 확장될 수 있다. 즉, 가장 커다란 원주(*lineae circularis, linea circularis*) 개념이 직선 개념까지 혹은 부정(不定)한 수의 변들로 이루어진 다각형의 개념이 원 개념으로까지 확장되는 방식과 마찬가지 방식으로 말이다. 나는 내가 이를 다음과 같이 설명하는 것보다 더 잘 설명할 수 있었다고 생각하지 않는다. 즉, "지금 우리가 다루는 문제와 관련해서 작용인의 의미를 결과들보다 시간적으로 앞선 혹은 자기 자신과 다른 원인에게만 제한해서는 안 된다. 이는, 동일한 것이 자기 자신보다 앞서거나 자
240 기 자신과 다를 수 없다는 것을 모르는 사람은 아무도 없기 때문에, 가치 없을 뿐만 아니라, 그 개념으로부터 이 두 조건들 중 어느 하나가 제거될 수 있더라도 작용인의 개념은 온전히 남아 있을 수 있기 때문이다"[38] 라고 설명하는 것보다 말이다.

이미 설명한 바와 같이, 시간적으로 앞서야 한다는 것이 요

38) 108쪽 7번째 줄 등과 209쪽 21~24번째 줄 참조.

구되지 않는다는 것은 결과를 산출하는 동안에만 원인의 근거를(*rationem causae, ratio causae*) 가질 수 있다는 것으로부터 분명하다.

그러나 다른 조건 또한 제거될 수 없다는 것으로부터는 단지 고유한 의미로서의 작용인이 존재하지 않는다는 결론만 이끌어내야 하는데, 이는 내가 인정하는 바이다. 그렇다고 유비를 통해 작용인으로 환원될 수 있는 적극적인 원인이 존재한다는 결론을 이끌어내서는 안 된다는 말은 결코 아니다. 단지 이것만이 우리 문제와 관련해 필요한 것이다. 나는 자연의 빛에 의해 다음을, 즉 만일 내가 나에게 나의 존재를 부여했다면 나는 내가 관념으로 가지고 있는 완전성들을 모두 나에게 부여했을 것임을 지각한다. 바로 동일한 그 자연의 빛으로 나는 또 어떤 것도 고유한 의미로서 작용인의 의미가 제한되곤 하는 방식으로 자기 자신에게 존재를 부여할 수 없다는 것을 지각한다. 이 방식에 따르자면 자기 자신에게 존재를 부여하는 한, 동일한 것이, 존재를 부여받는 한, 자기 자신과 다르게 되는데, 동일한 것과 동일하지 않은 것 혹 다른 것은 모순이기 때문이다.

이 때문에, 어떤 것이 자기 자신에게 존재를 부여할 수 있는지 여부를 물을 때, 그 물음이 어떤 것의 본성이나 본질이 그것이 존재하는 데 작용인을 필요로 하는 종류의 것인지 아닌지 여부에 대한 물음 이외의 것으로 이해되어서는 안 된다.

다음이 덧붙여질 경우, 즉 "만일 어떤 것이 그러한 것이라면, 그것은 자기 안에 관념으로 들어 있는 모든 완전성들을, 만일 그것이 그것들을 가지고 있지 않다면, 자기 자신에게 부여하게 된다"[39]가 덧붙여질 경우, 그 의미는 그것이 자신이 인식하는 모든 완전성들을 실제로(*actu*) 갖고 있지 않을 수 없다는 것이 241

다. 왜냐하면 우리는 존재하는 데 작용인을 필요로 하지 않을 정도로 거대한 본질을 지닌 것은 자신이 인식하는 모든 완전성들을 갖기 위해 작용인을 필요로 하지 않으며 또 그것의 고유한 본질은 우리가 작용인이 다른 것들에게 부여할 수 있다고 생각할 수 있는 모든 것을 자신에게 뛰어난 방식으로 부여한다는 것을 자연의 빛으로 지각하기 때문이다.

그리고 이 말, 즉 "만일 그것이 그 완전성들을 아직 가지고 있지 않다면, 그것들을 자신에게 부여하게 된다"라는 말은 단지 상황을(*rem*, *res*) 설명하는 데 도움이 될 뿐이다. 왜냐하면 우리는 동일한 자연의 빛으로 그것이 지금 어떤 새로운 것을 자신에게 줄 힘이나 의지를 가지고 있을 수는 없지만, 그것의 본질은 그것이 만일 어떤 것을 가지고 있지 않다면 그것을 자기 자신에게 부여하게 될 것이라고 우리가 생각할 수 있는 모든 것을 영원히 가지고 있는 것임을 지각하기 때문이다.

그럼에도 불구하고 작용인의 유비를 통해 얻어낸 이 모든 설명방식들은 우리가 그러한 것들을 분명히 알 수 있도록 자연의 빛을 잘 인도하기 위해서는 꼭 필요한 것들이다. 아르키메데스가 구와 곡선으로 이루어진 도형들에 관한 많은 것들을 직선으로 이루어진 도형들과의 비교를 통해 ― 다른 방식으로는 사실상 그것들이 거의 인식될 수 없었을 텐데 ― 증명한 방식과 마찬가지로 말이다. 구가 다각형으로 간주되었다고, 그 증명들이 거부되는 것은 아니다. 마찬가지로 나는 내가 여기서 형상인, 즉 신의 본질 그 자체에 속하는 것들을 설명하기 위해 작용인의 유비를 사용했다는 이유로 비난받을 수 있다고 생각하지 않는다.

---

39) 208쪽 2~4번째 줄 참조.

이와 관련해서 어떤 오류의 위험도 겁낼 필요가 없다. 작용인에게 고유한 것이 형상인에게까지 확장될 수 없다는 것만이 242
유일한 위험인데, 이는 명백한 모순을 함축하고 있기 때문이다.[40] 어떤 것이 그 자신과 다르다는 것 혹은 동일한 동시에 동일하지 않다는 것을 믿을 수 없는 이유가 바로 그 때문이다.

우리가 신에게 부여한 원인이라는 존엄성은 그것으로부터 신 안에 결과라는 어떤 비루함도 귀결되지 않는 그러한 존엄성이라는 것을 주목해야 한다. 신학자들은 성부가 성자의 "근원"(*principium*)이라고 하면서도, 성자가 근원으로부터 나온 것(*principiatum*, *principiatus*)임을 인정하지 않는다. 이와 마찬가지로, 내가 신이 어떤 의미로는 "자기 자신의 원인"이라고 주장될 수 있다는 것을 인정했지만, 나는 어디에서도 신을 "자기 자신의 결과"라고 한 적이 없다. 왜냐하면 잘 알다시피 결과는 일차적으로 작용인과 연관지어지며, 아무리 그것이 다른 원인들보다 더 고귀하더라도, 작용인보다는 격이 떨어지기 때문이다.

여기서 대상의 온전한 본질을 형상인으로 간주함으로써, 나는 아리스토텔레스를 따르는 것뿐이다. 그는《분석론 후서》(*Analytica posteriora*) 11장에서, 질료인(質料因)은 생략한 채, 제1원인을 "어떤 것의 무엇임"이라고[41] 혹은 라틴 철학자들이 일반적으로 번역하듯, 형상인이라고(*casuam formalem*, *causa formalis*) 하고 그것을 대상의 모든 본질에로까지 확장시킨다. 여기서 나 또한 그렇듯이, 그는 그곳에서 물질로 구성된 대상

---

40) 원어는 "Nec ullum hac in parte erroris periculum timeri potest, quoniam illud unum quod causae efficentis proprium est atque ad formalem non potest extendi, manifestam contradictionem involvit"이다.

41) 〔역주〕 이는 τὸ τί ἦν εἶναι에 대한 번역으로, 박종현을 따른 것이다. 박종현,《헬라스 사상의 심층》, 서광사, 2001년, 146쪽, 참조.

들의(*causis compositi physici, causas compositi physici*) 원인에 관해 논하는 것이 아니라, 어떤 인식을 얻을 수 있는 원인들에 관해 보다 더 일반적으로 논하는 것이기 때문이다.

그러나 우리 문제와 관련해서(*in re proposita*) 나로서는 신에게 "원인"이라는 말을 귀속시키지 않는 것이 거의 불가능했는데, 이 불가피함은 다음으로부터 입증될 수 있다. 존경하는 이가 동일한 것을 나의 방식과는 다른 방식으로 증명하고자 했지만, 적어도 내가 보기에는, 결코 이루지 못했다는 것으로부터 말이다. 그가 그것을 이루지 못한 이유는 다음과 같다. 그
243 는 먼저, 결과와 달라야 하는 것이 작용인의 근거로서 요구되기 때문에 신은 자기 자신의 작용인이 아님을, 그리고 "적극적으로"라는 말로써 원인의 적극적인 영향을(*causae influxum, causae influxus*) 이해하면서 신은 "적극적으로" 자기 자신으로부터 존재하지 않는다는 것을, 그리고 "보존"이라는 말을 지속적 재창조로 이해하면서 신이 실제로 자신을 보존하지 않는다는 것을 많은 설명을 통해 보여준다. 나는 이를 모두 기꺼이 받아들인다. 그런 다음 그는 다음을 이유로 신을 자기 자신의 작용인이라고 해서는 안 된다는 것을 입증했다고 주장한다. 그는 말하길, "어떤 것의 작용인은 오로지 존재와 관련해서(*ratione existentiae*) 찾는 것이지 본질과 관련해서 찾는 것이 아니다. 그리고 존재하는 무한한 존재의 본성과 관련해서도 세 각의 합이 두 직각의 합과 같은 삼각형의 본성에 관해서 한 이야기가 동일하게 타당하다. 따라서 무엇 때문에 삼각형이 두 직각의 합과 같은 세 각을 가지고 있는지를 묻는 사람에게 작용인을 통해 답해서는 안 되며, 단지 그것이 삼각형의 본성이라고 해야 하듯이, 무엇 때문에 신이 존재하는지를 묻는 사람에게 작용인을 통해 답해서는 안 된다."[42] 이 삼단논법은 그의 논리를 간단히 반박하

기 위해 다음과 같이 사용될 수 있다. 작용인은 본질과 관련해서는 아니지만, 존재와 관련해서는 찾을 수 있다. 그런데 신에게서 존재는 본질과 구분되지 않는다. 따라서 신의 작용인을 찾을 수 있다.

이 둘을 조화시키자면, 무엇 때문에 신이 존재하는지를 묻는 사람에게 고유한 의미로서의 작용인을 통해서가 아니라 단지 본질 그 자체 혹은 형상인을 통해서 답해야 한다고 해야 된다. 신에게서 존재는 본질과 구분되지 않기 때문에, 형상인은 작용인과 커다란 유사성을 가지고 있으며 또 그 때문에 작용인이라고 불릴 수 있다.

끝으로, 그는 "신의 작용인을 찾는 이에게 신은 작용인을 필요
로 하지 않는다고 답해야 한다. 또, 무엇 때문에 신은 작용인을 244
필요로 하지 않는지를 다시 묻는다면, 신은 존재가 자신의 본질인 무한한 존재이기 때문이라고 답해야만 한다. 왜냐하면 실제적 존재(*existentiam actualem*, *existentia actualis*)와 본질이 구분될 수 있는 것들만 작용인이 필요하기 때문이다"[43] 라고 덧붙인다. 그는 이 때문에 내가 주장한 것이 아무런 소용이 없다고 주장한다. 즉, "만일 내가 어떤 것도 어떤 식으로든 자기 자신에 대해 작용인이 결과와 맺고 있는 관계와 같은 관계를 맺을 수 없다고 믿는다면, 나는 대상들의 원인들을 탐구하면서 결코 모든 원인들의 제 1원인에 도달하지 못할 것이다"[44] 라면서 말이다. 그럼에도 불구하고 나는 나의 주장이 결코 소용이 없다고 생각하지 않으며, 흔들리거나 약해지지도 않는다고 생각한다. 내가 제시한 증명뿐만 아니라 결과들로부터 신 존재를 증명하기 위해

42) 212쪽 15번째 줄 이하 참조.
43) 213쪽 11~16번째 줄 참조.
44) 같은 쪽 18~24번째 줄 참조.

제시될 수 있는 모든 증명들의 고유한 힘(*praecipua vis*)이 그것에 의존해 있다. 거의 모든 신학자들이 결과로부터가 아니면 어떤 증명도 제시될 수 없다고 주장한다.

따라서 작용인과의 유비를 신과 신 자신에 대한 관계에 적용시키는 것을 허락하지 않음으로써, 그는 신에 관한 증명을 명백히 하기는커녕 오히려 독자들의 이해를 어렵게 만든다. 특히 그가 결론을 내리는 끝부분에서는 더욱 그러하다. 즉, "만일 그〔아르노〕가 각각의 것의 작용인을, 이른바 작용인으로서 찾아야 한다고 믿는다면, 그는 당연히 해당되는 각각의 것과는 상이한 것을 그 원인으로 찾게 될 것이다"[45]라는 결론을 내리는 부분에서는 말이다. 만일 아직 신을 모르는 사람들이 각각의 것의 작용인이 찾아질 수 있다고 믿지 않는다면, 그들이 어떻게 신에 대한 인식에 이르기 위해 다른 것들의 작용인을 탐구할 수 있다는 말인가? 그리고 만일 그들이 각각의 것과 상이한
245 것이 원인으로 찾아져야 한다고 믿는다면, 어떻게 그들이 제1원인으로서의 신에서 탐구를 마칠 수 있다는 말인가?

나는 이 부분에서 존경하는 이가 아르키메데스가 구에 내접한 선분으로 이루어진 도형과의 유비를 통해 구에 관해 증명한 것들에 대해 이야기하면서 마치 다음을 주장하는 것과 똑같은 짓을 하는 것이라고 생각한다. 즉, 아르키메데스가 마치 "만일 내가 구가 이른바 무한한 수의 변들로 이루어진 도형으로 간주될 수 없다고 믿는다면, 나는 그 증명에 어떤 힘도 귀속시키지 못할 것이다. 왜냐하면 그것은 곡선도형으로서가 아니라 무한한 수의 변들로 이루어진 도형으로서의 구에 대한 증명이기 때문이다"라고 주장하는 것과 말이다. 만일 존경하는 이가, 구가

---

45) 같은 쪽 25~27번째 줄 참조.

이렇게 불리는 것을 원치는 않지만 아르키메데스의 증명을 보존하길 원하기 때문에 다음을 주장할 경우, 그는 아르키메데스가 한 것과 똑같은 것을 이루는 것이 아니라 자기 자신뿐만 아니라 다른 사람들이 아르키메데스의 증명을 올바르게 이해하는 것을 방해하는 것이다. 즉, "구는 선분으로 이루어진 도형이 아니라는 것은 분명하고 또 확실하기 때문에, 내가 거기서 결론지어지는 것을 무한한 수의 변들로 이루어진 도형과 관련해서 이해해야 한다고 믿는다면, 나는 그것을 구와 관련해서 인정할 수 없다"라고 주장할 경우 말이다.

신학자들이 나의 글에서 정당하게 비난할 수 있는 것들을 최소화하는 것이 내게 아주 중요한 사안임을 보이기 위해서 나는 위의 문제들을 필요한 것보다는 약간 더 자세히 다루었다.[46]

끝으로, 내가 "명석판명하게 지각된 것들이 참임이 우리에게 확실한 이유는 신이 존재한다는 이유 이외에는 없다. 그리고 신이 존재한다는 것이 우리에게 확실한 이유는 우리가 그것을 명석하게 지각한다는 이유 이외에는 없다"[47]고 함으로써, 순환논증의 오류를 범한 것은 아니다. 나는 이미 두 번째 반박에 대한 246
답변 3과 4에서, 우리가 그 자체를 명석하게 지각하는 경우와 우리가 이전에 명석하게 지각했었다고 기억하는 경우를 구분하면서, 충분히 설명했다.[48] 신이 존재한다는 것이 처음 우리에게 확실한 이유는 우리가 그것을 증명하는 근거들에 주목하기 때문이다. 그러나 나중에는 우리가 어떤 것을 명석하게 지각했었다는 것을 기억하는 것만으로도 우리는 그것이 참임을 충분히 확신할 수 있다. 만일 우리가 신이 존재한다는 것과 그

46) 214쪽 4번째 줄 참조.

47) 같은 쪽 7번째 줄 참조. AT V 148쪽 참조.

48) 140쪽 12번째 줄과 142쪽 14번째 줄 참조.

가 우리를 속이지 않는다는 것을 알지 못한다면, 그럴 수 없을 것이다.

우리가 “생각하는 것인 한, 우리 안에 우리가 의식하지 못하는 (*conscius non est*) 것이 있을 수 없음”[49] 은 자명해 보인다. 왜냐하면 우리는 그렇게 고찰되는 정신 속에(*in illa spectata*) 생각이 아닌 것 혹은 생각에 의존하지 않은 것은[50] 아무것도 존재하지 않는다는 것을 알기 때문이다. 그렇지 않으면 그런 것은 정신이 생각하는 것인 한, 정신에 속하지 않는다. 그리고 우리 안에 있는 바로 그 순간에 우리가 의식하지 못하는 생각은 우리 안에 존재할 수 없다. 이 때문에 나는 정신이 태아의 몸에 주입된 즉시 생각하기 시작한다는 것을, 그리고 동시에 자신의 생각을 의식한다는 것을 의심하지 않는다.[51] 비록 그런 종류의 생각은 기억에 깊이 새겨지지 않기 때문에 나중에 그것을 기억하지 못하더라도 말이다.

그러나 우리가 실제로 우리 정신의 행위들이나 작용들은 항상 의식하지만, 능력이나 힘을 항상 의식하는 것은—잠재적으로라는 의미가 아니라면(*nisi potentia*) —아니라는 점은 지적되어야 한다. 따라서 우리가 어떤 능력을 사용하고자 할 때, 만일 그 능력이 우리 안에 있다면, 실제로 우리는 그 능력을
247 즉시 의식한다. 그 때문에 우리가 그것을 의식할 수 없다면, 우리는 그것이 우리 안에 있다는 것을 부정할 수 있다.

---

49) 214쪽 15번째 줄 참조. AT V 149쪽 참조.

50) AT V 149쪽 참조.

51) 같은 곳 참조.

신학자들을 주저하게 만들 수 있는 것들에 대한 답변[52]

나는 존경하는 이의 첫 번째 〔반박〕 근거들은 반박했지만, 두 번째 〔반박〕 근거들은 회피했다. 뒤따르는 것들과 관련해서 마지막 것만 제외한 나머지 것들에 대해 나는 분명하게 동의한다. 내가 마지막 것에 동의하지 못하는 것에 대해 그가 별 어려움 없이 동의하기를 나는 바란다.

나는 〈제일성찰〉과 또한 나머지 다른 성찰들에 들어 있는 것들이 모든 사람들의 이해력에(*ominum ingeniorum, omnia ingenia*) 적합하지 않다는 것을[53] 분명하게 인정한다. 나는 이를 기회가 닿을 때마다 알렸고 앞으로도 그렇게 할 것이다. 내가 프랑스어로 쓴 《방법서설》에서 그것을 다루지 않고, 뛰어난 능력을 지니고 학식이 있는 사람들만 읽어야 한다고 미리 경고한 《성찰》들에서 다루기 위해 남겨 둔 까닭은 오로지 그 때문이었다. 그렇지만 많은 사람들이 읽어서는 안 되는 것이라면 차라리 그것을 쓰지 않는 편이 더 나았을 것이라고 해서는 안 된다. 왜냐하면 나는 그것 없이는 철학에 확실하고 안정된 것이 굳건히 세워질 수 없다고 확신할 정도로 그것이 필요하다고 생각하기 때문이다. 현명치 못한 사람들이나 아이들이 불과 무기를 아무런 위험 없이 다룰 수 없더라도, 이 때문에 그것들을 없애야 한다고 믿는 사람은 아무도 없다. 삶에 유용하기 때문에 그렇다.

〈제 4성찰〉에서 내가 단지 "참과 거짓을 판단하는 가운데 범하는 오류에 대해서만 논했을 뿐, 선과 악을 추구하는 중에 일어 248

---

52) 214~218쪽 참조.

53) 214쪽 27번째 줄~215쪽 14번째 줄 참조.

날 수 있는 오류에 대해서는 논하지 않았다"[54]는 것과 내가 "우리가 명석하게 인식하는 것에만 동의할 것을" 주장하면서, "신앙이나 일상생활을 수행하는 데 속하는 것들을" 항상 논외로 했다는 것은 나의 글의 전체적 구성이 잘 보여준다. 그리고 나는 이를 또한 두 번째 반박에 대한 답변 5에서 분명하게 설명했고[55] 〈성찰요약〉에서 미리 경고했다.[56] 존경하는 이의 판단을 내가 얼마나 높이 평가하고 또 내가 어떻게 그의 충고를 받아들였는지를 명백하게 보이기 위해.

성찬의 비밀(*sacramentum Eucharistitae*)이 남아 있다. 존경하는 이는 나의 견해가 성찬의 비밀과 조화를 이룰 수 없다고 판단한다. 왜냐하면 그는, "우리는 신앙을 통해(*fide*, *fides*) 최후의 성찬에서, 빵(*Euchariscico pane*, *Eucharisticus panis*)의 실체는 빵에게서 제거된 탓에, 그것에는 오로지 우연한 성질들만이 남아 있을 뿐이라고 믿는다"[57]고 주장하는데, "나는 어떤 우연한 성질들도 실제적인 것으로서가 아니라 단지 양태, 자신들이 내재하는 실체 없이 인식될 수 없는 따라서 존재할 수 없는 양태로서 인정한다"[58]고 생각하기 때문이다.

지금까지 한 번도 실제적인 우연한 성질들을 부정한 적이 없다고 주장함으로써, 나는 이 반박을 간단히 공허하게 만들 수 있을 것 같다. 비록 〈굴절광학〉과 〈기상학〉에서 논하는 것들을 설명하는 데에 그 성질들을 사용하지는 않았지만, 나는 〈기상학〉 164쪽에서[59] 그것들을 부정하지 않는다는 것을 분

---

54) 215쪽 18~21번째 줄 참조.

55) 149쪽 3~21번째 줄 참조.

56) 15쪽 18~21번째 줄 참조.

57) 217쪽 19~10번째 줄 참조.

58) 217쪽 23번째 줄~218쪽 첫 번째 줄 참조.

59) AT VI 239쪽 5번째 줄 참조.

명하게 밝혔다. 나는 이 성찰들에서 내가 아직 그것들을 인식하지 못하고 있다고 가정했지만, 그 때문에 그것들이 아무것 249
도 아니라고 가정하지는 않았다. 내가 따른 분석적 기술방식(*modus scribendi analyticus*)은 때때로 아직 충분히 탐구되지 않은 것들이 가정되는 것을 용납한다. 내가 나중에 반박하게 될 많은 것들을 가정했던 〈제일성찰〉에서 분명하게 드러나듯이 말이다. 실제로 거기서 나는 우연한 성질들의 본성에 관해 무엇을 확립하고자 한 것이 아니라, 단지 첫눈에 그것들로부터 드러나는 것만을 제시했을 뿐이다. 끝으로, 내가 양태들을 그것들이 내재해 있는 실체 없이 인식할 수 없다고 한 것으로부터 내가 그것들이 신성한 힘을 통해 그 실체 없이 있을 수 있다는 것을 부정했다고 추론해서는 안 된다. 왜냐하면 나는 당연히 신은 우리가 인식할 수 없는 많은 것들을 할 수 있다고 확언하며 또 그렇게 믿고 있기 때문이다.

더 자유로운 논의를 위해, 나는 감각되는 물체 차원의 경계인 표면을 제외하고는 어떤 것도 우리의 감각을 촉발시키는 것에 속하지 않다는 것에 대해 확신하고 있다는 것을 숨기지 않으련다. 접촉이란 오로지 표면에서만 가능하다(*in sola enim superficie sit contactus*). 그리고 접촉을 통하지 않고서는 어떤 감각도 촉발되지 않는다는 것은 나뿐만이 아니라 아리스토텔레스[60]를 비롯한 거의 모든 철학자들이 주장하는 바이다. 예를 들어, 빵이나 포도주가, 그 표면이 감각기관에 직접, 혹은 공기를 매개로, 혹은 나의 판단에 따르면, 다른 물체들을 매개로, 혹은 대부분의 철학자들이 주장하듯이, 다른 지향적 종들을 매개로(*mediantibus speciebus intentionalibus*, *mediantes species*

60) 251쪽 23번째 줄 참조.

intentionales) 접촉되지 않으면 감각되지 않는다고 할 정도로 말이다.

그런데 다음을 주목해야 한다. 손으로 만져지는 외형으로만 물체의 표면이 평가되어서는 안 된다. 빵을 이루는 밀가루들
250 사이에 있는 좁은 틈들과 정기들(*spiritus*)과 물과 식초와 찌꺼기(*foecum*)[61] 혹은 주석(酒石) (*tartari*, *tatarus*)의 작은 부분들(*particulas*, *particulae*) 사이에 있는—이것들이 섞여 포도주가 되는 것인데—좁은 틈들도 고려되어야만 한다. 그 작은 부분들은 다양한 모양과 운동을 지니고 있기 때문에, 서로 꼭 맞게 결합될 수는 없다. 따라서 그것들 사이에 빈 공간이 있는 것은 아니지만 공기나 그 밖의 다른 물질로 채워진 공간이 많이 놓여 있다. 우리가 빵에서 그런 종류의 커다란 공간들을, 즉 공기뿐만 아니라 물이나 포도주 혹은 그 밖의 다른 액체로 채워질 수 있을 정도의 커다란 공간들을 보듯이 말이다. 빵의 구멍들을 채우고 있는 공기나 그 이외의 다른 물질이 변하더라도, 빵은 항상 똑같은 빵으로 남아 있기 때문에, 그것들이 빵의 실체에 속하지 않는다는 것은 분명하다. 이 때문에 빵의 표면은 순전히 빵만을 에워싸는 가장 작은 표면이 아니라, 그것의 각각의 작은 부분들을 직접적으로 싸고 있는 표면인 것이다.

다음 또한 주목해야 한다. 빵 전체가 한 장소에서 다른 장소로 옮겨질 때는, 그 표면 전체가 운동하는 것이고, 빵의 어떤 작은 부분들이 그것들 사이에 있는 틈 안으로 들어오는 공기나 다른 물체들에 의해 움직여질 때는, 부분적으로 운동하는 것이라는 점을 말이다. 따라서 만일 어떤 물체가 자신의 일부 혹은 모든 부분이 끊임없이 운동하는 본성을(나는 이것이 빵을 이루

---

61) 〔역주〕 "foecum"은 형태상 복수 2격인데, 사전에는 나오지 않는다. 역자는 헬데인과 로스의 번역을 따랐다.

는 대부분의 부분들과 관련해서 그리고 포도주의 모든 부분들과 관련해서 사실이라고 믿는데) 지녔다면, 그 물체의 표면 역시 연속적 운동을 하는 것이라고 이해해야 한다.

끝으로, 다음을 주목해야 한다. 빵이나 포도주 혹은 어떤 다른 물체의 표면으로써 나는 여기서 실체의 어떤 부분을 의미하는 것도 또 동일한 물체의 어떤 크기를 의미하는 것도 또 그것을 둘러싸고 있는 물체들의 어떤 부분을 의미하는 것도 아니다. 단지 "그것의 각각의 작은 부분들과 그것들을 둘러싸고 있는 251
물체들 사이의 중간자로 파악되는, 그리고 전적으로 양태적 존재성(*entitatem*, *entitas*)만을 가지고 있는 경계(*terminum*, *terminus*)를 의미하는 것이다."[62)]

그런데 접촉이란 그 경계에서만 일어나고 또 접촉을 통하지 않고서는 아무것도 감각되지 않는다. 따라서 빵이나 포도주의 실체가 다른 실체로 변해서 이 새로운 실체가 조금 전에 빵이나 포도주의 실체가 들어 있던 것과 똑같은 경계 내에 존재한다고, 또는 빵이나 포도주의 실체가 있던 바로 그곳에, 좀더 자세히 하자면 (그것의 경계는 끊임없이 변하기 때문에) 그것이 변하지 않았다면 있었을 바로 그곳에 존재한다고 하는 것 하나만으로부터 다음이 필연적으로 귀결됨이 분명하다. 즉, 실체전환(*transsubstantio*)이 일어나지 않았다면 빵이나 포도주가 우리의 모든 감각을 촉발시킨 방식과 전적으로 동일한 방식으로 그 새로운 실체가 우리의 모든 감각을 촉발시켜야 한다는 것 말이다.

그런데 교회는 트리덴티누스 공의회(in Concilio Tridentino), 13번째 회의(*sessio*. 13), 목록 2와 4(*can*. 2 & 4)에서 "우리 주(主)인 그리스도의 몸으로의 빵의 실체전환이 빵의 형상은 그

62) AT III 387쪽 15번째 줄, AT IV 163쪽 24번째 줄 참조.

대로 남아 있는 채로(*manente duntaxat specie panis*) 일어난다"고 가르치고 있다. 나는 여기서 빵의 형상으로써(*speciem panis, species panis*) 빵의 각각의 작은 부분들과 그것들을 둘러싸고 있는 물체들 사이의 중간자인 표면 이외에 그 무엇으로 이해될 수 있는지 모르겠다.

왜냐하면 이미 말했듯이, 오로지 그 표면에서만 접촉이 일어나고, 아리스토텔레스 자신도 《영혼에 관하여》(*De anima*) 13장에서 우리가 특별히 "촉각"이라고 부르는 감각뿐만 아니라 다른 모든 감각들도 접촉(*tactu, tactus*)을 통해 감각하는 것임을 인정하기 때문이다.

252 또한 형상으로써 감각들을 촉발시키는 데 요구되는 것 이외에 어떤 다른 것을 이해하는 사람은 아무도 없다. 또 그리스도의 몸으로의 빵의 전환은 믿으면서, 만일 빵이 존재한다면 감싸고 있을 표면과 엄밀하게 똑같은 표면 안에 그리스도의 몸이 들어 있다는 것을 믿지 않는 사람은 아무도 없다. 그럼에도 불구하고 비록 그 몸이 고유한 의미로서의 장소에 존재하듯 그곳에 있는 것이 아니라, "신성하게(*sacramentaliter*) 그리고 말로는 거의 표현이 불가능하지만 신앙을 통해 계시된 생각을 통해 신에게는 가능하다고 이해할 수 있는 그리고 아주 굳건하게 믿어야 하는 존재방식으로(*essendi ratione, essendi ratio*) 있는 것이다."[63] 나의 원리들은 이 모든 것들을 올바르게 그리고 아주 잘 설명해 준다. 여기에는 정통 신학자들의 기분을 상하게 하지 않을까 염려할 만한 것들이 하나도 없다. 오히려 나는 내가 일반적인 견해들보다 신학과 훨씬 더 잘 일치하는 견해를 자연학에서(*Physica*) 제시하기 때문에, 그들이 내게 커다란 감사를 표하게

63) AT IV 119쪽 25~27번째 줄과 167쪽 7번째 줄과 346쪽 15번째 줄 참조.

될 것임을 확신할 정도이다. 적어도 내가 아는 한, 교회가 최후의 성찬의 비밀과 관련해서(*in Sacramento Eucharistitiae*) 빵과 포도주에 남아 있는 형상들이 실체들이 제거된 후에도 신비하게 홀로 존재하는(*subsistant*) 실제적인 우연한 성질들[64] (*accidentia quaedam realia*)이라고 가르친 적이 결코 없다.

그러나[65] 아마 이 문제를 처음으로 철학적 방식으로 설명하고자 시도한 신학자들은 감각을 자극하는 우연한 성질들이 실 253
체와 다른 어떤 실제적인 것이라고 확신한 것 같다. 언젠가 그것에 의문이 제기될 수 있다는 가능성을 단 한 번도 생각하지 않았을 정도로 굳게 말이다. 이 때문에 그들은 아무런 검토나 정당한 근거도 없이 빵의 형상을 이루는 성질들이(*species panis*) 그와 같은 실제적인 우연한 성질들이라고 가정했다. 그후 그들은 어떻게 그것들이 주체 없이 존재할 수 있는지를 설명하는 데 몰두했다. 오직 이 하나 때문에 (평탄치 못한 길이나 막다른 곳에 도달했을 때의 여행자들처럼) 참된 길에서 벗어난 것이라고 생각해야 했을 정도로, 그들은 그곳에서 많은 어려움을 발견했다.

첫째로, 그들 혹은 적어도 다양하게 배열된 대상들의 표면 이외의 다른 어떤 것이 감각을 자극하는 데 필요하다고 가정하면서도 감각은 접촉에 의해 일어나는 것임을 인정하는 사람들은 자기 모순적이라고 생각된다. 접촉을 일으키는 데는 표면만으로도 충분하다. 그러나 이를 인정하지 않는 사람들이 있다면, 그들은 이 문제와 관련해서 진리의 모습을 띤 어떤 것도 제시할 수 없다.

---

64) AT III 545쪽 15번째 줄 참조.

65) 같은 곳 340쪽 17번째 줄, 349쪽 4번째 줄, 416쪽 5번째 줄, 449쪽 12번째 줄 참조.

둘째로, 빵의 실제적 성질들을 실체이듯 파악하지 않고서는, 인간정신은 빵의 우연한 성질들이 실제적 성질이며 빵의 실체 없이 존재한다고 생각할 수 없다. 따라서 교회가 믿듯이, 빵의 실체가 전부 변한다는 것과 그럼에도 빵에 있던 어떤 실제적인 것이 계속 남아 있다는 것은 모순처럼 보인다. 왜냐하면 존재하지 않는다면(*subsistat, subsistere*), 어떤 실제적인 것이 남아 있다고 생각할 수 없으며, 우리가 그것을 우연한 성질이라 부르더라도, 그것은 실체로 파악되기 때문이다. 따라서 빵의 실체가 전부 변함에도 불구하고 실제적인 우연한 성질이라고 불리는 부분은 남아 있다고 하는 것과 마찬가지다. 이는
254 말 속에는 아닐 수 있겠지만, 개념 속에는 확실하게 모순을 담고 있다.

많은 이들이 로마 교회와 의견을 달리하게 된 결정적 이유가 바로 이 때문인 듯하다. 자유로운 상황에서 그리고 어떤 견해를 받아들이도록 강요하는 철학적이거나 신학적인 근거가 없을 때, 신앙의 진리(*veritate fidei, veritas fidei*)로부터 벗어날 계기나 구실을 제공하지 않는 견해들을 선택해야만 한다는 것을 그 누가 부정할 수 있다는 말인가? 실제적인 우연한 성질들을 주장하는 견해는 신학적 근거들과 조화를 이룰 수 없다는 것을 나는 여기서 충분히 설명했다고 믿는다. 또한 나는 내가 지금 작업중인 《철학대전》(*summa philosophiae*)에서 그 견해가 철학적 근거들에 반하는 것임을 분명하게 증명하게 되기를 바란다.[66] 나는 그곳에서 어떻게 색, 맛, 무거움 등 감각을 자극하는 모든 것들이 오로지 물체들의 외피에 의존해 있는지를 설명하고자 한다.

---

66) 〔역주〕《철학의 원리》일 것임.

끝으로, 오로지 축성(祝聖)에 의해서만 일어나는 실체전환의 기적에, 실제적인 우연한 성질들이 빵의 실체가 되지 않으면서도 빵의 실체 없이 존재할 수 있도록 해주는 어떤 것이, 즉 우리가 파악할 수 없는 어떤 새로운 것이 은총으로써(*gratis, gratiae*) 더해지지 않으면, 우리는 실제적인 우연한 성질들을 가정할 수 없다. 그런데 이는 인간 이성뿐만 아니라, 신학자들의 공리(*axioma*)들과도 모순된다. 축성은 오로지 축성의 말로써 의미된 것만을 일어나게 할 뿐이며, 그 말은 자연적 이성의 도움으로 설명될 수 있기 때문에 기적으로 돌려지길 원하지 않는 신학자들의 공리들과도 충돌한다. 그런데 나의 설명을 통해 이 모든 어려움들이 완전히 제거된다. 나의 설명에 따르 255 면, 실체가 제거된 후 우연한 성질들을 보존하기 위해 어떤 기적이 필요하기는커녕, 어떤 새로운 기적 없이는(알다시피 이 기적을 통해 차원들이 변하는 것인데) 그 성질들이 제거될 수 없다. 목자(牧者)의 손에 축성된 빵 대신 살덩어리(*caro*)나 아이가 나타남으로써 그런 기적이 일어났었다는 기록이 남아 있다. 그런데 이것은 결코 기적의 중단에 의해서가 아니라 새로운 기적에 의해서 일어난 것으로 믿어졌다.

만물의 창조자인 신이 어떤 실체를 다른 실체로 변화시킬 수 있다는 것과 관련해서, 그리고 후자가 전자가 담겨 있던 표면과 똑같은 표면 안에 남아 있다는 것과 관련해서, 이해할 수 없거나 어려운 것은 전혀 없다. 모든 감각들뿐만 아니라 일반적으로 물체에 대한 물체의 모든 작용이 접촉을 통해 일어난다는 것과 접촉이 오로지 표면에서만 일어날 수 있다는 것보다 더 합리적인 것은 없으며, 철학자들이 그보다 더 잘 받아들인 것도 없다. 이로부터 그 표면 안에 있는 실체가 변하더라도, 동일한 표면이 항상 동일한 방식으로 작용하고 또 작용을 받는다는 것이 명백하게 귀결된다.

이 때문에 나는 만일 여기가 아무런 시샘 없이(*sine invidia*)
진리를 기술하도록 허용된 자리라면 감히 다음을 기대한다.
즉, 언젠가 신학자들이 실제적인 우연한 성질들을 주장하는
견해를 불합리하고 이해할 수 없는 것으로 그리고 또 신앙을
보호하는 데 거의 기여하지 않는 것으로 내치게 될 그리고 나
의 견해를 확실하고 의심할 수 없는 것으로 받아들이게 될 때
가 올 것이라고 기대한다. 나는 다음과 같은 사람들의 악의적
인 비방에 대처하기 위해서 그것을 감추어서는 안 된다고 믿었
다. 즉, 나는 자신들이 다른 사람들보다 더 학식이 있어 보이
길 원하기 때문에, 그들이 이미 알고 있다고 생각할 수 없는
어떤 새로운 것이 학문에서 제기되는 것을 무엇보다 견딜 수
없어 하는 그런 사람들의 비방에 대처하기 위해서 말이다. 그
256 것이 참되고 중요한 것이라고 믿으면 믿을수록, 그들은 그것
을 그만큼 더 거세게 공격한다. 근거를 가지고 그것을 반박할
수 있는 능력이 없기 때문에, 그들은 아무런 근거도 없이 그것
이 성경과 신의 진리에 반하는 것이라고 주장한다. 진리를 전
복시키기 위해 교회의 권위를 이용하고자 한다는 점에서 그들
은 확실히 불경한 자들이다. 나는 나에 대한 심판권을 이들에
게서 경건한 그리고 정통한 신학자들에게로 넘기련다. 그리고
나는 아주 흔쾌히 이들의 판단과 검열에 나 자신을 맡긴다.

다섯 번째 반박

존경하는 데카르트 씨에게[1)]

존경하는 분이여, 우리의 메르센은 내게 당신의 뛰어난 작품인 《제일철학에 대한 성찰》의 논의에 참여할 수 있는 기회를 주어 나를 기쁘게 했습니다. 당신 논증의 출중함과 사고의 예리함(*ingenii perspicia*) 그리고 기술방식의 우아함에 찬사를 보냅니다. 이 때문에 나는 당신이 그토록 고귀하고 기쁜 마음으로 지식의 한계를(*scientiarum fineis*) 확장하려 하고 따라서 지금껏 모든 사람들에게 감추어진 채로 남아 있었던 것들을 정

---

1) 이는 가상디(Pierre Gassendi, 1592~1655)에 의한 것이다. 그는 1614년에 아비뇽(Avignon)에서 박사학위를 받았고 1616년에 성직자로 임명되었다. 1620년대에 그는 메르센 서클에 동참했으며, 미도즈(Midorge)와 함께 일련의 천문학적 관찰을 수행했다. 그의 1620년대 작품들은 한마디로 극단적인 반아리스토텔레스주의로 특징지을 수 있다. 그는 에피쿠로스 철학이 이전에 완전히 잘못 이해되었다고 믿었고, 또 그것이 아리스토텔레스주의보다 기독교 신학에 확실한 기반을 제공할 수 있다고 믿었다. 이 때문에 그는 그 철학을 상세히 연구하기 시작했다. 그는 17세기 전반에 가장 유명한 원자론 옹호자이다. 이와 관련된 그의 글들은 모두 1640년대에 나온다. 비록 그의 글들이 너무 장황하고 완성되지 않은 상태이기는 하지만, 그는 원자론을 부활시키는 데 커다란 역할을 했다.

확히 밝혀내고자 한 것에 대해 진심으로 경의를 표합니다. 내게는 메르센이 다름 아닌 우정으로써 내게 요구한 것이 실로 어려운 일이었습니다. 즉, 어떤 의혹이 들거나 남아 있게 되는 경우 당신에게 글을 쓰라고 하는 요구는 정말 어려운 일이었습니다. 왜냐하면 내가 당신이 한 증명들에 만족하지 못할 경우, 나는 나의 아둔함 이외에는 내가 달리 증언할 것이 없게 될 것이라는 사실을 잘 알고 있었기 때문입니다. 더 솔직히 말하자면(*vel potius*), 내가 마치 반박하고자 하는 듯이 조금이라
257 도 입을 잘못 열면, 나는 나의 경솔함 이외에는 달리 증언할 것이 없을 것이라는 사실을 말입니다. 그럼에도 불구하고 당신이 나의 의견(*consilium*)보다는 메르센의 의견을 더 인정하리라는 생각에, 그의 청을 받아들였습니다. 이는 물론 내가 나의 의심의 근거들을 있는 그대로 제기할 뿐이라고 생각할 정도로 당신이 공정한 마음을 가지고 있는 분이기 때문이겠지요. 당신이 그 근거들을 끝까지 읽어낸다면, 당신의 그 마음이 실제로 〔내게는〕 분에 넘친다고 확언합니다. 그 근거들이 당신으로 하여금 당신의 논증들에 대해 아무리 사소한 의혹을 가지게 하더라도 혹은 그 근거들을 반박하기 위해 당신의 소중한 시간을 소비하게 하더라도, 이는 당연히 나의 책임이 아니지요. 뿐만 아니라, 나는 수치심 없이는 감히 당신의 면전에서 그 근거들을 드러낼 수 없답니다. 왜냐하면 나는 그 근거들 중 어느 것도 당신이 성찰하는 동안 수차례 마주치지 않았던 것은 없었을 것이고 따라서 나름대로 확고한 생각을 가지고 일부러 제외시켰거나 도외시해야 한다고 판단했던 것들이라고 확신하기 때문입니다. 그러므로 나는 그 근거들이 단지 의견 제기 정도로 이해되기를 바라면서 말씀드리려 합니다. 당신이 증명하고자 하는 것들에 대해서가 아니라, 증명력과 증명방법

에 대한 의견제기 정도로 말입니다. 물론 나는 신 존재(*ter-maximi Dei existentiam, ter-maximi existentia*)와 우리 영혼의 불멸성을 인정합니다. 나는 단지 당신의 논증이 가지고 있는 힘만 문제삼을 것입니다. 즉, 신 존재와 영혼의 불멸성뿐만 아니라 이와 관련된 여타의 형이상학적인 것들을 입증하는 당신의 논증이 지니고 있는 힘 말입니다.

〈제일성찰〉
의심할 수 있는 것들에 관하여

〈제일성찰〉과 관련해서는 할 말이 많지 않습니다. 나는 당신의 정신을 모든 선입견에서 해방시키고자 하는 당신의 의도에 공감을 표합니다. 그러나 단지 다음 하나, 즉 무엇 때문에 당신은 몇 마디 말로 간단히 당신이 전에 알고 있던 것들을 확실하지 않은 것으로 간주하는 편이 더 낫다고 생각하지 않았는지 잘 이해가 되지 않습니다. 나중에 참된 것으로 발견되는 것 258
들을 골라내기 위해서는 그편이 모든 것을 거짓이라고 간주하는 것보다 더 낫지 않나요. 모든 것을 거짓이라고 간주함으로써 낡은 선입견을 버린다기보다는 오히려 새로운 선입견을 받아들이는 것입니다. 단지 인간 정신의 무지함이나 인간 본성의 나약함만을 근거로 삼았어도 충분했을 것임에도 불구하고, 당신 스스로 확신을 갖기 위해 신을 기만자나 교활한 악령이라고 상상한 것은 괜한 일입니다. 그 밖에도 당신은 모든 것을 의심하기 위해 그리고 일어나는 모든 일을 꿈의 환영으로 간주하기 위해 꿈을 꾸고 있다고 상상합니다. 바로 그 때문에 당신은 당신이 깨어 있지 않다는 것과 당신 눈앞에 있거나 당신 눈앞에서 일어나는 모든 것들을 불확실하고 거짓된 것으로 간주해야 한다고 당신 자신에게 강제하는 것 아닙니까? 당신이 무슨 말을 하든, 당신이 인식한 것들이 모두 참이 아니라는 것에 대해, 또한 감각이나 꿈이나 신이나 사악한 악령이 당신에게 끊임없이 그런 거짓된 것들을 제공한 것이라는 것에 대해 당신이 확신한다고 믿을 사람은 아무도 없을 것입니다. 간책(奸策)을 은둔처로 삼아 공허하고 웅장한 말을 해가며 우회로를 택해 나아가기보다는, 건전한 믿음을 가지고 사실을 있는 그대로 단순히 표현하는 것이 철학적으로 공정한 마음과 진리에 대한 사랑에 더 잘 어울리는 것이 아니었을까요? 그렇지만 당신은 그렇게 생각하지 않았으니, 나는 더 이상 그것에 대해 반박하고 싶지는 않습니다.

〈제 2성찰〉
인간 정신의 본성에 관하여 ; 정신이 물체보다 더 쉽게 인식된다는 것

당신은 당신 자신이 여전히 속고 있다는 생각을 고수하고 있습니다. 그럼에도 불구하고 당신은 적어도 속고 있는 "당신이 존재한다"는 것에 주목합니다. 그래서 "나는 있다, 나는 존
259 재한다는 명제는 당신이 그것을 말하거나 마음속에 품을 때마다 참이다"[2] 라는 결론을 내립니다. 그렇지만 나는 〔당신이 그 사실을 알기 위해〕 실로 그렇게 커다란 장치가 꼭 필요했는지 모르겠습니다. 왜냐하면 당신은 당신이 존재한다는 것에 대해 다른 것으로부터 확신했고 또 당신이 존재한다는 것은 사실이었기 때문입니다. 당신은 그것을 당신의 다른 임의의 행위로

---

2) 25쪽 11~13번째 줄 참조.

부터도 이끌어 낼 수 있었습니다. 왜냐하면 행동하는 것이 존재한다는 사실은 자연의 빛에 의해 알려져 있기 때문입니다.

"그렇다고 해도 당신은 당신이 무엇인지를 잘 알고 있지 못하다"[3] 고 덧붙입니다. 이는 진지한 문제로 받아들여지고 또 그렇다고 인정됩니다. 실로 그것이 문제이고 과제입니다. 그것이야말로 우회로를 택하지도, 그런 가정을 하지 않고도 탐구되어야 하는 것이 아니었나 생각됩니다.

당신은 계속해서 "당신이 자신을 무엇이라고 믿고 있었는지를 성찰해 보고자 합니다. 의심을 제거한 후 확실하고 흔들리지 않는 것만 남도록 하기 위해서"[4] 말입니다. 당신이 확실한 것만을 남기게 된다면 당신을 칭찬하지 않을 사람은 아무도 없을 것입니다. 당신은 자신이 인간이라고 믿었기 때문에, "인간이 무엇인지"를 묻습니다. 〔인간에 대한〕 일반적으로 통용되는 정의를 의도적으로 묵살하고, "당신은 자신에게 처음 떠올랐던 것들을 선택합니다. 즉, 당신이 얼굴, 손, 신체라는 이름으로 지시하는 모든 지체들을 가지고 있다는 것과, 당신이 영혼과 연관시키는 것, 즉 영양을 섭취하며 걷고, 감각하며, 생각한다는 것"[5] 말입니다. 좋을 대로 하십시오. 나는 단지 영혼과 신체의 구분만을 눈여겨보고자 합니다. 당신은 "영혼이 무엇인지에 주목하지는 않았지만, 그것을 바람이나 불꽃이나 공기와 비슷한 미세한 어떤 것으로서 당신 신체부분들에 퍼져 있는 것으로 상상했다"[6] 고 합니다. 이는 거론할 가치가 있습니다. 그리고 "당신

---

3) 같은 쪽 14번째 줄 참조.
〔역주〕 《성찰》 본문에서는 당연히 "당신"이 아니라 "나"가 주어이다.

4) 같은 쪽 21~24번째 줄 참조.

5) 25쪽 26~31번째 줄과 26쪽 첫 번째 줄~8번째 줄 참조.

6) 26쪽 8~11번째 줄 참조.

은 물체에 관해서, 나는 물체의 본성이란 모양을 지니고, 한정되며, 공간을 채워 그 공간에서 다른 물체를 배제하고, 촉각, 시
260 각, 청각, 미각 및 후각에 의해 지각되고 다양한 방식으로 움직여지는 데 알맞은 것이라는 점을 의심해 본 적이 없다"[7] 고 합니다. 당신은 이것들을 (오늘도) 물체들에게 귀속시킬 수 있습니다. 단지 그것들 모두를 모든 물체들에게 귀속시키지 않는 한 말입니다. 물체이기는 하지만, 바람이 시각에 의해 지각되는 것은 아닙니다. 또 당신은 다른 성질들(*adjuncta alia*)을, 즉 바람이나 불이나 여타 많은 것들이 운동을 한다는 것을 배제해서는 안 됩니다. 그러나 당신은 물체가 스스로 운동하는 힘을 가지고 있다는 것을 부정한다고 덧붙였는데, 당신이 어떻게 그 입장을 고수할 수 있을지가 명확하지 않습니다. 이는 마치 물체는 원래 운동할 수 없는 것이고, 그것의 운동은 비물질적 원리에서 도출되어야 한다는 입장 같습니다. 또 비물질적 동인(*motore*, *motor*) 없이는 물도 흐르지 못하고 동물도 걷지 못한다는 입장으로 여겨집니다.

2. "당신이 여전히 속고 있다는 가정하에, 당신은 물체의 본성에 속하는 것이라고 여기는 것들 중 어떤 것이 당신에게 속한다고 할 수 있는지를 탐구합니다. 그리고 엄밀히 검토한 후에 당신은 그러한 종류의 것을 당신에게서 발견하지 못한다고 합니다."[8] 이미 여기서 당신은 자신을 온전한 인간으로서가 아니라 내적 혹은 깊이 감추어진 부분, 즉 영혼으로서 바라봅니다. 그러므로 나는 영혼인(*Anima*) 당신에게, 혹 당신 마음에 드는 더 좋은 이름이 있다면, 그 이름으로서의 당신에게 다음과 같이 묻습니다. 지금까지 당신은, 이전에 당신이 그 지체들에 퍼져 있

7) 같은 쪽 11~18번째 줄 참조.

8) 26쪽 24번째 줄~27쪽 2번째 줄 참조.

던 바람이나 이와 유사한 어떤 것이라고 상상한, 바로 그 생각
을 바로 잡은 것입니까? 그러나 당신이 실제로 그렇게 한 것은
아닙니다. 무엇 때문에 당신이 여전히 바람, 더 자세히 말하자
면 아주 섬세한 정기일 수 없습니까? 즉, 심장의 따뜻함에 의
해 아주 순수한 피로부터 혹은 다른 곳으로부터 또는 다른 원
인에 의해 끓어오르고 분출되는, 지체들에 퍼져 있으면서 그
것들에게 생명을 주며 눈으로 보고 귀로 듣고 뇌로 생각하며
일반적으로 당신에게 귀속되어 있다고 여겨지는 여타의 능력
들을 발휘하게 하는 아주 섬세한 정기일 수 없습니까? 이것이
사실이라면, 꽃병에 담긴 공기가 꽃병이 가지고 있는 모양과
동일한 모양을 갖는 것과는 달리, 당신의 신체가 가지고 있는 261
것과 동일한 모양을 당신이 가질 수 없는 이유가 무엇인가요?
당신은 무엇 때문에 당신의 신체를 둘러싸고 있는 것과 동일한
것에 의해, 다시 말해 당신 신체의 피부에 의해 당신이 한정되
어 있다고 생각할 수 없습니까? 무엇 때문에 당신의 투박한 신
체나 당신의 신체의 부분들이 채우지 못한 공간이나 공간의 일
부를 당신이 채우고 있다고 생각할 수 없습니까? 투박한 신체
는 당신이 퍼져 있는 기공들을 가지고 있지만, 당신의 부분들
이 있는 곳에는 신체의 부분들이 존재하지 않습니다. 눈으로
식별할 수는 없지만, 포도주와 물의 혼합물에서 그 중 하나의
부분들이 있는 곳에 다른 하나의 부분들이 없는 것과 마찬가지
로 말입니다. 무엇 때문에 당신은 자신이 차지한 공간에서 다
른 물체를 배제한다고 생각할 수 없습니까? 제아무리 조그마
한 공간들에 당신이 존재한다 하더라도, 그곳에 당신보다 더
투박한 신체의 부분들이 동시에 존재할 수는 없기 때문입니다.
무엇 때문에 당신이 다양한 운동에 의해 운동한다고 생각할 수
없습니까? 당신 스스로 운동하지 않으면서 어떻게 당신이 여

러 지체들에 다양한 운동을 할당할 수 있습니까? 당신이 운동하지 않으면서 다른 것을 운동하게 할 수는 없습니다. 왜냐하면 그것은 애를 써야 가능하기 때문입니다. 또한 당신 신체의 운동에 따라 움직이지 않을 수 없습니다. 이것이 사실이라면, 무슨 근거로 당신은 신체의 본성에 속하는 것들 중 그 어느 것도 당신에게 속하지 않는다고 주장할 수 있는 것입니까?

3. 당신은 "영혼에(*animae, anima*) 속하는 것들 중 영양을 섭취하거나 걷는 것은 당신에게 속하지 않는다"[9] 고 합니다. 그러나 첫째, 어떤 것이 영양을 섭취하지 않지만 물체일 수는 있습니다. 둘째, 당신이 우리가 정기라고 부르는 그런 종류의 물체일 수 있다면, 투박한 지체들이 투박한 물질(*substantia*)을 섭취할 때, 미세한 당신이 미세한 물질을 섭취할 수 없는 이유가 무엇입니까? 그 지체들로 이루어진 신체가 성장하기 때문에 영혼인 당신 역시 성장하는 것 아닙니까? 그 신체가 상해를 입으면, 영혼인 당신 역시 상해를 입는 것 아닙니까? 지체들은 당신에 의해 움직여지는 것들이고, 당신이 그것들을 움직이고 이끌지 않는 한 그것들은 어디에도 갈 수 없습니다. 당신이 움직이지 않는다면, 이런 일이 어떻게 일어날 수 있습니까? "나는 지금 신체를 갖고 있지 않으므로 이것들은 허구에 지나지 않는
262 다"[10] 라고 당신은 말합니다. 당신이 우리와 농을 하는 것이든 아니면 혼자서 그러는 것이든, 이 문제로 시간을 허비할 필요는 없다고 생각합니다. 그러나 그것이 당신의 진심이라면, 당신은 자신이 영향을 끼치는(*informes, informare*) 신체를 가지고 있지 않다는 것과 영양을 섭취하거나 걸을 수 있는 종류의 것이 아니라는 사실을 입증해야만 합니다.

---

9) 27쪽 2~3번째 줄 참조.

10) 같은 쪽 3~5번째 줄 참조.

게다가 당신은 "자신이 감각하지 않는다"[11]고 합니다. 그러나 당신은 색깔을 보고 소리를 듣는 바로 그 영혼입니다. 당신은 그런 것들은 신체가 없이는 일어나지 않는 것이라고 합니다. 나 역시 그렇게 생각합니다. 그러나 당신에게는 신체가 있습니다. 그리고 영혼인 당신 없이는 아무것도 볼 수 없는 눈 속에 당신이 있습니다. 또한 당신은 감각기관들을 통해 작용하는 미세한 물체일 수 있습니다. 당신은 "나는 꿈속에서 많은 것을 감각하고 있다고 믿었지만 나중에 감각하지 않았음을 깨달은 적이 있다"고 합니다. 눈을 사용하지 않고서는 감각하지 못하는 것을 눈을 사용하지 않으면서 감각하고 있다고 속을 수는 있습니다. 그렇지만 영혼인 당신이 항상 그와 같은 거짓된 경험을 한 것은 아닙니다. 당신은 눈을 사용하였으며, 눈을 통해 보았고 또 당신이 지금 눈을 사용하지 않으면서 사용할 수 있는 표상들은 그렇게 얻은 것입니다.

결국 당신은 "당신이 생각한다는 것"[12]을 발견합니다. 이를 부정해서는 안 되지요. 그러나 당신은 사유능력이라는 것이, 정기나 운동할 수 있는 순수하고 미세한 물체가 어떤 배열상태에 도달하여 그 결과로서 사유할 수 있게 되는 그러한 물질 본성 너머에(*supra naturam corpoream*) 존재하는 것임을 입증해야 합니다. 이와 동시에 당신은 인간을 제외한 동물들의 영혼이 물질이 아니라는 것도 입증해야 합니다. 생각하는, 혹은 외적 감각기능 이외에도 깨어 있을 때뿐만 아니라 꿈을 꾸면서도 어떤 내적인 것을 생각하는 영혼이라는 것을 말입니다. 그리고 당신의 투박한 신체가 당신의 생각에 기여하는 바가 전혀 없다는 것과 (지금까지 한 번도 당신의 신체 없이 당신이 존재했던 적

11) 27쪽 5~7번째 줄 참조.

12) 같은 쪽, 7번째 줄 참조.

이 없었고 또 그것과 분리된 채 생각했던 적이 없었음에도 불구하
263 고), 또 그 때문에 당신이 신체에 의존하지 않고 생각한다는 것을 다시금 입증해야 합니다. 따라서 때때로 뇌를 나쁜 상태에 빠뜨리는 투박하고 해로운 증기나 연기에 의해 영혼인 당신이 방해를 받거나 혼란스러워질 수 없음을 말입니다.

4. 당신은 "나는 정확히 말해 단지 생각하는 것, 다시 말해 정신, 영혼(*animus*), 지성 혹은 이성이다"[13] 라고 결론짓습니다. 나는 내가 환각상태였음을(*hallucinatum*) 인정합니다. 왜냐하면 나는 내가 인간 영혼 혹은 내적 원리, 즉 그것으로써 인간이 살고 감각하며 이동하고 이해하는 내적 원리와 대화하고 있다고 생각했기 때문입니다. 그런데 나는 단지 정신과 대화했던 것입니다. 신체뿐만 아니라 영혼(*anima*) 그 자체 또한 벗어던진 정신과 말입니다. 존경하는 이여, 혹 영혼이 신체 전체에 퍼져 있다고 믿었음에도 불구하고 그 주요한 부분, 즉 지배적인 부분은 신체의 특정한 부분인 뇌나 심장에 자리를 잡고 있다고 믿었던 선인들처럼 주장하는 것입니까? 영혼도 신체의 그 부분에 존재하지 않는다고 생각한 것은 아니지만 그곳에 존재하는 영혼에 정신이 더해지고 결합되어 영혼과 함께 그 부분에 영향을 준다(*informare*)고 믿었듯이 말입니다. 나는 당신이 《방법서설》에서 한 설명들에서 다음의 사실을 기억해야만 했었습니다. 즉, 식물적 영혼과 감각적 영혼에 귀속되는 모든 기능들은(*munia*) 이성적 영혼에 의존하지 않기 때문에, 이성적 영혼이 전혀 존재하지 않는다고 당신이 굳게 주장하는 동물들에서 그러하듯이, 그 기능들이 이성적 영혼이 부가되기 전에 발휘될 수 있다는 입장을 띠었다는 것을 기억해야 했었습니

13) 27쪽 13~14번째 줄 참조.

다. 나는 내가 그것을 어떻게 잊을 수 있었는지를 다음의 이유 이외에는 달리 설명할 길이 없습니다. 즉, 당신이 당신의 원리(*principium*)가 — 동물들과 마찬가지로 우리 역시 그 원리에 의해 살아있고 감각하는 것인데 — 영혼(*animam, anima*)이라고 불리기를 원치 않아서 고유한 의미로서의(*proprie*) 영혼을 다만 정신(*mentem, mens*)이라고 주장한 것이 아닌가 하는 의문이 내게 남아 있었기 때문이라는 것 이외에는 말입니다. 그럼에도 불구하고 그 원리는 고유한 의미로서의 생명을 주는 것이라고 말해지기 때문에, 정신이 할 수 있는 것은 우리를 생각하게 하는 것 이외에는 없습니다. 즉, 당신이 주장하는 바인 우리가 생각한다는 것 이외에는 말입니다. 어찌되었든 간에, 당신은 이제 "정신"(*Mens*)이라고 불려야 하며 따라서 엄밀한 의미 264
에서 "생각하는 것"(*Res cogitans*)이어야 합니다.

당신은 생각만이 "당신과 분리될 수 없다"[14] 고 덧붙입니다. 이것을 부정할 아무런 이유가 없습니다. 특히 만일 당신이 오로지 정신일 뿐이긴 하지만 당신이 실체로서의 당신을(*tuam substantiam, tua substantia*) 영혼이라는 실체와 생각만으로가 아닌 그 이상의 무엇으로 구분된 것이길 원하지 않는다면 말입니다. 그럼에도 불구하고 나는, 당신이 "생각만이 당신과 분리될 수 없다"고 할 때, 당신이 존재하는 한 쉬지 않고 생각한다는 것을 의미하는 것인지 아니면 다른 무엇을 의미하는지에 대한 판단을 주저합니다. 당신의 그 말은 당신의 불멸성을 입증하고자 당신 자신이 끊임없이 운동하고 있다고, 또는 나의 이해방식에 따르면, 당신이 끊임없이 생각한다고 가정한 유명한 철학자들이 한 말에 실제로 잘 부합합니다. 그러나 기면(嗜眠)

---

14) 27쪽 8번째 줄 참조.

성 잠을 자고 있으면서 혹은 엄마 뱃속에 있으면서 당신이 생각한다는 것이 어떻게 가능한지를 납득하지 못하는 사람들을 설득시키지는 못할 것입니다. 이 이외에도 나는 〔정신인〕 당신이 뱃속에 있을 때 혹은 태어날 때 당신의 신체나 신체의 어떤 부분에 퍼져 있다고 생각하는 것은 아닌지 판단을 주저합니다. 그러나 나는 그것을 알고자 힘을 허비하지 않을 것이며 또 당신이 어머니 뱃속에서 혹은 태어난 후 처음 며칠, 몇 달 혹은 몇 년 동안 생각했었던 것을 기억할 수 있는지 여부를 생각하면서 힘을 허비하지 않을 것입니다. 또한 〔정신인〕 당신이 그 모든 것들을 잊어버렸다고 대답하게 된다면, 무엇 때문에 잊어버렸는지를 알고자 힘을 허비하지 않을 것입니다. 다만 나는 당신이 다음을 기억하기를 바랍니다. 즉, 그 당시의 당신의 생각이 무(無)나 진배없이 얼마나 흐리고 미미할 수밖에 없었는지를 말입니다.

당신은 "당신이 신체라고 불리는 지체의 집합이 아니다"[15] 라고 합니다. 이는 당연합니다. 왜냐하면 당신은 당신을 오로지 생각하는 것으로, 따라서 합성체로서 인간의 한 부분으로만, 즉 외적인 투박한 부분과 구분된 부분으로만 고찰하고 있기 때문입니다. 당신은 "나는 또 지체들 속에 퍼져 있는 미세한 공기도 아니며, 바람, 불, 증기, 기식도, 또 내가 상상하는 어떤 것도 아니다. 이런 모든 것을 무라고 가정했으니 말이다. 이 가정은 유효하게 남아 있다"[16] 라고 합니다. 정신이시여 여기서 잠시 머무르십시오. 이제 그런 가정과 허구는 버려야 합니다. 당신은 "나는 공기 같은 것이 아니다"라고 합니다. 그러나 영혼은 모두 그런 종류의 것인데, 영혼의 아주 뛰어난 부분이라고

265

15) 같은 쪽 18~19번째 줄 참조.

16) 27쪽 20~23번째 줄 참조.

여겨질 수 있는 당신이 무엇 때문에(*quorsum*) 그것의 꽃이나 혹은 그것의 아주 섬세하고 순수하며 예리한 부분이라고 생각될 수 없습니까? 당신은 혹 "내가 무라고 가정하는 것들이 어떤 것이며 내가 알고 있는 나와 다르지 않은 것일 수 있다. 그러나 나는 이에 대해 아무것도 모른다. 나는 여기서 그것에 대해 논하는 것이 아니다"[17] 라고 합니다. 그런데 만일 당신이 모른다면, 그리고 만일 당신이 그것에 관해 논하는 것이 아니라면, 무엇 때문에 당신은 자신이 그것들 중 그 어느 것도 아니라고 가정하는 것입니까? 당신은 "나는 내가 존재한다는 것을 알고 있다. 이 앎은, 엄밀하게 말해서, 내가 알지 못하는 것에 의존되어 있을 수 없다"[18] 라고 합니다. 그렇다고 합시다. 그러나 당신은 아직 당신이 공기나 증기, 이와 유사한 그 밖의 것이 아니라는 확신을 우리에게 주지 못했다는 점을 기억하십시오.

5. 뒤이어, 당신은 자신이 상상력이라고 부르는 것이 무엇인지를 기술합니다. 당신은 "상상한다는 것은 물질적인 것의 모양이나 상을 바라보는 것과 다름이 없다"[19] 라고 합니다. 이는, 당신이 자신의 본성을 상상력과는 다른 종류의 생각으로 인식한다는 것을 도출하기 위한 것이라면, 당연한 일입니다. 당신이 상상력을 임의로 정의하는 것을 허용하더라도, 만일 당신이 ― 당신이 아직은 아니라고 증명하지 못했듯이 ― 물질이라면, 나는 무엇 때문에 당신이 자신을 물질적인 모양이나 상으로 바라볼 수 없는지를 묻고 싶습니다. 그리고 당신이 자신을 관찰하는 동안, 모든 신체나 뇌 혹은 뇌의 특정부분을 지나다니며 생명을 부여하는, 그리고 그곳에서 당신의 기능들을 수

17) 같은 쪽 24~27번째 줄 참조.

18) 같은 쪽 28번째 줄~28쪽 첫 번째 줄 참조.

19) 같은 쪽 4~5번째 줄 참조.

행하는 바람과 같이 순수하고 투명하며 미세한 실체 이외에 어떤 것을 당신에게서 경험하는지를 묻고 싶습니다. 당신은 “나는 상상력의 도움으로 포착되는 그 어떤 것도 내 자신에 대해 가
266 지고 있는 앎에 속하지 않음을 인식한다”[20] 고 합니다. 그러나 당신이 어떻게 그것을 인식하는지에 관해서는 아무 말도 하지 않습니다. 조금 전까지만 해도 당신은 아직 그것들이 당신에게 속하는지 아닌지를 알지 못한다는 것을 확인했음에도 불구하고, 무엇을 근거로 그런 결론을 내리는 것입니까?

6. 당신은 “정신의 본성을 아주 판명하게 지각하기 위해서는 정신을 아주 조심스럽게 상상력에서 떼어놓아야만 한다”[21] 고 합니다. 이는 올바른 지적입니다. 그런데 정신인 당신이 자신을 상상력에서 떼어낸 후, 당신의 본성을 얼마나 판명하게 지각했는지를 알려주었으면 합니다. 당신이 자신을 오로지 생각하는 것(*Rem cogitantem*, *Res cogitans*)이라고 한다면, 당신은 활동(작용, *operationem*, *operatio*)을 거론하는 것인데, 이는 우리가 이미 알고 있던 것입니다. 그러나 당신은 활동하는 실체에 관해서는 설명하지 않습니다. 즉, 그것이 어떠한 것인지, 그것이 어떻게 결합해 있는지, 다양한 활동을 하기 위해 그것이 어떻게 다양한 준비를 하는지 등과 같이 우리가 전에 알고 있지 못한 것들에 대한 설명을 하지 않습니다.

당신은 “나는 상상력으로는(당신은 상상력을 공통감각과 동일한 것으로 여기는데) 지각할 수 없는 것을 지성으로 지각한다”[22] 고 합니다. 그런데 어떤 것을 인식하는 것으로서 당신은 유일하고 단순한 능력이 아닌 여러 가지 능력들이 당신의 내부에

---

20) 28쪽 15~17번째 줄 참조.

21) 같은 쪽 17~19번째 줄 참조.

22) 34쪽 1~3번째 줄과 32쪽 18~19번째 줄 참조.

존재한다고 말할 수는 없습니까? 내가 뜬눈으로 태양을 볼 경우, 그것은 분명히 감각(*sensio*)입니다. 내가 눈을 감고 태양을 생각할 경우, 그것은 분명히 내적 지각(*cognitio*)입니다. 그렇다면 내가 태양을 정신 혹은 지성으로서가 아니라 공통감각 혹은 상상력으로 지각한다는 것을 어떻게 구별할 수 있습니까? 그래서 내가 임의로 때로는 상상력이 아닌 지성으로 때로는 지성이 아닌 상상력으로 태양을 파악할 수 있게끔 말입니다. 사실, 만일 뇌와 상상력이 손상을 입었음에도 불구하고 267
자신의 고유하고 순수한 기능을 수행하는 지성(*intellectus*)이 계속 존재한다면, 상상이 외적 감각과 구분되듯이 이해(*intellectio*)가 상상과 구분된다고 할 수 있을 것입니다. 그러나 오히려 그 반대가 사실이기 때문에, 그러한 차이를 확정하기란 쉬운 일이 아닙니다.

당신이 말했듯이, "상상력이란 물질적인 것의 상을 바라볼 때 일어나는 것"[23]이라고 한다면, 다른 방법으로는 물체들을 바라볼 수 없기 때문에 물체들은 오로지 상상력으로 인식될 수밖에는 없다는 점을, 적어도 다른 인식능력이 그것과 구별될 수 없다는 점을 알게 될 것입니다.

당신은 "마음속에(*cogitatione*) 그 상이 형성되는 물질적 대상이나 감각을 통해 탐지될 수 있는 대상이, 당신에게 속하는 것 중, 비록 그것이 무엇인지는 모르지만, 상상력으로 포착되지 않는 것(*quod in imaginationem non cadit*)보다 더 판명하게 인식된다는 생각을 여전히 하지 않을 수가 없다. 따라서 의심스럽고 또 당신과 무관한 것이 더 판명하게 인식되고 파악된다는 것은 이상한 일이다"[24]라고 합니다. 그러나 첫째, 당신이 "그것이 무엇인지

23) 28쪽 4~5번째 줄 참조.

24) 29쪽 20~28번째 줄 참조.

는 모르지만 당신에게 속하는 것”이라고 말한 것은 아주 적합한 표현입니다. 왜냐하면 실제로 당신은 그것이 무엇인지 또 그것의 본성이 무엇인지 모르기 때문입니다. 따라서 당신은 그것이 상상력에 의해 포착될 수 있는 종류의 것인지 그렇지 않은 것인지에 대해 어떠한 확신도 할 수 없습니다. 둘째, 우리의 모든 앎이 감각에 그 기원을 두고 있다는 것은 분명해 보입니다. 아무리 당신이 “지성 안에 있는 것은 앞서 감각 속에 있어야 한다”는 것을 부정하더라도, 그것은 참이라고 여겨집니다. 그것이〔지성 안에 있는 것이〕 말하자면, 그곳에 있는 그대로 〔우리 감각〕에 들어와 생긴 것이 아니라면, 그것은 유비, 구성, 나눔, 확장, 축약 등을 통해 만들어질 수 있습니다. 그 이외의 방식들을 여기서 굳이 더 거론할 필요는 없겠지요. 따라서 스스로 감각 속으로 들어와 감각을 자극하는 것들이, 영혼
268 이 단지 기회가 주어졌을 때에만 감각 속으로 들어온 것들로부터 상상하고 파악하는 것들보다, 영혼에 더 강한 인상을 준다는 것은 전혀 놀랄 일이 아닙니다. 그리고 당신은 물질적인 것들이 의심스럽다고 합니다. 그러나 만일 당신이 진실을 고백하고자 한다면, 당신은 자신이 그 안에 머물고 있는 신체와 당신을 둘러싸고 있는 모든 것들이 존재한다는 것에 대해 정신인 당신이 존재한다는 것과 마찬가지로 확실하다〔고 해야 합니다〕. 그리고 정신인 당신이 사유라고 불리는 활동에 의해서만 당신을 드러내는 것이라면, 물질적인 것들의 드러남과 비교할 때, 그것은 도대체 무엇입니까? 물질적인 것들은 다양한 활동에 의해서뿐만 아니라, 다른 많은 우연한 성질들과 크기, 모양, 단단함, 색, 냄새 등에 의해서도 드러납니다. 따라서 비록 그것들이 당신 외부에 존재하는 것이긴 하지만, 당신이 그것들을 당신 자신보다 더 판명하게 인식하고 파악한다는 것은

전혀 놀랄 일이 아닙니다. 어떻게 〔정신인〕 당신이 당신과는 상관없는 것을 더 잘 인식할 수 있는 것일까요? 그것은 눈이 다른 것들은 보지만 자기 자신은 볼 수 없는 것과 마찬가지입니다.

7. 당신은 "그러나 나는 무엇인가? 생각하는 것이다. 생각하는 것이란 무엇인가? 의심하고, 이해하며, 긍정하고, 부정하며, 원하고, 원하지 않으며, 상상하고, 감각하는 것이다"[25] 라고 합니다. 당신은 많은 것을 이야기하지만, 나는 그것들 하나하나 모두를 다루지는 않으렵니다. 나는 단지 당신이 "감각하는" 것이라고 주장한 점만 다루렵니다. 그것은 놀라운 주장입니다. 왜냐하면 앞서 당신은 그와 상반된 주장을 했기 때문입니다. 혹 정신인 당신 이외에도 눈과 귀와 그리고 나머지 다른 기관들에 거주하는 물질적 능력들이 존재한다고 말하고 싶었던 것입니까? 이 능력들이 감각적 사물들의 형상을(*species*) 받아들여 감각이 시작하게 되는 것이고, 정신으로서의 당신은 그것을 완성시키는. 따라서 실제로 보고, 듣고, 나머지 다른 것들을 감각하는 정신으로서의 당신 이외의 물질적 능력들이 존재한다고 말입니다. 바로 이 때문에, 내가 보기에 당신은 상상력과 마찬가지로 감각 역시 사유의 한 종류라고 한 것입니다.
그렇다고 합시다. 그러나 당신의 감각과 별 다르지 않고 그 역 269
시 사유라 불릴 수 있어서 동물들에게도 정신이 존재할 수 있기 때문에, 동물들에게 어떤 감각이 존재하는지를 당신은 알아야 합니다.[26]

---

25) 28쪽 20~22번째 줄 참조.

26) 원문은 "sed vide tamen, an non quae sensio in brutis est, cum non sit tuae absimilis, cogitatio dici valeat, sicque in ipsis etiam brutis mens sit non dissimils tui"이다.

당신은 “나는 뇌에 거주지를 두고 있으면서 신경을 통과하는 정기들에 의해 전달되는 것들을 받아들인다. 모든 신체에서 일어난다고 말해지는 감각은 그렇게 해서 내게 일어나는 것이다”라고 할 것입니다. 그렇다고 합시다. 그런데 동물들에게도 신경과 정기와 뇌가 있고 또 뇌 안에는 당신이 위에서 설명한 방식과 상응하는 방식으로 정기를 통해 전달되는 것들을 받아들여 감각을 완성하는 인식원리가 있습니다. 당신은 동물의 “뇌 안에 있는 원리는 환상력(*Phantasiam*, *Phantasia*) 혹은 상상력에 불과한 것이다”라고 할 것입니다. 그러나 당신은 자신이 인간의 환상력 혹은 상상력과는 다른 어떤 것으로서 뇌 안에 존재한다는 것을 보여야 합니다. 나는 조금 전에 〔정신인〕 당신이 환상력이나 상상력과는 다른 것이라는 점을 입증하는 기준을 요구했습니다. 그러나 당신은 내가 보기에, 그것을 제시하려 하지 않습니다. 당신은 동물들의 활동보다 훨씬 더 뛰어난 활동을 〔그 기준으로〕 제시할 것입니다. 그러나 인간이 동물 가운데 가장 뛰어난 것이더라도, 동물이라는 지위에서 완전히 벗어나지는 못합니다. 마찬가지로, 당신이 상상력들이나 환상력들 가운데 가장 뛰어난 환상력이나 상상력이라는 것이 입증되더라도, 이로부터 당신이 그런 지위에서 벗어나게 되지는 않습니다. 당신이 자신을 정신이라고 유별나게 부르는 것과 관련해서 말하자면, 정신이 보다 더 귀한 본성에 대한 이름일 수는 있지만, 그 때문에 상이한 본성에 대한 이름일 수는 없습니다. 당신이 상이한 본성을 지닌 것임을(당신이 주장하듯이 비물질적 본성을 지닌 것임을) 입증하려면, 당신은 동물들이 보여주는 것과는 다른 식의 어떤 활동을 보여주어야 합니다. 뇌 바깥에서가 아니라면, 적어도 뇌에 의존하지 않는 활동을 말입니다. 그럼에도 불구하고 당신은 그것을 보여주지 않습니다. 뇌가 손상을 입음으로써 〔정신인〕 당신 역시 손상을 입게 되고, 그것이 망가짐으로써 〔정신인〕 당신 역시 망가지게 됩니다. 또 만일 사물에 대한 형상들이 뇌에서 사라진다면, 당신은 그것들의 자취를 갖지 못합니다. 당신은 "동물들에게서 일어나는 모든 것들은 시계와 같은 기계에서 운동이 일어나는 것과 마찬가지로 정기들과 기관들의 맹목적인 작용(*impulsione caeca*, *impulsio* 270
caeca)에 의해 일어나는 것이다"라고 합니다. 이는 영양섭취나 맥박 등과 같은 활동들과 관련해서는 사실입니다. 이런 활동들은 인간에게도 동일한 방식으로 일어납니다. 그럼에도 불구하고, 감각작용들과 정념이라 불리는 것들이 동물들에게서는 맹목적인 작용에 의해 일어나지만 인간에게서는 그렇지 않다고 주장할 수 있습니까? 한 조각의 빵은 개의 눈에 빵 자신의 형상을(*speciem*, *species*) 내보내고, 개의 뇌까지 전달된 그 형상은 마치 갈고리에 걸린 것처럼 영혼에 걸립니다. 그리곤 영혼 그 자체와 영혼과 결합하고 있는 신체는 어떤 아주 미세한 사슬에 걸린 것처럼 그 빵 조각으로 끌려갑니다. 위협적인 바위도 자신의 형상을 내보내는데, 이 형상은 지레처럼 영혼을 들어 올리고 신체 또한 그 자리에서 몰아냅니다. 즉, 도망가도록 합니다. 인간에게도 이와 동일한 일이 일어나는 것 아닙니까? 당신이 그것을 다른 방식으로 파악하지 않는다면 말입니다. 만일 다른 방식이 있다면, 그것을 알려주십시오. 그럼 나는 당신에게 매우 감사하게 될 것입니다.

당신은 〔정신인〕 "나는 자유로우며, 인간을 도망과 추적으로부터 벗어나게 하는 것은 나의 역량 안에 있다"고 합니다. 그러나 동물의 인식원리도 동일한 것을 합니다. 때때로 개도 위협이나 맞는 것을 두려워하지 않고 빵 조각을 향해 달려갑니다. 똑같은 행동을 인간도 얼마나 자주 합니까! 당신은 "개가 짖는 것은 순전히 맹목적인 작용(충동, *impetus*)에 의한 것이지, 인간이 말을 하는 것처럼 선택에 의한 것은 아니다"라고 합니다. 그러나 인간에게도 맹목적인 작용(충동, *impetus*)에 의해 말을 하는 것처럼 여겨지는 경우들이 있습니다. 당신이 선택에 귀속시키는 것은 〔다른 맹목적인 작용(충동, *impetus*)보다 더〕 커다란 맹목적인 작용(충동, *impetus*)에 기인하는 것이며, 〔다른 맹목적인 작용(충동, *impetus*)보다 더〕 큰 맹목적인 작용(충동, *impetus*)이 있어서 〔동물의 행동이 그것에 기인하는〕 경우 동물도 선택을 하는 것입니다. 나는 나팔소리에 맞추어 짖는 소리를 조절할 수 있는 개를 본 적이 있습니다. 그 개는 예리하고, 무겁고, 가볍고, 빠른 소리의 변화를 모두 따라 했습니다. 그 변화가 임의로 그리고 불시에 잦아지든 혹은 드물어지든 말입니다. 당신은 "동물들이 이성을 결하고 있다"고 합니다. 그런데 동물이 결한 것은 인간의 이성이지 그들의 이성이 아닙니다.
271 따라서 동물들이 비이성적이라고 해서는 안 될 듯합니다. 우리나 우리의 형상(*speciem*, *species*)과 비교하는 경우 이외에는 말입니다. 왜냐하면 그렇지 않을 경우에는 로고스 혹은 이성(*Ratio*)이라는 것은 인식능력이나 내적 감각과 같이 보편적인 것으로서 동물들에도 있을 수 있기 때문입니다. 당신은 "동물들은 추론을 못한다"고 합니다. 그러나 비록 동물들이 인간처럼 완전하게 그리고 많은 것들에 대해 추론하지는 못하지만, 동물들도 추론을 합니다. 그 차이는 양적 차이에 불과합니다. 당신은 "동물들이 말을 하지 못한다"고 합니다. 그러나 동물들이 인간이 내는 소리를 (알다시피 동물들은 인간이 아닙니다) 내지는 못하지만, 자신들의 고유한 소리는 냅니다. 그리고 우리 인간이 우리가 내는 소리를 사용하듯, 동물들도 자신들이 내는 소리를 사용합니다. 당신은 "인간이 어떤 뜻을 전달하기 위

해(*ad aliquid sigificandum*) 많은 소리들을 결합할 수 있지만, 제아무리 현명할지라도 동물은 그렇게 할 수 없다"고 합니다. 그러나 동물들에게 인간의 소리를 요구하면서 동물들의 고유한 소리에는 주의를 기울이지 않는 태도가 과연 공정한 것인지 당신은 알아야 합니다. 그러나 이런 것들에 대한 고찰은 오랜 연구를 필요로 합니다.

8. 그리고 나서 당신은 밀랍을 예로 듭니다. 그리고 밀랍의 예와 관련해서 당신은, "사람들이 밀랍의 우연한 성질이라고 부르는 것들과 밀랍 그 자체 혹은 밀랍의 실체는 서로 다른 것이라는 점과, 밀랍 그 자체 혹은 밀랍의 실체를 판명하게 인식하는 데 필요한 것은 오로지 정신 혹은 지성의 일이지 감각이나 상상력의 일이 아니라는 점"[27]을 보이기 위해, 아주 많은 설명을 합니다. 그러나 첫째, 밀랍 혹은 밀랍의 실체에 대한 개념은 우연한 성질들에 대한 개념들로부터 추상될 수 있다는 것을 사람들은 일반적으로 인정합니다. 그런데 밀랍의 실체 혹은 본성이 그 때문에 판명하게 파악되는 것입니까? 나는 색과 모양과 용해성 이외에도 우연한 성질들과 관찰된 변화들의 주체인 어떤 것이 있다는 것을 파악합니다. 그러나 나는 그것이 무엇인지 혹은 어떠한 것인지 알지 못합니다. 당연히 그것은 항상 감추어져 있는 것이며, 단지 추측을 통해서 어떤 것이 그 아래에 존재(*subesse*)해야 한다고 믿어지는 것일 뿐입니다. 따라서 나는 마치 옷처럼 형상들(*formarum*, *formae*)이 벗겨진 후 당신이 어떻게 밀랍이 무엇인지를 더 완전하게 그리고 더 분명하게 인 272
식한다고 주장할 수 있는지 놀라울 따름입니다. 당신이 밀랍 혹은 밀랍의 실체가 위에서 거론한 종류의 형상들 이외의 어떤 것이어야 함을 지각하는 것은 당연합니다. 그러나 당신이 우

27) 30쪽 3번째 줄~31쪽 28번째 줄과 34쪽 1~3번째 줄 참조.

리를 속이는 것이 아니라면, 당신은 그것이 무엇인지를 지각하지는 못합니다. 또한 그것은 당신에게 자신을 드러내지도 않습니다. 이는 다음의 경우와는 다릅니다. 즉, 우리가 그 사람이 입고 있는 옷과 모자만 보고 있을 때 그 사람이 과연 누구이고 또 어떤 사람인지를 알기 위해 우리가 그의 옷과 모자를 벗길 경우 그가 자신을 드러낼 것이라는 것과는 다릅니다. 둘째, 당신이 그것을 어떻게든 지각한다고 믿는다면, 당신이 과연 그것을 어떻게 지각하는지 묻고 싶습니다. 그것은 연장된 것입니까? 그것이 때로는 크게, 때로는 작게 연장되는 성질을 지닌 것이라면, 당신은 그것을 점으로 파악할 수 없습니다. 그리고 그런 종류의 연장이란 무한하지 않고 한정되어 있기 때문에, 당신은 그것 역시 어떤 모양을 가진 것으로 파악하지 않습니까? 당신은 마치 당신이 그것을 보는 양 말씀하시는데, 그렇다면 당신은 그것에 어떤 색을 덧붙여서 상상하지는 않습니까? 확실히 당신은 그것을 진공보다는 더 물질적인 것으로, 따라서 더 시각적인 것으로 간주합니다. 당신의 이해와 당신의 상상이 동일한 것인 이유가 바로 그 때문입니다. 만일 당신이 연장이나 모양이나 색 없이 당신 자신을 파악한다면, 그것이 〔당신 자신이〕 무엇인지 솔직하게 말씀해 주십시오.

"우리가 사람들을 보았다고 혹은 정신으로 지각했다고 〔생각하지만〕, 실제로 우리가 보는 것은 단지 그들의 모자와 옷뿐이라는 것에 대한"[28] 당신의 설명은 판단을 내리는 것이 상상력이기보다는 정신이라는 것을 보여주지 못합니다. 〔정신인〕 당신이 자신에 버금가는 정신을 가지고 있다는 것을 인정하지 않는 개도 동일한 방식으로 자신의 주인이 아니라 그의 모자나 옷만 보고

28) 32쪽 6~10번째 줄 참조.

판단을 내립니다. 다음을 어떻게 생각하십니까? 개는, 그의
주인이 서 있건 앉아 있건, 침대에 누워 있건 기대 있건, 쪼그
려 있건 널브러져 있건, 이런 모든 모습들(형상들, *formis*, *formae*)
로 있을 수 있는 그의 주인을 항상 알아봅니다. 그 주인이, 밀
랍의 경우와 마찬가지로, 상황에 따라 다른 모습으로 있음에 273
도 불구하고 말입니다.[29] 그리고 개가 사냥할 때는 달리는 토
끼를, 그리고는 온전하지만 죽은 토끼를, 그 후에는 껍질이
벗겨지고 조각난 토끼를 보는데, 당신은 개가 그것들이 모두
동일한 토끼라고 생각하지 않는다고 믿습니까? 당신은 그 다
음에 "색이나 딱딱함 등에 대한 지각은 시각이나 촉각이 아니라
오로지 정신의 통찰(*inspectionem*, *inspectio*)이다"[30] 라고 합니다.
정신이 상상력과 실제로 다른 것이 아닌 한에서는 그렇다고 칩
시다. 그러나 당신은 "밀랍을 이루고 있는 것들에 대해 주의를
기울이는 정도에 따라 그러한 통찰이 불완전하고 애매하거나 완
전하고 판명할 수 있다"[31] 는 것을 덧붙입니다. 그런데 이것은
사실 모든 형상들 이외에 존재하는 것 — 나는 이것이 무엇인
지 모르는데 — 에 대해 정신이 행한 통찰이 밀랍에 대한 명석
판명한 인식임을 보여주는 것이 아니라, 밀랍이 가질 수 있는
모든 우연한 성질들과 밀랍이 겪을 수 있는 모든 변화들에 대
한 감각을 통한 통찰임을 보여주는 것입니다. 이로부터 우리
는 밀랍이라는 말로써 우리가 이해하는 바를 파악하고 설명할
수 있게 됩니다. 그러나 벌거벗은 혹은, 이 표현이 더 마음에
든다면, 감추어진 그 실체를 우리 자신이 파악할 수도 없거니

---

29) 〔역주〕 원문은 "cum tamen non sub una potius sub alia, sit eadem proportione, qua cera(?)"이다.

30) 31쪽 23~25번째 줄 참조.

31) 같은 쪽 25~28번째 줄 참조.

와 다른 사람들에게 설명할 수도 없습니다.

9. 이어서 당신은 이렇게 말합니다. "그런데 나는 이 정신 그 자체, 즉 나 자신에 대해 무슨 말을 해야 할 것인가? 지금까지 나는 정신 이외에는 아무것도 나 자신으로 인정하고 있지 않으니 말이다. 이 밀랍을 이처럼 판명하게 인식하고 있다고 생각하는 이 나, 나는 이런 나를 훨씬 더 참되고 확실할 뿐만 아니라 훨씬 더 판명하고 분명하게 인식하는 것은 아닐까? 왜냐하면 내가 밀랍을 보고 있으므로 그것이 존재한다고 판단한다면, 내가 밀랍을 보고 있다는 것에서 나 자신이 존재한다는 사실이 훨씬 더 분명하게 귀결되기 때문이다. 내가 보고 있는 것은 사실 밀랍이 아닐 수도 있으며, 더구나 나는 볼 수 있는 눈도 갖고 있지 않을 수도
274 있기 때문이다. 그렇지만 내가 보고 있는 동안, 혹은 보고 있다고 생각하는 동안 (나는 지금 이 둘을 구별하지 않고 사용하고 있는데) 이런 생각을 하는 내가 어떤 것이 아니라는 것은 당치도 않다. 마찬가지로, 내가 밀랍을 만지고 있기 때문에 밀랍이 존재한다고 판단한다면 역시 동일한 결론, 즉 내가 존재한다는 것이 도출되며, 또 내가 밀랍을 상상하므로 혹은 그 어떤 다른 이유에서 밀랍이 존재한다고 판단한다면 역시 같은 결론이 도출된다. 이와 같이 내가 밀랍과 관련해서 알게 된 것은 내 외부에 있는 다른 모든 것에게도 적용될 수 있다"[32]고 말입니다. 이렇게 내가 당신이 한 말을 모두 인용한 이유는 당신이 다음에 주의를 기울이도록 하기 위함입니다. 당신이 밀랍과 밀랍의 우연한 성질들이 존재한다는 것을 판명하게 보고 있거나 인식한다는 것이 당신 자신이 존재한다는 것을 판명하게 인식한다는 것을 증명하기는 합니다. 그러나 그 때문에 당신이 무엇이고 또 어떠한 것인지를 인식한다는 것을 증명하는 것은 아닙니다. 그것

---

32) 33쪽 1~19번째 줄 참조.

이 판명한 인식이든 판명하지 않은 인식이든 말입니다. 그럼에도 불구하고 당신의 그러한 노력은 가치가 있었습니다. 왜냐하면 당신이 존재한다는 것에는 의심의 여지가 없기 때문입니다. 그렇지만 내가 이 문제에 머물러 있고자 하지 않는다는 점을 유념하십시오. 내가 앞서 다음과 관련해서도 그렇지 않았듯이 말입니다. 즉, 정신 이외의 그 어떤 것도 당신 자신으로 인정하지 않기 때문에 눈과 손 그리고 여타의 물질적 기관들을 배제함에도 불구하고, 당신은 자신이 보고 만지는 등의 우연한 성질들과 밀랍에 관해 이야기합니다. 그런데 이것들은 당신이 눈이 없이는 볼 수 없고 손이 없이는 만질 수 없는 것들입니다(혹, 당신의 이야기 방식을 따르자면 당신이 보거나 만진다고 생각할 수 없는 것들입니다).

당신은 계속해서 "밀랍에 대한 지각이 시각이나 촉각을 통해서뿐만 아니라 다른 근거들에 의해서 알려질 때도 더 판명해지는 것처럼 보인다면, 내가 나 자신을 얼마나 더 판명하게 인식하는지 인정해야 하지 않을까? 왜냐하면 밀랍이나 그 밖의 다른 물체들에 대한 지각에 도움이 되는 근거들이 내 정신의 본성을 입증 275
해 주지 않을 수 없기 때문에 말이다"[33] 라고 합니다. 그런데 당신이 밀랍의 예로부터 연역한 것들이(*quae deduxisti*) 단지 정신의 존재에 대한 지각을 입증할 뿐, 그것의 본질에 대한 지각을 입증하지 못하듯이, 여타의 것들도 그것을 입증하지 못할 것입니다. 따라서 만일 당신이 지각된 밀랍이나 다른 사물들의 실체로부터 그 이외의 것을 연역하고자 한다면, 당신은 단지 정신 또한, 내가 그 실체를 단지 애매하게 그리고 무언지 모르는 어떤 것으로 파악하듯이, 파악된다는 것만을 도출하게 될 뿐입니다. 당신이 말한 것을 반복하는 것이, 즉 "그것이 무엇

33) 33쪽 19~26번째 줄 참조.

인지 모르지만 당신에게 속하는 것"이라는 말을 반복하는 것이 허용될 정도로 말입니다.

당신은 다음과 같이 결론짓습니다. "이렇게 해서 나는 결국 내가 원했던 곳으로 다시 돌아온 셈이다. 나는 지금 물체조차도 본래는 감각이나 상상력이 아니라 오직 지성에 의해서만 지각된다는 것을, 물체는 만져서 혹은 보아서가 아니라 〔이해함으로써 지각된다는 것을〕 명백하게 알게 되었다. 그러므로 나는 내 정신보다 더 쉽게 또 더 분명하게 지각되는 것은 없다는 것을 인식한다."[34] 당신은 그렇다고 합시다. 나는 그러나 당신의 정신이 존재한다는 사실 이외의 것이 지각될 수 있다는 것을 당신이 무엇으로부터 연역하는지 혹은 명백하게 인식하는지 모르겠습니다. 또, 나는 어떻게 이로부터 〈제 2성찰〉의 제목에서 약속된 것, 즉 〈제 2성찰〉을 통해 인간 정신이 물체보다 더 잘 알려지게끔 될 것이라는 약속이 지켜진 것인지 모르겠습니다. 당신의 계획은 인간 정신이 혹은 그것의 존재가 물체의 존재보다 더 잘 알려진다는 것을 입증하는 것이 아니었습니다. 적어도 인간 정신이 존재하는지 아닌지를 논란거리로 삼는 사람은 없습니다. 그러나 의심의 여지없이, 당신이 원한 것은 정신의 본성이 물질의 본성보다 더 잘 알려지도록 하는 것이었습니다. 그럼에도 불구하고 당신은 그것을 하지 않았습니다. 정신인 당신은 물질적 본성과 관련하여 우리가 얼마나 많은 것을
276 알고 있는지를, 즉 연장, 모양, 공간의 점유 등 우리가 알고 있는 물질적 본성을 열거했습니다. 그러나 〔정신인〕 당신에 관해서는 과연 무엇을 열거했습니까? 〔정신인〕 당신은 물질적 구조물도 아니며 공기도 아니고 바람도 아니며 걷는 것도 아니고 감각하는 것 등도 아닙니다. 그렇더라도(비록 당신이 이것들 가

34) 33쪽 30번째 줄~34쪽 6번째 줄 참조.

운데 어떤 것들은 거부했지만), 그것들은 내가 기대한 것들이 아닙니다. 잘 알다시피 그것들은 부정(否定)적 설명에 불과합니다. 당신이 무엇이 아닌지가 요구되는 것이 아니라 당신이 과연 무엇인지가 요구되는 것입니다. 따라서 당신은 기껏해야 "당신이 생각하는 것, 다시 말해서 의심하고 긍정하는 등의 것이다"라는 점만을 되풀이한 것입니다. 그런데 첫째, 당신이 자신은 "것"(*Rem*, *Res*) 이다라고 하는 것은 알려진 것을 이야기하는 것이 아닙니다. 그 말은 일반적이고, 차별적이지 않으며, 다의적인 말이기 때문입니다. 그래서 그 말은 완전히 무(無)가 아닌 것이라면 세상에 있는 어떤 것에도 당신에게 적용되듯이 적용될 수 있습니다. 당신은 "것"(*Res*) 입니까? 이는 당신이 무(無)가 아니라는 말입니다. 혹은, 같은 의미로, 당신이 어떤 것이라는 말입니다. 그러나 돌 역시 무가 아닌 어떤 것입니다. 파리도 그렇고 여타의 것들도 마찬가지입니다. 둘째, 당신이 "생각하는 것"(*cogitantem*, *copitans*) 이라고 하는 것과 관련해서는, 당신이 알고 있는 것을 말하는 것이기는 하지만, 전에 알지 못했던 것이나 우리가 당신에게 요구한 것을 말하는 것은 아닙니다. 당신이 생각한다는 것을 의심하는 사람이 어디 있습니까? 우리에게 숨겨져 있어서 우리가 찾는 것은 당신의 내밀한 실체, 즉 생각하는 것이 그 고유한 성질인 실체입니다. 따라서 당신이 탐구하고 결론을 내려야 했던 것은 당신이 "생각하는 것"이 아니라, 생각하는 당신이 어떠한 것인지에 관해서입니다. 만일 사람들이 포도주에 관해 일반적으로 알려져 있는 지식 이외의 것을 당신에게 물을 때, 당신이 포도주는 액체이고 포도 열매로부터 짜낸 것이며 희거나 붉고 달콤하며 취하게 만드는 등의 것이라고 답한다면 이는 결코 만족스러운 답이 아닐 것입니다. 오히려 당신은 여러 가지 방식으로 포도주의 내적

실체를 탐구하고 설명하고자 하지 않겠습니까? 포도주가 정기
와 점액과 주석(酒石) 그리고 여타의 부분들을 이런저런 온도
에서 이런저런 양으로 섞어 만들어진 것으로 여겨지듯이 말입
니다. 같은 식으로 당신에 관해서 일반적으로 알려져 있는 지
277 식 이외의 것을 당신에게 물을 때, 당신이 우리에게 당신은 생
각하는, 의심하는, 이해하는 등의 것이다라고 답한다면 이는
결코 만족스러운 답이 아닐 것이라는 점에는 의심의 여지가 없
음을 당신은 알고 있습니다. 오히려 당신은 화학적 작업을 통
해 〔정신인〕 당신 자신을 탐구하여 우리에게 당신의 내적 실체
를 보이고 증명할 수 있도록 모든 노력을 기울이려고 할 것입
니다. 만일 당신이 이것을 이룬다면, 나 역시 스스로 해부학
이, 화학이, 그리고 다른 많은 기술들이, 감각들이, 실험들이
그것이 어떠한 것인지를 많이 밝혀준 물체보다 당신이 더 잘
알려지는 것인지 아닌지를 탐구하게 될 것입니다.

〈제 3성찰〉
신에 관하여 : 신은 존재한다

1. 세 번째 성찰과 관련하여. 이 명제에 대한, 즉 "나는 생각하는 것이다"라는 명제에 대한 명석판명한 앎이 그 명제에 대해 당신이 가지고 있는 확실성의 근거임을 인식한 것으로부터, 당신은 자신이 다음을 일반적 규칙으로 세울 수 있다고 추론합니다. 즉, "내가 아주 명석판명하게 지각하는 것은 모두 참이다"[35]를 말입니다. 사물에 대한 커다란 불확실성 속에서 지금까지 그것보다 더 나은 규칙을 발견할 수 없었을 수는 있습

35) 35쪽 14~15번째 줄 참조.

니다. 그럼에도 불구하고 그처럼 명석하고 판명하게 많은 것을 인식했었어야만 했다고 생각되는 뛰어난 능력을 지닌 사람들이 사물에 대한 진리가 신 (안)에 혹은 심연 속에 숨겨져 있다는 진단을 내렸다는 사실을 염두에 둘 때, 혹 그 규칙이 잘못된 규칙이 아닐까 하고 의심하는 것은 이치에 어긋나지 않는 것 아닙니까? 회의론자들의 논증들 중 당신에게 알려져 있지 않은 것은 하나도 없습니다. 그렇다면 누구에게나 드러나는 것 이외에, 우리가 명석판명하게 지각된 것으로서 참이라고 추론할 수 있는 것이 도대체 무엇이 있습니까? 나는 멜론의 달콤한 맛을 명석판명하게 지각합니다. 또한 멜론의 맛이 내게
그렇게 드러난다는 것은 참입니다. 그러나 바로 그 때문에 그 278
맛이 멜론 그 자체에 존재한다는 것을 어떻게 나는 나 자신에게 확신시킬 수 있습니까? 어리고 건강했을 때는 멜론의 다른 맛을 아주 명석판명하게 인식했기 때문에 당연히 달리 판단했던 나 자신에게 말입니다. 나는 〔멜론의 맛이〕 사람들에게는 달리 여겨진다고 봅니다. 또 나는 미각을 가진 건강한 많은 동물들에게도 그렇다고 봅니다. 그렇다면 참이 참과 모순되는 것입니까? 아니면 이런 것인가요? 즉, 어떤 것이 명석판명하게 지각되면, 그것 자체가(*id secumdum se*) 그 때문에 참인 것이 아니라, 단지 그것이 그렇게 명석판명하게 지각된다는 것이 참이라는 것 말입니다. 이는 정신과 관련된 것들에게도 거의 똑같다고 해야 합니다. 동일한 양에 의해서(*per aequalem*)가 아니라면, 작은 크기에서 큰 크기로 넘어갈 수 없다는 것을 나는 맹세할 수 있었습니다. 마찬가지로 계속 더 가까워지는 두 직선을 무한히 연장하면 그 둘은 결국 교차하지 않을 수 없다는 것도 말입니다. 나는 이 둘을 아주 참되고 전혀 의심할 수 없는 공리로 간주할 정도로 명석판명하게 지각한다고 생각했

습니다. 그런데 그후 그 역을 확신시키는, 마치 그 역이 더 명석판명하게 지각된 것인 양 보여 준 논증들이 존재한다고 생각했습니다. 그러나 수학적 정리들의 본성에 주의를 기울이는 지금 나는 다시 혼란에 빠져 있습니다. 이런 이유로 나는 이런 혹은 저런 정리들을, 단지 내가 크기나 선 등이 이러저러하다고 가정하거나 파악하는 바에 따라, 인정하는 것일 뿐이라고 할 수 있습니다. 하지만 바로 그 때문에, 그 정리들 자체가 참이라는 것이 확실하게 주장될 수 없습니다. 수학과 관련해서는 그렇다고 하더라도, 나는 당신에게 무엇 때문에 지금 탐구되는 여타의 것들과 관련해서 사람들 사이에 그렇게 다양한 의견들이 존재하는지를 묻고 싶습니다. 누구든 자기가 옹호하는 의견을 명석판명하게 지각한다고 믿습니다. 나는 당신이 대부분의 사람들은 단지 그렇다고 우기거나 상상하는 것일 뿐이라고 주장하지 못하도록 하기 위해, 자신들의 의견을 위해, 다른 사람들이 그 반대의견을 위해 죽는 것을 보면서도, 목숨을 거는 사람들이 있다는 것을 당신이 알았으면 합니다. 혹 당신이 그런 경우에도 마음속 깊은 곳에서 참된 목소리가 우러나오
279 는 것은 아니라고 생각하지 않는다면 말입니다. 당신 역시 그런 어려움을 토로합니다. "내가 전에 아주 확실하고 명백한 것으로 받아들였지만 나중에 의심스러운 것으로 발견한 것이 많이 있다"[36] 고 말입니다. 그러나 당신은 그곳에서 당신의 규칙을 폐기하지도 더 굳건하게 만들지도 않습니다. 당신은 그것을 단지 당신을 농락할 수 있던 관념들에 관해 논의할 기회로 삼습니다. 아마도 당신 외부에 존재하지 않는 어떤 것을 당신 외부에 존재하는 것으로 표상하는 듯한 관념들에 관해, 그리고

36) 35쪽 16~18번째 줄 참조.

다음 명제들과 관련해서 당신을 속일 수 있던 기만자로서의 신에 관해 다시 논의할 기회로 말입니다. 즉, "둘 더하기 셋은 다섯이다"라는 명제와 "사각형은 4개보다 더 많은 변을 갖지 못한다"[37] 라는 명제 말입니다. 그리고 이를 통해 당신은 기만자일 수 없는 신이 존재한다는 것을 당신이 증명할 때까지 그 규칙이 확증을 기다려야 한다는 것을 암시합니다. 그러나 미리 경고하자면, 거짓을 참으로 받아들이게 하는 그 규칙을 확증하는 데보다는, 우리를 이끌 방법을, 즉 우리가 어떤 것을 명석판명하게 지각한다고 여길 때마다, 어느 때가 우리가 속임을 당하는 경우이고 어느 때가 그렇지 않은 경우인지를 가르쳐 주는 방법을 제시하는 데 더 많은 노력을 기울여야 합니다.

2. 이어서 당신은 "관념들을 〔당신은 이것들을 마치 (대상들의) 상(象) 같은 것으로서 생각이라고 하는데〕 본유적인 것과 외래적인 것과 만들어진 것"으로 구분합니다. "사물이 무엇이고, 진리가 무엇이며 생각이 무엇인지를 당신이 이해한다는 것"은 첫 번째 종류에 귀속시킵니다. "당신이 어떤 소리를 듣고, 태양을 보며, 불을 감각하는 것"은 두 번째 종류에 귀속시킵니다. 당신이 "사이렌이나 히포그리프스를(말 몸뚱이에 수리의 머리와 날개를 가진 괴물) 고안하는 것"은 세 번째 종류에 귀속시킵니다. 또 당신은 "나는 아직 관념들의 기원을 분명하게 알고 있지 못하기 때문에, 모든 관념이 외래적일 수도 혹은 본유적일 수도 혹은 만들어진 것일 수도 있다"[38] 고 덧붙입니다. 이에 더해 나는, 당신이 그 기원을 분명히 알게 되기 전까지는 오류를 범하지 않도록 하기 위해, 모든 관념이 외래적인 관념이거나 또는 정신 외부에 존재하는 사물들로부터 유래하여 감각으로 들어오 280

37) 36쪽 2번째 줄 참조.

38) 37쪽 29번째 줄~38쪽 10번째 줄 참조.

는 것 같다는 점을 지적하는 것이 바람직하다고 생각합니다. 이른바 정신은 외래 관념들 그 자체를 분명하게 지각할 능력을 (좀더 자세히 말하자면 정신 그 자체가 능력인데), 혹은 자신이 사물들로부터 감각을 통해 들어온 것으로 받아들이는, 말하자면 순전히 질적인 것으로 자기 자신 안에 수용하는 관념들을 분명하게 지각할 능력을 가지고 있습니다. 뿐만 아니라 그 관념들을 다양하게 결합하고, 나누며, 축소하고, 확대하며, 비교하는 등의 능력도 가지고 있습니다.

그렇다면 세 번째 종류의 관념들은 두 번째 종류의 것들과 다르지 않습니다. 왜냐하면 키메라의 관념은 정신이 호랑이 머리와 염소의 몸과 뱀의 꼬리로 만든 것에 불과한 것으로서, 그것들 각각을 분리해서 본다면 그것들 각각은 외래 관념이기 때문입니다. 이와 마찬가지로 거인에 대한 관념 혹은 산이나 세계 전체 만하게 파악된 인간에 대한 관념 역시 외래 관념에 불과합니다. 크게 확대하면 할수록 그만큼 더 애매하게 파악되기는 하지만 말입니다. 마찬가지로 피라미드에 대한 관념이나 도시에 대한 관념이나 혹 결코 본 적이 없는 다른 사물에 대한 관념 역시 전에 본 피라미드에 대한 외래 관념이나 전에 본 도시에 대한 외래 관념이나 전에 본 다른 사물에 대한 외래 관념이 상당히 변형된, 따라서 애매한 방식으로 확대되고 결합된 관념에 불과합니다.

당신이 본유적이라고 하는 형상들(*species*)과 관련해서. 그러한 것들은 전혀 없는 것처럼 보이며, 또 그것이 무엇이든 그러한 것이라고 말해지는 것들 역시 외래적 기원을 가지고 있는 듯합니다. 당신은 "나는 '것'(*Res*)이 무엇인지에 대한 이해를 나의 본성으로부터 얻는다"(*Habeo a mea natura, quod intelligam quid sit Res*)[39] 고 합니다. 그러나 나는 당신이 이해력(*vi intelligendi*,

vis intelligendi) 그 자체에 대해 이야기하고자 하는 것은 아니라고 믿습니다. 이해력이 그렇다는 것은 의심의 여지가 없고, 따라서 문제가 되지 않습니다. 당신이 이야기하고자 하는 것은 오히려 "것"에 대한 관념(*de Idea Rei*)입니다. 또한 당신은 어떤 특정한 것에 대한 관념에 관해 이야기하고자 하는 것이 아닙니다. 왜냐하면 태양이나 돌 혹은 모든 개별적인 것들은 사물들인데, 당신이 이것들에 대한 관념들이 본유적이라고 하는 것은 아니기 때문입니다. 결국 당신은 존재와 동의어인 듯 281
그리고 그처럼 널리 퍼져있는 듯한 "것"에 대한 관념에 대해, 보편적으로 고찰된 "것"에 대한 관념에 대해 이야기하고자 하는 것입니다. 그러나 나는 정신 안에 그렇게 많은 개별자들과 종들이 그 관념과 함께 존재하지 않는다면, 어떻게 그 관념이 정신 안에 있을 수 있는지 묻고 싶습니다. 왜냐하면 그것은 그 개별자들과 그 종들로부터 정신이 추상하여 만든 개념으로서 어떤 개별자들에게도 고유하지 않지만 모든 개별자들에게 귀속될 수 있는 개념(*conceptum*, *conceptus*)이기 때문에 말입니다. 만일 "것"에 대한 관념이(*Idea Rei*) 본유적인 것이라면, 당연히 동물과 식물과 모든 보편적인 것들의 관념들 역시 본유적인 것이 될 것입니다. 그렇다면 많은 개별자들을 구별하면서 여러 가지 차이점들을 제거한 후 모든 것들에 공통적인 것만을 취하기 위해, 같은 말이지만, 종에 대한 관념(*generis Ideam*, *generis Idea*)을 만드는 데 힘을 쏟을 필요가 없게 될 것입니다.

또 당신은 "진리가 무엇인지에 대한 이해를", 혹은 내가 이해한 바로는, "진리에 대한 관념을 당신의 본성으로부터 가지고 있다"고 합니다. 만일 진리가 판단과 판단이 내려진 대상(*re*,

39) 38쪽 1~4번째 줄 참조.

res) 과의 일치 (*conformitas*) 이외의 그 어떤 것도 아니라면, 진리는 어떤 관계입니다. 따라서 진리는 서로 연관된 대상이나 관념 그 자체와, 혹은 같은 뜻이긴 하지만, 대상에 대한 관념 그 자체와 다른 것이 아닙니다. 왜냐하면 대상에 대한 관념은 자기 자신을 그리고 대상이 어떠한지를 표상하기 때문입니다. 이 때문에 진리에 대한 관념은, 대상과 일치하는 한 혹은 대상이 어떠한지를 표상하는 한, 대상에 대한 관념 이외의 그 어떤 것도 아닙니다. 따라서 만일 대상에 대한 관념이 본유적인 것이 아닌 외래적인 것이라면, 진리에 대한 관념 역시 외래적인 것이지 본유적인 것이 아닙니다. 개별적 진리와 관련해서 그 점이 이해된다면, 그것은 또한 보편적 진리와 관련해서도 인정될 수 있습니다. 보편적 진리에 대한 개념 혹은 관념은 (대상에 대한 관념과 관련해서 이미 설명했듯이) 개별적인 개념들이나 관념들로부터 취해지는 것입니다.

당신은 또 "생각 (나는 이를 항상 "생각에 대한 관념"으로 이해하는데) 이 무엇인지에 대한 이해를 당신의 본성으로부터 가지고 있다"고 합니다. 그런데 정신이 어떤 도시에 대한 관념으로부터 다른 도시에 대한 관념을 만들 듯이, 한 행위로부터, 즉 보거나 맛을 보는 행위로부터 다른 행위에 대한 관념을, 즉 생각 그 자체에 대한 관념을 만들 수 있습니다. 사유능력들간에는
282 어떤 유사점이 인식되며, 한 능력〔에 대한 앎〕은 쉽게 〔우리를〕 다른 능력에 대한 앎으로 이끌어 갑니다. 그럼에도 불구하고 생각에 대한 관념과 관련해서 수고할 필요는 없습니다. 오히려 정신 그 자체에 대한 관념과 관련해서 그리고 더욱이 영혼에 대한 관념과 관련해서 수고해야 합니다. 만일 우리가 영혼이 본유적이라는 것을 인정한다면, 생각에 대한 관념 역시 본유적이라는 것을 인정하는 데 아무런 걸림돌이 없을 것입니

다. 이 때문에 정신 그 자체와 관련된 혹은 영혼에 관련된 것이 증명될 때까지 기다려야만 합니다.

3. 그후 당신은 "어떤 관념들이 외부 사물들로부터 유래하는 것인지 여부뿐만 아니라 외부 사물들이 존재하는지 여부도 의심하는 듯이" 보입니다. 마찬가지로 당신은 이로부터 다음을 이끌어내는 듯이 보입니다. 즉, "당신 안에 외부 사물이라고 말해지는 사물들에 대한 관념들이 존재하더라도, 사물들이 존재한다는 것을 그 관념들이 보여주지는 않는다. 왜냐하면 그 관념들이 필연적으로 외부 사물들로부터 유래해야 하는 것은 아니며, 당신이 혹은 당신이 모르는 어떤 방식으로 그것들이 〔당신 안에〕 있을 수 있기 때문이다"라는 것을 말입니다. 나는 당신이 그런 이유로 그에 앞서 다음을 말한 것이라고 믿습니다. 즉, "당신이 전에 지각한 것은 땅과 하늘과 별들이 아니라 땅과 하늘과 별들에 대한 관념들이며, 이 관념들로부터 기만이 유래할 수 있다"는 것 말입니다. 따라서 만일 당신이 아직도 땅과 하늘과 별 등이 존재한다는 것을 믿지 않는다면, 어떻게 당신이 땅 위를 걷거나 태양을 보기 위해 자리를 옮기는 것입니까? 무엇 때문에 당신은 따뜻함을 느끼기 위해 불 가까이로 갑니까? 무엇 때문에 당신은 배고픔을 달래기 위해 식탁에 앉습니까? 무엇 때문에 이런 것들을 말하기 위해 혀를 움직입니까? 무엇 때문에 당신은 이런 것들을 우리에게 보여 주기 위해 글을 쓰느라 손을 움직입니까? 그런 것들을 교묘하게 생각하거나 말로 표현할 수는 있습니다. 하지만 그런 것들은 일을 조금도 진전시키지 못합니다. 그리고 당신이 그런 사물들이 당신 외부에 존재한다는 것을 실제로 의심하는 것은 아닙니다. 그 때문에 우리는 서로 진지하고 솔직하게 논의하는 그대로 이야기합시다. 그러나 만일 당신이, 외부 사물들의 존재가 가정되더라도, 우리가 관

념들을 가지고 있는 사물들로부터 우리가 그 관념들을 얻을 수 있다는 것이 충분히 증명될 수 없다고 믿는다면, 당신은 내가 당신에게 제기하는 문제들(*rationes*)뿐만 아니라 그 밖의 문제들도 해결해야만 합니다.

283 당신은 다음을 받아들입니다. 즉, "〔그런〕 관념들은 〔외부〕 사물들로부터 나오는 것으로 인정된다. 왜냐하면 자연이 우리를 그렇게 가르치고, 또 우리는 그런 관념들이 우리의 의지에 의존하지 않는다는 것을 경험하기 때문이다"[40] 라는 것을 말입니다. 그러나 〔내가 제기할〕 문제들이나 그에 대한 해결에 관한 논의는 차치하더라도, 무엇 때문에 장님으로 태어난 사람에게 색에 대한 어떠한 관념도, 또 귀머거리로 태어난 사람에게 소리에 대한 어떠한 관념도 없는지라는 문제가 가장 먼저 제기되고 해결되었어야만 했습니다. 그들에게는 태어날 때부터 그런 형상들의 전이를 위한 문이 닫혀 있었고, 또 빗장이 지속적으로 채워져 있었기 때문에 외부 사물들이 자신들에 대한 어떤 형상도 그 불행한 정신 안으로 들여보낼 수 없었기 때문이 아니라면 말입니다.

그 다음에 당신은, "예를 들자면, 태양에 대한 관념은 2개가 있다. 하나는 감각으로부터 나온 것인데, 그것에 의해서는 태양이 작게 보인다. 다른 하나는 천문학적인 근거들로부터 얻은 것인데, 그것에 의해서는 태양이 아주 거대한 것으로 파악된다. 감각으로부터 나온 관념보다 내가 본유적인 개념들로부터 끌어낸, 혹은 그 밖의 다른 방식으로 만들어진 관념이 태양과 더 유사하고 또 더 참되다"[41] 라고 합니다. 태양에 대한 그런 쌍둥이 관념들은 서로 유사하며 또 참된, 즉 태양과 일치하는 것입니다.

---

40) 38쪽 13~16번째 줄 참조.

41) 39쪽 18~25번째 줄 참조.

그 중 하나는 더, 다른 하나는 덜 일치할 뿐입니다. 이는 다음과 마찬가지입니다. 동일한 한 사람에 대한 두 가지 관념이, 즉 하나는 20걸음 떨어진 곳으로부터, 다른 하나는 2백 혹은 2천 걸음 떨어진 곳으로부터 온 두 가지 관념이 서로 유사하고 또 참된, 즉 그 사람과 일치하는 것과 마찬가지입니다. 그 중 하나는 더, 다른 하나는 덜 일치할 뿐입니다. 당신 자신이 그것을 충분히 이해하지 못하고 있어서, 내가 그 이유를 간단히 설명하자면, 그것은 관념이 가까운 곳에서 오면 올수록 덜 훼손되지만, 멀리서 오면 올수록 더 많이 훼손되기 때문입니다.

우리가 오로지 정신만으로 거대한 태양의 관념을 지각한다는 것과 관련해서. 그렇다고 해도 그 때문에 태양의 크기에 대한 관념이 어떤 본유 개념(*innata quadam notione, innata quadam notio*)으로부터 얻어지는 것은 아닙니다. 그것은 사물들이 멀리 떨어져 있을 때 가까이 있을 때보다 더 작아 보인다는 것을 경험이 입증하고 경험을 근거로 한 사유가 확증하는 한, 감각을 통해 들어온 관념이 태양과 우리 사이에 놓여 있다고 알려진 거리와, 그에 비례하는 만큼 지구의 반지름을 합한 것으로 284
알려진 크기 정도로 직경이 확대된 관념입니다.

당신은 이 관념의 어떠한 것도 본유적으로 내재된 것이 아니라는 것을 알고 싶습니까? 장님에게서 그 관념을 찾아보십시오. 첫째, 당신은 장님의 정신 안에 채색된 관념도 빛을 띤 관념도 전혀 존재하지 않는다는 것을 알게 될 것입니다. 둘째, 만일 아무도 장님에게 설명해 준 적이 없고 또 그가 둥근 것을 직접 손으로 만져 본 적이 없다면, 당신은 그의 정신 안에 둥근 관념 역시 존재하지 않는다는 것을 알게 될 것입니다. 마지막으로, 그가 이전에 받아들인 관념을 근거나 권위에 의해 설득되어 확대하지 않으면, 장님의 정신 안에 그렇게 커다란 관념이 존재하지 않는다는 것을 알게 될 것입니다.

그럼에도 불구하고 부연하자면, 당신에게 다음을 묻고 싶습니다. 그렇게 자주 태양을 보았고 또 그것의 드러난 직경을 그렇게 자주 관측했고 또 그것의 참된 직경을 그렇게 자주 계산했던 우리가 가지고 있는 상은 태양에 대한 일반적 상과는 다른 것입니까? 우리는 계산을 통해 태양이 지구보다 160배 이상 크다고 결론짓습니다. 그렇지만 그 때문에 우리가 그렇게 큰 물체에 대한 관념을 가지는 것입니까? 실제로 우리는 감각을 통해 받아들인 관념을 우리가 할 수 있는 만큼 확대시킵니다. 그리고 우리는 정신을 우리가 할 수 있는 만큼 긴장시킵니다. 그럼에도 불구하고 우리는 완전히 캄캄한 어두움만 만들 뿐입니다. 우리가 태양에 대해 판명한 생각을 갖고자 할 때마다, 정신은 눈을 매개로 해서 받아들인 태양에 대한 형상(모습, *speciem*, *species*)으로 되돌아갈 수밖에 없습니다. 이로써, 만일 정신이 태양이 실제로는 더 크고 또 태양 가까이 가면 더 큰 관념을 획득하게 될 것이라는 점을 부정하지 않는다면, 그리고 그동안에는 자신이 가지고 있는 관념의 크기에 주의를 기울여야 한다는 점을 부정하지 않는다면, 충분합니다.

4. 당신은 관념들의 차이와 상이함을 인정합니다. 당신은 "나에게 실체를 드러내 주는 관념은 단지 양태 혹은 우연적 성질을 드러내는 관념보다 더 큰 어떤 것, 말하자면 더 커다란 대상적 실재성을 담고 있다는 데에는 의심의 여지가 없다. 또 신의 관념은—이것으로써 나는 영원하고 무한하며, 전지전능하고,
285 자신 이외의 만물의 창조자를 인식하는데—유한한 실체를 드러내는 관념보다 확실히 더 커다란 대상적 실재성을 담고 있다는 데에는 의심의 여지가 없다"[42]고 말합니다. 당신은 여기서 아

42) 40쪽 12~20번째 줄 참조.

주 큰 걸음을 내딛습니다. 이 때문에 〔정신인〕 당신을 붙잡아야만 합니다. 나는 당신이 대상적 실재성이라고 부르는 것을 문제삼지 않습니다. 일반적으로 사람들은 외부 사물들이 주체적으로는(*subjective*) 혹은 형상적으로는 그것들 자신 속에 존재하지만, 대상적으로는 혹은 관념적으로는(*idealiter*) 지성 안에 존재한다고 말합니다. 이 때문에 당신이 말하고자 하는 바가 단지 관념은 그 대상과 일치하며, 따라서 사물 그 자체 안에 실제로 존재하지 않는 것을 표상적으로(*representative*) 담고 있지 않으며, 또 표상된 사물이 더 커다란 실재성을 자기 자신 속에 가지고 있으면 있을수록 그만큼 더 커다란 실재성을 드러낸다는 것이라면 나는 만족합니다. 물론 당신은 그 다음에 바로 대상적 실재성과 형상적 실재성을 구분합니다. 형상적 실재성이란, 내가 이해한 바에 따르면, 표상하는 것으로서가 아닌 존재(*entitas*)로서의 관념 그 자체입니다. 그런데 관념이나 관념의 대상적 실재성은 대상 그 자체가 자신 속에 가지고 있는 모든 형상적 실재성에 따라 평가되어야 하는 것이 아니라, 오로지 지성이 대상에 대한 앎으로 받아들인 부분에 따라, 혹은 같은 의미로, 지성이 대상에 대해 가지고 있는 앎에 따라 평가되어야 한다는 것은 잘 알려진 사실입니다. 그래서 사람들은 당신이 주의 깊게 그리고 자주 두루 둘러본 사람에 대한 관념은 완전한 상태로 당신 안에 놓여 있다고 말하게 될 것입니다. 그러나 당신이 지나가면서 한 번만 그것도 오직 부분적으로만 본 사람에 대한 관념은 당연히 불완전한 관념이 될 것입니다. 따라서 만일 당신이 사람 〔얼굴〕이 아닌 얼굴에 씌워진 가면과 전신을 뒤덮은 옷을 본 것이라면, 당신 안에 그 사람의 관념이 존재하지 않는다고 해야 합니다. 혹 만일 당신 안에 어떤 관념이 있다면, 그 관념은 아주 불완전하고 또 가장 애매한 관념이라고 해야 합니다.

나는 이를 근거로 사람들이 우연한 성질들에 대해 판명하고 참된(*germanam*, *germana*) 관념을 가지고 있기는 하지만, 그 성질들 아래 감추어져 있는 실체에 대해서는 단지 가장 애매하
286 고 허구적인 관념만을 가지고 있을 뿐이라고 주장합니다. 따라서 당신이 "실체에 대한 관념 속에는 우연한 성질들에 대한 관념들 속보다 더 커다란 대상적 실재성이 놓여 있다"고 할 때 첫째, 실체에 대한 참된 관념이나 표상(*representationem*, *representatio*)이 부정되어야 하고, 따라서 그 관념의 어떠한 대상적 실재성도 부정되어야 합니다. 그리고 둘째, 어떤 대상적 실재성이 인정된다면, 그 대상적 실재성이 우연한 성질들에 대한 관념들 속에 있는 대상적 실재성보다 더 크다는 것은 부정되어야 합니다. 왜냐하면 어떠한 대상적 실재성을 가지고 있든, 실체에 대한 관념은 그 대상적 실재성을 우연한 성질들에 대한 관념들로부터 갖는 것이기 때문입니다. 내가 앞서 실체는 오로지 연장되고 모양을 지니고 색을 띤 어떤 것으로서만 파악될 수 있다고 선언했을 때, 이미 나는 실체가 그런 우연한 성질들 하(下)에 혹은 그런 성질들처럼 파악된다고 한 것입니다.

당신이 "신의 관념에 대해" 덧붙인 것과 관련해서, 나는 이렇게 묻고 싶습니다. 신이 존재하는지 여부가 여전히 불분명함에도 불구하고, 어떻게 당신은 신이 신에 대한 관념을 통해 "위대하고, 영원하며, 무한하고, 전능하며, 만물의 창조자"로 표상된다는 것을 알고 있습니까? 당신이 신과 관련해서 그러한 속성들이 이야기되는 것을 들은 적이 있는 한, 당신은 신에 대해 미리 알고 있는 것이기 때문에 그런 것 아닙니까? 만일 당신이 지금까지 한 번도 그런 것들을 들어 본 적이 없었다면, 과연 당신이 신을 그렇게 기술할 수 있겠습니까? 그것은 단지

예일 뿐, 아직 아무것도 정의된 것은 없다고 당신은 답할 것입니다. 그렇다고 합시다. 그렇지만 당신은 나중에 당신이 그것을 마치 이미 결정된 것처럼(*quasi praejudicatum*) 간주하지 않도록 주의해야 합니다.

당신은 "무한한 신에 대한 관념 속에는 유한한 것에 대한 관념 속보다 더 커다란 대상적 실재성이"[43] 놓여 있다고 합니다. 그러나 첫째, 인간의 지성은 무한을 파악할 능력이 안 되기 때문에 무한한 것을 표상하는 관념을 갖지도 또 보지도 못합니다. 이 때문에 어떤 것이 무한하다고(*infinitum*) 하는 사람은 자신이 파악하지 못하는 것에 자신이 이해하지 못하는 말을 붙이는 것에 불과합니다. 왜냐하면 무한한 것이란 그의 모든 이해력을 넘는 것이므로, 그는 자신이 그것에 귀속시킨 제한(*finis*)의 부정(否定)을 이해하지 못하기 때문입니다. 그의 이해력은 항상 한정되어 있습니다.

일반적으로 가장 커다란 완전성들은 모두 다 신에게 귀속됩
니다. 그럼에도 불구하고 그런 완전성들은 모두 우리가 우리 287
안에서 감탄하는 것들로부터 취해진 것입니다. 지속성, 힘, 지식, 선함, 아름다움 등이 그런 것들입니다. 우리는 우리가 할 수 있는 만큼 최대로 그것들을 확장해서 신이 영원하고 전능하며 전지하고 가장 선하며 가장 아름답다 등이라고 이야기하는 것입니다. 그렇다고 이 모든 것들을 표상하는 관념이 그 때문에 유한한 것들이 ― 이것들에 대한 관념들이 합쳐진 후 앞서 말한 방식대로 확장되어 그 관념이 만들어진 것인데 ― 가지고 있는 실재성을 모두 합친 것보다 더 많은 대상적 실재성을 가지는 것은 아닙니다. 왜냐하면 영원한 것에 대해 이야

43) 40쪽 19~20번째 줄 참조.

기하는 사람이 그 때문에 시작도 끝도 없는 지속을 통째로(*totam extensionem, tota extensio*) 정신 안에 담고 있는 것은 아니기 때문입니다. 또한 전능한 것을 말하는 사람이 가능한 결과들을(*totam multitudinem, tota multitudo*) 모두 정신 안에 담고 있는 것은 아니기 때문입니다. 이는 여타의 것들과 관련해서도 마찬가지입니다.

끝으로, 과연 누가 신에 대한 참된 관념을(*germanam, germana*) 또는 신을 있는 그대로(*qualis est*) 표상하는 관념을 가지고 있다고 말할 수 있습니까? 만일 하찮은 우리와는 다른 존재가 아니라면, 그리고 하찮은 것에 불과한 우리의 모든 것들과는 다른 것들을 가지고 있지 않다면, 신 또한 얼마나 하찮은 존재에 불과하겠습니까! 신과 인간 사이에 놓여 있는 완전성의 관계가 코끼리와 코끼리의 피부에 있는 진드기(*intercutaneum animalculum acari*) 사이에 있는 완전성의 관계보다 더 작다고 믿어야 합니까? 그러므로 만일 누군가가 관찰된 그 진드기의 완전성들을 가지고 관념을 만들어 그것을 코끼리의 관념이라고 부르고 또 그것이 참된(*germanam, germana*) 관념이라고 진심으로 주장한다면, 그는 아주 허튼 사람으로 여겨질 것입니다. 그리고 만일 누군가가 자신이 본 인간의 완전성들을 가지고 관념을 만들어 그것을 신에 대한 관념이라고 또 참된 관념이라고 주장한다면, 그는 자기 자신에게 찬사를 보내야 합니까? 어떻게 우리가 우리 안에 놓여 있는 것으로 발견하는 아주 작은 완전성들이 신 안에 놓여 있다고 인식합니까? 그리고 우리가 그것들이 신 안에 놓여 있다고 인식한다면, 신의 어떠한 본질을 상상하는 것이 우리에게 허용됩니까? 신이 우리의 모든 인식능력(*omnem captum, omnis captus*)을 무한히 넘어서서 존재한다는 것은 확실합니다. 우리의 정신이 신에 대해 관조할 채비를 갖추더라도, 정신은 어둠 속을 헤맬 뿐이며, 정신은 아무것도 아닙니다. 이 때문에 우리가 신을 표상하는 참된 관념이 존재한다고 288
할 하등의 이유가 없습니다. 다음으로 충분합니다. 즉, 우리가 가지고 있는 완전성들을 본보기로 하여, 그 중 어떤 것이든 하나를 선택하여 그것을 가지고 인간의 인식능력을 뛰어넘지 않는, 그리고 우리가 여타의 것들 속에서나 여타의 것들을 기회로 지각할 수 없는 실재성을 담고 있지 않은 관념을 만드는 것으로 충분합니다.

5. 이어서 당신은 "전체 작용인 속에는 적어도 그 결과 속에 있는 것만큼의 〔실재성〕이 있어야 한다는 것은 자연의 빛에 의해 명백하다"[44] 고 가정합니다. "적어도 관념 속에 있는 대상적 실재성만큼의 형상적 실재성이 관념의 원인 속에 있어야 한다"[45] 는 것을 추론하기 위해서 말입니다. 여기서 당신은 또 아주 큰 걸음을 내딛습니다. 그러나 나는 어느 정도 여기에 머물러야 합니다.

첫째, "원인 속에 없는 것은 결과 속에 있지 않다"는 일반적으로 통용되는 말은 작용인보다는 오히려 질료인과 관련해서 이해되어야 한다고 보입니다. 왜냐하면 작용인은 외적인 것이고 대부분 결과와는 상이한 본성의 것이기 때문입니다. 그리고 결과가 작용인으로부터 실재성을 얻는 것이더라도, 결과가 갖는 실재성은 작용인이 자기 자신 속에 필연적으로 가지고 있는 실재성이 아니라 다른 곳에서 받을 수 있는 실재성입니다. 이러한 사실은 기술의 결과물에서 분명하게 드러납니다. 비록 집이 건축가로부터 자신의 모든 실재성을 받는 것이긴 하지만, 건축가는 그 실재성을 자기 자신으로부터가 아니라 다른

44) 40쪽 22~24번째 줄 참조.
45) 41쪽 22~23번째 줄 참조.

곳에서 받아 집에 부여하는 것입니다. 태양이 하등(下等)의 물질을 다양하게 합성하여 여러 가지 생물들을 생산할 때도 마찬가지입니다. 생산자의 경우도 물론 마찬가지입니다. 후손이 어떤 질료적인 것을 생산자로부터 받는 것이긴 하지만, 작용하는 원리로서의 생산자로부터가 아니라 질료적 원리로서의 생산자로부터 질료를 받는 것입니다. "결과가 원인 속에 형상적
289 으로 혹은 더 뛰어난 방식으로 담겨 있어야 한다"는 당신의 반박과 관련해서, 그것은 결과가 때로는 자신의 원인의 형상과 유사한 형상을, 때로는 유사하지 않고 불완전한 형상을 갖는다는 것만을, 따라서 원인의 형상이 결과의 형상보다 뛰어나다는 것을 보여 줄 뿐입니다. 그러나 이로부터 뛰어난 원인이 그 때문에 자기 자신의 존재의 어떤 것을 결과에 주거나 혹은 자기 자신이 형상적으로 담고 있는 자신의 형상을 결과와 함께 나눈다는 결론이 나오지는 않습니다. 왜냐하면 비록 씨에서 시작되는 생물들의 생성에서 그러한 일이 일어나는 것처럼 보이더라도 당신이, 내가 보기에, 아버지가 자식에게 이성적 영혼의 일부를 나누어 준다고 하지는 않을 것이기 때문입니다. 한마디로 작용인은 자신이 어떤 물질로부터 만들어(*adumbrare*) 완성시킬 수 있는 것인 한에서만 결과를 자기 자신 속에 담고 있을 뿐입니다.

둘째, "대상적 실재성과 관련해" 당신이 추론하는 것에 관해 이야기해 보죠. 나는 나를 반사하는 거울 속이나 화가가 나를 그린 그림 속에서 볼 수 있는 나의 상을 예로 사용하고자 합니다. 내가 나의 형상(모습, *speciem*, *species*)을 내게서 거울로 내보내는 것인 한, 나 자신이 거울 속에 있는 상의 원인이며 화가는 그림 속에 있는 상의 원인입니다. 마찬가지로 나에 대한 상이나 관념이 당신 안에 혹은 어떤 다른 지성 안에 있기

때문에, 내가 나 자신에 대한 형상을 〔당신〕 눈으로 그리고 눈을 매개로 지성에까지 보내는 것인 한, 나 자신이 〔당신 안에 있는〕 그 형상의 원인인지, 아니면 마치 붓이나 연필로 그리듯이 지성 안에 그 형상을 그리는 어떤 다른 원인이 있는지를 물을 수 있습니다. 그런데 나 이외의 어떤 다른 원인이 요구되어야 하는 것 같아 보이지 않습니다. 왜냐하면 비록 당신의 지성이 나중에 나 자신에 대한 관념을 확장하고, 축소하며, 합성하고, 또 이와는 다른 식으로 다룰 수 있더라도, 나 자신이 그 관념이 가지고 있는 모든 실재성의 제 1원인이기 때문입니다. 그리고 여기서 나와 관련해서 이야기되는 것은 어떤 외적 대상 290
과 관련해서도 마찬가지로 이해되어야 합니다.

당신은 관념의 실재성을 두 가지로 구분합니다. 형상적 실재성이란 나로부터 흘러나와 당신의 지성 속에 받아들여진 그리고 관념으로 형성된 미세한 실체와 다른 것일 수 없습니다 (만일 당신이 대상으로부터 나오는 형상(모습, *speciem*, *species*)이 실체적 방출(*effluxionem substantialem*, *effluxio substantialis*)이 아님을 주장하는 입장이라면, 어떤 것이든 당신 마음에 드는 입장을 취하십시오. 어쨌든 당신은 실재성을 작게 만드는 꼴이 될 것입니다). 그러나 대상적 실재성이란 관념이 지니고 있는 나에 대한 표상이나 나와의 유사성(*representationem seu similitudinem mei*, *representation sive similitudo mei*)과 다른 어떤 것일 수 없습니다. 또는 나와의 대칭성 — 관념의 부분들이 나와 대칭되게 배열되어 나를 의미하게 되는 것인데 — 이외의 어떤 것일 수 없습니다. 이를 당신이 어떤 식으로 받아들이든, 대상적 실재성이란 전혀 실제적인 것이 아닌 듯 보입니다. 왜냐하면 오로지 부분들 서로간의 관계와 부분들과 나와의 관계, 또는 형상적 실재성의 양태 — 형상적 실재성이 이에 따라 형성된 한에서 —

만이 존재할 뿐이기 때문입니다. 그것을 대상적 실재성이라고 부르는 것이 당신 마음에 든다면, 그렇게 합시다. 그것은 아무래도 상관없습니다.

당신이 관념의 실재성을 두 가지로 구분했기 때문에, 당신은 관념의 형상적 실재성을 나의 형상적 실재성이나 나라는 실체와 비교했어야 한다고, 또 관념의 대상적 실재성을 나의 부분들과의 대칭성 혹은 외적 모양과 형태(*delineatione & forma externa*, *delineatio & forma externa*)와 비교했어야 한다고 생각됩니다. 그러나 당신은 대상적 실재성을 나의 형상적 실재성과 비교하는 것을 선호합니다.

앞의 공리에 대한 설명이야 어떻든(*quicquid sit de explicatione superioris axiomatis*), 나에 대한 관념 속에 있는 만큼의 형상적 실재성이 내 안에 있다는 것뿐만 아니라, 나의 실재성이나 나라는 실체 전체와 비교해 볼 때 관념의 형상적 실재성은 거의 무(無)에 불과하다는 것 또한 명백합니다. 따라서 사람들은 "관념의 원인 속에 적어도 관념 속에 있는 만큼의 형상적 실재성이 있다"[46]는 것에 대해 당신에게 동의해야 합니다. 왜냐하면
291 그것이 무엇이든 관념 속에 있는 것 전체는 그것의 원인과 비교해 볼 때 거의 무에 불과하기 때문입니다.

6. 당신은 계속 이렇게 말합니다. "만일 당신[47]이 그 대상적 실재성을 형상적으로든 혹은 더 뛰어난 방식으로든 지니지 못했을 정도로, 따라서 당신 자신이 그 관념의 원인이 될 수 없었을 정도로 커다란 관념이 당신 안에 있다면, 이 세상에는 당신 이외의 다른 어떤 것도 존재한다는 것이 필연적으로 귀결된다. 왜냐

46) 41쪽 23~24번째 줄 참조.

47) 〔역주〕 이미 말했듯이, 《성찰》 본문에서는 당연히 "당신"이 주어가 아니라 "나"가 주어이다.

하면 그렇지 않다면 어떤 것이 존재한다는 것을 확실하게 증명할 논증을 당신이 갖지 못하기 때문이다"[48] 라고 말입니다. 그러나 앞서 당신이 한 말에 따르자면, 사물들이 자신들에 대한 상들을 마치 거울에 그러하듯이 당신 속으로 들여보내는 것인 한, 당신이 아니라 관념들을 통해 표상된 바로 그 사물들이 그 관념들의 원인인 것입니다. 당신이 때때로 그런 관념들로부터 키메라에 대한 관념을 만들 기회를 가질 수는 있을지언정 말입니다. 그런데 당신이 그 원인이든 아니든, 당신은 이 세상에 당신 말고도 다른 어떤 것이 존재한다는 것에 대해 확신하지 못합니까? 솔직한 말씀을 부탁드립니다. 관념들과 관련해서야 어찌됐든, 그것을 위한 논증을 찾을 필요는 없기 때문입니다.

그리곤 당신은 자신 안에 있는 관념들을 일일이 거론합니다. "당신은 자신에 대한 관념 외에도 신에 대한, 물질적인 것들에 대한, 무생물들에 대한, 천사들에 대한, 동물들에 대한, 인간에 대한 관념들을 열거합니다. 당신은 자신에 대한 관념과 관련해서는 전혀 어려움이 없다고 하기 때문에, 인간들에 대한 관념들과 동물들에 대한 관념들과 천사들에 대한 관념들을 당신이 자신에 대해, 신에 대해, 물질적인 사물들에 대해 가지고 있는 관념들로부터 합성될 수 있다는 것과 물질적인 것들에 대한 관념들 또한 당신으로부터 나올 수 있었다는 것을 추론하기 위해서"[49] 말입니다. 그러나 여기서 놀라운 것은, 당신이 실제로는 당신에 대해 어떠한 관념도 가지고 있지 않음에도 불구하고 또는 우리가 이전 성찰들에서 보았듯이 당신에 대해 아주 애매한 따 292
라서 불완전한 관념만을 가지고 있음에도 불구하고, 어떻게 당신이 자신에 대한 관념을(그것으로부터 그렇게 많은 다른 관념

48) 42쪽 18~26번째 줄 참조.

49) 42쪽 29번째 줄~43쪽 9번째 줄 참조.

들을 취할 수 있을 정도로 풍족한 관념을) 가지고 있다고, 그리고 이는 전혀 어려운 일이 아니라고 주장할 수 있는가 하는 것입니다. 그리고 당신은 자신이 그 관념 속에서 당신 자신보다 더 쉽게, 그리고 더 분명하게 인식할 수 있는 것은 아무것도 없다는 것을 이끌어 냈습니다. 〔그런데〕 당신이 자신에 대한 관념을 갖고 있지 않으며 또 가질 수도 없기 때문에, 사람들이 〔정신인〕 당신이 자신과 다른 어떤 것을 당신 자신보다 더 쉽게 그리고 더 분명하게 지각한다고 한다면 어떻게 합니까?

왜 시각은 자기 자신을 보지 못하고, 또 지성은 자기 자신을 보지 못하는 것일까 하는 물음에 대해 생각하면, 내게는 그것들이 자기 자신들에게 작용하지 못하기 때문이라는 생각이 듭니다. 손 또한 (또는 엄지손가락) 자기 자신을 때리지 못하고 또 발도 자기 자신을 밟지 못합니다. 어떤 것에 대한 앎을 획득하기 위해서는, 그것이 다른 곳으로부터 인식능력에 작용해야 합니다. 즉, 인식능력 안으로 자신에 대한 형상(모습, *speciem*, *species*)을 들여보내야, 혹은 자신의 형상으로 인식능력을 형상화해야(*sui specie facultatem cognoscentem informare*) 합니다. 그런데 인식능력이 자기 바깥에 존재하는 것이 아니기 때문에, 인식능력이 자기 자신에 대한 그러한 형상을 자기 자신 안으로 들여보낼 수 없다는 것, 따라서 자기 자신에 대한 앎을 획득할 수 없다는 것, 혹은 같은 의미로, 자기 자신을 지각할 수 없다는 것은 분명해 보입니다. 왜 눈이 자기 자신 속에서는 자신을 볼 수 없음에도 불구하고 거울 속에서는 자기 자신을 본다고 당신은 생각합니까? 눈과 거울 사이에 어느 정도 거리가 있어서 눈이 자신에 대한 형상을 거울에 보내 거울에 작용을 가하고 그 결과로 거울이 눈 안으로 눈의 고유한 형상을 되돌려 보내면서 눈에 다시 작용하기 때문입니다. 〔정신인〕 당신이 그런 식으로 작용하는 거울을 내게 줘 보십시오. 나는 당신에게 그 거울이 당신에 대한 형상을 〔정신인〕 당신에게 반사시키기 때문에, 비록 당신이 직접적인 인식을 통해서는 아니지만 그럼에도 불구하고 간접적인 인식을 통해서 당신 자신을 지각하게 될 것임을 맹세합니다. 그러나 당신이 그렇게 하지 않는다면, 〔정신인〕 당신이 당신 자신을 알 희망이 존재하지 않습니다.

여기서 나는, 그 관념이 이미 내가 이야기한 종류의 것도 또 내가 이야기한 방식으로 얻어지는 것도 아니라면, 어떻게 당신이 신에 대한 관념을 가지고 있다고 할 수 있는지의 문제에 매달릴 수 있을 것입니다. 어떻게 당신이 천사들에 대한 관념들을 가지고 있다고 할 수 있습니까? 나는 만일 당신이 그것들에 관해 어떤 것을 듣지 않았었다면, 당신이 과연 천사들에 대한 생각을 했을지 모르겠습니다. 어떻게 당신이 동물들이나 293
여타의 것들에 대한 관념들을 가지고 있다고 할 수 있습니까? 나는 만일 그 관념들이 감각에 들어오지 않았었다면, 〔정신인〕 당신은 그것들에 대해 어떤 관념도 갖지 못했을 것이라고 확신합니다. 당신이 본 적도 소문으로 들은 적도 없는 많은 것들에 대해 어떤 관념도 갖고 있지 못하듯이 말입니다. 그런데 이 문제를 접어둔 채, 나는 정신 안에 존재하는 다양한 사물들이 합성되어 당신이 열거하는 다른 많은 사물들에 대한 형상들이 (*formae*) 생길 수 있다는 것을 인정합니다. 비록 당신이 열거하는 형상들이 그렇게 커다란 차이를 〔드러내기에는〕 그리고 또한 임의의 특정한 사물에 대한 판명하고 명확한 관념을 〔만들기에는〕 충분하지 않아 보이더라도 말입니다.

그러나 나는 단지 "물질적인 것들에 대한 관념들"에 머물고자 합니다. 왜냐하면 당신 자신이 비물질적인 것인 양 행동하는 한, 어떻게 당신이 "오로지 당신 자신에 대한 관념으로부터" 물질적인 것들에 대한 관념들을 연역(*deducere*) 할 수 있는지, 또 당신이 당신 자신을 그런 것으로 고찰하는 한, 어떻게 당신이 "당신 자신으로부터" 그런 관념들을 연역할 수 있는지는 간단한 문제가 아니기 때문입니다.[50] 만일 당신이 오로지 비물질적인 실체만을 알고 있다면, 어떻게 당신이 그 이외의 물질적 실체를 파악할 수 있습니까? 비물질적 실체와 물질적 실체 간에 어떤 유사성이 있습니까? 당신은 그 둘이 존재하기에 적당하다는 점에서 일치한다고 합니다. 그러나 그러한 일치점은, 서로 일치하는 그 둘이 먼저 인식되지 않는 한, 인식될 수 없습니다. 물론 당신이 공통개념을 만들기(*facis*, *facere*) 는 했습니다. 그러나 그것이 만들어지기(*formetur*, *formare*) 전에, 특수한 것들이 먼저 인식되어야 합니다. 만일 인식되어진 비물질적 실체로부터 지성이 물질적 실체에 대한 관념을 만들 수 있다면, 당연히 장님이나 혹은 태어났을 때부터 아주 짙은 암흑 속에 갇혀 있던 사람이 빛이나 색에 대한 관념을 만들 수 있다는 것을 의심할 이유가 없습니다. 당신은 그 결과로서 "연장과 모양과 운동에 대한 관념들 및[51]" 여타의 감각적인 것들에 대한 공통관념들을 가질 수 있다고 합니다. 그러나 당신은 말을 너무 쉽게 합니다. 놀라운 것은 무엇 때문에 당신이 빛이나 색 등의 것들을 마찬가지로 쉽게 연역해내지 않는가 하는 것입니다.
294 그러나 이 문제에 매달리고 싶지 않습니다.

7. 당신은 이렇게 결론짓습니다. 즉, "그러므로 이제 남아 있는 것은 신에 대한 관념뿐인데, 이 관념이 나 자신으로부터 나올 수 있었는지를 고찰해야 한다. 신이라는 이름으로 내가 이해하는 바는, 무한하고(*indefinitam*, *indefinita*) 비의존적이며, 전지전능

---

50) 44쪽 18~20번째 줄 참조.

51) 45쪽 4번째 줄 참조.

하고, 나를 창조했으며, 또 여타의 것이 존재한다면 그 모든 것을 창조한 실체라는 것이다. 실로 이 모든 것들은, 내가 곰곰이 생각하면 할수록, 나 자신으로부터 나온 것이라고는 할 수 없는 것이다. 그러므로 앞에서 말했던 것으로부터 신이 필연적으로 존재한다는 결론이 도출되어야 한다"[52] 라고 말입니다. 여기가 바로 당신이 도달하고자 한 곳입니다. 그러나 나는, 당신의 이 결론을 받아들이기는 하지만, 당신이 어떻게 그런 결론을 내릴 수 있는지는 모르겠습니다. 당신은 "자신이 신에 대해 알고 있는 것들은 당신으로부터 나올 수 없었던 종류의 것들이다"라고 합니다. 물론 그것들이 "신으로부터 나온 것이어야 한다"는 것을 의도하면서 말입니다. 그런데 첫째, 그것들이 당신으로부터 나온 것이 아니라는 것, 혹은 당신이 당신 자신으로부터 혹은 당신 자신만을 통해 그것들에 대한 인식을 획득한 것이 아니라는 것보다 더 참인 것은 없습니다. 왜냐하면 그것들은 사물들로부터, 부모님들로부터, 선생님들로부터, 당신이 사는 인간 사회로부터 나온 것들이기 때문입니다. 그러나 당신은 이렇게 말할 것입니다. 즉, "나는 오로지 정신일 뿐이며, 나는 나 자신 이외의 아무것도 인정하지 않는다. 나는 귀조차 갖고 있지 않으며 또 나와 대화를 나눌 사람들도 존재하지 않는다"라고 말입니다. 물론 당신은 그렇게 말할 수 있습니다. 그러나 만일 당신이 귀로 내 말을 듣는 것이 아니라면 그리고 당신이 이야기를 들을 수 있는 사람들이 존재하지 않는다면, 과연 당신이 그렇게 말할 수 있겠습니다? 지금 나는 진지합니다. 따라서 솔직하게 말씀해 주십시오. 당신은 당신이 신에 대해 하는 말들을 당신이 함께 사는 인간사회에서 들은 것 아닙니까? 당
신이 그 말들을 사람들에게서 들은 것이기 때문에, 그 말들에 295

52) 45쪽 9~18번째 줄 참조.

놓여 있는 그리고 그 말들이 함축하는 개념들 역시 그들에게서 얻은 것 아닙니까? 따라서 그 개념들이 당신 자신으로부터 유래하는 것이 아니라고 하더라도. 그 때문에 그것들이 신으로부터 유래하는 것이라고 생각되지는 않습니다. 그것들은 신 아닌 다른 곳에서 유래하는 것으로 생각됩니다. 둘째, 그것들 가운데 당신이, 맨 처음 사물들을 접할 수 있는 기회를 가지게 된 이후, 당신 자신으로부터 가질 수 없었던 것이 있습니까? 그 때문에 당신은 인간 인식능력(*humanam captum*, *humanus captus*) 너머에 있는 어떤 것을 파악합니까? 만일 당신이 신이 어떠한지를 인식한다면, 당신에게는 신이 그것을 당신에게 가르쳐 준 것이라고 믿을 이유가 있습니다. 그러나 이미 수차례 말했듯이, 당신이 신에게 귀속시키는 그 모든 것들은 사람들이나 사물들에서 본 어떤 완전성들, 인간 정신이 인식하고 모으며 확장할 수 있는 어떤 완전성들에 불과합니다.

당신은 "자신이 실체이기 때문에 실체에 대한 관념이 당신으로부터 유래할 수 있지만, 그럼에도 불구하고 당신이 무한하지 않기 때문에 무한한 실체에 대한 관념이 당신으로부터 유래할 수는 없다"[53]고 주장합니다. 그러나 그 때문에, 인간이 무한한 것을 파악한다고 말해지는 한(사실은 파악하지 못하는 것인데) 단지 말로만 그런 것일 뿐이지, 무한한 실체에 대한 어떤 관념도 당신 안에 존재하지 않습니다. 따라서 그러한 관념이 무한한 실체로부터 나와야 할 필요는 없습니다. 이미 말했듯이, 그 관념은 합성과 확장을 통해 만들어질 수 있습니다. 옛 철학자들은 우리가 볼 수 있는 공간과 이 유일한 세계 그리고 적은 수의 원리들을 파악함으로써 그것들에 대한 관념들을 자신들

---

53) 45쪽 19~21번째 줄 참조.

속에 갖게 되었고, 그 관념들을 확장하여 무한한 우주에 대한, 무한한 세계들에 대한, 무한한 원리들에 대한 관념을 만들었습니다. 만일 당신이 그럼에도 불구하고 그들이 그 관념들을 그들의 정신능력으로부터 만든 것이 아니고 그 관념들은 무한한 우주로부터, 무한한 세계로부터, 무한한 원리들로부터 그들의 정신 속으로 들어온 것이라고 말하고자 하는 것이 아니라면, 그 관념들이 신으로부터 나와야 할 필요는 없습니다. 당신이 방어하는 것, 즉 "당신이 무한한 것을 참된(*veram*, *vera*) 관념을 통해 지각한다"[54]고 하는 것과 관련해서 이야기해 보죠. 만일 그 관념이 실제로 참된 관념이라면, 그 관념은 무한한 것을 있는 그대로(*cuiusmodi est*) 표상할 것이며, 따라서 당 296
신은 그 무한한 것 속에서 지금 논의되는 중요한 것을, 즉 무한을 지각할 것입니다. 그러나 당신은 당신의 지각 너머에 있는 것을 지각하지 못하기 때문에, 당신의 생각은 항상 어떤 유한한 것에서 끝나며, 당신은 무한한 것을 단지 말로만 이야기하는 것에 불과합니다. 따라서 사람들이 당신은 유한한 것을 부정함으로써 무한한 것을 지각하는 것이라고 생각하는 것은 잘못이 아닙니다. 그리고 "당신이 유한한 실체 속에서보다 무한한 실체 속에서 더 많은 실재성을 지각한다"[55]고 하는 것으로는 그다지 충분치 않습니다. 왜냐하면 그렇게 하려면 당신이 무한한 실재성을 지각해야 하는데, 당신은 그럴 수 없기 때문입니다. 당신은 유한한 실재성을 확장하고 또 확장된 것 속에는 축소되었을 때보다 더 많은 실재성이 들어 있다고 상상하는 것일 뿐, 당신이 실제로 더 많은 실재성을 지각하는 것은 아닙니다. 당신이 옛 철학자들 역시 유일한 세계를 정신 안에 가지고

54) 같은 쪽 23~24번째 줄 참조.

55) 45쪽 26~27번째 줄 참조.

있을 때보다 더 많은 세계들에 대한 관념을 가지고 있을 때 더 많은 실재성을 지각했다고 주장하지 않을 것이라면 말입니다. 이로부터 나는 아울러 다음을 지적하고 싶습니다. 즉, 우리의 정신이 어떤 형상이나 관념을 더 확장하면 할수록 그만큼 더 혼란스러워지는 이유는 정신이 그런 형상을 그것의 고유한 상태에서 벗어나게 만들고, 또 부분들의 차이를 떼어내 그 차이를 희미하게 만들어 끝에 가서는 결국 그 차이가 거의 사라져 버리게 되기 때문이라는 것을 말입니다. 그 반대 경우에도, 정신이 관념을 너무 축소시키는 경우에도, 정신이 혼란스러워진다는 점은 굳이 지적할 필요가 없을 것입니다.

당신은 이렇게 말합니다. 즉, "당신이 무한한 것을 파악하지 못한다든가 혹은 그 속에〔신 속에〕 있는 모든 것들을 파악하지 못한다는 것은 문제가 되지 않는다. 당신이 그 중 일부만을 인식하는 것으로도 당신이 참된 그리고 가장 명석판명한 관념을 가지고 있다고 하기에 충분하다"[56] 고 말입니다. 그러나 만일 당신
297 이 무한한 것을 파악하지 못하고 단지 유한한 것만을 파악한다면, 당신은 무한한 것에 대해서가 아니라 단지 유한한 것에 대한 참된 관념만을 가지고 있을 따름입니다. 기껏해야 당신은 무한한 것의 일부분을 인식하는 것이라고 할 수 있을 뿐입니다. 그러나 그 때문에 당신이 무한한 것 그 자체를 인식한다고 할 수는 없습니다. 땅 속에 있는 동굴 밖으로 한 번도 나가본 적이 없는 사람이 세계의 일부분을 인식한다고 할 수는 있지만 그 때문에 세계 자체를 인식한다고 할 수는 없습니다. 따라서 그 때문에, 만일 그가 그렇게 제한된 부분에 대한 관념이 세계 전체에 대한 참된(*veram germanamque, vera germanaque*) 관념이라고 주장한다면, 그는 허황된 사람이 될 것입니다. 그러나

56) 46쪽 18~28번째 줄 참조.

당신은 "유한한 당신에 의해 파악될 수 없다는 것은 무한한 것의 본성이다"[57] 라고 말합니다. 물론 나 역시 그렇다고 믿습니다. 그러나 오로지 그것의 아주 작은 부분만을, 아니 오히려 전체와 비교해 볼 때 부분이라고 할 수도 없기 때문에 어떤 부분도 표상하지 않는 것도 무한한 것에 대한 참된 관념의 본성이 아닙니다. 당신은 "자신이 지각한 일부만을 인식하는 것으로 충분하다"고 합니다. 이는 당신이 어떤 사람에 대해 참된 관념을 가지고 싶을 때, 그 사람의 머리카락 끝 부분만을 보는 것으로 충분하다고 하는 것과 마찬가지입니다. 화가가 나의 머리카락 한 가닥만을 혹은 그 끝부분만을 그린다면, 그것이 과연 나에 대한 정확한 그림일 수 있습니까? 그러나 우리가 무한한 것에 대해 또는 신에 대해 인식하는 모든 것들은, 나의 머리카락 한 가닥 또는 그 머리카락의 끝부분이 나의 전체에 대해 차지하는 비율보다 훨씬, 혹은 아주 훨씬 정도가 아니라 무한한 정도만큼 더 작습니다. 한마디로, 그것들은 신에 대해 어떠한 것도 입증하지 못합니다. 왜냐하면 우리가 세계에 대해 알고 있는 것들이 무한한 세계들에 대해 어떠한 것도 입증하지 못하기 때문입니다. 어떤 종류인지가 아직 당신에게 분명치 않은 당신이라는 실체로부터 신이나 무한한 존재가 인식될 수 있는 것보다, 명석하게 인식된 하나의 세계로부터 그 세계들이 더 명석하게 인식될 수 있었다면 그만큼 더 말입니다.

8. 당신은 다른 곳에서 다음의 논증을 펼칩니다. "나보다 더 완전한 존재에 대한 관념이 내 안에 있지 않다면, 내가 의심하고 어떤 것을 원하고 있다는 것, 즉 나는 어떤 것을 결여하고 있고 아주 완전한 것이 아님을 내가 어떻게 알 수 있겠는가?"[58] 라고

57) 46쪽 21~23번째 줄 참조.

58) 45쪽 30번째 줄~46쪽 4번째 줄 참조.

298 말입니다. 그러나 당신이 어떤 것에 대해 의심한다면, 어떤 것을 원한다면, 당신이 어떤 것을 결여하고 있다는 것을 안다면, 당신이 모든 것을 알지 못한다고, 당신이 모든 것이 아니라고, 당신이 모든 것을 가지고 있지 못하다고 해서 놀랄 것이 무엇입니까? 당신은 따라서 "당신이 전혀 완전하지 않다는 것"을 인식합니까? 이는 당연한 그리고 악의 없이 말해질 수 있는 사실입니다. 그래서 당신은 당신보다 더 완전한 어떤 것이 존재한다는 것을 인식합니까? 그것이 무엇입니까? 당신이 무엇을 원하든 간에, 그것이 항상 당신보다 모든 점에서 더 완전할 수는 없습니다. 당신이 빵을 원한다고 해서, 빵이 당신이나 당신의 신체보다 모든 점에서 더 완전한 것은 아닙니다. 그것은 단지 당신 위에 있는 허기보다 더 완전할 뿐입니다. 그렇다면 어떻게 당신은 당신보다 더 완전한 어떤 것이 존재한다는 결론을 내릴 수 있습니까? 당신이 당신과 빵과 여타의 것들을 포함하는 물질세계(*universitatem rerum, univeristas rerum*)를 보는 한에서는 그럴 수 있습니다. 따라서 전체를 이루는 각각의 부분들이 어떤 완전성을 지니고 있기 때문에, 그리고 그것들이 서로 기여하고 또 합쳐질 수 있기 때문에, 전체 속에는 부분 속에 있는 완전성보다 더 커다란 완전성이 있다는 것을 인식하는 것은 쉬운 일입니다. 당신도 일부분에 불과하기 때문에, 당신이 당신보다 더 완전한 어떤 것을 인식하지 않을 수 없다는 것도 마찬가지입니다. 따라서 이렇게 해서 당신 안에 당신보다 더 완전한 존재에 대한 관념이 있을 수 있으며, 당신은 그것과의 비교를 통해 당신의 결점을 인식합니다. 나는 그 밖에도 여타의 더 완전한 부분들이 존재할 수 있다는 것, 그것들이 가지고 있는 것을 당신이 원할 수 있다는 것 그리고 당신이 그것들과의 비교를 통해 당신의 결점들을 인식할 수 있다는

것은 생략하고자 합니다. 물론 당신은 당신보다 더 건강하고 더 강하며 더 아름답고 더 많이 배웠으며 더 겸손한, 따라서 더 완전한 사람을 알고 있을 수 있습니다. 그리고 그 사람을 관념으로 파악하는 것은 당신에게 어려운 일이 아니었을 것이며 또 그와의 비교를 통해 그 사람 안에 있는 정도의 건강함과 강함 그리고 여타의 완전성들이 당신 안에 없다는 것을 인식하는 것도 어려운 일이 아니었을 것입니다.

당신은 나중에 당신 자신에게 이렇게 반박합니다. "그러나 어쩌면 나는 지금 내가 나에 대해 알고 있는 것 이상의 어떤 것일 수 있다. 내가 신에게 귀속시키고 있는 완전성들이 비록 아직은 실현되지 않았지만 가능태로(*potentia*) 내 안에 있을 수 있다. 만일 나의 인식이 무한으로까지 점점 더 확대된다면, 그럴 수 있듯 299
이 말이다"[59] 라고 말입니다. 그러나 당신은 이렇게 답합니다. "나의 인식이 점점 더 증가하고, 많은 것들이 아직 실제로는(현실태로, *actu*) 아니지만 잠재적인 것으로(가능태로, *potentiale*) 내 안에 있더라도, 그런 것들은 하나도 신의 관념에 속하지 않는다. 신의 관념 속에는 가능한 것이란 전혀 들어 있지 않다. 왜냐하면 점진적 증가라는 것은 불완전성의 가장 확실한 징표이기 때문이다"[60] 라고 말입니다. 당신이 관념 속에서 지각하는 것이 그 관념 속에 실제로(*actu*) 존재하기는 합니다. 하지만 그 때문에 그것이 사물 그 자체 속에 실제로 존재하는 것은 아닙니다. 물론 건축가는 집에 대한 관념을 만들고, 실제로 그 관념은 그려진 벽과 층과 창 등으로 이루어져 있습니다. 그럼에도 불구하고 집 그 자체와 그 부분들은 아직은 실제로 존재하는 것이 아니며, 단지 가능한 것으로 존재하는 것일 뿐입니다.

---

59) 46쪽 29번째 줄~47쪽 4번째 줄 참조.

60) 47쪽 9~14번째 줄 참조.

마찬가지로 철학자들의 그 관념은 실제로 무한한 세계들을 담고 있습니다. 그러나 당신이 그 무한한 세계들이 실제로 존재한다고 말할 수는 없습니다. 이 때문에, 어떤 것이 당신 안에 가능한 것으로 있든 없든, 당신의 관념이나 생각이 점점 증가되거나 확장될 수 있다는 것으로 충분합니다. 그리고 그 때문에 그 관념을 통해 표상되거나 생각되는 것이 실제로 존재한다고 추론해서는 안 됩니다. 당신이 그 다음에 인정하는 것과 관련해서, 즉 "당신의 인식은 결코 무한한 것이 되지 못한다"[61]는 것과 관련해서, 나는 그것을 기꺼이 받아들입니다. 그러나 당신은 자신에게 신에 대한 참된(*veram germanamque, vera germanaque*) 관념이 결코 존재하지 않을 것임을 인정해야 합니다. 즉, 당신이 단지 머리카락 끝자락만을 본 사람에 대해서보다 인식해야 할 것이 항상 더 많이 (당연히 무한히) 남아 있는 신에 대한 참된 관념 말입니다. 당신이 그 사람 전체를 다 본 것은 아니지만, 그럼에도 불구하고 당신은 비교를 통해 그 사람에 대해 어떤 추정된 관념을 만들 수 있는 다른 사람을 본 적이 있습니다. 그러나 신과 신의 위대함에 유사한 어떤 것도 결코 인식이 허용되어 있지 않습니다.

당신은 "신이 그 완전성에 어떤 것도 추가될 수 없을 정도로
300 실제로 무한한 것이라고 판단한다"[62]고 합니다. 그러나 당신은 자신이 모르는 것에 대해 판단하는 것이며, 또 오로지 가정만으로 판단하는 것입니다. 철학자들이 무한한 세계들, 무한한 원리들, 그리고 그 거대함에 어떤 것도 더해질 수 없는 무한한 우주에 대해 판단한 것과 마찬가지로 말입니다. 당신이 덧붙이는 것, 즉 "관념의 대상적 존재(*esse objectivum ideae*)는 가능

61) 같은 쪽 16~17번째 줄 참조.

62) 47쪽 19~20번째 줄 참조.

한 존재에(*esse potentiali*, *esse potentiale*) 의존하는 것이 아니라 실제적 존재에(*esse actuali*, *esse actuale*) 의존하는 것이다"[63]라고 덧붙이는 것과 관련해서 이야기해 보죠. 만일 내가 건축가와 옛 철학자들에 대해서 한 말이 사실이라면, 당신은 자신이 덧붙인 것이 어떻게 참일 수 있는지를 알아야 합니다. 무엇보다도 당신이 실제로 존재하는 원인들에서 지성이 획득한 관념들로부터 그런 종류의 관념들이 합성되었다는 것을 기억한다면 말입니다.

9. 그리곤 당신은 "나보다 더 완전한 존재〔신〕가 존재하지 않는다면 그에 대한 관념을 가지고 있는 당신이 존재할 수 있을까?" 하고 묻습니다. 당신은 이렇게 답합니다. "나는 무엇으로부터 존재하는가? 나 자신으로부터? 부모로부터? 아니면 신보다 덜 완전한 어떤 다른 것들로부터?"[64] 그후 당신은 "당신이 당신 자신으로부터 존재하지 않는다는 것"[65]을 입증합니다. 그러나 이는 필요한 것이 아닙니다. 또한 당신은 "무엇 때문에 당신이 항상 존재하지 않았는지"[66]에 대해 설명합니다. 이 또한 당신이 자신에 대한 생산적 원인뿐만 아니라 보존적 원인도 가지고 있다는 것을 추론하고자 하지 않는 한 쓸데없는 일입니다. 물론 당신은, "당신 삶의 시간이 많은 부분들로 이루어져 있다는 것으로부터, 그 각각의 부분들이 서로 의존해 있지 않기 때문에, 당신이 그 각각의 부분에서 창조되어야 한다는 것"을 이끌어냅니다. 그러나 당신은 그것이 어떻게 이해될 수 있는지 알아야 합니다. 물론 다음과 같은 종류의 결과들이 있기는 합니다. 즉,

---

63) 같은 쪽 20~23번째 줄 참조.

64) 48쪽 1~4번째 줄 참조.

65) 같은 쪽 7~24번째 줄 참조.

66) 같은 쪽 25번째 줄 이하 참조.

계속 존재하기 위해서 그리고 어떤 순간에 사라져버리지 않기
위해서 그것들이 처음 존재하기 시작하도록 한 원인의 지속적
작용을 필요로 하는 결과들 말입니다. 태양 빛이 그러한 것입
니다(비록 그런 종류의 결과가, 사람들이 강물과 관련해서 말하듯,
실제로 동일한 것에 속하지도 또 동시적이지도 않기는 하지만). 그
301 러나 우리는 다른 결과들도 봅니다. 즉, 그것들이 인정하는
원인이 더 이상 작용하지 않을 뿐만 아니라 당신이 원한다면
무로 전락하여 무로 되돌아갔음에도 불구하고 계속 존재하는
결과들 말입니다. 일일이 열거하는 것이 불쾌하리만큼, 생성
된 사물들 가운데 많은 것들이 그러한 종류에 속합니다. 당신
의 원인이 무엇이든, 당신이 그것들 가운데 하나라고 하는 것
으로 충분합니다. "그러나 당신 〔삶의〕 시간의 부분들은 서로 의
존해 있지 않다"고 하는 것과 관련해서, 부분들이 그보다 더 분
리될 수 없는 것을 생각해 낼 수 있는지 물을 수 있을 것입니
다. 부분들간의 연속이나 연결이 그보다 더 손상되기 어려운
것을 생각해 낼 수 있습니까? 나중 부분이 앞의 부분과 그보다
더 분리될 수 없고 또 더 잘 붙어 있고 또 더 의존적일 수 있
습니까? 그러나 이를 억지로 주장하지 않기 위해, 나는 이렇
게 묻고자 합니다. 외적이며 연속적이기는 하지만 활동적이지
는 않은 시간의 부분들의 의존성 혹은 독립성이 당신을 생산하
거나 재생산하는 데 어떤 기여를 합니까? 당연히, 물의 흐름
과 그 부분들의 지속적 전이가 강이 흘러 지나가는 바위를 만
들거나 재생산(보존)하는 데 기여하는 것 이상은 아닙니다.
"그러나 내가 조금 전에 존재했다는 것으로부터 내가 지금도 존
재해야 한다는 것이 귀결되지 않는다"고 하는 것과 관련해서 이
야기해 보죠. 나도 사실 그렇다고 생각합니다. 그러나 당신을
새롭게 창조하는 원인이 요구되기 때문이 아니라, 당신을 파

괴할 수 있는 원인이 존재하지 않도록 할 수 없기 때문에, 또는 그것으로 인해 마침내 당신이 죽게 되는 나약함을 당신 안에 가지고 있지 않을 수 없기 때문입니다.

당신은 "따라서 보존은 단지 생각으로만(*sola ratione, sola ratio*) 창조와 구분될 뿐임은 자연의 빛에 의해 명백하다"[67] 라고 합니다. 그러나 빛 그 자체나 혹은 그와 유사한 결과들과 관련해서가 아니라면, 어떻게 그것이 명백합니까? 당신은 덧붙이길, "당신을 조금 뒤에 존재하게 하는 힘이 당신 안에 놓여 있지 않다. 왜냐하면 당신이 생각하는 것임에도 불구하고, 당신이 그 힘을 의식하지 못하기 때문이다"[68] 라고 합니다. 그런데 당신 안에는 당신으로 하여금 당신이 조금 후에도 존재하게 된다고 믿게 할 수 있는 어떤 힘이 존재합니다. 그럼에도 불구하고 당신이 조금 후에도 의심할 수 없을 만큼 필연적으로 존재하게 되 302
는 것은 아닙니다. 왜냐하면 당신의 힘이, 그것이 무엇이든, 당신의 자연적 상태가(*naturalis constitutio*) 모든, 내적 원인이든 외적 원인이든, 파괴적 원인을 막을 수 있을 정도에까지 미치지는 않기 때문입니다. 그리고 이 때문에 〔정신인〕 당신이 자신을 새롭게 창조하는 힘을 가지고 있기 때문이 아니라, 당신을 파괴하는 원인이 나타나지 않는 한 당신이 존재하도록 할 수 있는 힘을 가지고 있기 때문입니다. "당신은 당신 자신과는 다른 어떤 존재에 의존해 있다"[69] 고 당신이 추론하는 것과 관련해서 이야기해 보도록 하죠. 당신의 추론은 옳습니다. 단지 당신이 그것에 의해 새롭게 창조되는 것이 아니라 그것에 의해 일찍이 창조되었다는 의미에서 말입니다. 당신은 이에 더해

67) 49쪽 9~11번째 줄 참조.

68) 49쪽 12~18번째 줄 참조.

69) 49쪽 19~20번째 줄 참조.

"당신의 부모나 다른 어떤 임의의 원인들이 그러한 존재일 수 없다"고 합니다. 그러나 당신이 그들에 의해 신체와 함께 생산된 것이라는 사실이 아주 명백함에도 불구하고, 무엇 때문에 당신의 부모가 그러한 존재일 수 없습니까? 이에 기여하는 태양이나 그 밖의 원인들에 대해서는 말하지 않겠습니다. "그러나 당신은 나는 생각하는 것이며 신의 관념을 내 안에 가지고 있다"고 합니다. 그런데 당신의 부모 혹은 그들의 정신들 역시 생각하는 그리고 신의 관념을 가지고 있는 것 아닙니까? 이 때문에 당신은 앞서 당신이 했던 말을, 즉 "원인 속에는 적어도 결과 속에 있는 만큼의 〔실재성〕이 있어야 한다"[70] 라는 말을 여기서 밀어붙이면 안 됩니다. 당신은 "만일 신이 아닌 다른 것이 원인이라면, 그것이 자기 자신으로부터가 아니면 다른 원인으로부터 존재하는 것인지를 물을 수 있다. 만일 그것이 자기 자신으로부터 존재하는 것이라면, 그것은 신일 것이다. 만일 그것이 다른 원인으로부터 존재하는 것이라면, 자기 자신으로부터 존재하는 것에 이를 때까지, 즉 신에 이를 때까지 계속 물어갈 수 있다. 왜냐하면 그것이 무한까지 계속되지는 않기 때문이다"[71] 라고 주장합니다. 그런데 만일 부모가 원인이었다면, 그 원인은 자기 자신으로부터가 아닌 다른 원인으로부터 존재할 수밖에 없었습니다. 그리고 이 다른 원인은 다시금 또 다른 원인으로부터 존재하고 이는 무한히 진행될 것입니다. 그리고 세계가 언제 존재하기 시작한 것이며 따라서 부모를 갖지 않은 최초의 부모가 있었다는 것을 함께 입증하지 않는다면, 당신은 그러한 무한 진행이 불합리하다는 것을 입증하지 못한 것입니다. 그런 무한 진행은 앞의 원인이 작용하지 않고서는 뒤의 원인이 작용

70) 49쪽 24~25번째 줄 참조.

71) 49쪽 29번째 줄~50쪽 10번째 줄 참조.

할 수 없도록(*inferior agere sine superior movente non possit*) 서
로 위계적으로 연결되어 있는 원인들간에서만 불합리한 것으
로 보입니다. 손이 미는 막대기에 의해 밀린 돌이 다른 돌을 303
밀듯이, 혹은 사슬의 맨 아래 고리에 어떤 것이 달려 있을 때,
그 고리는 다른 고리에, 또 이 다른 고리는 또 다른 고리에 달
려 있듯이, 우리는 다른 것을 움직이게 하는 어떤 최초의 것,
즉 최초로 움직이는 것에 도달해야 합니다. 그러나 앞의 원인
이 파괴되었음에도 불구하고 그것에 의존해 있는 원인이 남아
서 작용할 수 있게 배열되어 있는 원인들간에서는 불합리한 것
으로 보이지 않습니다. 당신이, 이로부터 "그것이 무한히 진행
되지 않을 것이라는 사실은 아주 분명하다"[72] 고 할 때, 이것이
최초의 부모가 존재하지 않았다는 것에 대해 그토록 확신했던
아리스토텔레스에게도 과연 그 정도로 분명했는지를 알아야
합니다. 당신은 계속, "여러 부분적 원인들이 당신을 생산하기
위해 서로 협력한 것도 아니며, 그것들로부터 신에 귀속된 다양
한 완전성들에 대한 관념들을 받은 것도 아니다. 왜냐하면 그것
들은 하나이며 유일한 신 안에만 있을 수 있기 때문이다. 단일성
혹은 단순성은 신의 가장 중요한 완전성이다"[73] 라고 주장합니
다. 그럼에도 불구하고, 당신의 원인이 하나이든 그 이상이었
든, 그 때문에 그 원인들이 당신이 하나로〔단일한 관념으로〕 만
들 수 있었던 자신들의 완전성들에 대한 관념들을 당신에게 각
인시켰어야 하는 것이 필연은 아닙니다. 그런데 당신은 이를
기회삼아 만일 〔정신인〕 당신의 원인이 하나 이상이 아니라면
무엇 때문에 적어도 하나 이상의 것들이 존재할 수 있었는지를
묻습니다. 그것들의 완전성들에 감탄하여, 그 모든 완전성들

---

72) 50쪽 7~8번째 줄 참조.
73) 같은 쪽 11번째 줄 등 참조.

을 모두 동시에 지니고 있는 것(*rem*, *res*)을 축복받은 것으로 당신이 간주한 완전성들을 지닌 것들이 다수 존재할 수 있었는지를 말입니다. 당신은 시인들이 판도라를 어떻게 기술했는지 알고 있습니다. 다양한 인간들에게서 뛰어난 지식과 지혜와 정의와 불변함과 힘과 건강과 아름다움과 행복과 항구성 등에 감탄한 당신이 무엇 때문에 이 모든 것들을 하나로 만들 수 없었겠습니까? 또 무엇 때문에, 만일 어떤 사람이 이 모든 것을 동시에 다 가지고 있다면, 그 사람을 우러러보아야 한다고 생각할 수 없었겠습니까? 무엇 때문에 당신이, 우리가 그를 더 우러러보도록 하기 위해서, 그 모든 완전성들을 다양한 단계
304 를 거쳐 점차적으로 증가시킬 수 없었겠습니까? 그의 지식과 힘과 항구성 등에 모자람이 없어 더 보탤 것이 없어서, 그가 전지하고 전능하며 영원한 것 등이 될 때까지 말입니다. 그러한 완전성들이 인간의 본성에 속할 수 없다는 것을 알고 있었음에도 불구하고, 무엇 때문에 당신은 그 완전성들이 속한 본성이 있다면, 그 본성은 축복받은 본성일 것이라고 생각할 수 없었겠습니까? 무엇 때문에 그러한 본성이 있는지 없는지가 탐구될 만한 가치가 있는 것이라고 생각할 수 없었겠습니까? 무엇 때문에 당신이 논증들에 의거하여 그런 것이 존재하지 않는다는 것보다는 존재한다는 것을 더 합리적인 것으로 여기게끔 될 수 없었겠습니까? 무엇 때문에 그것에게서 물질성이나 한계성 등과 같이 불완전성을 의미하는 것들을 떼어 낼 수 없었겠습니까? 실제로 대부분의 사람들은 그렇게 한 것처럼 생각됩니다. 그렇지만 다양한 추론방식과 단계가 존재하기 때문에, 비록 어떤 사람들은 신을 물질적인 것으로, 또 어떤 사람들은 신을 인간 지체를 지닌 것으로, 또 어떤 사람들은 신을 유일한 것이 아닌 여럿으로, 또 어떤 사람들은 신을 여타의 것

—너무 세속적인 것이긴 하지만—들로 남겨 두었지만 말입니다. "단일성이라는 완전성과 관련해서", 신에 귀속된 모든 완전성들을 아주 긴밀하게 결합된 그리고 분리될 수 없는 것으로 파악하는 것은 모순이 아닙니다. 이미 말한 바와 같이, 그 완전성들에 대해 당신이 가지고 있는 관념이 신에 의해 당신 안에 놓인 것이 아니라 당신이 본 사물들로부터 끌어내어 확장한 관념이더라도 말입니다. 사람들은 판도라나 모든 재능들과 완전성들을 갖춘 신이나 국가나 완전한 웅변가 등을 그런 식으로 〔마음속에〕 그리는 것입니다. 끝으로, "당신이 존재하고 또 가장 완전한 존재에 대한 관념을 당신 안에 가지고 있다는 것으로부터" "신이 존재한다는 것이 아주 분명하게 증명된다"고 당신은 결론짓습니다. 그러나 그 결론이, 즉 "신이 존재한다"는 것이 참임에도 불구하고, 당신이 그 결론을 아주 분명하게 증명했다는 것이 당신의 주장들로 입증되지는 않습니다.

10. 당신은 이렇게 주장합니다. "이제 남아 있는 것은 내가
어떻게 그 관념(신에 대한 관념)을 신에게서 받았는가 하는 문제
를 검토하는 것이다. 나는 그 관념을 감각으로부터 끌어내지 않
았고 또 내가 만든 것도 아니다(나는 그 관념에서 어떤 것을 뺄
수도 없고, 보탤 수도 없기에 말이다). 그렇다면 남은 것은 나 자 305
신에 대한 관념이 나에게 본유적이듯이, 그 관념도 본유적이라는
것이다"[74] 라고 말입니다. 그러나 나는 어떻게 당신이 그 관념을 부분적으로는 감각에서 얻을 수 있었고, 부분적으로는 만들 수 있었는지에 대해서 이미 여러 차례 설명한 바가 있습니다. "당신이 그 관념에 어떤 것을 보태거나 뺄 수 없다"고 하는 것과 관련해서, 당신이 처음부터 똑같이 완전한 관념을 가지고 있지 않았다는 것을 생각하십시오. 당신이 신에 대해 아직

74) 51쪽 6~14번째 줄 참조.

모르는 어떤 것들을 당신에게 알려 줄 수 있는 인간이나 천사 혹은 당신보다 더 학식이 높은 다른 본성들이 있을 수 있다는 것을 생각하십시오. 이 생에서든 혹은 다른 생에서든, 적어도 신은 당신이 지금 신에 대해 알고 있는 것은 그것이 무엇이든 허망한 것이라고 생각할 수 있을 정도로 당신을 가르칠 수 있으며 또 당신에게 그것에 상응하는 명석함을 줄 수 있다는 것을 생각하십시오. 그것이 무엇이든, 피조물의 완전성들에서 신의 완전성들에 대한 인식으로의 상승이 일어날 수 있다는 것을 생각하십시오. 그 모든 완전성들이 한순간에 인식되는 것이 아니라 나날이 점점 더 많이 발견될 수 있는 것이듯, 우리가 신에 대한 관념을 한순간에 완전한 것으로서 가질 수 있는 것이 아니라 나날이 점점 더 완전한 것으로서 가질 수 있다는 것을 생각하십시오. 당신은 이렇게 이어갑니다. "예술가가 자신의 작품에 표식을 각인해 놓듯이, 신이 나를 창조할 때 내 안에 그 관념을 심어놓았다는 것은 전혀 놀랄 일이 아니다. 또 이 표식이 작품 자체와 전혀 다른 것일 필요도 없다. 오히려 신이 나를 창조했다는 이 한 가지 사실로부터, 나는 어느 정도 신의 형상 및 그와 유사한 모습으로 만들어졌다는 것, 또 신에 대한 관념 속에 포함되어 있는 이 유사한 모습은 내가 나 자신을 지각하는 것과 동일한 능력에 의해 지각된다는 것은 아주 믿을 만한 것이다. 다시 말해, 내가 나 자신에 대해 생각할 때, 나는 나 자신을 불완전하고, 다른 것에 의존하며, 끊임없이 더 크고 더 좋은 것을 원하는 것으로 인식할 뿐만 아니라, 동시에 내가 의존하는 것이 그 자신 속에 더 큰 그러한 모든 것들을 무한정적으로, 또 단지 가능적으로가 아니라 실제로 무한하게 가지고 있다는 것
306 을 인식한다. 즉, 그것이 신임을 인식한다"[75] 고 말입니다. 아주

75) 51쪽 15~29번째 줄 참조.

훌륭합니다. 나는 그것들이 사실이 아니라고 반박하고 싶지는 않습니다. 그러나 그럼에도 불구하고 나는 그것들이 도대체 어디에서 입증되었는지를 묻고 싶습니다. 이를 그냥 넘어가기 위해, 나는 이렇게 묻고 싶습니다. "만일 예술가가 자신의 작품에 각인해 놓은 표식처럼 신에 대한 관념이 당신 안에 있다면", 그것은 도대체 어떤 형태의 각인입니까? 그 표식의 형상은 어떻습니까? 당신은 그것을 어떻게 식별합니까? "만일 그것이 작품이나 대상 그 자체와 다른 것이 아니라면", 〔정신인〕 당신 자신이 그 관념입니까? 당신 자신이 사유의 양태에 불과합니까? 당신 자신이 각인된 표식이고 또 각인의 주체입니까? 당신은 "당신이 신의 형상 및 그와 유사한 모습으로 만들어졌다는 것은 믿을 만하다"고 말합니다. 종교적 신념에 의거한다면 그것은 사실 믿을 만한 것입니다. 그러나 당신이 신을 인간의 모습으로 만들지 않는 한, 어떻게 자연적 이성을 통해서 그것을 인식하는 것이 가능합니까? 그리고 그 유사성은 어디에 놓여 있습니까? 당신이 먼지나 재임에도 불구하고, 당신은 자신이 영원한, 비물질적인, 위대한, 가장 완전한, 가장 영광스러운, 그리고 — 이것이 가장 중요한 점인데 — 전혀 볼 수 없을 뿐더러 전혀 파악할 수도 없는 본성과 유사하다고 가정할 수 있다는 말입니까? 아니면 당신이 그 본성을 얼굴을 보고 안 것이란 말입니까? 그래서 당신이 자신과 그것을 비교하여 당신이 그것과 유사하다고 주장할 수 있게끔 말입니다. "당신은 신이 당신을 창조했기 때문에, 그것이 믿을 만하다고 주장합니다." 그러나 오히려 바로 그 때문에 그것이 믿을 만하지 않은 것입니다. 왜냐하면 작품을 만드는 사람이 자신의 본성을 작품에 전달함으로써 작품이 만들어지는 것이 아니라면, 작품이 작품을 만드는 사람과 유사할 수 없기 때문입니다. 그런데 신이 당신을 이런 식으로 만든 것이 아닙니다. 당신은 그의 자식이 아니며 그의 본성에 관여해 있지도 않습니다. 당신은 단지 그에 의해 창조된 것일 뿐입니다. 다시 말해서, 관념에 따라 그에 의해 만들어진 것일 뿐입니다. 따라서 당신은 집이 미장이와 유사한 것보다 당신이 신과 더 유사하다고 할 수 없습니다. 그렇다면 당신이 신에 의해 창조되었다는 것을 가정하더라도 당신은 아직 당신이 신과 유사하다는 것을 입증하지는 못한 것입니다. "당신이 당신을 불완전하고, 다른 것에 의존하는, 끊임없이 더 크고 더 좋은 것을 원하는 것으로 인식하는 동안, 당신은 그 유
307 사성을 지각한다"고 주장합니다. 그런데 무엇 때문에 그것이 오히려 비유사성에 대한 논증일 수는 없습니까? 가장 위대하고 가장 선한 신은 〔당신과는〕 반대로 가장 완전하고 가장 자족적일 텐데 말입니다. 당신이 자신을 의존적인 것으로 인식하기 때문에, 당신이 의존하는 것이 당신 부모와 다른 것이라는 것을 인식하는 것은 아니라는 것과 혹, 만일 당신이 그것이 부모와 다른 것이라는 것을 인식한다면, 당신이 그것과 유사하다고 믿을 하등의 이유가 없다는 것은 그냥 넘어가고자 합니다. 또 놀랍게도 왜 당신 이외의 사람 혹은 정신들이 당신이 인식한 것과 똑같은 것을 인식하지 못했는지 하는 것도 그냥 넘어가고자 합니다. 그것이 특히 놀라운 이유는 신이 그들에게 당신에게처럼 자기 자신에 대한 관념을 각인시켜 놓았다는 것을 그들이 믿지 않을 이유가 없기 때문입니다. 이 하나만으로도 신에 의해 각인된 관념이 없다는 것이 논증됩니다. 왜냐하면 만일 신에 의해 각인된 관념이 있다면, 모든 사람들에게 하나의 동일한 관념이 각인되었을 것이며, 따라서 모든 사람들이 신을 유사한 형상이나 모습으로(*forma ac specie*, *forma ac species*) 파악할 것이고, 신에게 동일한 것을 귀속시킬 것이며,

신에 대해 동일한 생각을 가질 것이기 때문입니다. 그러나 사실은 그 반대임이 아주 잘 알려져 있습니다. 그냥 넘어가고자 했음에도 너무 많은 이야기를 하고 만 꼴이 된 것 같습니다.

〈제 4성찰〉 참과 거짓에 관하여

1. 〈제 4성찰〉에서 당신은 처음에 당신이 이전 성찰들에서 증명했다고 믿는 것들을 열거합니다. 그리고 앞으로 더 나아갈 수 있는 길이 그것들에 의해 닦여졌다고 가정합니다. 쓸데없이 지체하지 않기 위해, 나는 여기서 당신이 그것들을 더 확실하게 증명했어야 한다고 고집하지 않으렵니다. 선입견에 빠진 채 논의를 진행하지 않기 위해서는, 동의된 것이 무엇이고 그렇지 않은 것이 무엇인지를 당신이 기억하는 것으로 충분합니다.

그후 당신은 "신이 당신을 속일 수 없다"[76] 고 결론짓습니다. 308
그리고 당신이 신에게서 받은 속임을 당하는 혹은 오류에 노출되어 있는 능력을 정당화하기 위해서, 당신은 그 탓을 "무"(無)에 돌립니다. 즉, 당신이 "그것에 대한 관념이 당신에게 나타난다고 하는, 당신이 그것에 관여하고 있다고 하는, 그리고 당신이 그것과 신 사이에 놓여 있다고 가정하는 무에"[77] 말입니다. 이는 멋진 사유입니다. 당신이 어떻게 우리가 무에 대한 관념을 갖고 있으며, 또 그 관념이 어떠한 것인지, 그리고 어떻게 우리가 그것의 일부를 지니고 있는지 등을 설명할 수 없다는 점은 그냥 넘어가고자 합니다. 나는 단지 그러한 구분을 통해서

76) 53쪽 23~24번째 줄 참조.

77) 54쪽 12~17번째 줄과 21~22번째 줄 참조.

신이 인간에게 오류로부터 자유로운 능력을 줄 수 있었다는 가능성이 배제될 수 없다는 점에 주목할 뿐입니다. 왜냐하면 비록 우리에게 무한한 능력을 주지 않았더라도, 신이 우리에게 오류를 범하지 않는 종류의 능력을 줄 수는 있었기 때문입니다. 따라서 자기가 아는 것은 자기가 명석하게 지각하는, 그리고 자기가 알지 못하는 것을 이렇다 저렇다 하지 않는 능력을 말입니다.

당신 자신에게 이런 문제를 제기하면서, "당신이 이해하지 못하는 일들을 신이 일어나도록 한다고 해서 놀라서는 안 된다"[78] 고 당신은 생각합니다. 옳은 생각입니다. 그러나 당신 안에 전지하고 전능하며 최고로 선한 신을 표상하는 참된 관념이 있다는 것, 그럼에도 불구하고 당신이 모든 면에서 절대적이지 않은 신의 작품들을 본다는 것은 놀라운 일입니다. 따라서 그것들을 더 완전하게 만들 수 있었음에도 불구하고 그렇게 하지 않았다는 것은 적어도, 신이 그것을 몰랐든지 아니면 할 수 없었든지 또는 원하지 않았든지라는 것에 대한 증거처럼 생각됩니다. 그렇다면 신은 불완전한 것입니다. 그것이 신이 알면서도 그리고 할 수 있으면서도 신이 원하지 않은 것이었다면, 신은 완전성보다 불완전성에 더 높은 지위를 부여한 것이라는 점에서 말입니다.

"자연학적 고찰에서 목적인들의 사용을 거부하는 것"과 관련해서,[79] 혹 다른 상황에서는 그것이 잘한 것일 수도 있었을 것
309 입니다. 그러나 신에 관해 논할 때는, 아주 뛰어난 논증을 거부하지 않도록, 즉 그것으로써 신성한 지혜와 예견과 힘이 따라서 그 존재가 자연의 빛에 의해 확실시될 수 있는 논증을 거

78) 55쪽 14~16번째 줄 참조.

79) 같은 쪽 23~25번째 줄 참조.

부하지 않도록 조심해야 합니다. 세계 전체, 하늘과 세계의 중요한 부분들을 그냥 넘어가기 위해, 나는 이렇게 묻겠습니다. 무슨 근거로 혹은 어떻게 당신이 행성들에서, 동물들에서, 인간들에서, 당신 자신에서(또는 당신의 신체에서) 신과의 유사성을 드러내는 부분들을 사용해서 논증하는 것보다 더 잘 논증할 수 있겠습니까? 실제로 나는 위대한 사람들이 인간 신체에 대한 해부학적 고찰로부터 신에 대한 앎에 이를 뿐만 아니라, 신에 대한 찬송을 하는 것도 봅니다. 그 용도에 맞추어 인간 신체의 모든 부분들을 너무나도 잘 선택하였고 또 잘 짜 맞춘 까닭에 신은 그의 비교할 수 없는 능숙함과 예견으로 말미암아 칭송되어야 합니다.

당신은 그러한 구조와 배치의(*huiusmodi formae ac situs*) 자연적 원인들이 존재하며 이것들이 탐구되어야 한다고 주장합니다. 또한 작용원리나 물질(*agens aut materiam, agens aut materia*)에 호소하지 않고 목적에 호소하는 사람들을 허황된 사람들이라고 합니다. 그러나 죽음을 면치 못하는 인간들은 어떤 작용원리가 심장의 심방들의 혈관 입구에 설치되어 있는 판막들을 우리가 관찰하는 바대로 만들고 짜 맞추었는지를 인식할 수도 그리고 아직 설명할 수도 없습니다. 그리고 그 작용원리가 어떤 조건을 갖추었는지, 그 판막들을 이루고 있는 물질들을 어디에서 얻는지, 자기 자신을 어떻게 작동하게 하는지, 어떤 기관들을 사용하는지, 그 기관들을 어떻게 사용하는지, 그리고 그 판막들을 그런 온도로, 그렇게 일관되게, 그렇게 적합하게, 그렇게 유연하게, 그런 크기로, 그런 모양으로, 그런 위치에 있도록 하는 데 필요한 것이 무엇인지를 인식할 수도 또 아직 설명할 수도 없습니다. 어떤 의사도 이런저런 것들을 꿰뚫어 볼 수도 또 설명할 수도 없다면, 적어도 판막들의 아주 뛰어난 용도와 그 판막들을 그런 용도에 맞게 설치한 이루 말할 수 없는 예견에 대해 그가 감탄하지 않을 특별한 이유가 있습니까? 만일 그가 필연적으로 제 1원인이 인정되어야 한다는 것을 인식한다면, 즉 그 모든 것들을 가장 현명하게 그리고 목적에 가장 알맞게 배치한 제 1원인이 필연적으로 인정되어야 한다는 것을 인식한다면, 그가 그 때문에 칭찬을 받을 수 없는 이유가 무엇입니까?

당신은 “신의 목적들을 탐구하는 것은 주제넘은 짓이다”[80] 라고 합니다. 만일 신이 자신의 목적들이 감추어진 채로 남아 있길 원했고 그래서 그것에 대한 탐구를 방해했다면, 당신의 말은 옳을 수 있습니다. 그러나 그럼에도 불구하고, 만일 신이 자신의 목적들을 마치 공짜인 듯 제시했고, 따라서 그것들이 큰 노력 없이 알려지는 것이라면, 그리고 그 밖에도 그것들이 주인으로서의 신에게 커다란 칭송이 돌려져야 하는 종류의 것이라면, 당연히 사정이 다릅니다.

아마 당신은 각자 안에 놓여 있는 신에 대한 관념이 신에 대한 참된 관념을 갖는 데에, 그리고 신의 예견에 대한 앎을 갖는 데에 충분하다고 할 것입니다. 사물들의 목적이나 여타의 것과는 전혀 상관이 없이 말입니다. 그러나 모든 사람들이 당신처럼 태어날 때부터 그 관념을 그렇게 완전한 것으로 가지고 태어나는, 또는 그렇게 아주 명석하게 제시된 관념을 바라보는 행운을 누리는 것은 아닙니다. 이 때문에 신에게서 그처럼 크고 예리한 통찰력을 받지 못한 사람들이 예술작품들에 대한 고찰을 통해 그 창조자를 인식하고 기린다고 해서 그들을 나무라서는 안 됩니다. 나는 그것이 그 관념의 사용을 허용하지 않

80) 55쪽 25~26번째 줄 참조.

게끔 하는 것은 아니라는 점을 거론하고 싶지는 않습니다. 만일 당신이 진실을 말하길 원한다면, 일반적으로 그 관념은 당신이 적잖이—거의 다라고 하고 싶지는 않습니다만—신세를 지고 있는 인식, 즉 대상들에 대한 인식으로부터 만들어지는 것이라고 여겨집니다. 그래서 나는 당신에게 다음을 묻고 싶습니다. 만일 〔정신인〕 당신이 신체로 들어간 때부터 지금까지 눈도 멀고 귀도 먹고, 어떤 외감도 없는 신체 안에 머물러 있었다면, 당신은 자신이 과연 어디까지 나아갔었으리라고 생각하십니까? 이 세계(*rerum universitatem, rerum universitas*) 혹은 그것이 무엇이든 외부에 존재하는 어떤 것을 지각했을까요? 당신에게 있는 모든 내적인 것들을 성찰하면서 그리고 이런저런 생각을 하면서, 오랜 시간을 낭비하지 않았겠습니까? 어떻게 당신이 자신과 신에 대한 관념을 가지게 되었는지를 솔직히 말해 보십시오. 그리고 솔직히 기술해 보십시오.

2. 당신은 이런 해결책을 제시합니다. 즉, "불완전한 것으로 보이는 피조물은 어떤 전체로서가 아닌 세계의 한 부분으로서 고찰되어야 하며, 그 불완전한 피조물은 그런 연관 속에서 완전한 것이 된다"[81]는 해결책을 말입니다. 이는 사실 칭찬받아야 할 311
구분입니다. 그러나 우리는 전체의 온전성(*integritate totius, integritas totius*)과 비교되는 부분의 불완전성에 대해서가 아니라, 자기 자신에서는 어떤 전체이자 특별한 과제를 수행하는 부분의 불완전성에 대해 논하고 있습니다. 당신이 이를 세계와 연관시키더라도, 어려움은 항시 늘 존재하게 됩니다. 만일 세계의 모든 부분들이 지금보다 더 완전한 것으로 존재했었다면, 그 세계는 그 부분들이 불완전한 것으로 존재하는 지금의 세계

---

81) 55쪽 30번째 줄~56쪽 2번째 줄 참조.

보다 더 완전한 것으로 되지 않았을까요? 모든 국민들이 좋은 국민들인 국가가 대부분의 국민들이 나쁜 국민들인 국가보다 더 완전하게 되는 것과 마찬가지로 말입니다.

이 때문에 그리고 당신이 나중에 "세계의 어떤 부분들이 오류에 노출되어 있기 때문에, 이 세계는 모든 부분들이 서로 비슷한 세계보다 완전성이 더 크다"[82] 라고 주장하기 때문에, 마치 일부 국민들이 나쁜 국민들이기 때문에 그 국가의 완전성이 모든 국민들이 좋은 국민들인 국가의 완전성보다 더 크다고 당신이 주장하는 것 같습니다. 이로부터 좋은 국민만을 가지는 것이 통치자의 가장 커다란 소망에 상응하는 것일 수밖에 없듯이, 세계의 모든 부분들이 오류로부터 자유롭게 창조되어 오류로부터 자유롭게 되는 것이 세계의 주인의 의도에 상응하는 것일 수밖에 없었을 것이라는 결론이 도출됩니다. 당신은 오류로부터 자유로운 것들의 완전성이 오류에 노출되어 있는 것들과 대비해서 더 커 보일 뿐이라고 주장할 수 있을 것입니다. 그럼에도 불구하고 그것은 오로지 우연일 뿐입니다. 좋은 사람들의 덕이 나쁜 사람들과 대비해서 어느 정도 빛을 발한다 하더라도 말입니다. 따라서 좋은 사람들이 더 빛을 발하도록 일부의 국민들이 나쁜 국민이기를 바라서는 안 되듯이, 오류로부터 자유로운 세계의 어떤 부분들이 더 빛을 발하도록 세계의 어떤
312 부분들이 오류에 노출되어 있었어야만 한다고 생각해서는 안 됩니다.

당신은 "자신이 모든 것 중에서 가장 고귀하고 완전한 역할을 이 세계에서 담당할 것을 신이 원하지 않았다는 것에 대해 불평할 권리가 없다"[83] 고 합니다. 그러나 이것이 무엇 때문에 신이

82) 61쪽 20~23번째 줄 참조.

83) 61쪽 23~26번째 줄 참조.

당신에게 불완전한 역할을 맡기지 않고 완전한 역할들 중 가장 하찮은 완전한 역할을 맡기는 것으로 만족하지 않았는지 하는 의문을 해소해 주지는 못합니다. 모든 국민들에게 중요한 지위를 부여하지 않고 어떤 사람들에게는 중간의 또 어떤 사람들에게는 낮은 지위를 부여하는 것을 통치자의 잘못이라고 탓할 수는 없습니다. 그럼에도 불구하고, 만일 그가 사람들에게 아주 하찮은 일을 하도록 할 뿐만 아니라 나쁜 일까지 하도록 한다면, 그의 잘못을 탓할 수 있을 것입니다.

당신은 "신이 당신에게 준 것보다 더 큰 인식능력을 주어야 했다는 것을 입증할 만한 어떤 근거도 당신이 제시할 수 없다. 그리고 신을 아무리 숙련된 기술자로 생각하더라도, 당신은 신이 몇몇 작품들에게 줄 수 있는 모든 완전성들을 각각의 작품들에게 주어야 했다고 생각하지 않는다"[84]고 합니다. 그러나 내가 한 말은 여전히 유효합니다. 그리고 당신은 무엇 때문에 신이 당신에게 더 큰 인식능력을 주지 않았는가 하는 문제가 무엇 때문에 오류를 범하는 능력을 주었는가 하는 문제보다 더 어려운 문제가 아니라는 것을 알고 있습니다. 그리고 무엇 때문에 최고의 기술자가 자신의 모든 작품들에게 모든 완전성들을 주고자 하지 않는지가 아니라, 무엇 때문에 어떤 작품들에게 불완전성을 주고자 하는지가 논란거리임을 당신은 알고 있습니다.

당신은 "당신이 대상들에 대한 분명한 지각을 통해 오류를 피할 수는 없지만, 시도를 통해, 즉 당신이 분명하게 지각하지 못한 어떤 것에 대해서도 동의하지 않겠다고 당신 자신에게 다짐하는 시도를 통해 오류를 피할 수 있다"[85]고 합니다. 그러나 당신이 항상 그렇게 집중할 수 있더라도, 당신이 판단을 내려야 할 313

84) 56쪽 21~26번째 줄 참조.

85) 61쪽 27번째 줄~62쪽 2번째 줄 참조.

것들을 분명하게 지각하지 못하고 또 오류를 저지를 위험에 부단히 노출되어 있다는 것은 여전히 불완전성을 의미하는 것 아닙니까?

당신은 오류란, "그것이 당신으로부터 기인하고 결여인 한, 활동 그 자체에 존재할 뿐, 당신이 신에게서 받은 능력이나 신에게 의존하는 활동 속에 있는 것은 아니다"[86] 라고 합니다. 그러나 오류가 신에게서 받은 능력 속에 직접적으로 들어 있지 않더라도, 그 능력이 그런 불완전성을 띤 채 창조된 것이라면, 오류를 저지를 수 있다는 것은 그 속에 간접적으로 들어 있는 것입니다. 이 때문에 당신은 "사실 당신에게 어떤 빚도 진 적이 없는 신을 불평할 이유가 없다. 오히려 그럼에도 불구하고 당신에게 그런 좋은 것들을 준 신에게 당신은 감사해야 한다"[87] 고 합니다. 그러나 만일 신이 분명히 알았고, 할 수 있었으며, 또 시샘에 이끌린 것이 아니었다면, 무엇 때문에 더 완전한 것들을 주지 않았는지에 대해 놀랄 만한 이유가 여전히 존재합니다.

당신은 "자신이 오류를 저지르는 행위에 신이 협력하는 것이라고 불평할 이유가 없다. 신에 의존하는 한, 모든 행위들은 참되고 선하다. 그리고 당신이 그런 행위들을 할 수 있다는 것은 그런 행위를 할 수 없다는 것보다 더 커다란 완전성으로서 당신 안에 놓여 있는 것이다. 또한 유일하게 거짓과 죄의 형상적 근거가 놓여 있는 결여가 신의 협력을 필요로 하는 것은 전혀 아니다"[88] 라고 덧붙입니다. 이 구분은 그 세밀함에도 불구하고 전혀 만족스럽지 못합니다. 행위 속에 있고 거짓이며 오류인 결여에 신이 협력하는 것은 아니더라도, 그 행위에는 협력하는 것입

86) 60쪽 7~10번째 줄 참조.
87) 같은 쪽 11~19번째 줄 참조.
88) 같은 쪽 26번째 줄~61쪽 2번째 줄 참조.

니다. 만일 신이 그 행위에 협력하지 않는다면, 그것은 결여가 아닐 것입니다. 이른바 어떤 점에서는 신 자신이 속임을 당할 수 있거나 오류를 저지르는 힘의 주인, 따라서 말하자면, 무능한 힘의 주인입니다. 그렇다면 행위 속에 있는 결함의 책 314
임을 무능한 힘에 묻기보다는, 무능한 힘을 만든 그리고 그 힘을 유능한 힘으로 혹은 더 유능한 힘으로 만들 수 있었음에도 불구하고 만들기를 원하지 않은 주인에게 물어야 한다고 생각됩니다. 조그마한 상자를 여는 데 필요한 열쇠를 커다랗게 만들지 않은 것이 수공업자의 잘못으로 여겨지는 것이 아니라, 열쇠를 작게 만들어 그것을 여는 데 어렵고 불편하게 한 것이 수공업자의 잘못으로 여겨지는 것입니다. 마찬가지로, 신이 나약한 인간에게 판단력을 부여하면서, 모든 것들 또는 아주 많은 혹은 대부분의 것들〔의 인식〕에 충분할 것이라고 생각될 정도의 커다란 능력을 주지 않은 것은 신의 잘못이 아닙니다. 그러나 무엇 때문에 신이 인간이 판단하길 원한 몇 안 되는 것들을 판단하는 데조차 적합하지 않은 혼란한, 불확실한 능력을 인간에게 주었는가 하는 것은 아주 놀라운 일입니다.

3. 따라서 당신은 "당신 안에 있는 거짓이나 오류의 원인이 무엇인지"[89]를 묻습니다. 나는 먼저 무엇 때문에 "당신이 지성을 관념들을 인식하는 유일한 능력이라고" 또는 사물들 자체를 있는 그대로 (*simpliciter*) 긍정하거나 부정하지 않으면서 파악하는 〔유일한〕 능력이라고 부르고, "의지와 자유로운 선택(*liberum arbitrium*)을 판단능력", 즉 긍정하거나 부정하는 혹은 찬성하거나 반대하는 능력이라고 부르는지에 대해서는 여기서 논하지 않겠습니다. 나는 오로지 다음 물음을 제기하고 싶습니다.

89) 58쪽 20번째 줄 참조.

무엇 때문에 당신은 의지 혹은 자유로운 선택의 한계는 전혀 제한하지 않으면서 지성의 한계는 제한하는 것입니까? 내게는 그 두 능력의 활동범위가 동일한 것으로 보이며, 지성의 범위가 적어도 의지의 활동범위보다 더 작아 보이지는 않습니다. 지성이 미처 보지 못한 것에 의지가 이끌리지는 않기 때문에 말입니다.

나는 "적어도 더 작지는 않다"고 했을 뿐입니다. 왜냐하면 지성의 범위가 의지의 범위보다 더 크다고 생각되기 때문입니다. 우리가 파악하지 못한 것, 혹은 관념이 지성에 의해 지각되거나 제시되지 않은 것에 대해서는 의지 혹은 결정이나 판단에 따라서 결과적으로 선택이나 추구나 도피가 〔있을 수〕 없기 때문입니다. 뿐만 아니라 우리가 애매하게 인식하는 많은 것
315 들에 대해서도 판단이나 추구 혹은 도피가 없기 때문입니다. 그리고 판단능력은 자주 불안정합니다. 판단근거들이 동등한 무게를 지니고 있거나 혹 판단근거들이 아예 없을 경우, 우리는 어떠한 판단도 내리지 않습니다. 그 사이에 지성이 판단되지 않은 채 남아 있던 것들을 파악하더라도 말입니다.

당신은 "자신이 부단히 점점 더 커다란 것들을 인식할 수 있고, 지성능력 그 자체를 예로 들자면, 당신이 그 능력에 대한 무한한 관념을 만들 수 있다"[90] 고 합니다. 그런데 이것은 지성이 의지보다 더 제한되어 있지 않음을 논증하는 것입니다. 왜냐하면 그것은 지성이 무한한 대상에까지 미칠 수 있음을 보여주는 것이기 때문입니다. 당신은 "자신의 의지가, 외연적으로는 아니지만 형상적으로는, 신성한 의지에 버금가는 것이라"[91] 고 인정합니다. 그러나 당신이 지성의 형상적 개념을 의지의 형

---

90) 57쪽 2~7번째 줄 참조.

91) 57쪽 11~21번째 줄 참조.

상적 개념과 다르게 정의하지 않았기 때문에, 지성과 관련해서도 똑같은 이야기를 할 수 있는지 알아야 합니다. 지성은 미치지 못하지만 의지는 미칠 수 있는 것이 무엇인지 간단히 말해 보십시오. 따라서 "오류가", 당신이 주장하는 바와 같이, "의지의 활동범위가 지성의 활동범위보다 더 넓고 또 의지가 지성이 지각하지 못하는 것들에 대해 판단하는 데에서 비롯되는 것"[92] 이라고 생각되지 않습니다. 오류는, 그 두 능력의 활동범위가 똑같음에도 불구하고, 지성이 어떤 것을 잘 지각하지 못하고 또 의지가 잘 판단하지 못하는 데에서 비롯되는 것으로 생각됩니다.

이 때문에 당신이 의지의 활동범위를 지성의 활동범위 너머로 확장시켜야 할 하등의 이유가 없습니다. 의지는 지성이 지각하지 못하는 것들에 대해서는 판단을 내리지 못하며, 또 지성이 제대로 지각하지 못하는 것에 대해서도 제대로 판단을 내리지 못하기 때문입니다.

대상들의 존재에 대한 당신의 증명(*ratiocinium*)과 관련해서 316
당신은 "당신 자신을"[93] 예로 삼습니다. 당신 자신의 존재에 대한 판단과 관련해서는 그 예가 일리 있습니다. 하지만 다른 대상들과 관련해서는 그렇지 않아 보입니다. 당신이 무슨 말을 하든, 좀더 자세히 말하자면, 장난을 치는 것이더라도, 실제로 당신이 다른 대상들의 존재를 의심할 수는 없습니다. 당신은 전적으로 당신 이외의 그리고 당신과 다른 어떤 것이 존재한다고 판단하고 있을 것입니다. 왜냐하면 당신은 당신 이외의 그리고 당신과 다른 어떤 것을 이미 알고 있기 때문에 말입니다. 당신이 "어느 하나를 다른 하나보다 더 확신시켜주는 어

---

92) 58쪽 20~23번째 줄 참조.

93) 58쪽 26번째 줄 참조.

떤 근거도 나타나지 않는다"[94] 고 가정하는 것과 관련해서 이야기해 보겠습니다. 당신이 그렇게 가정할 수는 있습니다. 그러나 그와 동시에 어떤 판단도 뒤따르지 않게 된다고 가정해서는 안 됩니다. 오히려 당신은 어느 한쪽에서 다른 한쪽에서보다 더 커다란 개연성이 지성에 나타날 때까지 의지가 항상 비결정적 상태로 남아 있게 되고, 따라서 어떤 판단도 내리지 않게 된다고 가정해야 합니다.

더 나아가 당신은 다음과 같이 말합니다. 즉, "이러한 비결정성은 충분하리만큼 분명하게 인식되지 못한 것들에까지 미친다. 그래서 개연적 추측이 당신을 어느 한쪽으로 몰고 가더라도, 그 개연적 추측이 추측이라는 데에 대한 인식이 당신으로 하여금 그 반대의 것에 동의하도록 할 수 있다"[95] 고 합니다. (그러나) 이는 결코 사실처럼 보이지 않습니다. 물론 개연적 추측만이 존재한다는 것에 대한 인식은 당신으로 하여금 어느 정도의 두려움과 주저함을 가지고 그 개연적 추측이 당신을 이끄는 쪽으로 판단을 내리도록 하게 될 것입니다. 하지만 같은 정도의 개연성을 가지고 있는 것이 아니라 그보다 더 커다란 개연성을 지닌 추측이 생기지 않은 다음에는, 당신으로 하여금 상반된 판단을 하도록 하지는 않을 것입니다.

당신은 이렇게 덧붙입니다. "당신이 가장 참된 것이라고 믿어온 것들을 거짓이라고 가정한 지난 며칠 동안 그것을 경험했
317 다"[96] 고 말입니다. 이와 관련해서, 당신은 그것이 당신에게 인정되지 않았었다는 것을 기억해야 합니다. 왜냐하면 실제로 당신은 자신이 태양과 땅과 인간과 여타의 것들을 보지 못했다

94) 59쪽 10~12번째 줄 참조.

95) 같은 쪽 15~23번째 줄 참조.

96) 59쪽 23~27번째 줄 참조.

는 것을, 소리를 듣지 못했다는 것을, 걷지 않았다는 것을, 먹지 않았다는 것을, 쓰지 않았다는 것을, 말하지 않았다는 것을(물론 신체나 신체기관을 사용하지 않았다는 것을), 그리고 여타의 것들을 하지 않았다는 것을 감각하거나 당신 자신에게 확신시킬 수 없었습니다.

끝으로, 그러므로 "오류의 본질"(*forma erroris*)이, 당신이 주장하듯이, "자유로운 선택(*liberi arbitrii*, *liberum arbitrium*)의 잘못된 사용에 있다고 여겨지기"보다는, 판단된 대상과 판단 간의 불일치(*dissonantia*)에 있다고 여겨집니다. 지성이 대상을 있는 그대로 파악하지 못하기 때문에 생기는 불일치에 말입니다. 이 때문에 올바르지 못하게 판단하는 것이 선택의 책임이라기보다는 오히려 제대로 증명하지 못하는 것이 지성의 책임이라고 생각됩니다. 지성에 대한 선택의 의존성은 이렇다고 생각됩니다. 지성이 어떤 것을 명석하게 지각하거나 혹은 명석하게 지각하는 것처럼 보일 경우, 그것이 실제로 참이든 아니면 단지 참이라고 믿어지는 것일 뿐이든, 선택은 확실하게 결정된 판단을 내립니다. 그러나 지성이 어떤 것을 모호하게 지각하거나 모호하게 지각하는 것처럼 보일 경우, 그 안에 진실이 숨어 있든 거짓이 숨어 있든, 선택은 의심스럽고 불확실한 판단을 내립니다. 이로부터 다음의 결과가 도출됩니다. 우리는 오류를 범하지 않도록 애쓰기보다는 오히려 오류 속에 머물러 있지 않도록 애를 쓸 수 있습니다. 그리고 우리는 우리 자신에게 선택을 강요하기보다는 선택이 항상 따르게 되는 보다 명석한 앎에 지성을 적용시키면서 우리의 판단들을(*propria judicia*) 저울질해야 합니다.

4. 당신은 이 성찰〔〈제 4성찰〉〕에서 당신이 얻을 수 있는 결실을 강조하면서, 또 "진리에 도달하기 위해 무엇을 해야 하는

지를 규정하면서 이 성찰을 마칩니다. 즉, 당신이 완전하게 인식한 것에 충분히 주의를 기울이고, 이것을 애매모호하게 파악한 것과 분리하기만 한다면 당신이 진리에 도달하게 된다"[97] 고 하면서 말입니다.

318 이것은 사실일 뿐만 아니라, 그에 앞선 모든 성찰이 없더라도 이해될 수 있는 그런 종류의 것입니다. 따라서 그에 앞선 모든 성찰이 불필요하게 보입니다. 그럼에도 불구하고, 존경하는 분이시여, 당신은 우리가 속지 않기 위해서는 어떤 것을 명석판명하게 지각해야 하는지의 문제가 우리에게 어려움을 주는 것이 아니라, 어떤 기술이나 방법이 우리에게 허용되어 있는 것인지의 문제가 어려움을 주는 것임을 주목해야 합니다. 즉, 우리가 명석판명한 인식을 가졌다는 것을 그래서 그것이 참이며 우리가 그것과 관련해서 속임을 당하는 일이 일어날 수 없음을 식별할 수 있는 방법이나 기술 말입니다. 나는 처음부터, 아무것도 그보다 더 명석판명할 수 없을 정도로 어떤 것을 명석판명하게 인식한 것처럼 생각되더라도, 우리는 드물지 않게 그것과 관련해서 속임을 당한다고 이의를 제기했습니다. 당신 또한 당신 자신에게 그 같은 반박을 했습니다. 그럼에도 불구하고 나는 여전히 그러한 기술이나 방법을, 당신이 무엇보다도 혼신을 다해서 제시해야 할 기술이나 방법을 학수고대하고 있습니다.

97) 62쪽 21~25번째 줄 참조.

〈제 5성찰〉 물질적인 사물의 본성에 관하여 ; 그리고 다시 신이 존재한다는 것에 관하여

1. 〈제 5성찰〉에서 당신은 처음에 "크기를, 다시 말해서 길이, 너비, 깊이로의 연장을 그리고 마찬가지로 수, 모양, 위치, 운동, 지속을 판명하게 상상한다"[98] 고 합니다. 당신은 자신이 관념들을 가지고 있다고 하는 이 모든 것들 중 모양을, 모양들 중 삼각형을 골라, 그것에 대해 이렇게 말합니다. "내 생각 외부의 세계 어디에도 삼각형이 존재하지 않고, 또 지금까지 존재한 적이 없었다고 하더라도, 이 도형에는 어떤 특정한 본성이 존재한다. 그리고 그 본성은 내가 고안해 낸 것도, 내게 의존하는
것도 아니다. 이는 삼각형의 많은 고유한 성질들, 즉 삼각형의 319
세 각의 합은 두 직각과 같다는 것, 가장 큰 각에는 가장 큰 변이 대응한다는 것 등과 같은 고유한 성질들이 증명될 수 있다는 점으로부터 분명하다. 전에 삼각형을 상상했을 때에 내가 이런 고유한 성질들에 대해 결코 생각해 본 적이 없었을지라도, 나는 지금 이것들을, 내가 그것들을 원하든 원하지 않든, 명석하게 인식하고 있다. 따라서 이것들은 내가 고안해 낸 것일 수 없다."[99] 이 정도가 물질적인 사물의 본성에 대해 당신이 하는 말입니다. 그 뒤에 당신이 덧붙이는 사소한 것들은 그것에 속하는 것들에 불과하기 때문입니다. 나는 여기서 지체하고 싶지 않습니다. 나는 단지 "전능한 신 이외에 어떤 불변하고 영원한 본성을" 확립하는 것이 녹녹한 일이 아닌 듯이 보인다는 점만을 지적하고자 합니다.

---

98) 63쪽 16~21번째 줄 참조.

99) 64쪽 12~24번째 줄 참조.

당신은 자신이 제시하는 것이 학계에서 주장되는 것들에 불과하다고 합니다. 즉, 사물의 본성이나 본질이 영원하다는 것과 그것에 관한 명제들이 영원한 진리에 속한다는 것 말입니다. 그러나 이 또한 녹녹하지 않습니다. 그 밖에도, 사람이 존재하지 않는다면 인간의 본성을 어디에서도 파악할 수 없고, 또 장미가 존재하지 않는다면 장미가 꽃이라고 할 수 없습니다.

사람들은 사물의 본질에 관해 이야기하는 것과 사물의 존재에 관해 이야기하는 것은 서로 별개라고 합니다. 그리고 사물의 존재는 영원하지 않지만, 본질은 영원하다고 합니다. 그러나 만일 사물에게 가장 중요한 것이 본질이라면, 존재를 창조하면서 신이 도대체 어떤 위대한 일을 하는 것입니까? 이 경우 신은 재단사가 사람에게 옷을 입히는 것보다 더 큰 일을 하는 것이 아닙니다. 그렇다면 사람들이 플라톤이 지니고 있는 인간의 본질이 영원하며 신에게 의존해 있지 않다는 것을 어떻게 옹호하게 될까요? 본질이 보편자이듯이, 본질은 영원하며 신에게 의존해 있지 않다고 하게 될까요? 그러나 플라톤은 개별적인 것만 지니고 있습니다. 지성은 플라톤과 소크라테스와 여타의 사람들이 공통적으로 가지고 있는 유사한 본성들을 본 후 이로부터 어떤 공통개념을 추상합니다. 모든 사람들이 일치하는 점으로서의 공통개념을 말입니다. 그래서 그 개념이 모든 사람들에게 적용된다고 인식되는 한, 인간의 보편적 본성 또는 본질로 간주될 수 있는 공통개념을 말입니다. 하지만 그 본성이, 플라톤과 여타의 사람들이 존재하기도 전에 그리
320 고 지성이 추상하기도 전에, 보편적인 것으로 존재해 온 것이라고 설명할 수는 없습니다.

당신은 "인간은 동물이다"라는 명제는 인간이 존재하지 않더

라도, 영원히 참이지 않는가? 하고 반문할 것입니다. 그러나 인간이 존재하게 될 때 인간이 동물일 것이라는 의미가 아닌 한 결코 그 명제가 참이라고 생각되지 않습니다. 다음의 두 명제 사이에는, 즉 "인간이 존재한다"라는 명제와 "인간은 동물이다"라는 명제 간에는 차이가 있을 수 있어 보입니다. 그 차이는 이렇습니다. 즉, 첫 번째 명제에서는 존재가, 두 번째 명제에서는 본질이 더 두드러지게 의미되는 것이라는 차이 말입니다. 그런데 그럼에도 불구하고 첫 번째 명제에서 본질이 배제되는 것은 아니며, 또 두 번째 명제에서 존재가 배제되는 것도 아닙니다. 사람들이 "인간이 존재한다"고 할 때, 사람들은 인간이 동물이라는 것도 의미합니다. 그러나 "인간은 동물이다"라고 할 때는, "존재하는 동안의 인간"만을 의미하는 것입니다. 그 밖에도, "인간은 동물이다"라는 명제가 "플라톤은 인간이다"라는 명제보다 더 필연적인 것은 아니기 때문에, 이 명제는 영원한 진리가 되고 플라톤의 개별적 본질은 인간의 보편적 본질과 마찬가지로 신에게 의존해 있지 않게 됩니다. 이는 여기서 일일이 다루기에는 진부한 여타의 것들과 관련해서도 마찬가지입니다. 그럼에도 불구하고 나는 하나만 더 덧붙이고자 합니다. 사람들이 인간이 동물이지 않으면서 존재할 수 없는 본성을 지니고 있다고 하기 때문에, 그러한 본성이 지성 바깥에 존재하는 어떤 것이라고 상상해서는 안 됩니다. 그들이 말하는 의미는 오로지 어떤 것이 인간이기 위해서는 서로간의 유사성 때문에 인간이라는 동일한 명칭으로 기술되는 여타의 것들과 유사해야 한다는 것입니다. 개별적인 본성들의 유사성 때문에 말입니다. 지성은 그 유사성으로부터 공통개념 혹은 관념을 형성하는 계기를 갖게 되며, 인간이 되는 것은 그것이 무엇이든 그 개념에서 벗어나서는 안 됩니다.

이로부터 나는 당신의 삼각형과 그것의 본성에 대해 똑같은 말을 할 수 있습니다. 삼각형이란 어떤 것이 삼각형이라고 불
321 릴 수 있는 자격이 있는지 여부를 알아보는 데 사용되는 정신적 규칙과 같은 것입니다. 하지만 그 때문에 그러한 삼각형이 어떤 실제적인 것이며, 지성 바깥에 있는 참된 본성이라고 해서는 안 됩니다. 그것은 오로지 지성이 물질적인 삼각형들을 본 후에, 이미 앞서 인간의 본성과 관련해서 이야기한 것처럼, 그것들에 공통적인 것으로 형성한 본성입니다.

그리고 물질적인 삼각형들과 관련하여 증명된 고유한 성질들이 그것들에게 일치하는 이유가 그것들이 이상적인 삼각형(*ideali triangulo*, *idealis triangulus*)으로부터 취해졌기 때문이라고 생각해서도 안 됩니다. 오히려 그 삼각형들이 그러한 성질들을 가지고 있는 것입니다. 이상적인 삼각형이 그러한 성질들을 갖게 되는 것은 오로지 지성이 그 삼각형들을 고찰한 후 그 성질들을 그 이상적인 삼각형에 귀속시켜 나중에 삼각형에 관한 증명을 할 때 그 성질들을 다시 부여하려고 하는 한에서만입니다. 이는 인간 본성의 고유한 성질들이 플라톤 속에 그리고 소크라테스 속에, 마치 이들이 그 고유한 성질들을 보편적 본성으로부터 부여받은 것처럼, 존재하는 것이 아니라는 것과 매한가지입니다. 왜냐하면 보편적 본성이 그 성질들을 갖는 이유는 오히려 지성이 플라톤과 소크라테스를 비롯한 여타의 사람들에게서 그 성질들을 주목한 후 그 본성에 그 성질들을 귀속시켜 차후에 증명이 필요할 때 그들에게 그 성질들을 다시 부여하고자 하기 때문입니다.

지성이 플라톤과 소크라테스 그리고 여타의 모든 이성적인 사람들을 관찰한 후 이로부터 "모든 인간은 이성적이다"라는 보편명제를 이끌어 낸 것이라는 점은 잘 알려져 있습니다. 그리

고 '플라톤이 이성적이다'라는 명제를 입증하고자 할 때, 사람들은 위의 명제를 원리로서 삼단논법에 이끌어 들입니다. 그리고 오 정신이시여! 당신은 다음과 같이 주장합니다. 즉, "당신이 삼각형에 대한 관념을 가지고 있으며, 또 당신이 물체들에서 삼각형이라는 모양을 결코 본 적이 없었더라도, 삼각형에 대한 관념을 가지게 되었을 것이다. 이는 결코 감각을 통해 당신에게 들어온 적이 없는 모양들에 대한 관념을 당신이 상당히 많이 가지고 있는 것과 마찬가지이다"[100] 라고 말입니다.

그러나 내가 앞서 말했듯이, 만일 당신이 지금까지 감각의 모든 기능들을 빼앗겨버린 채 있었다면, 그래서 결코 물체들의 다양한 표면들을 본 적도 또 만진 적도 없었다면, 과연 당 322
신이 삼각형이나 다른 모양에 대한 관념을 가지고 있을 수 있었다고 혹은 당신 속에 만들어 둘 수 있었다고 믿겠습니까? "당신은 감각을 통해 당신에게 들어오지 않은 관념들을 이미 상당히 많이 가지고 있다〔고 합니다〕."[101] 그러나 앞서 말한 바와 같이, 감각을 통해 들어온 관념들로부터 그런 관념들을 만들고 또 다양하게 변형시킬 수 있기 때문에, 당신이 그런 관념들을 가지는 것은 아주 쉬운 일입니다.

이밖에도, 너비를 가지고 있지 않은 세 변으로 이루어져 있으며 또 깊이가 없는 넓이를 가지고 있고, 연장을 지니지 않은 세 점에 의해 경계지어진다고 가정되는 삼각형의 거짓된 본성에 대해서도 논해야 할 것입니다. 그렇지만 이 경우 주제로부터 너무 멀어지게 될 것 같아 생략하고자 합니다.

2. 그후 당신은 신 존재를 증명하고자 하는데, 그 논증의 힘은 다음에 놓여 있습니다. 즉, "주의를 기울인다면, 삼각형의

100) 64쪽 25번째 줄~65쪽 2번째 줄 참조.

101) 64쪽 28~30번째 줄 참조.

세 각의 합이 두 직각이라는 것이 삼각형의 본질과 분리될 수 없고, 골짜기의 관념이 산의 관념과 분리될 수 없듯이, 신의 존재가 신의 본질과 분리될 수 없다는 것 또한 분명하다. 그러므로 존재하지 않는(즉, 어떤 완전성이 빠져 있는) 신을(즉, 가장 완전한 존재를) 생각하는 것은 골짜기 없는 산을 생각하는 것 못지않게 모순이다"[102]에 놓여 있습니다. 그러나 당신의 이런 식의 비교가 그다지 적절한 것은 아님을 주목해야 합니다.

당신이 본질을 존재와 적절히 비교하기는 했습니다. 그러나 그 다음에 당신은 존재와 존재를 비교하거나 고유한 성질과 고유한 성질을 비교하지 않고, 존재와 고유한 성질을 비교합니다. 이로부터 삼각형의 세 각의 합이 두 직각이라는 것이 삼각
323 형의 본질과 분리될 수 없는 것과 마찬가지로 전능함이 신의 본질과 분리될 수 없다는 것이 주장되어야 했다고 생각됩니다. 혹은 삼각형의 본질과 존재가 분리될 수 없는 것처럼 신의 존재가 신의 본질과 분리될 수 없다는 것이 주장되어야 했다고 보입니다. 그렇게 했어야 비록 당신이 신이 필연적으로 존재한다는 것을 증명하지는 못했을지라도, 그 두 비교가 제대로 진행됐을 것이고, 또 첫 번째 비교뿐만 아니라 두 번째 비교 역시 인정됐을 것입니다. 정신이 삼각형의 본질과 존재를 서로 분리하거나 혹은 분리해서 생각하더라도, 삼각형의 본질과 존재가 실제로 서로 분리될 수는 없지만, 삼각형은 필연적으로 존재하는 것이 아닙니다. 이는 신성한 본질과 존재와 관련해서도 마찬가지일 수 있습니다.

둘째, 당신은 존재를 신성한 완전성들 가운데 하나로 간주했지만, 삼각형이나 산의 완전성들 가운데 하나로 간주하지는 않았다는 점에 주목해야 합니다. 이것들과 관련해서도 신의

102) 66쪽 8~15번째 줄 참조.

경우와 마찬가지로, 그리고 각각 나름대로의 방식으로 존재가 완전성이라고 주장될 수 있음에도 불구하고 말입니다. 그러나 신에게서든 다른 어떤 사물에서든 존재는 완전성이 아닙니다. 존재란 그것 없이는 완전성이 존재하지 않는 그런 것입니다.

존재하지 않는 것은 완전성도 또 불완전성도 가지고 있지 않습니다. 그리고 많은 완전성들을 가지고 존재하는 것은 자신의 존재를 그 완전성들 가운데 하나의 개별적 완전성으로서 가지고 있는 것이 아닙니다. 그것은 자신의 존재를 그것으로 인해 완전성들이 존재하듯이 자기 자신도 존재하는 그런 것으로서 가지고 있는 것입니다. 그리고 그것은 그것이 없이는 자기 자신의 존재뿐만 아니라 어떤 완전성도 가지고 있다고 할 수 없는 그런 것으로 가지고 있는 것입니다. 존재가 사물 안에 완전성처럼 존재한다고 하지도 않고, 만일 어떤 사물이 존재를 결하고 있는 경우, 그것이 존재하지 않는다고 하지 불완전한 것(혹은 완전성이 결여된 것)이라고 하지 않는 이유가 바로 그 때문입니다.

당신이 삼각형의 완전성들을 열거하면서 존재를 거론하지 않고, 또 그에 따라 삼각형이 존재한다는 결론을 내리지 않은 것도 바로 그 때문입니다. 마찬가지로 만일 당신이 선결 문제 요구의 오류를 범하지 않고자 했다면, 신이 존재한다는 결론을 내리는 데 신의 완전성들을 열거하면서 존재를 그 안에 포함시켜서는 안 되는 것이었습니다.

당신은 "다른 모든 것들과 관련해서는 존재와 본질이 구분되 324
지만, 신과 관련해서는 그렇지 않다"고 합니다. 그러나 나는 '단지 생각으로만이 아니라면, 플라톤의 존재와 플라톤의 본질이 서로 어떻게 구분됩니까?'라고 묻고 싶습니다. 플라톤이 더 이상 존재하지 않는다고 가정해 보십시오. 그 경우 어디에 그의 존재가 있게 됩니까? 마찬가지로 신의 경우에도 존재와 본질이 단지 생각으로만 구분되는 것 아닙니까?

당신은 당신 자신에게 이렇게 반박합니다. "혹 당신이 골짜기와 더불어 산을 또는 날개달린 말을 생각한다고 해서 그 때문에 산이 존재한다거나 그런 말이 존재한다는 결론이 나오지 않는다. 마찬가지로 당신이 신을 존재하는 것으로 생각하더라도, 이로부터 신이 존재한다는 결론이 나오지 않는다"[103] 고 말입니다. 그리고서 당신은 이 반박에 궤변이 숨겨져 있다는 것을 보이고자 합니다. 그러나 당신이 꾸며낸 궤변을 푸는 것은 어려운 일이 아니었습니다. 특히, 존재하는 신이 존재하지 않는다는 것은 명백한 모순이라고 가정하면서도 인간이나 말과 관련해서는 그런 가정을 하지 않은 채 당신이 꾸며낸 궤변 말입니다.

그러나 만일 당신이 산을 골짜기와 함께 그리고 말을 날개와 함께 받아들였듯이, 신을 전지와 전능 등의 속성들과 함께 받아들였다면, 그 궤변을 푸는 데 어려움이 드러났을 것입니다. 또 당신은 어떻게 가파른 산이나 날개달린 말을, 그것들이 존재한다고 생각하지 않으면서 상상할 수 있는 반면에 전지전능한 신을, 신이 존재한다고 생각하지 않으면서 상상할 수 없는 일이 일어날 수 있는지를 설명하기 위해 혼신의 노력을 기울여야만 했을 것입니다.

당신은 이렇게 주장합니다. "날개가 달린 말을 상상하든 날개가 없는 말을 상상하든 당신 자유지만, 존재가 없는 신을, 즉 최고의 완전성을 가지고 있지 않는 가장 완전한 존재를 생각하는 것은 자유가 아니다"[104] 라고 말입니다. 그러나 이에 덧붙여져야 할 말은 이뿐입니다. 존재를 생각함이 없이 날개가 없는 말

---

103) 66쪽 16~21번째 줄 참조.

104) 67쪽 8~11번째 줄 참조.

을 생각하는 것은 자유입니다. 그리고 만일 존재가 더해지면 존재가, 즉 당신에 따르자면 완전성이 그 말 안에 있게 될 것입니다. 마찬가지로, 존재를 생각하지 않고 전지와 전능과 여타의 완전성들을 가지고 있는 신을 상상하는 것은 자유입니
다. 그리고 만일, 신이 그러한 완전성을 가지게 되면, 신은 325
가장 완전하게 될 것입니다. 날개라는 완전성을 가지고 있는 것으로 생각된 말이 존재를, 즉 당신에 따르자면 특별한 완전성을 가지고 있다고 결론지어지지 않는 이유가 바로 그 때문입니다. 마찬가지로 신이 전지와 여타의 완전성들을 가지고 있는 것으로 생각되기 때문에 신의 존재가 결론지어지는 것이 아닙니다. 신의 존재는 따로 입증되어야 하는 것입니다. 당신은 "가장 완전한 존재에 대한 관념 속에는 존재 또한 여타의 완전성들과 함께 들어 있다"[105]고 주장합니다. 그러나 당신은 입증되어야 할 것을 주장하는 것일 뿐입니다. 즉, 결론을 전제로 삼은 것입니다. 그렇지 않다면 나 역시 완전한 페가수스의 관념 속에는 날개를 가지고 있다는 완전성뿐만 아니라, 존재한다는 완전성도 들어 있다고 할 것입니다. 신이 완전성의 모든 면에서 완전한 것으로 생각되듯이, 페가수스 역시 그의 종 가운데에서 완전한 것으로 생각됩니다. 그리고 전후 관계를 고려해 볼 때, 그 둘 다에 적용될 수 없는 어떤 것이 제기될 수 있다고 보이지 않습니다.

당신은 다음과 같이 말합니다. "삼각형을 생각하면서 삼각형의 세 각의 합이 두 직각과 같음을 생각하는 것은 필연적이지 않다. 나중에 주의 깊게 고찰하는 사람에게 드러나듯이, 그것이 덜 참인 것은 아닐지언정 말이다. 마찬가지로 존재가 생각됨이 없이 신의 다른 완전성들이 생각될 수 있다. 그러나 그 때문에, 존재

105) 67쪽 12~28번째 줄 참조.

가 완전성이라는 점을 주목한다면, 존재가 덜 참된 완전성인 것은 아니다"[106] 라고 말입니다. 그럼에도 불구하고 당신은 사람들이 무슨 말을 하게 될지 잘 알고 있습니다. 그런 고유한 성질이 삼각형 안에 들어 있다는 것을 나중에 알게 되는 이유는 그것이 증명을 통해 입증되기 때문입니다. 마찬가지로 신 안에 존재가 들어 있다는 것을 알기 위해서는 그것이 증명을 통해 입증되어야 합니다. 그렇지 않다면 나는 임의의 것 속에 임의의 것이 들어 있다는 것을 증명하는 데 아무런 어려움도 갖지 않게 될 것입니다.

당신은 이렇게 말합니다. "마치 모든 사각형들이 원에 내접한다고 믿는 것과 마찬가지 방식으로 신에게 모든 완전성들을 귀속
326 시키는 것이 아니다. 왜냐하면 나중에 마름모가 원에 내접하지 못한다는 것을 당신이 파악하기 때문에 당신이 속임을 당하는 것과는 달리, 나중에 존재가 신에 속한다는 것을 파악하기 때문에 당신이 속임을 당하는 것이 아니기 때문이다"[107] 라고 말입니다. 그러나 당신은 완전히 똑같은 방식으로 속임을 당하는 것이라고 생각됩니다. 만일 그렇지 않다면, 당신은 존재가 신과 모순되지 않는다는 것을 반드시 보여야 합니다. 원에 내접한다는 것이 마름모에 모순된다는 것을 보이듯이 말입니다. 당신이 설명하지 않거나 입증하지 않은, 혹은 이미 거론된 것들로부터 해결될 수 있는 것들은 그냥 넘어가고자 합니다. 예를 들자면, "그 본질에 존재가 속하는 것은 신 이외의 아무것도 생각할 수 없다. 둘 또는 그 이상의 그런 신을 생각할 수 없다. 그런 신은 영원히 존재해왔고 또 영원히 존재하게 될 것이다. 당신이 떼어 낼 수도 변화시킬 수도 없는 많은 것들을 신 속에서 지각한

106) 같은 쪽 29번째 줄~68쪽 2번째 줄 참조.

107) 67쪽 12번째 줄 이하 참조.

다는 것"[108] 등과 같은 것들 말입니다. 이런 것들을 옹호하고자 한다면, 그리고 확실한 것으로 갖고자 한다면, 매우 자세하고 주의 깊은 탐구가 필요합니다.

3. 끝으로 당신은 다음과 같이 선언합니다. "모든 지식의 확실성과 진리는 신에 대한 참된 인식에 의존해 있다. 따라서 그런 인식을 가지고 있지 않으면 어떤 확실성도 또 어떤 참된 지식도 가질 수 없다"[109] 고 말입니다. 당신은 예를 들면 다음과 같이 말합니다. "내가 삼각형의 본성을 고찰할 때, 내가 기하학의 원리들에 대해 잘 알고 있는 이상, 삼각형의 세 내각의 합은 두 직각과 같다는 것은 분명히 드러난다. 그리고 나는 내가 그 증명과정에 주목하는 동안에는 그것이 참임을 믿지 않을 수 없다. 그러나 신을 알지 못한다면, 내가 정신을 그 증명과정에서 다른 곳으로 돌리자마자, 그것이 참인지 아닌지를 의심하는 일이 쉽게 일어날 수 있다. 아무리 내가 그것을 아주 명석하게 통찰했음을 기억한다고 할지라도 말이다. 왜냐하면 자연이 내가 아주 분명하게 327
지각하고 있다고 생각하는 것에 대해서조차 가끔 잘못을 저지르도록 나를 만들었을 수도 있다는 것을 나 자신에게 확신시킬 수 있기 때문이다. 이는 내가 처음에 참되고 확실한 것으로 간주했던 것을 나중에 다른 근거에 의해 거짓된 것으로 판단하지 않을 수 없었던 경우가 적지 않았음을 상기해 볼 때 특히 더 그러하다. 그러나 나는 이제 신이 존재한다는 것을 알고 있고, 동시에 다른 모든 것은 신에 의존해 있으며, 신은 기만자가 아니라는 것도 알고 있고, 이로부터 내가 명석판명하게 지각하는 것은 필연적으로 모두 참이라는 결론도 얻었다. 그러므로 내가 비록 이것이(*istud*) 참이라고 판단하게 해준 근거들에 대해 계속 주의하고 있지 않고 단지 명석판명하게 통찰했었다는 기억만을 갖고 있을지라도, 나

108) 68쪽 13~20번째 줄 참조.

109) 69쪽 14~15번째 줄 참조.

로 하여금 그것에 대해 의심하게 할 어떤 근거도 제기될 수 없다. 오히려 나는 그것에 대해 참되고 확실한 지식을 갖는다. 그러나 이것이 다가 아니다. 이는 기하학 및 이와 유사한 것들의 경우처럼 내가 전에 증명했던 기억을 가지고 있는 나머지 모든 것들과 관련해서도 마찬가지이다"[110] 라고 말입니다.

존경하는 분이여, 비록 내가 이 모든 것이 당신의 진심임을 인정하더라도, 당신이 신에 관해 앞서 말한 것들을 증명하기 전에 가지고 있던 기하학적 증명들에 대한 확신이 증명 이후보다 더 적었다는 것에 대해 사람들의 신뢰를 얻기는 어려워 보인다는 것 이외에는 달리 할 말이 없습니다. 왜냐하면 그 증명들은 분명함과 확실성을 띠고 있기 때문에 그 자체로서 동의를 강요하고, 또 일단 지성이 그 증명들을 지각한 후에는, 지성에게 더 이상 지체하는 것을 용납하지 않기 때문입니다. 따라서 지성은 사악한 악령에게 쉽사리 족쇄를 채우게 될 것입니다. (신이 아직 인식되지 않았음에도 불구하고) 당신이 "나는 생각한다. 따라서 나는 존재한다"라는 명제 혹은 추론과 관련해서 당신에게 족쇄가 채워질 수 없음을 그렇게 단호하게 주장했을 때
328 처럼 말입니다. 더욱이 신이 존재한다는 것과 신이 모든 것의 주인이며 또 기만자가 아니라는 것은 그보다 더 참인 것이 없을 만큼 참입니다. 그럼에도 불구하고, 이러한 것들은 기하학적 증명들보다는 덜 분명해 보입니다. 게다가 신의 존재, 사물들의 창조, 그리고 신과 관련된 여타의 것들에 대해 많은 사람들이 논쟁하고 있습니다. 그렇다면 당신이 기하학적 증명들이 그런 것들로부터 분명함과 확실성을 얻는다는 것을 확신시킬 수 있는 사람이 누가 있겠습니까? 누가 디아고라스(Diagoram, Diagoras) 나 테오도루스(Theodorum, Theodorus) 같은 무신론

110) 69쪽 27번째 줄~70쪽 20번째 줄 참조.

자들에게 그런 증명들을 결코 확신시킬 수 없다는 것을 받아들이겠습니까? 당신이 신자들에게 왜 직각삼각형에서 직각의 대변의 곱이 다른 두 변의 곱의 합과 같다는 것을 확신하는지를 물었을 때, "나는 신이 존재한다는 것과 신이 속이지 않는다는 것, 그리고 신이 다른 모든 것들의 주인이듯이 그것의 주인이라는 것을 알고 있다"라고 대답할 자가 얼마나 되겠습니까? 그들은 "나는 그것을 알고 있으며 또 의심할 수 없는 증명에 의해 그것을 확신한다"고 대답하지 않겠습니까? 피타고라스, 플라톤, 아르키메데스, 유클리드 그리고 여타의 수학자들이 훨씬 더 그렇게 대답할 것입니다! 이들 중 그 누구도 수학적 증명들에 대한 아주 커다란 확신을 얻기 위해 신에 대한 생각을 하는 것 같지 않습니다. 그럼에도 불구하고, 당신은 다른 사람들에 대해서가 아니라 당신 자신에 대해 공약하려는 것이고 또 이는 경건한 일이기 때문에, 내가 그것을 문제삼을 이유는 전혀 없습니다.

〈제 6성찰〉
물질적인 사물들의 존재 및 정신과 물체의 실재적 상이성에 관하여

1. 〈제 6성찰〉과 관련해서, 나는 당신이 처음에 한 말, "즉 순수수학의 대상으로서의 물질적 사물들은 존재할 수 있다"[111]
고 하는 말에 대해서는 별다른 언급 없이 넘어가고자 합니다. 329
그러나 물질적 사물들은 순수수학의 대상이 아닌 응용수학(*mixtae matheseos*)의 대상입니다. 그리고 점, 선, 표면, 그리

111) 71쪽 13~15번째 줄 참조.

고 이것들로 이루어진 분할될 수 없는 그리고 분할되지 않은 상태에 있는 것으로서 순수수학의 대상들은 실제로는 존재할 수 없습니다. 나는 단지 당신이 여기서 다시금 "상상력과 지성을 구분한 것"에 머물고자 합니다. 정신이시여!, 이미 앞에서 내가 암시했듯이, 상상력과 지성 이 둘 모두 하나의 동일한 능력의 행위라고 생각됩니다. 그리고 만일 그 둘 사이에 어떤 차이가 있다면, 그 차이는 단지 정도의 차이에 불과한 것으로 보입니다. 이것들이 이제 어떻게 입증되는지 보십시오.

당신은 이에 앞서 "상상한다는 것은 물질적 사물의 모양이나 상을 고찰하는 것(*contemplarie*) 이외의 아무것도 아니다"라고 합니다. 그러나 그곳에서 당신은 "이해한다는 것이 삼각형, 오각형, 천각형, 만각형 등과 같은 물질적 사물들의 모양을 고찰하는 것임을" 부정하지 않습니다. 그리곤 당신은 그 둘 사이에 다음과 같은 차이를 둡니다. 즉, "상상력은 물체에 대한 인식능력의 적용이 동반되지만, 지성은 그러한 적용이나 긴장을 필요로 하지 않는다"는 차이를 말입니다. 따라서 "지성이 간단히 그리고 별다른 노력을 들이지 않으면서 삼각형을 세 각으로 이루어진 도형으로 지각할 때, 당신은 지성이 그것을 이해하는 것이라고" 합니다. 그리고 "당신이 어느 정도의 긴장을 통해 그 도형을 눈앞에 두듯이 하면서 세 각을 고찰하고, 탐구하며, 일일이 그리고 판명하게 인식하고 구분할 때, 당신은 자신이 그 도형을 상상한다"고 합니다. 마찬가지로, "당신은 어떠한 노력도 들이지 않으면서 천각형이 천 개의 각으로 이루어진 도형임을 지각할 수 있습니다. 그럼에도 불구하고 당신은 정신인 당신을 적용시키고 긴장시켜
330 그 도형을 눈앞에 두듯이 하면서 그것의 모든 각들을 일일이 구분할 수 없습니다. 오히려 당신은 만각형이나 이와 유사한 도형들과 관련해서 그런 것처럼 애매한 상태에 처하게 됩니다. 천각

형이나 만각형과 관련된 것은 지성이지 상상력이 아니라고 생각하는 이유가 바로 그 때문입니다."[112]

그럼에도 불구하고 당신이 지성을 삼각형으로까지, 그리고 천각형으로까지 그리하였던 것처럼, 상상력을 확장시키는 데에는 사실 아무런 장애도 없습니다. 당신이 판명하게 파악할 수 없을 정도로 각의 수가 많다는 가정하에, 당신이 그렇게 많은 각을 지닌 도형을 어떻게든 상상하고자 한다면 당신은 무진 애를 써야 합니다. 다른 한편 당신은 천각형이라는 말이 천 개의 각을 지닌 도형을 의미하는 것임을 지각합니다. 그렇지만 그 말은 단지 말의 의미(*vis nominis*)일 뿐입니다. 왜냐하면, 그 때문에 당신이 그 도형에서 천 개의 각을 "상상하는 것이 아니라, 이해하는 것"은 아니기 때문입니다.

판명함과 애매함이란 단계적으로 사라지고 증가하는 것임을 주목해야 됩니다. 당신은 사각형을 삼각형보다 더 애매하게 지각하거나 상상하거나 이해하게 됩니다. 그렇지만 오각형보다는 사각형을 더 판명하게 지각하거나 상상하거나 이해하게 됩니다. 그리고 오각형을 사각형보다는 더 애매하지만 육각형보다는 더 판명하게 지각하거나, 상상하거나, 이해하거나 등은 당신이 당신 자신에게 어떤 것을 명확하게(*diserte*) 제시하지 못할 때까지 계속될 것입니다. 당신이 그것을 명확하게 파악할 수 없기 때문에, 당신은 최대한 긴장을 늦출 것입니다.

이 때문에 만일 당신이 도형을 판명하게 그리고 특정한 감각적 긴장을 동반해서 인식하는 한 그 능력을 상상력인 동시에 지성이라고 부르기를 원한다면, 당신이 그 도형을 단지 애매하게 그리고 거의 긴장하지 않거나 혹은 전혀 긴장하지 않으면

112) 72~73쪽 참조.

서 생각(*specularis, speculari*)할 때에 한해서, 그것을 지성이라
331 고 불러도 될 것입니다. 그러나 이것이 당신이 한 가지 이상의 내적 인식(*internae cognitonis, interna cognitio*)을 설정할 이유가 되지는 않습니다. 당신이 어떤 도형을 그 도형의 각의 수의 많고 적음에 따라 판명하게 혹은 애매하게, 긴장하면서 혹은 긴장하지 않으면서 바라보는 것은 그러한 내적 인식에 단지 부수적으로 속하는 것일 뿐입니다. 우리가 칠각형이나 팔각형 그리고 여타의 그러한 도형들을 천각형이나 만각형에 이르기까지 일일이 점검하고자 하고, 또 판명함이나 부주의함의 정도 차이에 항상 주의를 기울이게 된다면, 어디서 혹은 어떤 도형에서 상상력이 멈추고 지성만 남게 되는지를 이야기하게 될 수 있을까요? 오히려 한 가지 종류의 인식의 연속과 진행만이 드러나게 될 것입니다. 즉, 감각할 수 없을 정도만큼씩 지속적으로 그 판명함과 긴장은 줄어들고 애매함과 부주의함은 늘어나는 한 가지 종류의 인식의 연속과 진행 말입니다. 그렇지 않다면, 당신이 얼마나 지성을 경시하고 상상력을 중시하는지 생각해 보십시오. 당신은 지성에게는 부주의와 애매함을 귀속시키지만, 상상력에는 주의와 판명함을 귀속시킵니다. 그렇다면 당신이 하는 것은 지성을 조롱하고 상상력을 추천하는 것 아닙니까?

그후 당신은 "상상력이, 그것이 이해력과 구분됨에 따라, 당신의 본질에 요구되는 것이 아니다"[113]라고 주장합니다. 그러나 만일 그 둘이 동일한 하나의 능력이며, 이 능력의 기능들이 단지 정도에 따라 다른 것이라면, 어떻게 당신이 그렇게 주장할 수 있습니까?

---

113) 73쪽 5~7번째 줄 참조.

당신은 "정신이 상상할 때는 자신을 물체로 향하게 하며, 이해할 때는 자신을 자신이나 자신 속에 내재되어 있는 관념으로 향하게 한다"[114]고 덧붙입니다. 그러나 만일 정신이 어떤 물질적인 것 혹은 물질적 관념에 의해 표상된 것으로 향하지 않고서는 자신을 자기 자신이나 어떤 관념으로 향하게 할 수 없다면, 어떻게 당신이 그렇게 말할 수 있습니까? 삼각형, 오각형, 천각형, 만각형 그리고 여타의 도형들은 혹은 이것들에 대한 관념들은 전적으로 물질적입니다. 그리고 정신이 이해할 때, 물 332
질적 관념으로서 혹은 물질적인 것들을 대신하는 관념으로서가 아니라면 그 관념들에 주목할 수가 없습니다. 이는 비물질적인 것으로 간주되는 것들의 관념들과 관련해서, 즉 신이나 천사나 인간 영혼 혹은 정신에 대한 관념들과 관련해서도 마찬가지입니다. 우리가 그것들에 대해 가지고 있는 관념들은 어쨌든 물질적 관념이거나 혹은 물질적 관념과 흡사한 것입니다. 내가 앞서 설명했듯이, 그 관념들은 인간의 형상으로부터 아니면 아주 미세하고 단순하며 감각하기 아주 어려운 것들로부터 — 공기나 에테르가 그런 종류의 것인데 — 취해진 관념들입니다. 그러나 나는 "당신이 단지 개연적으로 어떤 물체가 존재한다는 것을 추측한다"[115]고 주장하는 것과 관련해서, 지체할 필요가 없습니다. 왜냐하면 당신이 그것을 진지하게 주장할 수 있는 처지가 아니기 때문입니다.

2. 당신은 감각에 대해서 논하는데,[116] 먼저 당신은 감각을 통해서 알려진 그리고 당신이 오로지 자연을 심판관으로 그리고 지도자로 삼아 참이라고 믿었던 것들을 하나하나 훌륭하게

---

114) 같은 쪽 15~18번째 줄 참조.

115) 73쪽 23번째 줄 참조.

116) 74쪽 첫 번째 줄~76쪽 20번째 줄 참조.

짚어 나갑니다. 그리고서 당신은 감각들에 대해 당신이 가지고 있던 신뢰를 뒤흔들어 놓은 경험들을 제시합니다.[117] 그 결과 그 경험들은 당신을 당신이 〈제일성찰〉에서 이끌어 간 곳으로 이끌어 갑니다.

나는 여기서 감각의 진리에 대해 논쟁하고 싶지 않습니다. 속임이나 거짓이 있다면, 그것은 감각 속에 있는 것이 아닙니다. 즉, 드러나는 것들 그리고 그 원인으로 말미암아 그렇게 드러나는 것이 필연적인 것들을 그대로 제시하는 순수하게 수동적인 감각 속에 말입니다. 속임이나 거짓은 판단 혹은 정신에 있는 것입니다. 즉, 충분히 신중하지 못해서, 멀리 있는 것들이 이런저런 원인으로 가까이 있을 때보다 더 애매하고 또 더 작아 보인다는 점에 주의하지 못하는 정신에 말입니다. 이는 여타의 것들과 관련해서도 마찬가지입니다. 그럼에도 불구하고, 속임이 있는 곳에는 어떤 속임이 있다는 것을 부정해서는 안 됩니다. 문제는 오직 감각된 사물의 진리에 대해 결코 확신할 수 없을 정도로 항상 속임이 있는지 하는 것입니다.

333 사실 구태여 명백한 예를 찾을 필요가 없습니다. 나는 단지 당신이 제시하는 것들, 또는 — 이 표현이 더 적당한데 — 당신이 반박하는 것들만으로도 다음이 확실해 보인다고 주장할 뿐입니다. 우리가 탑을 가까이에서 보고 만질 때, 우리는, 우리가 그것을 멀리서 보았을 때 그것이 둥글다고 판단할 여지가 있거나 혹은 그것이 사각형인지 둥근지 아니면 다른 어떤 모양인지 의심할 만한 여지가 있음에도 불구하고, 그것이 사각형임을 확신합니다.

마찬가지로, 다리나 팔이 절단된 후에도 여전히 다리나 손

117) 76쪽 21번째 줄~78쪽 첫 번째 줄 참조.

에 있는 듯 보이는 통증에 대한 감각이 때때로 다리나 손이 절단된 사람들을 속일 수 있습니다.[118] 이는 감각을 그 지체들로 보내고 그곳에서 그것을 드러내는 데 익숙해진 감각적 정기들 탓입니다. 그럼에도 불구하고 자신들의 다리나 팔에 상처가 난 것을 보고 아는 온전한 사람들은 자신들이 통증을 느낀다는 것에 대해 의심할 수 없을 만큼 확신합니다.

마찬가지로, 살아 있는 한 우리는 자고 깨는 것을 반복합니다. 그 때문에 꿈을 통해 눈앞에 있지 않은 것들이 눈앞에 보이는 것처럼 드러나는 속임이 있습니다. 그럼에도 불구하고 우리가 항상 꿈을 꾸는 것은 아닙니다. 그리고 우리가 실제로 깨어 있는 동안에는, 우리가 깨어 있는 것이 아니라 꿈을 꾸는 것은 아닌지 하고 의심할 수 없습니다.

마찬가지로, 우리가 속임에 노출된 본성을 가지고 있고 매우 참인 듯 보이는 것들과 관련해서도 그렇다고 생각할 수 있더라도, 우리는 본성상 진리를 파악할 수 있는 능력을 지니고 있다고 생각합니다. 궤변을 꿰뚫어 보지 못한 경우나 막대기가 물에 반쯤 잠겨 있는 경우에서처럼 우리는 속임을 당합니다. 그러나 마찬가지로 우리는 기하학적 증명이나 물 밖으로 끌어내진 막대기의 경우 우리가 전혀 의심할 수 없을 정도로 확실한 진리를 인식합니다. 그리고 다른 것들에 대해서는 의심할 수 있을지언정, 적어도 사물들이 그렇게 나타난다는 것에 대해서까지 의심할 수는 없습니다. 사물들이 그렇게 나타난다는 것은 아주 분명한 사실입니다.

우리의 본성이 우리에게 강요하는 많은 것들에 대해 이성이 334
확신을 버리도록 하는 것과 관련해서 말하자면 이렇습니다.

118) 77쪽 1~7번째 줄 참조.

이성이 적어도 드러나는 것에 대한 진리를, 즉 현상에 대한 진리를 제거하지는 못합니다. 그렇지만 이성과 감각의 충동이 단지 피곤해서 미끄러져 내리는 왼손을 오른손이 받치는 식으로 상충하는 것인지 아니면 다른 어떤 식으로인지를 탐구할 필요는 없습니다.

3. 이어서 당신은 자신이 의도한 작은 전투에 이릅니다. 당신은 다음과 같이 말합니다. "그러나 내 자신과 기원의 작자를 더 잘 알고 있는 지금, 나는 내가 감각으로부터 얻는다고 믿는 모든 것을 무조건 받아들이지는 않겠지만, 그렇다고 모두 의심할 것도 아니라고 생각한다"[119] 고 말입니다. 이는 옳습니다. 그럼에도 불구하고 전에도 이미 당신은 이를 의심할 바 없이 믿었었습니다.

당신은 뒤이어 다음을 말합니다. 즉, "첫째, 내가 명석판명하게 인식하는 것은 모두 내가 그것을 인식하는 대로 신에 의해 일어날 수 있음을 알고 있기 때문에, 둘 중 어느 하나를 다른 하나 없이 명석판명하게 인식하기만 하면, 그 어느 하나가 다른 하나와 상이하다고 확신할 수 있다. 신이 그 둘을 서로 분리시켜 놓을 수 있기 때문이다. 그리고 어떤 힘이 그 둘이 상이한 것으로 간주되게끔 분리하는지는 문제가 안 된다"[120] 는 것을 말입니다. 이 추론에 어떤 모호함이 있다는 것을 근거로 제시할 필요도 없이, 내가 하고 싶은 말은 단지 당신이 모호한 것으로부터 명석한 것을 입증한다는 것뿐입니다. 그리고 나는 당신이 인식할 수 있는 것은 그것이 무엇이든 신이 만들 수 있다는 것을 보이기 위해서는, 먼저 당신이 신이 존재한다는 것과 신의 힘이 어디까지 미치는지를 입증했었어야 한다는 것을 문제삼지

119) 77쪽 28번째 줄~78쪽 첫 번째 줄 참조.

120) 78쪽 2~8번째 줄 참조.

않으렵니다. 단지 당신이 "가장 큰 변을 마주하는 각이 가장 크다"는 삼각형의 고유한 성질을 "세 각의 합이 두 직각과 같다"는 성질과는 독립적으로 명석판명하게 인식하지 않는지만을 묻고 싶습니다. 당신은 그 때문에 신이 그 두 성질을 서로 떼어내어 335
분리시켜 놓을 수 있다고, 그래서 삼각형이 그 중 하나의 성질은 가지고 있지만 다른 성질은 가지고 있지 않을 수 있게끔, 그리고 그 밖에도 그 성질이 삼각형과 분리된 채 존재할 수 있게끔 할 수 있다는 것에 동의합니까?

그러나 분리가 중요한 것은 아니기 때문에, 나는 여기서 지체하지 않겠습니다. 당신은 다음을 덧붙입니다. "그러므로 내가 존재한다는 것을 알고 있다는 것, 더욱이 내가 생각하는 것(*res cogitans*)이라는 것만이 나의 본성 혹은 본질에 속한다는 것을 주목하고 있다는 사실로부터 나는 나의 본질이 이 하나에 놓여 있음을, 즉 내가 생각하는 것이라는 것에 놓여 있음을 정당하게 결론지을 수 있다"[121]고 말입니다. 나는 이곳에 잠시 머물고자 합니다. 그런데 당신이 〈제 2성찰〉에서 한 말을 반복하는 것으로, 혹은 당신이 무엇을 추론하고자 하는지를 기다리는 것으로 충분합니다.

마지막으로 당신은 이렇게 말합니다. "그리고 내가 아마(아니 오히려, 확실히 이에 대해서는 나중에 설명하고자 하는데) 나와 밀접하게 결합되어 있는 신체를 가지고 있을지라도, 한편으로 내가 오직 사유하는 것이고 연장된 것이 아닌 한, 나는 나 자신에 대한 명석판명한 관념을 가지고 있다. 다른 한편으로 물체가 오직 연장된 것이고 사유하는 것이 아닌 한, 나는 물체에 대한 명석판명한 관념을 가지고 있다. 〔그러므로〕 나는 내 신체와 실제로 다르고, 신체 없이 존재할 수 있다는 것이 확실하다"[122]고

121) 78쪽 8~12번째 줄 참조.

말입니다.

그동안 당신이 서두른 이유가 이 때문입니까? 어려움의 고비가 다름 아닌 이곳에 놓여 있기 때문에, 나는 당신이 그것을 어떻게 견고히 하는지 보기 위해 잠시 여기에 머물고자 합니다. 주제는 무엇보다도 〔정신인〕 당신과 신체의 구분입니다.
336 그런데 당신은 도대체 어떤 신체를 의미하는 것입니까? "나는 나와 결합된 신체를 가지고 있으며, 또 〔정신인〕 나는 나의 신체와 다르다" 등의 말이 지체들로 이루어진 이 투박한 신체에 관한 것임은 의심의 여지가 없습니다.

그러나 오 정신이시여! 이 신체와 관련해서는 어려움이 없습니다. 그러나 만일 내가 대부분의 철학자들과 함께 당신이 신체의 엔텔레케이아(완성태 *ἐντελέχειαν*, *ἐντελέχεια*), 완전성(*perfectionem*, *perfectio*), 행위, 형상(*formam*, *forma*, *speciem*, *species*), 그리고 일반적으로 말해지듯이, 양태라고 반박한다면, 어려움이 있을 것입니다. 물론 그들은 당신이 다른 모양이나 양태보다 실체와 더 잘 분리될 수 있다는 것을 인정하지 않습니다. 그리고 그들이 말하듯이, 당신은 전적으로 영혼이든 아니면 그 이외에 또한 가능태적인 지성이든(*νοῦς δυνάμει*, *intellectus possibilis*), 수동적 지성이든(*νοῦς παθητικός*, *intellectus passibilis*)지 그렇습니다. 그러나 나는 당신을 그들이 생각하는 의미와는 다른 의미로써 능동적 지성 (*νοῦν ποιητικόν*, *νοῦς ποιητικός*, *intellectum agentem*, *intellectus agens*) 그리고 당연히 분리될 수 있는 지성으로(*νοῦν χωριστόν*, *νοῦς χωριστός*) 고찰하면서, 당신과 더 자유로이 논하고 싶습니다.

그들은 모든 인간들에게(만일 모든 대상들에게가 아니라면)

---

122) 같은 쪽 13~20번째 줄 참조.

공통적 지성을 상정합니다. 눈이 빛을 볼 수 있도록 (이로부터 그들은 지성을 햇빛에 비유하고 그에 따라 외부에서 오는 것으로 간주하곤 하는 것인데) 해주는 것과 똑같은 원리와 필연성으로써 가능태적 지성이 인식할 수 있도록 해주는 지성을 상정합니다. 그러나 나는 당신을(당신 또한 이를 원하기 때문인데) 신체를 지배하는 어떤 특별한 지성으로서 고찰하고자 합니다.

나는 당신이 신체와 분리될 수 있는지 없는지는(그래서 나는 조금 전에 당신이 분리된 상태로 인식하는 것들이 분리될 수 있는 것들이게끔 만드는 힘이 꼭 신의 힘일 필요는 없다는 것을 인정한 것인데) 문제가 아니라는 점을 반복하고 싶습니다. 그러나 당신이 그것인 신체와 관련해서는 어려움이 있습니다. 〔정신인〕 당신 자신이 그 투박한 신체 안에 퍼져 있는 혹은 그것의 한 부분에 자리 잡고 있는 미세한 물체일 수 있다는 것 말입니다. 그 밖에도 당신은 아직 당신이 순수하게 비물질적인 어떤 것이라는 데에 확신을 주지 못했습니다. 그리고 〈제 2성찰〉에서
당신은 "자신이 바람도 불도 증기도 기식도 아니다"[123] 라고 했 337
습니다. 그렇지만 이는 당신이 입증한 것이 아니라, 단순히 주장한 것에 불과합니다.

당신은 "그곳이 이에 관해 논할 장소가 아니다"[124] 라고 했습니다. 그러나 당신은 나중에도 그것에 관해 논하지 않았고 당신이 그런 종류의 물체가 아님을, 더욱이 어떤 근거를 가지고 입증하지도 않았습니다. 나는 당신이 여기서 〔〈제 6성찰〉〕 그것을 하리라는 희망을 가지고 있었습니다. 그리고 만일 당신이 그곳에서 어떤 것을 논하고 또 어떤 것을 입증하는 것이라면, 당신은 당신 자신이 그것에 관해서는 어려움이 없다고 한

123) 27쪽 21번째 줄 참조.

124) 같은 쪽 27번째 줄 참조.

이 투박한 신체가 아니라는 것을 논하고 입증하는 것입니다.

4. 당신은 "그러나 나는 한편으로 내가 오직 생각하는 것이고 연장된 것이 아닌 한, 나 자신에 대한 명석판명한 관념을 갖고 있다. 다른 한편으로 물체가 오직 연장된 것이고 사유하는 것이 아닌 한, 나는 물체에 대한 명석판명한 관념을 가지고 있다"고 말합니다. 먼저 물체의 관념과 관련해서, 많은 수고를 들일 필요는 없어 보입니다. 만일 당신이 그것을 물체의 관념과 관련해서 보편적으로 주장하는 것이라면, 생각할 수 있는 능력이 물체의 본성과 모순된다는 것을 당신이 증명해야만 한다는 점을 나는 다시 한 번 반복해야 할 것입니다. 따라서 당신이, 생각한다는 것이 마치 물체와 모순이듯이, 당신 자신에게 당신이 미세한 물체인지를 묻는다면, 당신은 선결 문제 요구의 오류를 범하게 되는 것입니다.

그러나 당신은 이를 주장하면서 〔정신인〕 당신이 그것과는 다르고 또 그것과 분리될 수 있다고 주장하는 투박한 물체에 대해서만 논합니다. 이 때문에 만일 당신이 연장되지 않은 것이라면, 당신이 당신 자신에 대한 관념을 가지고 있지 않다고 생각되기보다는(*inficior, infici*), 오히려 당신이 그것을 가질 수 없다고 생각됩니다. 나는 당신에게 이렇게 묻고 싶습니다. 어떻게 당신은 연장되어 있지 않은 당신이 연장된 물체의 형상(모습, *speciem, species*)이나 관념을 받아들일 수 있다고 생각합니까? 그 형상은 물체로부터 나오는 것이며, 그것이 물질적이라는 것은 의심의 여지가 없고, 또 공간적으로 서로 배제하
338 는 부분들로 이루어져 있기[125] 때문에 연장된 것입니다. 그것이 각인되는 이유는 연장된 물체를 표상하려면 항상 그래야 하

125) 〔역주〕 원문은 "habet partes extra partes"이다.

기 때문에 그런 것입니다. 더 나아가 그것은 부분들을 가지고 있어야 하며 따라서 연장된 것이어야 합니다. 그렇지 않다면, 즉 만일 그것이 부분들을 가지고 있지 않다면, 어떻게 그것이 부분들을 표상할 수 있을까요? 만일 그것이 모양을 가지고 있지 않다면, 그것이 어떻게 모양을 갖춘 것을 표상할 수 있을까요? 만일 그것이 위치를 가지고 있지 않다면, 어떻게 그것이 윗부분과 아랫부분, 왼쪽 부분과 오른쪽 부분, 그리고 측면을 가지고 있는 사물을 표상할 수 있을까요? 만일 그것이 다양성을 가지고 있지 않다면, 어떻게 그것이 다양한 색을 표상할 수 있을까요? 그러므로 관념은 연장을 지니고 있는 것이 확실한 것 같습니다. 관념이 연장을 지니고 있다면, 그리고 만일 〔정신인〕 당신이 연장되어 있지 않다면, 어떻게 당신이, 연장된 관념의 주체가 될 수 있을까요? 어떻게 당신이 당신에게 관념을 붙이게 됩니까? 어떻게 당신이 관념을 사용할 수 있을까요? 당신이 어떻게 관념이 점점 희미해져서 종국에는 사라져버리는 것을 경험할 수 있을까요?

당신에 대한 관념과 관련해서, 나는 내가 이미 이야기한 것에, 무엇보다도 〈제 2성찰〉에 대해 이야기한 것에 더 덧붙일 말은 없습니다. 나는 이로부터, 당신이 자신에 대해 전혀 아무런 관념도 가지고 있지 못할 정도로, 당신이 자신에 대한 명석한 관념을 가지고 있다는 것은 아주 거리가 먼 이야기임을 두말할 나위 없이 밝혔습니다. 당신이 생각한다는 것을 당신이 인식하더라도, 생각하는 당신이 어떤 것인지를 당신은 알지 못하기 때문입니다. 따라서 당신에게 그 활동만 알려져 있을 뿐 주된 것, 즉 활동하는 실체는 숨겨져 있습니다. 비교가 도움이 된다면, 당신이 이런 장님, 즉 따뜻함을 지각하고 또 그것이 태양으로부터 기인한다고 (다른 사람들에게서) 들어서,

우리가 그에게 태양이 무엇이냐고 물을 경우 태양은 따뜻함을 야기하는 사물이라고 대답할 수 있기 때문에 자신이 태양에 대해 명석판명한 관념을 가지고 있다고 믿는 장님과 비슷하다고 할 수 있습니다.

그러나 당신은 "나는 생각하는 것일 뿐만 아니라 연장된 것이 아니다"라고 합니다. 이것이 입증되지 않은 채 단지 주장되고 있다는 점은 별다른 언급 없이 그냥 넘어가도록 하겠습니다. 그럼에도 불구하고 그것에 여전히 문제가 있기에, 나는 먼저 "그래서 당신은 당신에 대한 명석판명한 관념을 가지고 있습니까?"라고 묻고 싶습니다. 당신은 당신이 연장되지 않았다고 합니다. 당신은 당신이 무엇이 아니라고 할 뿐 무엇인지를 이야기하는 것은 아닙니다. 명석판명한 관념을 가지려면, 또는 다른
339 말로 바꾸어 말하자면, 어떤 것에 대해 참된 관념을 가지려면 그것을 그 자체로 적극적으로, 말하자면 긍정적으로 아는 것이 필요하지 않습니까? 그것이 어떤 다른 것이 아니라는 것만을 아는 것으로 충분합니까? 만일 어떤 사람이 부세펄러스(Buchephalus, 알렉산더 대왕이 타던 말)에 대해서 그것이 파리가 아님을 안다면, 그 관념이 그것에 대한 명석판명한 관념이 되는 것입니까?

그러나 이런 식으로 당신을 압박하기보다는, 나는 차라리 "그렇다면 〔정신인〕 당신은 연장된 것이 아닙니까?"라고 묻겠습니다. 신체에 퍼져 있지 않다는 말입니까? 나는 당신이 무슨 대답을 할지 모르겠습니다. 내가 처음부터 당신은 단지 뇌 안에 있을 뿐임을 인정했을 수 있습니다. 그러나 내가 그렇게 인정할 수 있었던 것은 당신의 입장을 따랐기 때문이 아니라 추측했기 때문입니다. 나는 당신이 한 말들로부터, 즉 "〔정신인〕 당신이 신체의 모든 부분들로부터 영향을 받는 것이 아니라 단지

뇌로부터, 혹은 아마 뇌의 아주 작은 부분으로부터만"[126] 이라고 한 당신의 말들로부터 그런 추측을 한 것입니다. 그러나 당신이 그 때문에 단지 뇌 안에 혹은 뇌의 어떤 부분에 있는지는 확실하지 않았습니다. 왜냐하면 당신이 신체 전체에 퍼져 있으면서도 오로지 신체의 한 부분에서만 영향을 받을 수도 있기 때문입니다. 우리가 일반적으로 말하듯 영혼이 신체 전체에 퍼져 있지만 단지 눈 속에서 본다고 하듯이 말입니다.

뒤따르는 말도, 즉 "**그리고 비록 정신 전체가 신체 전체와 결합되어 있는 것처럼 보이지만**"[127] 이라는 말도 이와 유사한 방식으로 의심을 자아냅니다. 물론 당신은 그곳에서 당신이 신체 전체와 결합되어 있다고 주장하지 않습니다. 하지만 당신이 신체 전체와 결합되어 있다는 것도 부정하지 않습니다. 어찌됐든 일단 당신이 신체 전체에 퍼져 있다고 하지요. 이렇게 하는 것이 당신 마음에 든다면 말입니다. 그렇다면 당신이 영혼과 동일한 것이든 아니면 다른 것이든, 머리부터 발끝까지 퍼져 있는 당신이 연장되지 않은 것입니까? 신체의 각 부분들에 상응해서 얼마나 많은 부분들을 당신이 가지고 있는 것입니까? 전체로서의 당신이 신체 전체에 놓여 있기 때문에 그리고 신체의 어떤 부분에든 놓여 있기 때문에 당신은 자신이 연장되지 않은 것이라고 주장할 것입니까? 만일 그렇다면, 당신은 그것을 어떻게 이해합니까? 어떤 것 하나가 전체로서 동시에 340
여러 곳에 있을 수 있다는 것입니까? 신성한 비밀과 관련해서는 신앙이 우리에게 그것을 가르쳐 줍니다. 그러나 지금은 자연적인 것으로서의 당신과 자연의 빛이 주제입니다. 장소는 여럿인데 장소를 차지하는 것이 여러 개가 아니라는 것을 이해

126) 86쪽 16~18번째 줄 참조.

127) 86쪽 4~5번째 줄 참조.

할 수 있습니까? 백이 하나보다 더 많은 것 아닙니까? 어떤 것이 전체로서 한곳에 있다면, 장소가 장소들 밖에 있듯이 그것이 자신 밖에 있지 않은 한 여타 다른 곳에 있을 수 없지 않습니까? 당신이 원하는 것을 말해 보십시오. 어찌 됐든 당신의 각 부분들이 신체의 각 부분들에 있기보다는 전체로서 어떤 부분에든 있다는 것은 모호해지고 불확실하게 될 것입니다. 어떤 것이 전체로서 여러 곳에 동시에 있을 수 없다는 것이 그보다 훨씬 더 분명하며, 당신이 전체로서 여러 부분들에 있는 것이 아니라 전체로서 단지 신체 전체에 있다는 것 또한 그보다 훨씬 더 분명합니다. 따라서 〔정신인〕 당신은 당신의 부분들을 통해 신체 전체에 퍼져 있으며 그리고 그렇게 해서 연장을 지니고 있는 것입니다.

당신이 오직 뇌 안에 혹은 뇌의 아주 작은 부분에만 있다고 하더라도 당신은 똑같은 어려움을 인식하게 될 것입니다. 왜냐하면 그 부분이 아무리 작더라도, 그 부분은 연장된 것이고 당신은 그것과 동연적이기(*coextenderis*, *coextendi*) 때문입니다. 그 때문에 당신은 연장되어 있고 또 그것의 부분들에 상응하는 부분들을 가지고 있습니다. 당신은 자신이 뇌의 그 부분을 점으로 간주한다고 하렵니까? 이는 실로 믿을 수 없는 일입니다. 그러나 그렇다고 합시다. 그렇더라도 만일 그것이 확실하게 물리적인 것이라면, 똑같은 어려움이 남아 있습니다. 왜냐하면 그런 점은 연장된 것이며 또 확실히 부분들을 가지고 있기 때문입니다. 만일 그 점이 수학적인 것이라면, 당신은 그것이 상상력에 의해서만 주어질 수 있다는 것을 알고 있습니다. 그러나 그렇게 주어진다면, 아니 오히려 뇌 안에 당신이 붙어 있는 그리고 그 안에서 당신이 존재하는 수학적인 점이 주어졌다고 상상합시다. 이제 이러한 상상이 얼마나 무용하게 되는지 잘 보십시오. 그런 상상에 따르자면, 영혼에 의해 형상화된 (정보를 제공받은) 부분들이(*partes informatae anima*) 감각적인 사물들의 관념이나 형상(*species*)들을 뇌로 전달하는 데 사용되는 신경들이 모두 모여 있는 곳에 당신이 있다고 상상해야 합니다. 그러나 모든 신경들이 한 점에 모여 있을 수는 없습니다. 뇌가 척수와 연결되어 있기 때문에, 등 전체에 퍼져 있는 많은 신경들은 척수로 모입니다. 또 머리 한가운데로 향하는
신경들이 뇌의 동일한 장소에 모이는 것은 아니라고 알려져 있 341
습니다. 그렇지만 모든 신경들이 종국에는 한곳으로 모인다고 합시다. 그러나 그것들이 모이는 곳이 수학적인 점일 수는 없습니다. 그것들은 수학적인 점에 모일 수 있는 수학적인 선들이 아니라 물체들이기 때문입니다. 하지만 그것들이 한곳에 모인다고 합시다. 이 경우 여러 신경을 통해 흐르는 정기들은 신경들로부터 빠져나가지도 또 신경들 속으로 들어갈 수도 없습니다. 왜냐하면 정기들은 물체이기 때문입니다. 물체는 장소가 아닌 곳에 있을 수 없으며, 수학적인 점 같은 장소가 아닌 곳을 지날 수도 없습니다. 우리가 신경들이 그런 곳에 있을 수 있고 또 그런 곳을 지날 수 있다고 가정하더라도, 왼쪽도 오른쪽도 위도 아래도 없는 점에 존재하는 당신은 정기들이 어디로부터 오는 것인지 그리고 무엇을 전하는지 판단할 길이 없습니다.

나는 당신이 감각하거나 전달하거나 움직이기 위해 보내야 하는 정기들에 관해서도 똑같은 이야기를 하고자 합니다. 당신 자신이 신체가 아니라면 혹은 정기들과 접촉하여 그것들을 밀 수 있는 신체를 가지고 있지 않다면, 어떻게 당신이 점에 있으면서 정기들에게 운동을 전달할 수 있는지 이해할 수 없다는 것은 그냥 넘어가고자 합니다. 만일 당신이 그것들은 스스

로 운동하는 것들이며 당신은 단지 그것들의 운동방향을 지시할(*dirigere*) 뿐이라고 한다면, 당신은 자신이 어디선가 "물체가 스스로 운동한다"[128]는 것을 부정했음을 기억해야 합니다. 따라서 그 운동의 원인은 당신이라는 것이 도출될 수 있습니다. 그렇다면 당신이 긴장하지 않으면서 그리고 그에 따라 운동하지 않으면서, 어떻게 그런 지시가 가능한지를 설명해 주십시오. 움직이게 하는 것과 움직일 수 있는 것 간의 상호 접촉 없이 어떻게 긴장이 어떤 사물로 향할 수 있어서 그것의 운동이 일어날 수 있습니까? 어떻게 물체 없이 접촉이 일어날 수 있습니까? "어떤 것도 물체가 없이는 닿지도 닿을 수도 없"[129]는(자연의 빛에 의해 명백하듯이) 데도 말입니다.

342 당신이 연장되지 않은 것이며 따라서 물체가 아니라는 것을 입증하는 것은 당신 자신의 몫인데 왜 내가 이 문제와 씨름하고 있다는 말입니까? 내가 보기에 당신은 사람들이 일반적으로 인간이 신체와 영혼으로 이루어져 있다고 말하는 것으로부터 논증을 이끌어 낼 것이라고 생각됩니다. 마치 인간의 한 부분을 물체라고 한다면 다른 한 부분은 물체가 아니라고 해야 할 것처럼 말입니다. 만일 당신이 그렇게 한다면, 당신은 인간은 두 종류의 물체로 다시 말해 투박한 물체와 미세한 물체로 이루어져 있다는 구분을 위한 계기를 마련해 주는 것입니다. 따라서 전자는 신체라는 공통된 이름을 계속 가지고 있는 반면에, 후자에게는 영혼이라는 이름이 주어지는 것입니다. 나는 당신이 자신과 동등한 정신을 인정하지 않았던 다른 동물

---

128) 26쪽 18~19번째 줄 참조.

129) 루크레츠, 《사물의 본성에 관하여》 I, 305 참조. 원문은 "Tangere enim et tangi, nisi corpus, nulla potest res"인데 가상디는 "Tangere nec tangi sine corpore nulla potest res?"라고 인용했다.

들과 관련해서 동일한 이야기를 반복하지는 않으렵니다. 만일 당신 덕에 그것들이 영혼을 갖게 된다면, 이는 실로 그것들에게 행복한 일일 것임에도 불구하고 말입니다. 이로부터 당신은 "자신이 신체와 실제로 다르다는 것이 확실하다"[130]는 결론을 내립니다. 이것은 인정합니다. 하지만 그렇다고 당신이 물체가 아니라는 것이, 아니 좀더 자세히 하자면, 그런 아주 투박한 물체와 다른 아주 미세한 종류의 물체가 아니라는 것이 인정되지는 않는다는 사실을 알아야 합니다.

당신은 "따라서 당신이 신체 없이 존재할 수 있다"[131]는 것을 덧붙입니다. 과일향이 과일에서 빠져나와 공기 속으로 퍼져나가는 동안에 존재하듯이 당신이 투박한 신체 없이 존재할 수 있다는 것이 인정된다면, 당신이 이로부터 얻게 되는 것은 과연 무엇입니까? 당신이 죽음과 함께 완전히 소멸된다고 생각하는 앞서 거론된 철학자들이[132] 주장하는 것보다는 당연히 약간 더 많습니다. 표면의 변화로 사라져 아무것도 아닌 형태가 되는, 혹은 완전히 무가 되는 형태처럼 당신이 완전히 소멸된다고 생각하는 철학자들 말입니다. 당신이 그런 형태 이외에도 어떤 물질적인 혹은 미세한 실체라면, 그들은 당신이 죽음과 함께 완전히 소멸된다고 또는 완전히 무가 된다고 여기지 않고 당신이 자신의 부분들을 통해 뿔뿔이 흩어진 채 존재한다고 여기게 될 것입니다. 이로 인해 더 이상 당신이 생각하지 343
않게 되며, 또 당신을 더 이상 생각하는 것이라고, 정신이라고, 영혼이라고 불러서는 안 되더라도 말입니다. 그렇지만 나의 이 모든 반박은 당신이 제시한 증명의 힘이 미덥지 않아서

130) 78쪽 20번째 줄 참조.

131) 같은 쪽 20번째 줄 참조.

132) 328쪽 7번째 줄 참조.

이지 결코 당신이 의도한 결론을 의심하기 때문이 아닙니다.

5. 뒤이어 당신은 동일한 주제에 속하는 것들을 몇 개 제시하는데, 이것들을 일일이 검토할 필요는 없습니다. 나는 그 가운데 다음만을 거론하고자 합니다. "자연은(본성은) 통증, 허기, 갈증 등과 같은 감각을 통해 선원이 배 안에 있는 것처럼, 당신이 당신 신체에 있을 뿐만 아니라 신체와 아주 밀접하게 결합되어 있고 거의 섞여 신체와 하나를 이루고 있음을 가르쳐 준다. 그렇지 않다면, 단지 생각하는 것인 나는 신체가 상처를 입었을 때에도 통증을 느끼지 않을 것이며, 마치 선원이 배의 한 부분이 부서졌을 때 시각을 통해서 그것을 지각하듯, 순수 지성을 통해 그 상처를 지각할 뿐이다. 그리고 신체가 음식물이나 물을 필요로 할 때도, 이를 단지 분명히 인식할 뿐, 허기나 갈증과 같은 애매한 감각을 갖는 일이 없을 것이다. 왜냐하면 확실히 갈증, 허기, 통증 등과 같은 감각은 정신과 신체의 결합 및 혼합에 의해 생기는 애매한 사유양태에 불과한 것이기 때문이다."[133]

그럴 수 있습니다. 그러나 당신이 물체가 아니라면, 그래서 연장된 것도 나뉠 수 있는 것도 아니라면, 어떻게 "혼합이나 뒤섞임과 같은 그런 결합이" 당신에게 일어날 수 있는지가 설명되어야만 합니다. 만일 당신이 점보다 크지 않다면, 어떻게 당신이 그렇게 큰 신체 전체와 결합됩니까? 뇌 혹은 뇌의 아주 작은 부분과—이미 말한 바와 같이 아무리 작더라도 그런 부분 역시 크기 혹은 연장을 지니고 있는데—어떻게 당신이 결합
344 됩니까? 만일 당신이 부분들을 전혀 가지고 있지 않다면, 어떻게 당신이 그것의 작은 부분들과 혼합되듯이 그것과 혼합됩니까? 양자간에 서로 혼합될 수 있는 부분들이 없이는 어떠한 혼합도 없습니다. 그리고 만일 당신이 완전히 분리되어 있는 것

---

133) 81쪽 1~14번째 줄 참조.

이라면, 어떻게 당신이 물질과 섞여 하나를 이룹니까? 구성이나 결합이나 합일이란 부분들간에 존재하는 것이므로, 그런 부분들간에는 관계라는 것이 존재해야 하는 것 아닙니까? 그런데 물질적인 것과 비물질적인 것 간의 관계로서 우리는 무엇을 이해해야 합니까? 경석 안에서 돌과 공기가 뒤섞여 이로부터 참된(*germanam, germana*) 구성물이 나오는지를 우리가 어떻게 이해합니까? 그렇지만 돌과 그 자신 역시 물체인 공기의 관계는 신체와 완전히 비물질적인 영혼이나 정신의 관계보다 더 긴밀합니다. 합일은 긴밀한 접촉에 의해 일어나야 하는 것 아닙니까? 그런데 이미 말한 바와 같이, 어떻게 그런 합일이 물체 없이 가능합니까? 만일 비물질적인 것에는 물질적인 것이 아무것도 없어서 잡힐 것도 잡을 것도 없다면, 어떻게 물질적인 것이 비물질적인 것을 잡아 자신과 결합된 것으로서 가지고 있게 됩니까? 또는 어떻게 비물질적인 것이 물질적인 것을 잡아 자신과 서로 묶여 있는 것으로서 가지고 있게 됩니까?

당신이 이로부터 통증을 지각하는 것이라고 주장하기 때문에, 나는 당신에게 이렇게 묻고 싶습니다. 어떻게 당신은 비물질적이며 연장되어 있지 않은 당신이 통증에 대한 감각능력을 가지고 있다고 믿을 수 있습니까? 통증이란 어떤 것이 부분들 사이를 뚫고 들어와 연결된 부분들이 분리되는 파열에 의해서만 이해될 수 있기 때문입니다. 통증의 상태란 비자연적 상태입니다. 그러나 자연적으로(본성적으로) 한 가지이며, 단순하며, 나뉠 수 없으며 변할 수 없는 것이 어떻게 비자연적 상태에 있을 수 있으며 영향을 받을 수 있습니까? 통증은 변화(*alteratio*)이거나 변화에 동반하여 생기는 것입니다. 그렇다면 점보다 더 나뉠 수 없어서 달라질 수 없는 것이 혹은 무로 돌아가지 않고서는 그런 것이 아닐 수 없는 것이 어떻게 변할 수 있

345 습니까? 발이나 어깨나 다른 지체들로부터 통증이 올 때, 그곳에서 그런 다양한 통증을 느끼는 다양한 부분들이 당신 안에 있어야 하는 것 아닙니까? 당신이 애매하게 혹은 통증이 마치 한 부분에만 있는 것처럼 느끼지 않으려면 말입니다. 한마디로 말해, 다음과 같은 일반적 어려움이, 즉 어떻게 물질적인 것이 비물질적인 것과 소통할 수 있는지 그리고 양자간에 어떤 관계가 있는지 하는 문제가 항상 존재합니다.

6. 당신이 당신과 신 이외에도 어떤 것이 존재한다는 것을 보이기 위해 자세히 그리고 세련되게 기술하는 것들에 대해서는 별다른 언급을 하지 않고자 합니다. 당신은 자신의 신체와 물질적인 능력들이 존재한다는 것을 연역합니다. 그리고 같은 방식으로, 당신의 감각과 당신에게 자신들의 형상들을(*species*) 주입하는 그리고 기쁨과 고통이라는 정념을 불러일으켜 당신 안에 욕망과 회피가 있게 하는 다른 물체들이 존재한다는 것을 연역합니다.

이로부터 당신이 거두는 결실은 다음과 같습니다. "신체에 이로운 것과 관련해서 모든 감각은 거짓된 것보다는 참된 것을 지시하는 경우가 훨씬 더 많기 때문에,"[134] "당신은 감각이 날마다 당신에게 보여주는 것이 거짓이 아닐까 걱정할 필요가 없다"[135] 고 추론합니다. 꿈과 관련해서도 당신은 결과적으로 똑같은 이야기를 합니다. "깨어 있을 때 생기는 일과는 달리 꿈은 기억에 의해 삶의 다른 모든 행위들과 연결되지 않기 때문에,"[136] 당신은 참된 일들은 "꿈속에서가 아니라 깨어 있을 때에 생기는 것"[137] 이라고 확신합니다. 그리고 당신은 "신이 기만자가 아니

134) 89쪽 11~13번째 줄 참조.
135) 같은 쪽 17~18번째 줄 참조.
136) 같은 쪽 23~25번째 줄 참조.

라는 것으로부터 그런 경우에 당신이 속임을 당하지 않는다는 것"[138]이 귀결된다고 합니다. 당신이 이를 경건하게 주장하려는 듯, 마지막에 이런 결론을 내리면서 당신은 정말로 최선을 다합니다. 즉, "인간의 삶이 오류에 노출되어 있다는 것과 우리의 본성이 약하다는 것을 인정해야 한다는 결론"[139] 말입니다.

존경하는 분이시여, 이것들이 당신의 《성찰》과 관련해서 주 346
목해야 할 것으로 떠오른 것들입니다. 나는 당신이 그것들에 대해 염려할 필요가 없다는 것을 다시 반복하지는 않겠습니다. 왜냐하면 나의 판단이 당신이 그렇게 높이 평가할 만한 것은 못 되기 때문입니다. 어떤 음식이 내 입맛에는 잘 맞음에도 불구하고, 다른 사람에게는 그렇지 않다는 사실을 나는 종종 관찰합니다. 그러나 나는 나의 미각이 다른 사람의 것보다 더 완전하다고 주장하지 않습니다. 마찬가지로, 내 마음에 드는 의견이 설사 다른 사람들의 마음에 들지 않는다고 하더라도, 내가 더 참된 의견을 가지고 있는 것이라고 주장하지 않습니다. 나는 오히려 누구나 각자 자신의 감각에 충만해 있다는 것이 진실이라고 믿습니다. 그리고 나는 모든 사람들이 똑같은 의견을 가지고 있기를 바라는 것은 모든 사람들이 똑같은 미각을 가지고 있기를 바라는 것과 마찬가지로 불합리한 것이라고 생각합니다. 내가 이런 말을 하는 까닭은, 당신이 내가 한 말을 모두 하찮은 것으로 여겨 무시하는 것도 당신의 자유라고 생각하도록 하기 위해서입니다. 당신이 만약 당신에 대한 나의 우정을 인정한다면, 그리고 당신의 덕에 대한 나의 존경심을 아무것도 아닌 것으로 여기지 않는다면, 그것으로 충분할 것입니다. 혹

137) 90쪽 6번째 줄 참조.

138) 같은 쪽 10~12번째 줄 참조.

139) 같은 쪽 14~16번째 줄 참조.

내가 어떤 것을 경솔하게 주장했을 수 있습니다. 당신 의견에 반박할 때 아무도 나보다 더 경솔하지는 못할 정도로 말입니다. 그런 경우에, 나는 그것을 완전히 철회합니다. 그것을 지워버리십시오. 당신의 우정을 얻고 또 그것을 잘 보존하고 지키는 것보다 더 중요한 것은 내게 없었다는 것을 알아주길 바랍니다. 그럼 이만 줄이겠습니다.

파리에서,
서기 1641년 5월 17일

다섯 번째 반박에 대한 답변[1] 347

존경하는 분이여!

당신은 아주 정확하고 출중한 논고로써 나의 《성찰》을 반박했습니다. 아울러 당신의 논고는 《성찰》의 진리를 밝히는 데 커다란 도움이 될 것이라고 생각됩니다. 따라서 나는 당신이 그 논고를 자세하게 기술한 점에 대해 당신에게 분명히 커다란 빚을 지고 있다고 생각합니다. 이는 또한 당신이 그렇게 하도록 독려한 메르센에게도 마찬가지입니다. 모든 것들에 대해 아주 열렬히 탐구하는 그 사람은, 특히 신의 영광과 관련된 것들에 대해서는 지칠 줄 모르는 후원자인 그 사람은 나의 근거들이 참된 증명으로 간주되어야 하는지 여부를 알 수 있는 방법으로는 다음 이외의 길이 없다는 것을 진정으로 아주 잘 알고 있는 사람입니다. 즉, 학식과 재능이 남달리 뛰어난 몇몇 사람들이 그 근거들을 검토하고 전력을 다해 반박하고 나면, 내가 그들이 제기한 모든 것들에 대해 충분하리만큼 잘 대답할 수 있는지 여부를 시금석으로 삼는 길 이외에는 없다는 사실을 말입니다.[2] 이 때문에 그는 가능한 한 많은 사람들에게 그 일

1) AT III 438쪽 2번째 줄, 386쪽 18번째 줄, 388쪽 25번째 줄 참조.

을 추천했고, 상당히 많은 사람들로부터 긍정적인 답변을 들었습니다. 나는 당신이 그 중 한 사람인 것을 기뻐하고 있습니다. 당신이 비록 나의 견해들을 반박하기 위해 철학적 근거들을 사용하기보다는 오히려 그것들을 조소하기 위해 웅변술을 사용했지만, 이 또한 그 자체만으로도 고마운 일이었습니다. 왜냐하면 이로부터 나는 당신도 읽은 앞선 사람들의 반박에 들어 있는 근거들과는 다른 근거를 내게 제기한다는 것은 당신에게도 쉬운 일이 아니었을 것이라고 추측하기 때문입니다. 만
348 일 그런 근거들이 있었다면, 재능 있고 주의 깊은 당신이 그것들을 그냥 지나칠 리가 없었을 것입니다. 나는 당신이 여기서 내게 다음의 근거들을 상기시켜 주고자 하는 의도밖에는 없었다고 판단합니다. 즉, (자신들의) 인식능력(*ingenia*)이 여러 감각에 사로잡혀 형이상학적 사유에 넌더리난 사람들이 나의 근거들을 비웃을 수 있는 근거들을, 그래서 내게 그 근거들을 알리고자 하는 의도 말입니다. 이 때문에 나는 아주 예리한 철학자로서의 당신에게가 아니라, 육체 덩어리인 사람들 중 하나로서의 당신에게 답변을 하고자 합니다.

〈제일성찰〉에 대해 반박된 것들에 관하여

당신은 내가 "정신을 모든 선입견에서 해방시키고자 한다는 것에 공감을 표한다"고 합니다. 왜냐하면 누구도 그것이 잘못된 것이라고 생각할 수 없기 때문에 말입니다. 그러나 당신은 내가 이를 "몇 마디 말로 간단히",[3] 말하자면 단지 피상적으로

---

2) AT III 416쪽 20번째 줄 참조.

3) 257쪽 24~27번째 줄 참조.

하였으면 하고 바랍니다. 어렸을 때부터 깃들여진 모든 오류들에서 자신을 해방시키는 일이 마치 그렇게 간단한 일인 듯이 말입니까? 행해져야 한다는 것을 그 누구도 부정하지 않는 일이 마치 지나칠 정도로 엄밀하게 행해질 수 있다는 듯이 말입니까? 그런데 당신은 대부분의 사람들이 말로는 선입견을 버려야 한다는 것을 인정하지만, 결코 그것을 버리지 못한다는 점을 보이길 원했습니다. 왜냐하면, 그들이 선입견을 버리기 위해 어떤 노력이나 수고도 들이지 않으며 또 그들은 자신들이 일단 참인 것으로 인정한 것이라면 그 어떤 것도 선입견으로 간주해서는 안 된다고 생각하기 때문에 말입니다. 당신은 여기서 그 사람들의 역할을 매우 잘 수행했으며, 그들이 할 수
있는 말은 하나도 빠뜨리지 않습니다. 하지만 당신은 철학자 349
의 냄새를 풍기는 것으로 여겨질 만한 것은 아무것도 제시하지 않습니다. 당신은 "신을 기만자라고", 혹은 "우리가 꿈을 꾸고 있다"[4] 고 하는 것 등을 "상상하는 것"은 불필요하다고 합니다. 그러나 〔당신이〕 철학자〔였더라면〕 무엇 때문에 그것들이 의심될 수 없는지 그 이유를 당신이 제시해야 한다고 생각했을 것입니다. 혹은 사실이 그러하듯이, 만일 당신이 어떤 이유도 가지고 있지 않았다면, 그런 말을 하지 않았을 것입니다. 또 당신은 "인간 정신의 무지함"이나 "인간 본성의 나약함만을 근거로 삼아도 충분하다"[5] 고 하지 않았을 것입니다. 왜냐하면 우리가 오류에 노출되어 있는 이유가 우리의 정신이 무지하거나 우리의 본성이 나약하기 때문이라고 하는 것은 오류를 바로 잡는데 전혀 도움이 되지 않기 때문입니다. 내가 그랬듯이, 우리가 경솔하게 동의하지 않도록 하기 위해서 우리가 오류를 범할

4) 258쪽 3번째 줄과 6번째 줄 참조.

5) 같은 쪽 4~5번째 줄 참조.

수 있는 모든 것들에 주의를 기울이는 것이 그보다 훨씬 더 유용한 일입니다. 또한 철학자〔였더라면 당신은〕 "내가 모든 것을 거짓이라고 간주함으로써 낡은 선입견을 버린다기보다는 오히려 새로운 선입견을 받아들이는 것이다"[6] 라고 하지도 않았을 것입니다. 오히려 먼저 그러한 가정에 어떤 속임의 가능성이(*periculum alicujus deceptionis*) 도사리고 있다는 것을 입증하고자 노력했을 것입니다. 그러나 그와 반대로 나중에 당신은 "내가 거짓된 것으로 가정한 것을 불확실한 것이나 거짓된 것으로 여겨야 한다는 것을 나 자신에게 강제할"[7] 수 없다고 주장합니다. 다시 말해서, 내가 얻게 될까봐 당신이 두려워하는 새로운 선입견을 내가 나 자신에게 강제할 수 없다고 주장합니다. 철학자는 그런 종류의 가정에 놀라지 않습니다. 굽은 막대를 똑바로 펴기 위해 반대쪽으로 구부리는 것에 놀라지 않듯이 말입니다. 철학자는 거짓된 것을 진리로 가정하는 것이 진리를 밝히는 데
350 많은 경우 유용하다는 것을 알고 있습니다. 천문학자들이 하늘에 적도나 수대(獸帶)와 같은 원들을 상정하고, 기하학자들이 주어진 도형들에 새로운 선들을 덧붙이며, 철학자들이 여러 곳에서 그렇게 할 때처럼 말입니다. 그러나 이를 두고 "간책(奸策)을 은둔처로 삼아 공허하고 웅장한 말을 해가며 우회로를 택해 나가는 것"이라고 하고 또 "철학적으로 공정한 마음과 진리에 대한 사랑에 어울리지 않는 것"[8] 이라고 하는 사람은 그 자신이 철학적으로 공정한 마음과 철학적 논리에 어울리지 않는 사람입니다. 그는 단지 자신이 웅변술적인 거만함을 사용

---

6) 257쪽 28번째 줄~258쪽 2번째 줄 참조. 데카르트가 가상디의 반박에서 취한 인용문에서 주어 "나"는 데카르트를 의미한다.

7) 258쪽 8~10번째 줄 참조.

8) 258쪽 14~18번째 줄 참조.

하고자 하는 사람임을 증언하는 것일 뿐입니다.

〈제 2성찰〉에 대해 반박된 것들에 관하여[9]

1. 당신은 여기서 논증 대신에 웅변술적 속임수를 사용합니
다. 당신은 내가 진지하게 사유하는 곳에서는 내가 농담하고
있다고 상상합니다. 그리고 당신은 단지 내가 그것에 관해 더
탐구하기 위하여 나 스스로 질문한 것을, 그리고 단지 다른 사
람들의 일반적 견해에 따라 제시한 것을 마치 내가 실제로 주
장하고 확신한 것인 양 진지하게 받아들입니다. 내가 "감각이
증언하는 것은 모두 불확실한 것으로, 더 나아가 거짓된 것으로
간주돼야 한다"[10]고 한 것은 아주 진지한 이야기입니다. 그리
고 그것은 나의 《성찰》을 이해하기 위해서는 꼭 요구되는 것
입니다. 그것을 받아들이기를 원하지 않는 혹은 받아들일 수
없는 사람은 나의 《성찰》에 대해 답변할 만한 가치가 있는 반
박할 수 있는 능력이 없는 사람입니다. 당신은 내가 여러 곳에
서 강조한 일상적 삶과 진리탐구 간의 차이에[11] 주의를 기울
여야 합니다. 삶을 이끌어 갈 때, 감각을 신뢰하지 않는다는 351
것은 실제로 공허한 일입니다. 절벽으로 떨어지지 않도록 친
구들이 지켜보아야 할 정도로 인간사를 무시하는 회의주의자
들이 많은 사람들의 비웃음을 산 것은 당연합니다. 이 때문에
나는 어디선가에서 "건전한 정신의 소유자라면 그런 것들에 관
해 결코 의심하지 않는다"[12]는 점을 환기시킨 바 있습니다. 그

9) 같은 쪽 20번째 줄 참조.
10) 24쪽 14번째 줄 참조.
11) AT III 389쪽 9번째 줄 참조.
12) 16쪽 2~3번째 줄 참조.

러나 인간의 인식능력에 의해 가장 확실하게 인식될 수 있는 것이 무엇인지를 탐구할 때, 그렇게 하지 않는다면 분명히 이치에 어긋나는 일입니다. 즉, 그렇게 거부될 수 없는 것들이 다시 말해서 우리에게 더 확실한 것들이 그리고 실제로 더 잘 알려지는 것들이 어떤 것들인지를 알기 위해 의심스러운 것들을, 더 나아가 거짓된 것을 진지하게 거부하지 않고자 한다면 말입니다.

내가 아직은 생각하는 것이 무엇인지를 충분하리만큼 알지 못한다고 한 것과 관련해서, 당신은 내가 이를 진지하게 이야기한 것이라고 받아들이지 않습니다. 내가 그렇다고 설명했음에도 불구하고 말입니다. 이는 내가 물체의 본성을 이루고 있는 것에 대해 의심하지 않았다고 한 것과, 물체에 스스로 운동할 수 있는 힘을 귀속시키지 않았다고 한 것, 그리고 나를 바람이나 불 등과 같은 것으로 상상했다고 한 것 등과 관련해서도 마찬가지입니다. 내가 이런 것들을 제시한 이유는 그에 해당되는 곳에서 그것들이 거짓임을 보이기 위해서였습니다.

당신은 도대체 어떤 확신을 가지고 "내가 영양을 섭취하며, 걷고, 감각하며, 생각한다는 것 등을 영혼과 연관시킨다"고 주장하는 것입니까? "좋을 대로 하십시오. 나는 단지 영혼과 신체의 구분만을 눈여겨보고자 합니다"[13] 라고 말하기 위해서 그런 것입니까? 나는 조금 뒤에 영양섭취는 오로지 신체에, 걸음과 감각 또한 대부분 신체에 속한다는 것을 분명히 했습니다. 그리고 나는 생각 이외에, 그것들에 속하는 것은 그 어느 것도 영혼에 귀속시키지 않았습니다.

352 당신은 "내가 존재한다는 것을 입증하기 위해 실로 그렇게 커

13) 259쪽 17~20번째 줄 참조.

다란 장치가 꼭 필요했던 것은 아니라고"[14] 주장하는데, 도대체 무슨 근거로 그렇게 주장하는 것입니까? 나는 오히려 당신의 그런 주장으로부터 내가 그곳에서 그리 충분하게 커다란 장치를 사용하지 않았다는 판단을 내릴 최상의 근거를 획득한다고 생각합니다. 왜냐하면 결국 나는 당신이 그것을 제대로 이해하도록 할 수 없었기 때문입니다. 당신은 "내가 그것을 나의 다른 임의의 행위로부터도 이끌어 낼 수 있었다"[15]고 함으로써, 커다란 오류를 범하는 것입니다. 왜냐하면 나는 생각 이외의 어떤 행위에 대해서도(여기서 문제가 되는 것은 오로지 형이상학적 확실성인데) 전혀 확신하지 못하기 때문입니다. 예를 들자면 "나는 산책을 한다. 그러므로 나는 존재한다"는 추론은 허용되지 않습니다. 산책한다는 것에 대한 의식이 생각인 한에서가 아니라면 말입니다. 오로지 그 경우에만 그 추론은 확실합니다. 실제로는 일어나지 않는 신체의 운동, 즉 꿈속에서 일어나는 운동과 관련해서는 그렇지 않습니다. 왜냐하면 신체의 운동이 실제로 일어나지 않더라도, 꿈속에서 나는 산책하는 것처럼 보이기 때문입니다. 따라서 내가 산책한다고 생각하는 것으로부터 나는 그런 생각을 하는 정신의 존재를 가장 잘 이끌어 낼 수 있습니다. 그러나 산책하는 신체의 존재를 이끌어 낼 수는 없습니다. 다른 것들과 관련해서도 이는 매한가지입니다.

2. 이후 당신은 흥미로운 상상을 통해 나를 더 이상 온전한 인간으로서가 아니라 분리된 영혼으로서 간주하고 질문하기 시작합니다.[16] 이를 통해 당신은 내게 당신의 반박들이 섬세

14) 259쪽 1~2번째 줄 참조.

15) 같은 쪽 3~4번째 줄 참조.

16) 260쪽 18번째 줄 참조.

한 철학자의 정신에 의해서가 아니라 오로지 신체인 사람에 의해 제기된 것임을 환기시키려는 듯이 보입니다. 따라서 나는 신체인, 혹은 당신이 어떤 이름으로 불리기를 원하든, 그 이름의 당신에게 이렇게 묻고 싶습니다. 당신은 생각하는 것이 바람이나 그와 유사한 물체 같은 것이라고 여기는 일반인의 상상을 내가 언제 교정했는지를 알아채지 못할 정도로 정신과 동
353 떨어져 있는 것입니까? 세상에 바람도 또 어떤 물체도 존재하지 않는다고 가정할 수 있지만, 내가 그것들로부터 사유하는 것임을 인식할 수 있는 것들은 모두 남아 있다는 것을 보였을 때, 나는 그런 상상을 확실하게 교정한 것입니다. 따라서 당신이 나중에 내게 제기한 물음들, 즉 “무엇 때문에 내가 여전히 바람일 수 없는지, 무엇 때문에 내가 공간을 채울 수 없는지, 무엇 때문에 내가 다양한 운동에 의해 운동할 수 없는지”[17] 등의 물음들은 대답할 가치가 없을 정도로 무의미한 물음입니다.

3. 당신이 덧붙이는 것 역시 나를 궁지로 몰지 못합니다. 즉, “만일 내가 어떤 미세한 물체라면 무엇 때문에 내가 영양을 섭취할 수 없는지”[18] 등의 것들 말입니다. 왜냐하면 나는 내가 물체라는 것을 부정하기 때문입니다. 단번에 이 모든 것을 정리하자면 다음과 같습니다. 당신은 항상 거의 동일한 스타일을 사용하며, 나의 근거들을 반박하지 않고, 그것들이 마치 없는 것처럼 감추거나 단지 불완전하게 그리고 앞뒤를 떼어먹은 채로 인용하면서 여러 가지 문제점들을 모읍니다. 비전문가들은 일반적으로 그 문제점들을 내가 내린 결론들이나 이것들과 유사한 여타의 것들, 더 나아가 그것들과 전혀 상이한 것들과 관련시켜서 제기하곤 합니다. 그런데 그 문제점들은 사실과

---

17) 260쪽 21번째 줄과 261쪽 1~12번째 줄 참조.

18) 261쪽 19~20번째 줄 참조.

무관하거나 이미 내가 해당된 곳에서 제거하거나 해결한 것들입니다. 이 때문에 당신이 제기하는 질문에 일일이 답한다는 것은 수고할 가치가 없는 일입니다. 그렇게 하자면 내가 이미 기술한 것을 100번이나 반복해야 합니다. 나는 단지 독자들이 헛되게 시간을 보낼 필요가 전혀 없는 것들에 관해서만 논하고자 합니다. 논리성보다는 말의 양에 더 많은 관심이 있는 사람들의 동의를 구하기 위해서 말을 더 많이 하고자 할 정도로 내가 그들의 동의에 커다란 의미를 두지는 않습니다.

따라서 제일 먼저 나는 당신이 "정신이 신체와 함께 성장하고 신체와 함께 상해를 입는다"[19]고 할 경우, 사람들이 당신을 믿 354
지 않는다는 것을 지적하고자 합니다. 그리고 당신은 어떤 근거로도 그것을 입증할 수 없습니다. 정신은 어린아이의 몸속에서는 성인의 몸속에서처럼 완전하게 활동하지 못하며 또 정신의 행위는 술이나 다른 신체적 이유로 지장을 받을 수 있습니다. 이로부터 신체와 함께 있는 한 정신은 신체를 자기가 가장 많이 하는 활동들을 위한 도구로 사용하는 것이다라는 결론이 나올 뿐, 신체에 의해 더, 혹은 덜 완전해지는 것이라는 결론이 나오는 것은 아닙니다.[20] 이는 기술자가 나쁜 도구를 사용할 경우 일을 제대로 하지 못하기 때문에 그가 자신의 기술을 도구의 우수성으로부터 얻는 것이라고 결론짓는 것보다 나을 바가 없습니다.

육체 덩어리인 당신이 감각에 대한 신뢰를 내가 저버려서는 안 된다는 것을 입증하기 위해 다음을 주장할 때, 당신은 증명한다는 것이 무엇을 의미하는 것인지를 전혀 이해하지 못한 듯하다는 점이 지적되어야 합니다. 즉, "나는 눈을 사용하지 않고

---

19) 같은 쪽 23~25번째 줄 참조.

20) AT III 400쪽 첫 번째 줄 참조.

서는 감각하지 못하는 것을 때로는 눈을 사용하지 않으면서 감각하고 있다고 생각했습니다. 그렇지만 내가 항상 그와 같은 거짓된 경험을 한 것은 아닙니다"[21] 라고 할 때 말입니다. 마치 오류를 발견한 적이 있었다는 것이 의심하는 데 충분하지 않다는 듯이, 그리고 마치 우리가 속임을 당할 때마다 우리가 속임을 당한다는 것을 알 수 있다는 듯이 말입니다. 그러나 오류의 본질은 우리가 오류를 알아채지 못한다는 데에 있는 것입니다.

끝으로, 육체 덩어리인 당신은 자신에게 입증해야 할 책임이 있을 때, 그리고 어떤 근거도 가지고 있지 않을 때, 내게 근거를 요구하곤 합니다. 참인지 거짓인지 모르기 때문에 우리가 받아들이지 않는 모든 것이 거짓임을 입증하는 것은 올바르게 철학하기 위해 요구되는 것이 아니라는 점을 당신은 알아야 합니다. 요구되는 것은 단지 우리가 참임을 입증할 수 없는 것을 참인 것으로 받아들이지 않도록 최선을 다해 주의해야 하
355 는 것입니다. 따라서 내가 사유실체임을 인식하고 또 물체의 개념에 속하는 것들 가운데 그 어느 것도 그 속에 들어 있지 않은 사유실체에 대한 명석판명한 개념을 형성한다면, 이로써 내가 나 자신을 아는 한 내가 사유실체 이외의 어떤 것도 아니라는 것을 주장하기에 충분합니다. 나는 지금 논의되는 〈제2성찰〉에서 단지 그것만을 확인했을 뿐입니다. 그리고 그 사유실체가 쉽게 움직일 수 있는 순수하고, 미세한 등의 물체라는 것을 인정해서는 안 됐습니다. 왜냐하면 나는 내게 그것을 확신시킬 만한, 그것을 확신할 만한 어떤 근거도 가지고 있지 않았기 때문입니다. 만일 당신이 어떤 근거를 가지고 있다면, 그것을 가르쳐주는 것은 당신의 몫입니다. 그러나 단지 내가

---

21) 262쪽 12~14번째 줄 참조.

몰랐기 때문에 받아들이기를 거부했던 것이 거짓된 것임을 입증하도록 내게 요구하지는 마십시오. 이는 내가 네덜란드에 있다고 하는데도, 혹 동일한 신체가 신성한 힘에 의해 서로 다른 두 장소에 동시에 존재하는 일이 있을 수 있기 때문에, 내가 중국이나 어떤 다른 나라에 있지 않다는 것을 입증하지 않으면 그것을 믿어서는 안 된다고 하는 것과 마찬가지입니다. 그러나 당신은 "내가 인간을 제외한 동물들의 영혼이 물질이 아니라는 것과 나의 투박한 신체가 나의 생각에 기여하는 바가 전혀 없다는 것을 입증해야 한다"[22]는 것을 덧붙입니다. 이로써 당신은 누구에게 입증의 책임이 있는지를 모를 뿐만 아니라, 각자 무엇을 입증해야 하는지도 모른다고 증언하는 것입니다. 왜냐하면 나는 동물들의 영혼이 비물질적인 것이라고 또 투박한 신체가 생각에 기여하는 바가 전혀 없다고 생각하지 않기 때문입니다. 나는 단지 이곳이 그것들을 고찰하기에 적당한 장소가 전혀 아니라고 생각하는 것뿐입니다.

4. 당신은 여기서[23] "영혼"이라는 말의 이중적 의미로부터 모호함을 찾습니다. 그러나 나는 해당된 곳에서 그 모호함을 철저히 제거했습니다. 이곳에서 그 일을 다시 반복한다는 것은 지겨운 일이 될 것입니다. 따라서 나는 단지 다음만을 이야 356
기 하고자 합니다. 대상에게 이름이 주어진 것은 대부분 비전문가들에 의한 것이었습니다. 이 때문에 항상 이름이 대상과 충분하리만큼 적합하게 상응하는(*respondere*) 것은 아닙니다. 그러나 그 대상을 지칭하기 위해 그 이름을 받아들인 후, 그 이름을 바꾸는 것은 우리 일이 아닙니다. 우리에게 허용된 것은 단지 그 의미가 다른 사람들에 의해 정확하게 이해되지 않

22) 262쪽 21번째 줄과 25번째 줄 참조.

23) 263쪽 5번째 줄 참조.

는다는 것을 알아챘을 때 그 의미를 개선하는 것뿐입니다. 아마 처음에 사람들은 우리 안에 있는 이 원리를, 즉 그것으로써 우리가 영양을 섭취하고, 성장하며 또 어떤 생각 없이 동물들과 우리에게 공통된 여타의 것들을 수행하는 원리를, 이 원리와, 즉 그것으로써 우리가 생각하는 원리와, 구분하지 않았나 봅니다. 그들이 이 두 원리를 "영혼"이라는 하나의 이름으로 부른 이유는 바로 그 때문입니다. 그후 생각이 영양섭취와 다른 것임을 인식한 사람들은 생각하는 것을 "정신"이라고 불렀으며, 또 그것이 영혼의 특별한 부분이라고 믿었습니다. 그러나 나는 우리가 영양을 섭취하는 원리가 우리가 생각하는 원리와 질적으로 완전히(*toto genere, totum genus*) 다르다는 것을 인식했습니다. 이 때문에 나는, "영혼"이라는 말이 그 두 원리를 지칭하기 위해 사용된다면, 그 이름은 이중적 의미를 가진다고 한 것입니다. 따라서 그 말을 인간의 제 1의 또는 특별한 형상을 지칭하는 것으로 한정되게 사용하기 위해서는, 생각하는 원리와 연관된 것만을 우리가 그 말로써 이해해야 합니다. 내가 이중적 의미를 피하기 위해 그것을 대부분의 경우 "정신"이라는 말로 불렀듯이 말입니다. 나는 "정신"을 영혼의 한 부분으로서 고찰하는 것이 아니라 생각하는 영혼 전체로서 고찰하는 것입니다.

당신은 "그러므로 내가 영혼이 항상 생각한다고 믿는지 아닌지"[24] 하는 문제에 매달립니다. 그런데 사유실체인 영혼이 왜 항상 생각하지 않겠습니까? 영혼이 엄마 뱃속에서 혹은 기면(嗜眠)성 잠을 자면서 가지고 있던 생각들을 우리가 기억하지 못한다는 것이 왜 그렇게 놀랄 일입니까? 우리는 우리가 성인

24) 264쪽 5~7번째 줄 참조.

일 때, 건강할 때, 그리고 깨어 있을 때 가지고 있었다고 알고 있는 생각들 가운데 대부분을 기억하지 못하지 않습니까? 신체와 결합되어 있는 한 정신이 가지고 있던 생각을 기억하기 357
위해서는 뇌에 그것의 자취가 각인되어 있어야 합니다. 정신은 자신을 그 자취로 향하며 혹은 자신을 그 자취에 접속시키며 기억하는 것입니다. 어린아이의 뇌나 기면자의 뇌가 그런 자취들을 받아들이기에 부적합하다는 것이 왜 놀랄 입니까?[25)]

끝으로, 내가 "혹 내가 아직 알고 있지 못한 것(즉, 나의 신체)이 내가 알고 있는 것(즉, 나의 정신)과 다르지 않을 수 있다. 그러나 나는 이에 대해 아무것도 모른다. 나는 여기서 그것에 대해 논하는 것이 아니다"라고 한 곳에서, 당신은 이렇게 반박합니다. "만일 당신이 모른다면 그리고 만일 당신이 그것에 관해 논하는 것이 아니라면, 무엇 때문에 당신은 당신이 그것들 중 그 어느 것도 아니라고 가정하는 것입니까?"[26)] 라고 말입니다. 내가 모르는 어떤 것을 가정했다는 것은 사실이 아닙니다. 그 역이 사실이기 때문입니다. 나는 신체가 정신과 동일한 것인지 아니면 다른 것인지를 몰랐기 때문에, 이에 관해 어떤 것도 가정하지 않았으며, 또 내가 나중에 〈제 6성찰〉에서 정신이 신체와 실제로 구분된다는 것을 가정이 아닌 증명할 때까지는, 오로지 정신만을 고찰했기 때문입니다. 그러나 신체인 당신이 저지르는 가장 큰 잘못은 정신이 육체와 구분되지 못한다는 것을 입증할 근거를 하나도 혹은 최소한의 근거도 가지고 있지 않음에도 불구하고 그것을 가정하는 것입니다.

5. 내가 상상력에 대해 기술한 것은[27)] 주의 깊은 사람들에

25) AT III 400쪽 8번째 줄 참조.

26) 265쪽 9~10번째 줄 참조.

27) 같은 쪽 14번째 줄 참조.

게는 충분하리만큼 명석합니다. 설사 그것이 성찰하지 않는 사람들에게는 매우 모호하다고 하더라도, 이는 전혀 놀랄 일이 아닙니다. 그러나 나는 이들에게, 내가 나 자신에 대해 가지고 있는 앎에 속하지 않는다고 주장한 것들이 이전에 내가 내게 속하는지 아닌지를 모른다고 했었던 것들과 모순되지 않는다는 점을 환기시키고 싶습니다. 왜냐하면 나 자신에게 속한다는 것과 내가 나 자신에 대해 가지고 있는 앎에 속한다는 것은 서로 전혀 다른 것이기 때문입니다.[28]

358 6. 당신이 여기서 제시하는 것들은,[29] 오 뛰어난 살덩어리이시어! 반박이 아니라 답할 가치가 없는 투덜거림에 불과하다고 여겨집니다.

7. 여기서도 당신은 많은 것들에 대해 투덜거립니다.[30] 이것들 또한 앞의 것들과 마찬가지로 답할 필요가 없습니다. 당신이 동물들에 관해 한 말은 여기서의 주제에 속하지 않습니다. 왜냐하면 성찰을 수행하는 정신은 자기 자신이 생각한다는 것을 자기 자신에게서 경험할 수 있는 반면에, 동물이 생각할 수 있는지 여부를 경험할 수는 없기 때문입니다. 정신은 후자를 단지 동물들의 활동에서 경험을 통해(*a posteriori*) 탐구할 뿐입니다. 나는 당신이 내가 불합리하게 이야기한 것으로 간주한 것들을 거부하는 데 시간을 낭비하지 않으렵니다. 왜냐하면 당신이 내가 한 말을 신뢰할 만하게 모두 인용하지 않는다는 것을 앞서 한 번 환기시켰다는 것으로 충분하기 때문입니다. 나는 정신이 신체와 다르다는 것을 인식할 기준을 반복해서 제시했습니다. 정신의 모든 본성은 그것이 생각한다는 데 있지만,

28) AT III 400쪽 24번째 줄 참조.

29) 266쪽 5번째 줄 참조.

30) 268쪽 17번째 줄 참조.

물체의 모든 본성은 그것이 연장되어 있다는 데 있으며, 생각과 연장 간에는 어떤 공통점도 없다는 기준을 말입니다. 나는 또한 정신이 뇌에 의존하지 않은 채 활동할 수 있다는 것을 분명하게 그리고 반복해서 보였습니다. 뇌는 순수한 이해에 쓸모가 있을 수 없습니다. 그것은 단지 상상이나 감각에 쓸모가 있을 수 있을 뿐입니다. 상상이나 감각이 강렬하게 대두되면(뇌가 혼란스러울 때 그러하듯이), 정신이 다른 것들을 쉽게 인식할 만한 여유가 없는 것은 사실입니다. 그렇지만 상상이 덜 강렬할 때, 우리는 우리가 상상과는 분명히 다른 어떤 것을 인식한다는 것을 자주 경험합니다. 자면서 우리가 꿈을 꾸고 있다는 것을 알 때, 꿈꾸는 것은 상상력의 몫이지만, 우리가 꿈을 꾸 359
고 있다는 것을 아는 것은 오로지 지성의 몫입니다.

8. 다른 곳에서 자주 그랬듯이, 여기서도[31] 당신은 자신이 비난하고자 하는 것을 충분히 잘 이해하고 있지 못하다는 것을 보여 줄 뿐입니다. 나는 밀랍에 대한 개념을 밀랍의 우연한 성질들에 대한 개념으로부터 추상한 것이 아닙니다.[32] 그보다는 오히려 어떻게 밀랍의 실체가 우연한 성질들을 통해 드러나게 되고, 또 오 살덩어리이시어! 당신이 결코 가져본 적이 없는 밀랍에 대한 반성적인 그리고 판명한 지각이 사람들의 일반적인 애매한 지각과 다른지를 보여주고자 했을 뿐입니다. 나는 당신이 어떤 논증에 의거해서 개가 우리와 유사한 방식으로 판단한다는 것이 확실하다고 주장하는지 모르겠습니다. 당신이 개 또한 살로 이루어져 있다는 것을 알기 때문에, 당신 안에 들어 있는 모든 것들이 또한 개 안에도 들어 있다고 믿기 때문이 아니라면 말입니다. 그러나 개에게서 어떤 정신도 보지 못

31) 271쪽 16번째 줄 참조.
32) AT V 151쪽 참조.

하는 나는 내가 정신 안에서 인식하는 것들과 유사한 그 어떤 것도 개 안에 있지 않다고 생각합니다.

9. 당신이 여기서[33] 내가 밀랍과 관련해서 고찰하는 모든 것들이 "내가 존재한다는 것을 판명하게 인식한다는 점을 증명하기는 하지만 내가 무엇이며 어떠한 것인지를 인식한다는 것을 증명하지는 못한다"[34] 고 고백한 것에 나는 놀랍니다. 왜냐하면 그 중 어떤 것도 다른 것 없이 증명될 수 없기 때문입니다. 또한 나는 당신이 그것과 관련해서 더 이상 무엇을 바라는지 모르겠습니다. 인간 정신이 어떤 색을, 어떤 향을, 어떤 맛을 가지고 있는지를 설명해 달라는 것이 아니라면 어떤 소금과 어떤 유황과 어떤 수은으로 이루어져 있는지를 설명해 달라는 것이 아니라면 말입니다. 당신은 내가 정신을 포도주처럼 "어떤 화학적 작업을 통해"[35] 탐구하기를 원합니다. 오 살덩어리이시
360 어! 이는 당신에게 그리고 모든 것을 애매하게만 파악하기 때문에 각각의 대상과 관련해서 무엇이 탐구되어야 하는지를 모르는 사람들에게 어울리는 것입니다. 나는 실체를 드러내는 데 실체의 다양한 속성들 이외의 것이 필요하다고 생각한 적이 없습니다. 따라서 우리가 어떤 실체의 속성들을 많이 인식하면 인식할수록 그만큼 더 완전하게 그 실체의 본성을 인식하는 것입니다. 우리는 밀랍에서 다양한 속성들을 구분할 수 있습니다. 그 하나는 그것이 희다는 것이며, 다른 하나는 그것이 딱딱하다는 것이며, 또 다른 하나는 딱딱한 밀랍이 흐물흐물하게 된다는 것 등입니다. 마찬가지로 정신 또한 그 정도로 많은 속성들을 가지고 있습니다. 그 하나는 정신이 밀랍의 흰색

33) 273쪽 20번째 줄~274쪽 8번째 줄 참조.

34) 274쪽 9~13번째 줄 참조.

35) 277쪽 3번째 줄 참조.

을 인식할 수 있는 힘을 가지고 있다는 것이고, 다른 하나는 밀랍의 딱딱함을 인식할 수 있는 힘을 가지고 있다는 것이며, 또 다른 하나는 딱딱함의 변화 혹은 흐물흐물해짐을 인식할 수 있는 힘을 가지고 있다는 것 등입니다. 장님으로 태어난 사람처럼 밀랍의 흰색을 알지는 못하지만 딱딱함을 알 수 있는 사람이 있습니다. 이는 밀랍의 다른 속성들과 관련해서도 마찬가지입니다. 이로부터 어떤 사물과 관련해서도 우리의 정신과 관련해서처럼 그렇게 많은 속성들이 인식되지 못한다는 결론이 분명하게 나옵니다. 왜냐하면 어떤 사물에서 아무리 많은 속성들이 인식되더라도, 정신이 그것들을 인식하는 것이기 때문에, 그만큼의 속성들이 정신과 관련해서 열거될 수 있기 때문입니다. 이 때문에 정신의 본성이 모든 것들 가운데 가장 잘 알려지는 것입니다. 끝으로 당신은 이곳에서 "내가 정신 이외의 그 어떤 것도 나 자신으로 인정하지 않았음에도 불구하고, 나는 내가 보고 만지는 밀랍에 관해 이야기한다. 그런데 당연히 이것들은 내가 눈 없이는 볼 수 없고 손 없이는 만질 수 없는 것들이다"[36] 라고 비난합니다. 그러나 당신은 내가 그곳에서 논하는 것은 〔감각〕기관들의 도움으로 일어나는 시각과 촉각이 아니라, 오로지 보거나 만진다는 생각(의식)임을 환기시켰었다는 것을 염두에 두었어야만 했습니다. 이런 의식에는 그런 기관들이 필요하지 않다는 것을 우리는 매일 꿈속에서 경험합니다. 그러나 당신은 실제로 이를 염두에 두지 않았습니다. 당신은 오히려 어떤 것을 이해하려고 애쓰기보다는 반박하려고 애쓰
는 사람들이 자주 생각해 내는 투덜거림이 얼마나 불합리하고 361
부정한 것인지를 환기시키고자 했을 뿐입니다.

---

36) 274쪽 16~22번째 줄 참조.

〈제 3성찰〉에 대해 반박된 것들에 관하여[37]

1. 좋습니다. 이제야 비로소 당신은 근거다운 근거를 제시합니다. 이는 내가 앞에서는 전혀 볼 수 없었던 것입니다. "내가 아주 명석판명하게 지각하는 것은 참이다라는 것이 확실한 규칙이 아님"[38]을 입증하기 위하여, 당신은 다음과 같이 주장합니다. 즉, 아주 많은 것들을 명석판명하게 지각했다고 여겨져야만 하는 아주 뛰어난 능력을 지닌 사람들이, 그럼에도 불구하고 사물들의 진리가 신 안에 혹은 심연 속에 감추어져 있다고 생각했다고 말입니다. 이로써 당신은 권위에 의존해서 논증한다는 것이 어떻게 하는 것인지를 제대로 보여줍니다. 그러나 당신은, 오 살덩어리이시어! 여기서 당신이 다음과 같은 정신에게 말을 걸고 있다는 것을 기억했어야 했습니다. 즉, 물질적인 것들과 분리돼서 자기 자신에 앞서 어떤 인간들이 존재했었는지 전혀 알지 못하기 때문에 그들의 권위에 흔들릴 수 없는 정신에게 말입니다. 당신이 회의주의자들에 관해 한 말은 흔한 것으로서 나쁘지는 않지만 아무것도 입증하지 못합니다. 어떤 사람들이 잘못된 의견을 위해 목숨을 거는 것이 그렇듯이 말입니다.[39] 왜냐하면 그들 자신이 완고하게 주장하는 것을 명석판명하게 지각하고 있다는 것은 결코 입증될 수 없기 때문입니다. 당신이 마지막에 덧붙이는 것과 관련해서, 즉 그 규칙이 참된 것임을 밝히는 데 노력을 기울여야 하기보다는, 우리가 어떤 것을 명석판명하게 지각한다고 생각할 때 우리가 속임을 당하는 것인지 아닌지 여부를 인식하는 방법을 제시하

37) 277쪽 9번째 줄 참조.

38) 같은 쪽 14~16번째 줄 참조.

39) AT III 401쪽 19번째 줄 참조.

는 데 더 노력을 기울여야 한다는 것과 관련해서, 나는 아무런 문제가 없습니다. 나는 이를 해당된 장소들에서 정확하게 수행했다고 생각합니다. 즉, 내가 먼저 모든 선입견들을 버리 362
고, 그후 모든 중요한 관념들을 열거한, 그리고 모호하거나 애매한 관념들과 명석한 관념들을 구분한 곳들에서 말입니다.

2. 당신이 우리의 모든 관념들이 외래적인 것임을, 따라서 어떤 관념도 만들어진 관념이 아님을 입증하고자 하는 데 사용한 논증이 나는 놀랍습니다. 왜냐하면 당신이 "이른바 정신이 외래관념들 그 자체를 분명하게 지각할 능력을 가지고 있을 뿐만 아니라 그 관념들을 다양하게 결합하고, 나누며, 축소하고, 확대하며, 비교하는 등의 능력도 가지고 있다"[40] 고 하기 때문입니다. 당신은 이로부터 정신이 결합하고 나누는 등을 하면서 만드는 키메라들에 대한 관념들이 정신에 의해 만들어진 것이 아니라 외래적인 것이라고 결론짓습니다. 그런 식으로 하자면, 프락시텔레스(Praxitele, Praxiteles)[41] 에 의해 어떤 조각품도 만들어지지 않았다는 것 역시 입증될 수 있을 것입니다. 왜냐하면 그가 자신이 조각하는 작품의 재료인 대리석을 만든 것은 아니기 때문입니다. 그리고 당신은 자신이 이런 반박들을 한 것이 아니라는 것을 입증할 수 있을 것입니다. 왜냐하면 당신은 자신이 발명한 것이 아니라 다른 사람들로부터 얻은 말로써 반박한 것이기 때문입니다. 그러나 키메라의 형상은 그것을 이루는 염소나 사자의 각각의 부분들에 있는 것이 아니며, 당신 반박의 형상은 당신이 사용하는 각각의 말에 있는 것이 아니며, 오로지 그 구성물에 있는 것입니다.

---

40) 280쪽 2~7번째 줄 참조.

41) 프락시텔레스(BC 370~330년)는 아티카 출신의 가장 독창적인 그리스 조각가이다. 작품에는 〈크니도스의 아프로디테〉가 있다.

또한 당신이 "만일 동물과 식물과 모든 보편적인 것들의 관념들이 함께 정신 안에 있지 않다면,"[42] "것"(*Rei*, *Res*)에 대한 관념이 정신 안에 있을 수 없다는 입장을 고수하는 것에 나는 놀랍니다. 이는 마치 내가 생각하는 것임을 인식하기 위해서는, "것"(*Rem*, *Res*) 혹은 무엇이 "것"(*Res*)인지를 인식해야 하기 때문에, 내가 동물과 식물을 인식해야만 한다는 경우와 마찬가지입니다.[43] 당신은 "진리"에 관해서 이보다 더 참되게 논의하지 못합니다. 끝으로, 당신은 내가 주장하지 않은 것들에 대해서만 반박하기 때문에, 당신은 결국 허공과 싸우는 꼴입니다.

363 3. 여기서[44] 당신은 내가 물질적 사물의 존재가 의심되어야 하는 이유로 여기는 근거들을 제거하기 위해 "그렇다면 무엇 때문에 내가 땅 위를 걷는지 등"[45]을 묻습니다. 이는 분명히 선결문제 요구의 오류입니다. 왜냐하면 당신은 입증되어야 할 것, 즉 내가 땅 위를 걷는다는 것을 의심할 수 없을 정도로 확실한 것으로 간주하기 때문입니다.

당신은 내가 나 자신에게 반박하고 물리친 근거들에 한 가지 근거를 덧붙이고자 합니다. 즉, "무엇 때문에 장님으로 태어난 사람에게 색에 대한 어떠한 관념도, 또 귀머거리로 태어난 사람에게 소리에 대한 어떠한 관념도 없는지"[46]를 말입니다. 이는 당신이 무게감 있는 근거를 하나도 가지고 있지 않다는 것을 보여줍니다. 장님으로 태어난 사람에게는 색에 대한 어떠한 관념도 없다는 것을 당신이 어떻게 압니까? 우리가 눈을 감더

42) 281쪽 5~7번째 줄 참조.

43) AT III 403쪽 첫 번째 줄 참조.

44) 282쪽 7번째 줄 참조.

45) 282쪽 17번째 줄 이하 참조.

46) 283쪽 6~7번째 줄 참조.

라도, 우리에게 빛이나 색에 대한 감각이 때때로 촉발됩니다. 당신의 주장을 인정하더라도, 무엇 때문에 물질 사물의 존재를 부정하는 사람이, 장님으로 태어난 사람의 정신에는 색에 대한 관념을 형성할 수 있는 능력이 결여되어 있기 때문에 색에 대한 관념을 가지고 있지 않다는 것을 주장할 수 없습니까? 이는 당신이 그 사람은 눈이 없기 때문에 색에 대한 관념을 가지고 있지 않다고 하는 것과 마찬가지입니다.

당신이 태양에 대한 두 가지 관념들에 대해 덧붙이는 것으로는[47] 아무것도 입증하지 못합니다. 그러나 당신은 그 둘 다 하나의 태양과 관련된 것이라는 점에만 착안하여, 그 둘을 하나로 간주합니다. 이는 동일한 대상에 대해 거짓인 것과 참인 것이 주장될 때 당신이 그 둘을 구분하지 않는 것과 매한가지 경우입니다. 그리고 당신은 우리가 천문학적인 근거들로부터 얻은 관념이 관념임을 부정합니다. 이는 당신이 관념이라는 말을 나와는 반대로 오직 〔뇌의 한 부분으로서의〕 상상력에 각 364
인된 상들에 한정해서 사용한다는 것을 보여줍니다.

4. 여기서도[48] 당신은 이와 똑같이 합니다. 실체에 대한 참된 관념을 부정하면서 말입니다. 실체는 상상력에 의해서가 아니라 오로지 지성에 의해 지각되는 것입니다. 그러나 살덩어리이시어, 나는 이미 오래전에 상상력만을 사용하고자 할 뿐 지성은 사용하고자 하지 않는 사람들과는 〔함께〕 할 일이 없다는 것을 공공연하게 밝혔습니다.

당신이 "실체에 대한 관념은 그 〔대상적〕 실재성을 오로지 우연한 성질들에 대한 관념들로부터 갖는 것입니다. 실체는 그런 우연한 성질들하에 혹은 그런 성질들처럼 파악되는 것입니다"[49]

---

47) 같은 쪽 11번째 줄 이하 참조.

48) 284쪽 25번째 줄 참조.

라고 함으로써, 당신은 자신이 어떤 판명한 관념도 가지고 있지 않다는 것을 입증합니다. 왜냐하면 실체는 우연한 성질들처럼 파악될 수 있는 것도 아니며, 또 자신의 실재성을 그것들로부터 얻는 것도 아니기 때문입니다. 그런데 이와는 반대로 철학자들은 일반적으로 우연한 성질들을, 그들이 그 성질들이 실제적인 것이라고 하는 한, 실체처럼(*instar*) 파악합니다. 그러나 우연한 성질들에게는 실체로부터 취해지는 실재성 이외의 어떤 실재성도(즉, 양태 이상의 어떤 실재성도) 귀속될 수 없습니다.

당신은 단지 "내가 신과 관련해서 그러한 속성들이 이야기되는 것을 들은 적이 있었기 때문에"[50] 신에 대한 관념을 가지고 있는 것이라고 합니다. 나는 당신이 그렇다면 우리가 그러한 속성들에 대한 이야기를 듣는 최초의 사람들은 어떻게 신에 대해 그런 관념을 가지게 됐는지를 설명하기를 바랐습니다. 만일 그들이 자기 자신들로부터 그 관념을 가진 것이라면, 무엇 때문에 우리가 그것을 우리 자신으로부터 가질 수 없습니까? 만일 신의 계시에 의한 것이라면, 신은 존재하는 것입니다.

당신은 "어떤 것이 무한하다고(*infinitum*) 하는 사람은 자신이 파악하지 못하는 것에 자신이 이해하지 못하는 말을 붙이는 것이
365 다"[51]라고 합니다. 이때 당신은 우리의 인식능력의 척도에 맞는 이해, 즉 우리 누구나 각자 가지고 있음을 자기 자신에게서 충분히 경험하는 무한한 것에 대한 이해와, 대상에 대한 완벽한 파악(*conceptu rerum adaequato, conceptus rerum adaequtus*)을 구분하지 않습니다. 이러한 완벽한 파악은, 무한한 것에 대해

---

49) 286쪽 7~9번째 줄 참조.

50) 같은 쪽 16~17번째 줄 참조.

51) 286쪽 25~26번째 줄 참조.

서뿐만 아니라 제아무리 작은 것에 대한 파악일지라도, 그 누구에게도 불가능합니다. 끝이나 제한의 부정을 통해 무한한 것을 이해할 수는 없습니다.[52] 비록 모든 제한이 무한한 것에 대한 부정을 담고 있기는 하지만 말입니다.

그러나 우리가 신에게 귀속시키는 "이 모든 완전성들을 표상하는 관념이 그 때문에 유한한 것들이 가지고 있는 실재성을 〔모두 합친 것보다〕 더 많은 대상적 실재성을 가지는 것은 아니다"[53]라는 주장은 맞지 않습니다. 당신은 우리가 신에게 귀속시키기 위하여 우리의 지성을 통해 그런 완전성들을 확장할 수 있다는 것을 스스로 인정합니다. 당신은 그렇게 확장된 것들이 확장되지 않은 것들보다 더 크다고 생각하지 않습니까? 창조된 모든 완전성들을 확장하는 능력은, 말하자면 그런 완전성들보다 더 커다란 혹은 더 폭넓은 것을 파악하는 능력은 어디에서 온 것입니까? 더 커다란 것에 대한, 즉 신에 대한 관념을 우리가 가지고 있다는 사실에서 기인하는 것이 아니라면 말입니다. 끝으로, "만일 신에 대한 관념이 우리가 알고 있는 것보다 더 크지 않다면, 신은 아주 하찮은 것이 될 것이다"라는 주장 역시 맞지 않습니다. 왜냐하면 우리는 신이 무한하다는 것을 알고 있으며, 어떤 것도 무한한 것보다 더 클 수 없기 때문입니다. 그러나 당신은 상상과 이해를 뒤범벅으로 만들고 또 우리가 신을 어떤 위대한 사람처럼 상상한다고 생각합니다. 이는 마치 한 번도 코끼리를 본 적이 없는 사람이 코끼리가 아주 커다란 진드기 같다고 상상하는 경우와 매한가지입니다. 나는 이것이 아주 어리석은 일이라는 데 당신과 같은 의견입니다.

5. 당신은 나를 반박하는 것처럼 보이기 위해 이곳에서[54] 366

---

52) AT III 403쪽 5~7번째 줄 참조.

53) 287쪽 5~7번째 줄 참조.

많은 말을 합니다. 그럼에도 불구하고 당신은 결코 나를 반박하지 않습니다. 왜냐하면 당신은 내가 내린 결론과 똑같은 결론을 내리기 때문입니다. 그럼에도 불구하고, 당신은 여기저기서 내가 의견을 달리하는 많은 것들을 뒤섞어 놓습니다. 예를 들자면, 이 공리, 즉 "원인 속에 미리 있지 않았던 어떤 것도 결과 속에 있지 않다"[55]는 공리는 작용인과 관련해서가 아니라 질료인과 관련해서 이해해야 합니다. 왜냐하면 결코 형상의 완전성이 질료인 속에 미리 있다고 이해할 수는 없기 때문입니다. 그것은 오로지 작용인 속에 미리 있다고 이해할 수 있을 뿐입니다. 또 "관념의 형상적 실재성이 실체라는"[56] 것 등도 그런 경우들입니다.

6. 만일 당신이 물질적 사물의 존재를 입증할 만한 어떤 것을 가지고 있었다면, 당신이 이곳에서[57] 그것을 제시했을 것임은 의심의 여지가 없습니다. 그러나 당신은 단지 "정신인 내가 이 세상에 나 말고도 다른 어떤 것이 존재한다는 것에 대해 확신하지 못하는지"[58]를 묻습니다. 당신은 자신이 이를 위한 어떤 논증도 찾을 필요가 없다고 상상합니다. 당신은 단지 선입견적 의견들만을 내세웁니다. 이로써 당신은 자신이 주장하는 것에 대해 어떤 근거도 제시할 수 없다는 것을 분명하게 보여줍니다. 당신이 침묵으로 일관했었을 경우보다 훨씬 더 분명하게 말입니다.

관념들과 관련해서 당신이 여기서 논한 것들에 대해서는[59]

54) 288쪽 8번째 줄 참조.
55) 같은 쪽 15~16번째 줄 참조.
56) 290쪽 17~19번째 줄 참조.
57) 291쪽 3번째 줄 참조.
58) 같은 쪽 13~14번째 줄 참조.

전혀 답할 필요가 없습니다. 왜냐하면 당신은 관념이라는 말을 단지 〔뇌의 한 부분으로서의〕 상상력에 각인된 상들에 한정해서 사용하기 때문입니다. 그러나 나는 사유되는 모든 것에까지 그 말을 확대 적용시킵니다.

나는 아울러 당신이 어떤 논증을 가지고 "어떤 것도 자기 자
신에게 작용하지 못한다"[60]는 것을 입증하는지 묻고 싶습니다.
당신은 보통 논증을 제시하지 않습니다. 당신은 그것을 손가 367
락과 눈을 예로 삼아, 즉 자기 자신을 때리지 못하는 손가락과
거울에서가 아니면 자기 자신을 보지 못하는 눈을 예로 삼아서
입증했습니다. 이에 답하기란 쉬운 일입니다. 거울을 바라보
고 자기 자신을 보는 것은 눈이 아닙니다. 거울과 눈 그리고
자기 자신을 인식하는 것은 오로지 정신일 뿐입니다. 물질적
사물들과 관련해서 다른 예를 들 수도 있습니다. 팽이가 원을
그리며 돌 때, 그 회전은 팽이가 자기 자신에게 하는 행위 아
닙니까?[61]

끝으로, 당신이 여기서 불순한 의도를 가지고 마치 내가 그런 것처럼 꾸며낸 것과는 달리, 내가 "물질적인 것들에 대한 관념들이 나의 정신으로부터 도출된다"[62]고 주장한 적이 없다는 것을 지적해야만 합니다. 나는 그 관념들이 종종 물체들에서 온다는 것과 또 이로써 물체들의 존재가 입증된다는 것을 나중에 분명하게 제시했습니다. 그러나 이곳에서는 나는 단지 그 관념들 속에는 다음 정도의 커다란 실재성이 들어 있지 않다는 것만을 설명했을 뿐입니다. 즉, 형상적으로든 혹은 더 뛰어난

---

59) 같은 쪽 17번째 줄 참조.

60) 292쪽 10번째 줄 참조.

61) AT III 404쪽 14번째 줄 참조.

62) 293쪽 11번째 줄과 AT III 404쪽 19번째 줄 참조.

방식으로든 이미 원인 속에 존재하고 있지 않던 것은 그 어떤 것도 결과 속에 있을 수 없다는 것을 근거로 그 관념들이 정신에서 나올 수 없었다는 결론을 내려야 할 정도의 커다란 실재성 말입니다. 당신은 이에 대해 어떤 반박도 하지 않았습니다.

7. 여기서[63] 당신은 자신이 이미 한 말 이외에는 더 할 말이 없습니다. 그리고 나는 이미 그것들을 물리쳤습니다. 무한한 것에 대한 관념과 관련해서 나는 한 가지 점만을 지적하고자 합니다. 당신은 "내가 무한한 것을 파악하지 못한다면 그 관념은 참된 관념일 수 없으며, 또 내가 인식하는 것은 기껏해야 무한한 것의 일부분에, 그것도 아주 작은 부분에 불과할 수 있다"고 주장합니다. "그 부분이 무한한 것을 지시한다는 것은 아주 작은 머리카락에 대한 상(象, *effigies*)이 온전한 인간을 표상한다고 하는 경우보다 더 나을 게 없다"[64] 고 말입니다. 이와 반대로 나는 만일
368 내가 어떤 것을 파악한다면, 내가 파악한 것이 무한한 것이라고 하는 게 모순이라는 점을 환기시키고 싶습니다. 무한한 것에 대한 관념은, 그것이 참된 관념이려면, 결코 파악되어서는 안 됩니다. 왜냐하면 무한한 것의 형상적 근거 속에는 불가해성(*incomprehensibilitas*)이 함축되어 있기 때문입니다. 그럼에도 불구하고 인간의 관념이 표상할 수밖에 없는 방식으로 무한한 것에 대해 우리가 가지고 있는 관념은 그것의 일부분을 표상하는 것이 아니라 그것 전체를 표상하는 것임이 명백합니다. 신이나 인간보다 더 완전한 다른 지적 본성이 인간의 관념보다 더 완전한, 다시 말해서 더 정확하고 더 판명한 관념을 가질 수 있다는 것은 의심의 여지가 없지만 말입니다. 이는 기하학을 모르는 사람이더라도 그가 삼각형이 세 변으로 이루어진 도

63) 294쪽 2번째 줄 참조.

64) 296쪽 24번째 줄, 297쪽 10번째 줄과 16번째 줄 참조.

형이라는 것을 안다면, 비록 기하학자들이 삼각형에 대한 다른 많은 것들을 인식할 수 있어서 삼각형에 대한 관념 속에서 그가 모르는 많은 것들을 주목할 수 있더라도, 그가 삼각형 전체에 대한 관념을 가지고 있음을 내가 의심하지 않는 것과 마찬가지입니다. 세 변으로 이루어진 도형을 이해하는 것으로 삼각형 전체에 대한 관념을 갖기에 충분합니다. 마찬가지로 어떤 한계도 가지지 않은 것을 이해하는 것으로 무한한 것 전체에 대한 참되고 온전한 관념을 갖기에 충분합니다.[65)]

8. 여기서[66)] 당신은 사람들이 신에 대한 참된 관념을 가지고 있다는 것을 부정함으로써 똑같은 잘못을 반복합니다. 비록 우리가 신 속에 있는 모든 것을 인식하지는 못하지만, 우리가 신 속에 있다고 인식하는 것들은 참된 것들입니다. 당신은 "빵을 원하는 사람보다 빵이 더 완전한 것은 아니다."[67)] "내가 관념 속에서 어떤 것을 실제로(*actu*) 지각한다는 이유로 그것이 그 관념이 관념인 사물 속에 실제로 존재하는 것은 아니다."[68)] "나는 내가 모르는 것에 대해 판단하는 것이다"[69)]와 같은 것들을 369
뒤섞어 놓습니다. 그러나 이것들은, 오 살덩어리이시어! 단지 당신이 의미를 제대로 파악하지 못한 많은 것들을 경솔하게 반박한다는 사실만을 보여줄 뿐입니다. "어떤 사람이 빵을 원한다는 것으로부터 빵이 그 사람보다 더 완전하다는 결론이 도출되는 것"은 아닙니다. 단지 빵을 원하는 사람이 빵을 원하지 않을 때보다 더 불완전하다는 결론이 도출될 뿐입니다. 그리고 나

65) AT III 403쪽 22번째 줄 참조.

66) 297쪽 27번째 줄 참조.

67) 298쪽 8번째 줄 참조.

68) 299쪽 7번째 줄 참조.

69) 300쪽 첫 번째 줄 참조.

는 "어떤 것이 관념 속에 있다는 것으로부터 그것이 세상에 존재한다고 추론하지 않습니다." 그 관념이 실제로 존재하는 것으로 표상하는 대상 이외에는 그 어떤 것도 그 관념의 원인으로 제시될 수 없지 않는 한 말입니다. 나는 이것이 다른 것들과 관련해서 또 많은 세계들과 관련해서 참임을 증명하지 않았습니다. 나는 그것이 단지 신과 관련해서 참임을 증명했을 뿐입니다. 그리고 나는 "내가 모르는 것에 대해 판단하지" 않습니다. 나는 내가 왜 그런 판단을 하는지 그 근거들을, 당연히 당신이 그 중 어떤 것도 반박할 수 없었을 정도로 그리고 조금도 반박할 수 없을 정도로 확고한 근거들을 제시했습니다.

9. 당신은 "우리가 보존되기 위해서는 제 1원인의 지속적 작용을 필요로 한다는 것"을 부정합니다.[70] 이로써 당신은 모든 형이상학자들이 가장 명백한 것이라고 주장하지만 배우지 못한 사람들은 생각지 못하는 것을 부정합니다. 이들이 그렇게 못하는 이유는 단지 "생성(*fieri*)과 관련해서만" 그 원인에 주의를 기울일 뿐, "존재(*esse*)와 관련해서는" 그 원인에 주의를 기울이지 않기 때문입니다. 건축가는 "생성과 관련해서만" 집의 원인이며, 아버지는 (생성과 관련해서만) 자식의 원인입니다. 그 때문에, 일이 종결되면 집과 자식은 그런 원인 없이 남아 있을 수 있습니다. 그러나 태양은 "생성과 관련해서"뿐만 아니라 "존재와 관련해서"도 그로부터 나오는 빛의 원인이며, 신은 피조물들의 원인입니다. 그 때문에, 결과를 보존하기 위해 항상 똑같은 방식으로 결과에 작용해야 합니다.[71]

이는 내가 시간의 부분들의 독립성에 대해서 했던 설명으로부터 분명하게 증명됩니다. 당신은 쓸데없이 그 설명을 추상

---

70) 300쪽 11번째 줄 참조.

71) AT III 405쪽 3번째 줄 참조.

적으로 고찰된[72] "시간의 부분들의 연속의 필연성을" 제기하면 370
서 그 의미를 깎아내리려고 하지만, 여기서 주제는 추상적으로 고찰된 시간이 아닙니다. 여기서 주제는 시간 혹은 지속하는 대상의 지속성입니다. 당신은 그 지속의 각각의 순간들이 서로 분리될 수 있다는 것을 부정하지 않습니다. 다시 말해서, 지속하는 대상이 각각의 순간에 존재를 멈출 수 있다는 것을 부정하지 않습니다.

당신은 "내 안에는, 파괴적 원인이 그 힘을 능가하지 않는 한, 나를 보존하는 데 충분한 힘이 있다"[73] 고 합니다. 이때 당신은 당신이 피조물에게 창조자의 완전성을, 즉 다른 것에 의존하지 않고 존재를 지속한다는 완전성을 귀속시키고 있다는 것을 알아채지 못합니다. 또한 당신은 자신이 창조자에게 피조물의 불완전성을, 즉 만일 언젠가 그가 우리의 존재가 멈추기를 원할 경우 적극적인 행위를 통해서 비존재를 추구해야 한다는 불완전성을 귀속시키고 있다는 것을 알아채지 못합니다.

당신이 "무한 진행에 대해" 덧붙이는 것, 즉 "무한 진행을 인정하는 것이 불합리하지 않다"[74] 고 하는 것은 나중에 당신 자신에 의해 부정됩니다. 왜냐하면 당신은 "앞의 원인이 작용하지 않고서는 뒤의 원인이 작용할 수 없도록 서로 위계적으로 연결되어 있는 원인들간에 무한 진행이 존재한다는 것은 불합리하다"[75] 고 고백하기 때문입니다. 여기서 주제는 부모 등과 같이 "생성"과 관련된 원인들이 아니라 단지 "존재"와 관련된 원인들입니다.[76] 따라서 아리스토텔레스의 권위가 내게 반대하는 것은

72) 301쪽 6번째 줄 이하 참조.

73) 302쪽 4~6번째 줄 참조.

74) 같은 쪽 24번째 줄 참조.

75) 같은 쪽 27번째 줄~303쪽 첫 번째 줄 참조.

아닙니다. 당신이 판도라에 대해서 한 말 역시 그렇듯이 말입니다. 당신은 내가 인간들에게서 주목하는 모든 완전성들을 다양한 단계를 거쳐 점차적으로 증가시킬 수 있다고 하며 그 결과 나중에 그것들이 인간의 본성에는 속할 수 없는 것들로 되는 것을 보게 된다고 고백합니다. 이는 내가 신의 존재를 증명하는 데 충분한 것입니다. 왜냐하면 내가 고집하고 주장하
371 는 것이 바로, 만일 우리가 신에 의해 창조된 것이 아니라면, 우리가 갖게 되지 않았을 그 능력이기 때문입니다.[77] 즉, 인간의 모든 완전성들이 인간의 모든 완전성들 이상인 것으로 인식될 정도로 확장시키는 능력 그 자체 말입니다. 그러나 당신에게 내가 그것을 아주 분명하게 증명한 것으로 여겨지지 않는다는 점에 나는 놀라지 않습니다. 왜냐하면 나는 아직까지 당신이 나의 근거들 가운데 어느 하나도 제대로 파악한 것이 없다는 사실을 알고 있기 때문입니다.

10. 당신이 "내가 신의 관념에 어떤 것을 더하거나 뺄 수 없다"[78]고 한 것을 비난할 때, 당신은 일반적으로 철학자들이 말하는 것에, 즉 대상의 본질이 나뉠 수 없다는 것에 주목하지 않는 듯이 보입니다. 관념은 대상의 본질을 표상합니다. 만일 이 본질에 어떤 것이 더해지거나 빠진다면, 그 관념은 완전히 다른 대상에 대한 관념이 됩니다. 참된 신을 제대로 파악하지 못하는 사람들은 그런 식으로 거짓된 신에 대한 관념들을 모두 꾸며내는 것이며, 그 점에서 판도라도 마찬가지입니다. 일단 참된 신에 대한 관념이 파악되면, 그후 전에 알지 못했던 새로운 완전성들이 신 속에서 발견될 수 있습니다. 그럼에도 불구

76) AT III 406쪽 20번째 줄 참조.

77) AT III 403쪽 27번째 줄 참조.

78) 305쪽 5번째 줄 참조.

하고 신에 대한 관념이 그 때문에 더 커지는 것이 아니라, 단지 더 판명하게 그리고 더 분명하게 되는 것일 뿐입니다. 왜냐하면 그 관념이 참된 관념이라는 가정하에, 그 모든 완전성들은 우리가 이미 가지고 있는 관념 속에 담겨져 있어야 했기 때문입니다. 이는 우리가 삼각형에 대한 관념 속에서 이전에 알지 못했던 여러 가지 고유한 성질들을 발견한다고 해서 그 관념이 더 커지는 것이 아니라는 사실과 매한가지입니다. 당신이 알고 있는 바와는 달리, "우리는 신에 대한 관념을 피조물들의 완전성들을 확장해서 점차적으로 형성하는 것이"[79] 아닙니다. 우리는 무한하고 또 확장될 수 없는 존재와 정신적으로 접함으로써, 그 관념을 전체로서 동시에 형성하는 것입니다.

그러나 당신은 "예술가가 자신의 작품에 각인해 놓은 표식처 372
럼 신에 대한 관념이 내 안에 있다는 것을 내가 무엇으로 입증했는지, 그리고 도대체 그것이 어떤 형태의 각인인지 혹은 그런 표식이 어떤 형상인지"[80]를 묻습니다. 이는 다음의 경우와 매한가지입니다. 내가 어떤 그림에서 아주 뛰어난 예술성을 발견한 탓에, 오직 아펠레스(Apelles)[81]만이 그 그림을 그릴 수 있었을 것이라고 판단하고 또 그러한 예술성이 누구도 흉내 낼 수 없는 그 그림의 표식 같은 것이라고, 즉 아펠레스가 다른 사람들이 알아보도록 하기 위하여 자신의 모든 작품들에 각인시킨 표식 같은 것이라고 하자, 당신이 "도대체 그 표식이 어떤 형상 혹은 어떤 형태입니까?"라고 묻는 경우와 말입니다.

---

79) 같은 쪽 12번째 줄 참조.

80) 306쪽 3~6번째 줄 참조.

81) 아펠레스(?~?)는 BC 4세기에 활동한 헬레니즘 초기의 그리스 화가이다. 현존하는 작품이 하나도 없음에도 그의 작품은 예술에 관해 글을 남긴 고대 문필가들로부터 대단한 찬사를 받았기 때문에 고대의 가장 위대한 화가로 꼽힌다.

이 경우 당신은 대답보다는 비웃음을 사게 될 것입니다.

당신은 계속해서, "만일 그것이 작품이나 대상 그 자체와 다른 것이 아니라면, 〔정신인〕 당신 자신이 관념이고, 당신 자신이 사유의 양태에 불과하며, 당신 자신이 각인된 표식이고 또 각인의 주체입니까?"[82] 라고 따집니다. 이에 대해 내가 무슨 말을 할 수 있겠습니까? 이는 다음의 경우와 매한가지로 곤혹스러운 것 아닙니까? 즉, 내가 그 예술성이 바로 그것에 의해 다른 사람들이 아펠레스의 그림들을 알아보는 것이라고 하자, 당신이 "그것은 그림들 자체와 다른 어떤 것이 아니다. 그러므로 그 그림들은 예술성과 다른 어떤 것도 아니며 또 어떤 물질로 이루어진 것도 아니다. 그러므로 그 그림들은 단지 화법에(*modum pingeni, modus pmgendi*)에 불과하다" 등을 주장하는 경우 말입니다.

당신은 "내가 신의 상에 따라 만들어졌다는 것"을 부정하기 위하여, "그러므로 신은 인간의 모습이다"[83] 라고 주장하며 인간의 본성이 신성한 본성과 다른 점들을 수집합니다. 이에 내가 무슨 말을 할 수 있겠습니까? 이는, 아펠레스의 어떤 그림들이 알렉산더와 유사하게 그려졌음을 부정하기 위하여, 그려진 알렉산더는 그림이며 그림은 나무와 물감으로 이루어져 있지 뼈와 살로 이루어져 있지 않다고 주장하는 것보다 더 영악한 주
373 장입니다. 이에 대해 내가 무슨 말을 할 수 있겠습니까? 상이란 그것이 상인 대상과 모든 점에서 똑같아야 하는 것이 아닙니다. 단지 그 대상을 어떤 점들에서 흉내 내는 것뿐입니다. 그리고 우리가 신속에 존재한다고 인식하는 사유능력이 우리 안에 있는 신보다 덜 완전한 사유능력을 통해 표상된다는 것은

82) 같은 쪽 7~10번째 줄 참조.

83) 같은 쪽 10~13번째 줄 참조.

아주 분명합니다.

그러나 당신은 신의 창조를 부모들의 생산보다는 기술자의 작업과 비교하길 더 원합니다.[84] 그러나 당신은 그에 대한 어떤 근거도 가지고 있지 않습니다. 비록 위의 세 가지 것들이 서로 완전히 다른 종류의 행위이기는 하지만, 인위적 생산으로부터보다는 자연적 생산으로부터 신성한 생산을 논증하는 게 더 적당합니다. 그럼에도 불구하고 나는 자식과 부모의 유사성만큼 커다란 유사성이 신과 우리 사이에 있다고 하지 않았습니다. 또한 나는 기술자의 작품과 기술자 간에 결코 어떤 유사성도 존재하지 않는다고 하지도 않았습니다. 조각가가 자신과 비슷한 상을 조각했을 때 그 둘간에 유사성이 존재한다는 것은 분명합니다.

나는 사람들로 하여금 내가 신과 인간을 동등시한다고 믿지 않도록 하기 위하여 내가 불완전하며 다른 것에 의존하는 것이라는 등을 비유사성에 대한 논거로 제시했습니다. 그럼에도 불구하고 당신은 반대로 "내가 나 자신이 불완전하고, 다른 것에 의존하는 것이라는 점에서 그 유사성을 지각한다고 말했다"[85]고 꾸며냅니다. 이는 당신이 얼마나 불순한 의도로 나의 말들을 왜곡해서 인용하는지를 잘 보여줍니다. 나는 내가 그런 점들에서 신보다 열등하다는 것과 그럼에도 불구하고 더 위대한 것들을 지향하는 존재라는 것을 지각할 뿐만 아니라, 내가 그러한 것들을 지향하기 때문에, 내 안에 그것들과 유사한 어떤 것이 있다는 것을 지각한다고 했을 뿐입니다.[86]

끝으로, 당신은 "신이 다른 사람들에게도 당신에게처럼 자기 374

84) 306쪽 20번째 줄 참조.

85) 같은 쪽 참조.

86) 51쪽 24번째 줄 이하 참조.

자신에 대한 관념을 각인시켜 놓았음에도 불구하고 왜 다른 사람들이 내가 신에 대해 인식한 것과 똑같은 것을 인식하지 못하는지 놀랍다"[87] 고 합니다. 그러나 이는 삼각형에 대한 관념을 알고 있음에도 불구하고, 모든 사람들이 똑같이 그 안에서 많은 것을 인식하지는 못하는 것에 그리고 더 나아가 몇몇 사람들은 거짓된 것을 추론하는 것에 놀라는 것과 마찬가지입니다.

〈제 4성찰〉에 대해 반박된 것들에 관하여

1. 나는 내가 "무"(無)에 대해 어떤 관념을 가지고 있는지 그리고 어떻게 내가 "비존재"에 관여하고 있는지[88] 를 충분히 설명했습니다. 한편으로는 그 관념을 부정적인 관념이라고 부르면서, 다른 한편으로는 "비존재"에 관여하고 있다고 함은 내가 완전한 존재가 아니라는 것과 우리에게는 아주 많은 것들이 결여되어 있다는 것 이외의 어떤 다른 의미도 아니라고 하면서 말입니다.

당신은 "내가 절대적이지 않은 신의 작품들을 본다"[89] 고 주장합니다. 당신은 내가 어디에서도 기술한 적도 또 생각해본 적도 없는 것을 완전히 꾸며 붙입니다. 나는 단지 어떤 작품들이 세계의 일부분으로서가 아니라 어떤 전체로서 고찰될 때, 불완전하게 보일 수 있다고 했을 뿐입니다.

그리고 당신이 목적인으로 제시하는 모든 것들은[90] 작용인으로 환원되어야 합니다. 따라서 식물과 동물 등에 대해 그것

87) 307쪽 8~11번째 줄과 AT III 407쪽 13번째 줄 참조.
88) 308쪽 3번째 줄과 AT III 407쪽 13번째 줄 참조.
89) 같은 쪽 19번째 줄 참조.
90) 같은 쪽 25번째 줄 참조.

들을 이루는 부분들의 용도로부터 작용인으로서의 신에 감탄하고, 그의 작품들에 대한 관찰을 통해 신을 창조자로 인식하고 찬양하는 것은 우리가 감당할 수 있는 일이지만(*par est*), 신이 375
어떤 목적을 가지고 무엇을 만들었는지를 예측하는 것은 우리가 감당할 수 있는 일이 아닙니다. 자주 추측이 허용되는 윤리학에서, 신이 우주를 주제할 때 자신에게 세운 것으로 우리가 추측할 수 있는 목적을 고찰하는 것이 때로는 경건한 일일 수 있습니다. 그럼에도 불구하고 모든 것들이 아주 굳건한 근거들에 의해 뒷받침되어야 하는 자연학에서, 그렇게 하는 것은 불합리한 일입니다. 또한 신의 어떤 목적들이 다른 목적들보다 더 공공연히 알려진다고 상상할 수도 없습니다. 왜냐하면 신의 목적들은 모두 탐구될 수 없는 그의 지혜의 심연 속에 똑같은 방식으로 숨겨져 있기 때문입니다. 또한 당신이 어떤 인간도 〔목적인과는〕 다른 원인들을 인식할 수 없다고 상상해서도 안 됩니다. 신의 목적보다 훨씬 더 쉽게 인식되지 않는 것은 없기 때문입니다.[91] 그리고 당신이 어려움의 예로 제기한 원인들을 알고 있다고 생각하는 사람은 아무도 없습니다.

끝으로, 당신은 대범하게 "만일 나의 정신이 이 신체로 들어간 다음부터 지금까지 눈도 멀고 귀도 먹고, 어떤 외감도 없는 신체 안에 머물러 있었다면, 자기 자신과 신에 대해 정신이 어떠한 관념들을 가지게 되었을까"[92]를 묻습니다. 이 때문에 나 역시 나의 정신이 (단지 우리가 정신이 생각할 때 신체에 의해 방해를 받지도 도움을 받지도 않는다고 가정하는 한) 신과 자기 자신에 대해 지금 가지고 있는 것과 동일한, ― 훨씬 더 순수하고 명석한 관념들을 가지게 되지 않을 경우, ― 적어도 지금 가지

91) AT III 408쪽 13번째 줄 참조.

92) 310쪽 21~28번째 줄 참조.

고 있는 것과 동일한 관념들을 가지게 되었을 것이라는 점을 믿어 의심치 않는다고 대범하고 솔직하게 답합니다. 왜냐하면 정신이 그 관념들을 지각하는 데, 감각은 여러 가지 점에서 방해가 될 뿐 전혀 도움이 안 되기 때문입니다. 그리고 물질 사물들에 대한 상들을 지각하는 데 매우 몰두해 있기 때문이 아니라면, 모든 사람들이 자신들이 그와 똑같은 관념들을 가지고 있다는 것을 똑같이 아는 데에는 어떤 장애물도 없습니다.

376 2. 이곳[93] 도처에서 당신은 "우리가 오류에 노출되어 있는 것"이 적극적인 불완전성이라고 왜곡합니다. 그것이 단지(특히 신과 관련해서) 피조물들에게는 더 커다란 완전성의 부정에 불과한 것뿐인데도 말입니다. 그리고 국가의 국민들과 세계의 부분들의 비유는 적합한 비유가 아닙니다. 국민들의 악은, 국가와 연관되면, 어떤 적극적인 것입니다. 그러나 인간이 오류에 노출되어 있다는 것이나 인간이 모든 완전성들을 가지고 있지 않다는 것은, 세계의 선과 관련지어지면, 어떤 적극적인 것이 아닙니다. 오히려 다음 두 사람을 비교하는 것이 더 나을 것입니다. 즉, 인간 신체의 어떤 부분도 눈보다 더 아름다워 보이지 않기 때문에, 더 우아하게 보이기 위해 인간 신체를 눈으로 덮고자 하는 사람과, 오류에 노출되어 있지 않은 피조물이란 세상에 존재할 수 없었다고, 다시 말해서 완전한 피조물이란 존재할 수 없었다고 믿는 사람을 비교하는 것이 말입니다.

당신은 "신이 우리에게 나쁜 일을 운명지우고, 또 불완전성들을 주었다는 것 등을" 가정하는데, 이는 완전히 잘못된 것입니다. 또한 "신이 인간이 판단하길 원한 몇 안 되는 것들을 판단하는 데조차 적합하지 않은, 혼란한, 불확실한 능력을 인간에게 주었

93) 310쪽 29번째 줄~311쪽 11번째 줄 등 참조.

다"[94] 고 당신은 가정하는데, 이 역시 완전히 잘못된 것입니다.

3. 당신은 여기서 "내가 지성은 미치지 못하지만 의지는 미칠
수 있는 것이 무엇인지에 대해 간단하게 설명하기를"[95] 원합니
다. 즉, 우리가 오류를 범할 수 있는 모든 것에 관하여 말입니
다. 당신이 정신을 어떤 미세한 물체라고 판단할 때가 바로 그
런 것입니다. 당신은 정신이 정신, 다시 말해서, 생각하는 것
이고, 미세한 물체는 연장된 것이라는 점을 이해할 수 있습니
다. 그러나 당신은 생각하는 것과 연장된 것이 동일한 하나라
는 사실을 절대로 이해하지 못합니다. 다만 당신은 그렇게 믿 377
고 싶을 뿐입니다. 왜냐하면 당신은 이미 오래전부터 그렇게
믿어왔고 또 그 믿음으로부터 자유로워지고 싶지 않기 때문입
니다. 당신이 혹 독이 든 과일이 당신에게 영양이 된다고 판단
할 때도 바로 그런 것입니다. 당신은 그것의 냄새와 색 등이
좋다는 것을 압니다. 그러나 그 때문에 당신이 그 과일이 당신
의 영양에 도움이 된다는 것을 알지는 못합니다. 당신은 단지
당신이 원하기 때문에 그렇게 판단할 뿐입니다. 그래서 나는
우리가 어떤 방식으로든 아무것도 알지 못하는 것에 대해 무엇
을 원해서는 안 된다고 고백합니다. 그러나 나는 의지와 인식
의 한계가 동일하다는 것(*non aeque intelligere ac velle*)은 부정
합니다. 왜냐하면 우리는 아주 많은 것을 원할 수 있지만, 단
지 아주 적은 것만을 인식할 수 있기 때문입니다. 그러나 우리
가 잘못 판단할 경우, 우리가 잘못 원하는 것이 아니라, 어떤
잘못된 것을 원하는 것일 수 있습니다. 그리고 우리가 어떤 것
을 실제로 인식하는 것보다 더 많이 알고 있다고 판단할 경우,
우리가 잘못 인식하고 있다고 말해지는 것일 뿐, 우리가 어떤

---

94) 314쪽 11~12번째 줄 참조.

95) 315쪽 15번째 줄 참조.

것을 잘못 인식하는 것은 아닙니다.

나는 그 자체로써 명백한 것들임에도 불구하고 당신이 의지의 비결정성과 관련해서 부정하는 것들을[96] 당신의 목전에서 입증하고 싶지 않습니다. 그런 것들은 근거를 통해 사람들에게 확신되어야 하는 것들이 아니라, 사람들이 자기 자신들에게서 경험해야 하는 것들이기 때문입니다. 오 살덩어리이시어! 당신은 정신이 자기 자신 안에서 하는 것들을 주목하지 못하는 것 같습니다. 따라서 마음에 들지 않으면, 자유로워지지 마십시오. 나는 내가 나에게서 자유를 경험할 때 나의 자유를 만끽하며, 또 당신은 이를 어떤 근거로도 반박하지 못합니다. 당신은 그저 부정을 통해서만 반박할 뿐입니다. 그리고 나는 다른 사람들에게서 당신보다 더 커다란 신뢰를 얻게 될 것입니다. 나는 내가 경험한 것만을, 그리고 누구든 자기 자신에게서 경험할 수 있는 것만을 주장하고 있지만, 당신은 그것을 단지 당신이 경험하지 못했다는 이유 하나만으로 부정하기 때문입니다.

378 그럼에도 불구하고 나는 당신의 말에서 당신 역시 그것을 경험했다는 것을 이끌어 낼 수 있습니다. 당신은 의지가 지성에 의해 규정되지 않은 어떤 것으로 이끌려지는 것을 원하지 않기 때문에, "우리가 오류를 방지하도록 애쓸 수 있다는 것"을 부정하지만, 당신은 그와 동시에 "우리가 오류 속에 머물러 있지 않도록 애쓸 수 있다는 것"[97]을 인정합니다. 그런데 이는 당신이 부정하는 의지의 자유 없이는 전혀 일어날 수 없는 일입니다. 즉, 지성에 의한 규정 없이 이리 혹은 저리로 향하는 의지의 자유 없이는 말입니다. 만일 언젠가 지성이 잘못된 판단

---

96) 316쪽 15번째 줄 참조.

97) 317쪽 19~20번째 줄 참조.

을 내리도록 의지를 규정했다면, 나는 당신에게 이렇게 묻고 싶습니다. 의지가 오류 속에 머물러 있지 않도록 애쓰기 시작할 때, 무엇이 의지를 그렇게 규정하는 것입니까? 만일 의지가 자기 자신에 의해 그렇게 규정되는 것이라면, 의지는 지성에 의해 강요되지 않은 어떤 것에도 미칠 수 있습니다. 비록 당신이 이를 부정하기는 하지만, 여기서 논란이 되는 것은 바로 그것 하나뿐입니다. 그러나 만일 의지가 지성에 의해 그렇게 규정되는 것이라면, 의지가 애쓰는 것이 아닙니다. 지성에 의해 의지가 앞서 지성이 자신에게 제시한 거짓된 것으로 이끌려졌듯이, 지성이 자신에게 참된 것을 제시하기 때문에 참된 것으로 이끌려지는 것일 뿐입니다.[98] 이 밖에도 나는 당신이 거짓의 본성을 얼마나 이해하는지 그리고 어떻게 거짓이 지성의 대상일 수 있다고 믿는지를 알 수 있었으면 했습니다. 왜냐하면 거짓으로써 단지 참의 결여만을 이해하는 나는 지성이 거짓을 참이라는 미명하에 파악한다는 것은 모순임을 확신하기 때문입니다. 만일 지성이 한번이라도 의지로 하여금 거짓된 것을 받아들이도록 규정한다면, 그것은 모순이 아니라 필연일 것입니다.

4. 이 성찰들의 결실은[99] 다음과 같습니다. 나는 당신이 읽었을 것이라고 생각하는 '독자들에게 드리는 서언'에서, "나의 379
근거들의 순서와 연관관계를 고려하지 않고 부분들을 따로따로 떼어내어 논의하는 데 주력하는 사람들"에게는[100] 그 결실이 결코 크지 않을 것이라고 미리 경고했습니다. 그리고 우리가 실제로 명석하게 지각하는 것들과 우리가 단지 명석하게 지각한

98) AT III 408 22번째 줄 참조.

99) 317쪽 24번째 줄 참조.

100) 9쪽 28번째 줄 이하 참조.

다고 믿을 뿐인 것들을 구분할 수 있는 방법과 관련해서는 이렇습니다. 나는, 이미 말했듯이, 그 방법을 충분하리만큼 정확하게 제시했다고[101] 믿고 있습니다. 그럼에도 불구하고, 왜 선입견들에 대해서는 그냥 "몇 마디 말로 간단히"[102] 넘어가지 않았냐고 불평할 정도로 선입견을 버리려는 노력을 거의 하지 않는 사람들이 그 방법을 쉽게 지각했을 것이라고 생각하지는 않습니다.

〈제 5성찰〉에 대해 반박된 것들에 관하여

1. 여기서 나의 말을 인용한 후에, 당신은 "이 정도가 물질적인 사물의 본성에 대해 내가 하는 말이다"[103] 라고 덧붙입니다. 나는 이 때문에 내가 기술한 것들의 연관성에 당신이 충분한 주의를 기울이지 않았다는 것을 당신에게 환기시키지 않을 수 없습니다. 왜냐하면 그 연관성이란 그 때문에 그 앞에 있는 모든 것들과 또 그 뒤를 따르는 대부분의 것들이 각각의 것을 입증하는 데 기여하게 되는 그런 것이기 때문입니다. 따라서 당신은 어떤 문제와 관련해서, 만일 당신이 내가 나머지 것들과 관련해서 기술한 것 또한 모두 고려하지 않는다면, 내가 한 말을 제대로 인용할 수 없습니다.

380 당신이 "전능한 신 이외에 어떤 불변하고 영원한 본성을 확립하는 것은 녹녹한 일이 아닌 듯이 보인다"[104] 고 하는 것과 관련해서는 이렇습니다. 만일 존재하는 사물이 논의의 주제라거

---

101) AT III 402쪽 4번째 줄 참조.

102) 257쪽 26~27번째 줄 참조.

103) 319쪽 7번째 줄 참조.

104) 319쪽 9~11번째 줄 참조.

나, 혹 내가 신에 의존하지 않는 것으로서의 어떤 불변하는 것을 상정한다면, 그렇게 보이는 것이 마땅할 것입니다. 시인들은 운명이 주피터에 의해 정해졌지만(*condita*), 운명이 정해진 후 주피터 자신이 그 운명을 보존하는 의무를 떠맡았다고 상상합니다. 마찬가지로, 나는 사물들의 본성들과 그 본성들에서 인식될 수 있는 수학적 진리들이 신에게 의존되어 있지 않다고 믿지 않습니다.[105] 그럼에도 불구하고 나는, 신이 그렇기를 원해서 그렇게 했기 때문에, 그것들이 불변하고 또 영원하다고 믿습니다. 이를 상정하는 것이 당신에게 녹녹한 일이 아니거나 혹 버거운 일일 수는 있을 것입니다. 그렇지만 내게는 그것이 참이라는 것으로 충분합니다.

당신이 변증론자들의 보편자들(*universalia*)에 대해 제기하는 이의는 나와 상관없는 것들입니다. 왜냐하면 나는 보편자들을 그들과 다른 식으로 이해하기 때문입니다. 그러나 삼각형이나 다른 도형, 혹은 임의의 기하학적 대상들의 본질처럼 명석판명하게 인식되는 본질들과 관련해서, 나는 우리 안에 있는 그 도형들에 대한 관념들이 개별적 도형들로부터 취해진 것이 아님을 당신이 고백하도록 강요하게 될 것입니다. 왜냐하면 여기서 당신은 사물들의 본성에 관하여 당신이 가지고 있는 의견과 그 관념들이 일치하지 않는 탓에 그 관념들이 거짓된 것들이라고 하기 때문입니다.

그리고 조금 뒤에 당신은 "선, 표면, 그리고 이것들로 이루어진 분할될 수 없는 그리고 분할되지 않은 상태에 있는 것들로서의 순수 수학의 대상들은 실제로는 존재할 수 없다"[106] 고 합니다. 이로부터 우리가 삼각형이나 여타의 기하학적 도형들의

---

105) AT III 406쪽 15번째 줄 참조.

106) 〈제6성찰〉에 대한 반박, 329쪽 2~5번째 줄 참조.

381 본질에 속한다고 알고 있는 것들 가운데 그 어느 것도 결코 존재한 적이 없으며, 또 그에 따라 그 본질들이 존재하는 사물들로부터 취해진 것이 아니라는 결론이 도출됩니다. 그러나 알다시피 당신의 견해에 따르자면, 즉 사물들의 본질이 사물들의 본성과 일치하지 않는다고 가정하는 당신의 견해에 따르자면 당신은 그것들이 거짓된 것들이라고 하는 것입니다. 그러나 만일 당신이 기하학 또한 전부 거짓된 것이라고 주장하지 않는다면, 당신은 그 본질들에 관하여 많은 진리가, 항상 그대로이기 때문에 불변하고 영원하다고 불릴 자격이 있는 진리들이 증명된다는 것을 부정할 수 없습니다. 그 본질들이 당신이 가정하는 사물들의 본성과 일치하지 않는다는 것과 관련해서는 다음과 같습니다. 즉, 그것들이 또한 데모크리투스와 에피쿠루스가 원자들로부터 상상해 낸 사물들의 본성과도 일치하지 않는 것처럼, 그 명칭은 단순히 외적 명칭에 불과합니다. 아무것도 변화시키지 않는 외적 명칭 말입니다. 그럼에도 불구하고 그것들이 참된 신에 의해 정해진(*condita*) 사물들의 참된 본성과 일치한다는 것은 의심할 여지가 없습니다. 세상에 너비가 없는 길이를 가지고 있거나 혹은 깊이가 없는 너비를 가지고 있는 실체들이 있다는 것은 아닙니다. 기하학적 도형들은 실체로서가 아니라 실체가 담겨 있는 경계로 고찰되는 것이기 때문일 뿐입니다.

그러나 모든 사람들이 일반적으로 확신하는 것과는 달리 나는 "그 도형들에 대한 관념들은 일찍이 감각을 통해서 우리에게 들어온 것이다"[107] 라는 데에는 동의하지 않습니다. 의심할 바 없이 세상에는 기하학자들에 의해 고찰되는 것과 같은 도형들

107) 322쪽 2~6번째 줄 참조.

이 존재할 수 있습니다. 그럼에도 불구하고 나는 그것들이 혹 우리의 감각을 결코 촉발할 수 없을 정도로 아주 작지 않은 한 결코 우리 주변에 존재할 수 없다고 생각합니다. 그것들은 대부분 직선으로 이루어져 있습니다. 그러나 결코 직선의 어떤 부분도 우리의 감각을 실제로 자극하지 못합니다. 왜냐하면 우리에게 정확하게 직선으로 보이는 선분도 확대경으로(*pulicario* 382
perspicillo, pulcarium perspicillum) 관찰하면 전혀 바르지 않고 울퉁불퉁하다는 것을 발견하기 때문입니다. 따라서[108] 우리가 어렸을 적에 종이에 그려진 삼각형 같은 모양을 처음 보았을 때, 그 도형이 그 즉시 우리에게 어떻게 우리가 기하학자들이 고찰하는 바와 같은 참된 삼각형을 파악해야 하는지를 가르쳐 줄 수 있었던 것은 아닙니다. 왜냐하면 그 모양은 마치 투박한 나무에 메르쿠리우스(*Mercurius*)[109]의 모습이 들어 있는 것처럼 그 종이에 있는 것이기 때문입니다. 그러나 참된 삼각형에 대한 관념은[110] 이미 그에 앞서 우리 안에 있었으며 또 우리의 정신은 그 관념을 종이에 그려진 삼각형의 모양보다 더 쉽게 파악할 수 있었습니다. 이 때문에 그 삼각형을 보면서 우리는 그 삼각형을 파악하는 것이 아니라 참된 삼각형을 파악하는 것입니다. 이는 우리가 인간의 얼굴을 나타내도록 검은색 선들이 그려진 종이를 들여다보는 동안, 그 선들에 대한 관념이 아니라 인간에 대한 관념이 우리에게 일어나는 것과 같은 식입니다. 만일 인간의 얼굴이 다른 곳으로부터 우리에게 알려져 있지 않았다면, 그리고 우리가 그런 선들보다는 얼굴을 생각하는 데 더 익숙해져 있지 않았다면, 그것은 전혀 일어날 수 없는

108) AT V 161쪽 참조.
109) 〔역주〕 로마 신화에 나오는 상업과 이익추구, 교역의 신이다.
110) AT III 409쪽 7번째 줄 참조.

일입니다. 왜냐하면 그 선들이 우리에게서 약간 멀리 떨어져 있는 경우, 우리는 자주 그 선들을 서로 구별할 수 없기 때문입니다. 마찬가지로, 만일 우리의 정신이 기하학적 삼각형에 대한 관념을 다른 곳으로부터 가지고 있지 않았다면, 우리는 기하학적 삼각형을 종이에 그려진 삼각형으로부터 인식할 수가 없었을 것입니다.

2. 여기서[111] 나는 존재가 어떤 종류의 대상들에 속하기를 당신이 원하는지, 그리고 무엇 때문에 그것을 전능함과 마찬
383 가지로 고유한 성질이라고 할 수 없는지를 알지 못합니다. 이곳에서 그래야 하듯이, 고유한 성질이라는 말을 임의의 속성이나 혹은 대상들에게 기술될 수 있는 모든 것에 적용시킨다면 말입니다. 당연히 필연적 존재는 실제로 신에게서 엄밀한 의미로서의 고유한 성질입니다. 왜냐하면, 그 필연적 존재는 오로지 신에게만 속하는 것이고 또 신에게만 그 본질의 일부이기 때문입니다.[112] 따라서 삼각형의 본질은 신의 본질과 비교될 수 없습니다. 신에게서 존재는 삼각형에서와는 다른 관계를 본질과 맺고 있기 때문입니다.

세 각의 합이 두 직각과 같다는 것이 삼각형의 고유한 성질로 간주되는 것이 선결 문제 요구의 오류가 아니듯이 "존재를 신에 속하는 완전성들에 포함시키는 것"[113] 또한 선결 문제 요구의 오류가 아닙니다.

삼각형과 관련해서 "존재와 본질이 각각 다른 하나 없이 생각될 수 있듯이 신과 관련해서도 그렇다는 것"[114]은 사실이 아닙

111) 322쪽 12번째 줄 참조.
112) AT III 416쪽 25번째 줄 참조.
113) 323쪽 31번째 줄 참조.
114) 324쪽 첫 번째 줄 참조.

니다. 신은 자기 자신의 존재(*suum esse*)이지만 삼각형은 그렇지 않기 때문입니다.[115] 그렇지만 나는 필연적 존재가 신의 관념 속에 있듯이 삼각형의 관념 속에는 가능적 존재가 있다는 것을 부정하지 않습니다. 왜냐하면 그것은 그 관념을 우리가 어디에도 그 존재를 가정하지 않는 키메라들에 대한 관념보다 더 뛰어난 것으로 만들기 때문입니다. 따라서 당신은 어떤 점에서도 나의 논증의 힘을 조금도 약하게 만들지 못했습니다. 그리고 당신은 "내가 쉽사리 풀 수 있었다고" 당신이 말하는 "궤변에 항상 사로잡혀" 있습니다.[116]

당신이 덧붙이는 것에 대해서 나는 이미 다른 곳에서 충분한 답변을 했습니다. 그리고 당신이 "삼각형의 세 각의 합이 두 384
직각과 같다는 것이 증명되는 것과는 달리 신 안에 존재가 포함되어 있다는 것이 증명되지는 않는다"고 주장할 때,[117] 당신은 속임을 당하는 것입니다. 왜냐하면 신의 존재를 증명하는 것이 훨씬 더 쉽고 명석하다는 것을 제외한다면, 그 둘에 대한 근거는 동일하기 때문입니다. 끝으로 나는 다른 나머지 것들은 별다른 언급 없이 그냥 넘어가겠습니다. 왜냐하면 "내가 아무것도 설명하지 않는다"[118]고 하면서, 당신 역시 아무것도 설명하지 않으며 또 단지 당신이 아무것도 입증할 수 없음을 입증할 뿐이기 때문입니다.

3. 당신이 여기서 디아고라나 테오도루스나 피타고라스 등에 대해 하는 말에 나는 기하학적 증명들에 대해서조차 회의하는 회의주의자들을 대면시키겠습니다. 그리고 나는, 만일 그들

115) AT III 410쪽 14번째 줄 참조.

116) 324쪽 12~13번째 줄 참조.

117) 325쪽 23~27번째 줄 참조.

118) 326쪽 7번째 줄 참조.

이 신을 제대로 인식했다면, 그러지 않았을 것이라는 것을 확신합니다.[119] 어느 하나가 다른 하나보다 더 잘 알려진다는 것은 그것이 많은 사람들에게 참인 것으로 보이기 때문이 아닙니다. 그 둘을 제대로 인식하는 사람들에게 그것이 더 먼저, 더 분명하게 그리고 더 확실하게 인식된다고 보이기 때문입니다.

〈제 6성찰〉에 대해 반박된 것들에 관하여

1. 나는 "당신이 순수 수학의 대상으로서의 물질적인 사물들이 존재할 수 있다는 것을 부정한 것에"[120] 대해서는 이미 논의를 했습니다.

그러나 천각형에 대한 이해가 애매하다는 것은 사실이 아닙니다. 왜냐하면 천각형과 관련해서 많은 것들이 아주 판명하
385 게 그리고 아주 명석하게 증명될 수 있기 때문입니다. 이는, 천각형에 대한 이해가 애매할 뿐이라면, 혹은 당신이 주장하듯이, 천각형이 "단지 말로만"[121] 지각되는 것이라면, 일어날 수 없는 일입니다. 비록 우리가 천각형을 상상할 수는 없지만, 우리는 천각형을 명석하게 이해합니다. 이로부터 지성의 힘과 상상력의 차이가 단지 정도의 차이가 아니라 그 둘이 전혀 다른 형태의 활동이라는 점이 분명해집니다. 물론 이해할 때 정신은 자기 자신만을 사용합니다. 그러나 상상할 때는 물질적 형상을 봅니다. 기하학적 도형들이 전적으로 물질적이긴 하지만, 그 관념들은, 즉 그것들을 이해하는 데 사용되는 관념들은, 상상력의 휘하에 들어가지 않기 때문에, 물질적인 것으로

---

119) AT III 410쪽 18번째 줄 참조.

120) 328쪽 25번째 줄 참조.

121) 330쪽 14번째 줄 참조.

간주되어서는 안 됩니다.

끝으로 "신이나 천사, 인간 영혼 혹은 정신에 대한 관념들이 인간의 형상으로부터 아니면 아주 미세하고 단순하며 감각하기 아주 어려운 것들로부터 ― 공기나 에테르가 그런 종류의 것인데 ― 취해진 물질적 관념이거나 혹은 물질적 관념과 흡사한 것이라고"[122] 생각하는 것은 오로지, 오, 살덩어리이시어, 당신에게만 어울리는 일입니다. 왜냐하면 신이나 정신을 그렇게 표상하는 사람은 상상할 수 없는 것을 상상하고자 하는 것이며, 또 자신이 정신이나 신이라는 말을 잘못 귀속시키는 물질적 관념만을 상상하는 것이기 때문입니다. 정신에 대한 참된 관념 속에는 그것의 비물질적 속성들과 함께 단지 생각만 들어 있을 뿐입니다.

2. 여기서[123] 당신은 우리가 거짓을 결코 발견하지 못한 것들 속에 거짓이 있다고 상정하지 않기를 바랍니다. 이로써 당신은 자신이 단지 선입견에 의존해 있다는 것과 그것들을 버리지 못하고 있다는 것을 분명하게 보여줍니다. 그리고 그 때문에, "우리가 탑을 가까이에서 보고 만질 때", 그것이 사각형으로 나타나면, "우리는 그것이 사각형임을 확신한다"[124] 고 할 때도
그렇습니다. 또 우리가 실제로 깨어 있을 때, "우리가 깨어 있 386
는 것이 아니라 혹 꿈을 꾸는 것은 아닌지 하고 의심할 수 없다는 것 등을 이야기할 때"[125] 도 그렇습니다. 이는 당신이 오류가 있을 수 있는 모든 것들을, 즉 당신이 전에 이미 알고 있었던 모든 것들을 검토할 이유를 전혀 가지고 있지 않기 때문입니니

122) 332쪽 3~8번째 줄 참조.
123) 같은 쪽 12번째 줄 참조.
124) 333쪽 3~4번째 줄 참조.
125) 333쪽 17~18번째 줄 참조.

다. 당신이 확실한 것으로 인정한 것들과 관련해서 당신이 때때로 속임을 당했음은 쉽게 입증될 수 있을 것입니다. 그러나 당신이 "적어도 사물들이 나타나는 것처럼 나타난다는 것에 대해서까지 의심할 수는 없다"[126]고 하는 것으로 되돌아옵니다. 이로써 당신은 올바른 길로 되돌아오는 것입니다. 나는 이를 〈제 2성찰〉에서 주장한 바 있습니다. 그러나 여기서 문제는 우리 외부에 있는 사물들의 진리에 관해서인데, 당신은 이에 관해 어떤 사실도 제시하지 않았습니다.

3. 나는 여기서 당신이 지겹게 반복하는 말들에[127] 얽매이고 싶지 않습니다. 내가 증명했음에도 불구하고, "내가 어떤 것들을 증명하지 않았다"고 하거나, 내가 가장 미세한 어떤 임의의 물체에 대해 논했음에도 불구하고, "내가 단지 투박한 물체에 대해 논했을 뿐이다"라고 하는 등의 것들 말입니다. 그렇게 아무런 근거도 없이 제기된 주장들에 대해 부정하는 것 이외에 달리 무슨 대응이 필요합니까? 그럼에도 불구하고 나는 당신이 어떤 논증으로 내가 미세한 물체에 대해서 논했기보다는 투박한 물체에 대해 논했다는 것을 입증하는지 알고 싶습니다.[128] 나는 "내가 나와 결합된 신체를 가지고 있으며 또 내가 나의 신체와 상이한 것이라는 점은 확실하다"고 했습니다. 나는 투박한 물체에는 적합하지만, 미세한 물체에는 적합하지 않다고 하는 말을 이해하지 못합니다. 그리고 나는 오로지 당신만이 그 이유를 알 뿐이라고 생각합니다. 그 밖에도 나는 〈제 2성찰〉에서, 비록 내가 바람이나 불, 증기나 기식, 혹은 여타의 미세하고 섬세한 물체가 존재한다는 것을 알지 못하지만,

126) 같은 쪽 26~28번째 줄 참조.

127) 334쪽 21번째 줄 참조.

128) 336쪽 1~3번째 줄 참조.

정신이 존재하는 실체로 인식될 수 있다는 것을 증명했습니
다. 그러나 나는 그곳에서 내가 아직은 그것이 실제로 모든 물 387
체와 상이한 것인지 아닌지를 논하는 것은 아니라고 했습니
다. 그러나 여기서는 내가 그 문제에 관하여 논했으며 또 그렇
다는 것을 증명했습니다. 하지만 당신은 인식될 수 있는 것에
관한 문제와 실제로 있는 것에 대한 문제를 뒤섞습니다. 이로
써 당신은 당신이 그 문제들에 관해 아무것도 이해하지 못했다
는 것을 보여줍니다.

4. 여기서 당신은 "어떻게 연장되어 있지 않은 내가 연장된 물체의 형상(*speciem*, *species*)이나 관념을 받아들일 수 있다고 생각하는지"[129]를 묻습니다. 이에 나는 이렇게 답합니다. 정신은 어떤 물질적인 형상도 받아들이지 않지만, 비물질적인 것에 대한 순수한 이해가 어떤 물질적인 형상 없이 일어나듯이, 물질적인 것에 대한 순수한 이해도 어떤 물질적인 형상 없이 일어난다고 말입니다. 단지 물질적인 것들에만 관여할 수 있는 상상(력)을 위해서는 당연히 참된 물체인 형상(*specie*, *species*)이 필요합니다. 그러나 이때 정신이 그것으로 향하기는 하지만, 그것을 자신 속으로 받아들이는 것은 아닙니다.

"장님이 단지 그것의 따뜻함으로부터만 얻는 태양에 대한 관념에 대해"[130] 당신이 하는 말은 간단히 거부될 수 있습니다. 비록 그 장님이 빛을 발하는 것으로서의 태양에 대한 명석판명한 관념을 가지고 있지는 않지만, 따뜻함을 야기하는 것으로서의 태양에 대해서는 명석판명한 관념을 가지고 있는 것이기 때문입니다. 나를 그런 장님과 비교하는 것은 옳지 않습니다. 그 이유는 다음과 같습니다. 첫째, 생각하는 것에 대한 인식이

129) 337쪽 26~27번째 줄 참조.

130) 338쪽 20번째 줄 참조.

따뜻함을 야기하는 것에 대한 인식보다 훨씬 더 광범위하기 때
문입니다. 내가 이미 해당된 곳에서 보였듯이, 그 인식은 당
연히 우리가 어떤 사물에 대해 인식하는 그 어떤 것보다 훨씬
더 광범위합니다. 둘째, 장님이 형성하는 태양에 대한 관념이
태양에게서 지각될 수 있는 모든 것을 담고 있지 않다는 것을
논증할 수 있는 사람은 단지 시력을 가지고 있어서 태양의 빛
과 모양을 볼 수 있는 사람들뿐이기 때문입니다. 그러나 당신
은 정신과 관련해서 나보다 더 많은 것을 인식하기는커녕 내가
388 인식한 것조차도 인식하지 못합니다. 따라서 이 점에서 당신
은 장님이지만, 나는 기껏해야 인류와 함께 시력이 약한 것이
라고 말해질 수 있을 뿐입니다.

내가 "정신은 연장된 것이 아니다"[131] 라고 한 것은 정신이 무
엇인지를 설명하기 위해서가 아니라, 단지 정신이 연장된 것
이라고 믿는 사람들을[132] 경고하기 위해서였습니다. 만일 어
떤 사람들이 부세팔러스가 음악이라고 주장한다면, 다른 사람
들이 그것을 부정하는 것이 부질없는 일이 아니듯이 말입니
다. 그리고 알다시피 정신이 연장된 신체를 사용하기 때문에
정신이 연장된 것임을 입증하기 위해 당신이 여기서 덧붙인 것
들에서, 당신이 제시하는 추론은 부세팔러스가 운다는 것 혹
은 포효한다는 것 그리고 그것이 그런 식으로 음악과 관련된
소리를 낸다는 것으로부터 부세팔러스가 음악이라고 결론짓는
것보다 더 나을 바가 없습니다.[133] 비록 정신이 신체 전체와
389 하나를 이루고 있지만, 이로부터 정신이 신체를 통해 연장된

131) 338쪽 29번째 줄 참조.

132) AT III 411쪽 16번째 줄 참조.

133) 데카르트는 가상디가 "파리"(*musca*) 라고 적은 것을 "음악"(*musica*) 으로 잘못 보았다.

것이라는 결론이 도출되지는 않습니다. 왜냐하면 연장이 아니라 생각한다는 것이 정신의 본질이기 때문입니다. 앞서 말한 바와 같이 정신이 연장된 물질적인 모습으로 향하면서 연장된 모습을 상상하는 것이긴 하지만, 연장을 자신 속에 존재하는 연장된 모습을 통해 이해하는 것은 아닙니다. 끝으로, 정신이 신체를 움직일 힘을 가지고 있지만, 그 자신이 물체일 필요는 없습니다.

5. 당신이 "정신과 신체의 합일에 대해"[134] 하는 말들은 당신
이 그 전에 한 말들과 비슷합니다. 그 어느 것도 나의 근거들
에 대한 반박이 아닙니다. 당신은 단지 당신이 보기에 나의 결 390
론들로부터 귀결된다고 생각되는 의심스러운 것들을 제시할 뿐입니다. 그것들이 의심스러운 이유는 단지 본성상 상상력의 활동영역에 속하지 않는 것들임에도 불구하고, 또 당신이 상상력에 의해 검토하기를 원하기 때문임에도 불구하고 말입니다. 따라서 당신이 정신과 신체의 혼합을 두 가지 물체의 혼합과 비교하고자 하는 곳인 여기서는 내가 그런 비교를 하려고 해서는 안 된다고 답하는 것으로써 충분합니다. 정신과 신체는 전혀 다른 종류이며, 따라서 우리가 물체와 관련해서 부분들을 인식한다고 해서 정신과 관련해서 부분들을 상상해서는 안 되기 때문입니다. 당신은 무엇으로부터 정신이 이해하는 것 모두가 정신 안에 있어야 한다는 결론을 얻습니까? 만일 그것이 사실이라면, 정신이 지구의 크기를 인식할 때, 당연히 정신은 지구를 자기 자신 속에 가지고 있게 될 것이고, 또 그에 따라 연장되어 있을 뿐만 아니라 세계보다 더 클 것입니다.

6. 여기서[135] 당신은 나를 전혀 반박하지 못합니다. 그럼에

134) 343쪽 21번째 줄 참조.

135) 345쪽 7번째 줄 참조.

도 불구하고 당신은 독자에게 아주 많은 말을 합니다. 따라서 독자는 당신이 제시하는 근거들의 수를 당신이 하는 말의 양을 근거로 판단해서는 안 된다는 사실을 인식합니다.

지금까지 정신이 신체 덩어리와 논쟁을 했으며, 또 (이 때문에) 당연히 여러 가지 점들에서 이견이 있었다. 그러나 결론적으로 나는 가상디의 참된 모습을(*verum Gassendum, verus Gassemdus*) 보았으며 또 나는 가상디가 아주 탁월한 철학자라고 생각한다. 나는 그를 맑은 영혼을 지닌 사람으로서 그리고 흠잡을 것 없는 삶으로 빛나는 사람으로서 포옹한다. 그리고 나는 항상 내가 할 수 있는 모든 것을 통해 그와의 우정을 얻고자 노력할 것이다. 따라서 나는 그가 내게 제기한 반박들을 물리치는 과정에서 내가 철학적 자유로움을 사용한 것에 대해 그가 기분 나빠하지 않기를 그에게 부탁한다. 그것이 어떤 것이었든 그가 제기한 모든 반박이 내게 아주 고마웠던 것처럼. 그 밖에도 나는 그렇게 유명한 사람이 쓴 그토록 길고 정확한
391 논고에서 나의 근거들을 공박할 수 있을 만한 어떤 근거도 제시되지 못했다는 사실에 기쁨을 느낀다. 그리고 또한 나의 결론들에 대해서도 내가 대답하기가 아주 쉽지 않은 반박 근거가 하나도 제시되지 못했다는 사실에 기쁨을 느낀다.[136)]

---

136) AT III 416쪽 10번째 줄 참조.

〔역주〕 이 부분은 메르센에게 하는 이야기다.

〔역주〕 이후 쪽수가 412쪽으로 갑자기 바뀌는 이유는 이렇다. 가상디의 반박과 데카르트의 답변은 파리, 솔리출판사에서 출간된 《성찰》(1641년 8월 24일 인쇄가 이루어짐)의 첫 번째 판에서부터 게재되었다. 아당 타네리에 따르면, 가상디는 1642년 3월 15일에 완성된 《탄원》(*Instance*)에서 줄곧 《성찰》을 반박했다. 그러나 그는 친구들로 이루어진 작은 모임에서 자신의 반론들이 활발히 논의되도록 하는 것에 만족하고, 그것을 바로 간행하려고

하지는 않았다. 네덜란드에 있던 데카르트는 이러한 사실을 알게 되었고, 이에 대해 불평을 하였다. 이 불평은 디네 신부에게 보내는 그의 서간문의 한 구절 속에 〔남겨져〕 《성찰》의 두 번째 판과 함께 1642년 암스테르담에서 출간됨으로써 공개되었다. 다른 한편 가상디의 친구인 소르비에르(Sorbière)는 마침내 가상디로부터 《탄원》의 원고를 넘겨받아 이를 암스테르담에서 발간하였다. 아당 타네리는 그 책의 맨 앞에 있는 두 부분, 즉 가상디가 소르비에르에게 보낸 편지와 〔출판자가 족자에게 하는〕 일러두기를 재수록했다. 이어서 바로 뒤이어 나오는 인덱스를 빠짐없이 싣고, 끝으로 이러한 출판의 내력(역사적 상황)을 설명해주는 첫 번째 탄원의 몇몇 구절을 재수록했다. 역자는 이것들을 모두 뺐다.

여섯 번째 반박[1] 412

당신의 《성찰》과 지금까지 당신에게 제기된 반박들에 대한 당신의 답변들을 아주 주의 깊게 읽어보았습니다. 그렇지만 여전히 많은 근심거리들이(*Scrupuli*) 아직 남아 있습니다. 당신이 그것들을 해결해 주는 것이 마땅합니다.

첫 번째 근심거리는 우리가 생각하기 때문에 우리가 존재한 413
다는 것이 그렇게 확실해 보이지는 않는다는 것입니다.[2] 당신이 생각한다는 것에 대해 확신하려면, 당신은 생각한다는 것 혹은 생각이라는 것이 무엇인지, 또 당신의 존재라는 것이 무엇인지 알아야만 합니다. 당신이 아직 그러한 것들이 무엇인지 모르는데, 어떻게 당신은 당신이 생각한다는 것을 혹은 존재한다는 것을 알 수 있습니까? 따라서 나는 생각한다고 말하면서, 당신은 당신이 무엇을 말하는지 알지 못하며, 또한 당신이 "그러므로(*igitur*) 나는 존재한다"라는 것을 덧붙이면서, 당신은 당신이 말하는 것이 무엇인지를 알지 못합니다. 더 나아가 당신은 당신이 무엇을 말하는지 혹은 생각하는지조차 결

1) AT III 282쪽 18번째 줄, 382쪽 3번째 줄, 385쪽 1과 15번째 줄 참조.
〔역주〕 이 반박은 여러 신학자들과 철학자들 그리고 기하학자들에 의한 것이다.

2) 25쪽 12번째 줄 이하 참조.

코 알지 못합니다. 왜냐하면 이를 알자면 당신은 당신이 무엇을 말하는지 알아야 하는데, 이는 다시금 당신이 무엇을 말하는지 당신이 안다는 것을 알아야 한다는 것인데, 이 과정은 무한히 진행될 것이기 때문입니다. 이 때문에 당신은 당신이 존재하는지 혹은 당신이 생각하는지조차 알 수 없다는 것이 확실합니다.

두 번째 근심거리를 말하자면 다음과 같습니다. 당신은 당신이 "생각하고 존재한다"[3] 고 주장함에도 불구하고, 누군가 당신이 속고 있다고, 즉 당신이 생각하는 것이 아니라 단지 운동하고 있는 것일 뿐이라고, 당신은 물질운동(*motum corporeum, motus corporeus*)에 불과하다고 주장하게 될 것입니다. 왜냐하면 당신은 당신이 생각(*cogitationem, cogitatio*)이라고 부르는 것이 물질운동일 수 없다는 것을 증명했다고 믿지만, 그 누구도 당신의 그 증명을 납득할 수 없기 때문입니다. 아니면 당신이 우리에게, 즉 — 우리가 생각하기에 아주 주의 깊고 예리한 우리에게 — 우리의 생각들이 그러한 물질운동으로 환원된다는 것이 모순임을 보일 수 있다는 것을 확신할 정도로, 당신이 사용하는 분석을 통해 당신을 이루고 있는 미세한 물질(*tuae materiae, tua materia*)의 운동들을 모두 속속들이 파헤쳤다는 것입니까?

세 번째 근심거리도 이와 아주 유사합니다. 많은 신부들은 플라톤주의자들과 함께 천사가 물질적 존재라고 생각했습니다. 따라서 라테른 공의회는 천사를 그릴 수 있다고 결론지었습니다. 그리고 그들은 이성적 영혼과 관련해서도 마찬가지로 그렇다고 믿었습니다. 물론 그들 중 어떤 이들은 이성적 영혼이 부모로부터 유래한 것이라고(*profectam ex traduce*) 생각했습

3) 78쪽 12번째 줄 참조.

니다. 그럼에도 불구하고 그들은 영혼과 마찬가지로 천사도 생각한다고 주장했습니다. 따라서 그들은 영혼과 천사가 물질운동을 통해서 생각할 수 있다고 혹은 천사나 영혼이 물질운동이라고 생각한 듯 보입니다. 그들은 물질운동과 생각을 거의
구분하지 않았습니다. 이는 원숭이나 개나 다른 생명체들이 414
하는 생각들에 의해(*animalium cogitationibus, animalium cogitationes*) 확증될 수 있습니다. 개는 잠을 자면서 마치 토끼나 도둑을 쫓는 듯이 짖습니다. 그리고 개는 깨어있을 때 자신이 달린다는 것을 압니다. 더 나아가 잠을 자면서 짖는다는 것을 압니다. 우리가 당신과 마찬가지로(*tecum*) 개에서 육체와 구분되는 어떤 것도 인식하지 못함에도 불구하고 말입니다. 그러나 만일 당신이 개가 자신이 달린다는 것 혹은 생각한다는 것을 안다는 것을 부정한다면, 당신이 그것을 주장할 뿐 입증하는 것은 아니라는 사실은 제쳐놓고라도, 개 역시 우리와 관련해서 아마도 그와 유사한 판단을 내릴 것입니다. 즉, 우리가 달리는 동안 혹은 생각하는 동안, 우리는 우리가 달린다는 것 혹은 생각한다는 것을 모른다는 판단을 내릴 것입니다. 개가 당신 내부의 작동방식을(*modum operandi, modus operandi*) 꿰뚫어 볼 수 없는 것과 마찬가지로, 당신은 개 내부의 작동방식을 볼 수 없습니다. 동물에게 이성이(*rationem, ratio*) 있음을 일찍이 인정했던 그리고 인정하는 훌륭한 사람들이 적지 않습니다. 동물의 모든 활동을 감각과 생명과 영혼의 도움 없이 기계론적으로 충분히 설명할 수 있다는 것은 거리가 먼 이야기입니다. 우리는 그것이 불가능하고 또 웃음거리라는 데에 원하시는 만큼의 돈을 걸고자 합니다. 끝으로 만일 원숭이나 개나 코끼리가 그와 같은 방식으로 모든 활동을 수행할 수 있다면, 인간 또한 감각이나 지성의 도움 없이 그리고 또한 정신의 도

움 없이 〔단지 그것이〕 더 정교한 기계인 덕에 모든 것을 할 수 있다고 주장하게 될 사람들이 그보다 더 많을 것입니다. 왜냐하면 동물의 뒤떨어진(*mediocris*) 이성이 인간의 이성과 차이가 있다면, 그것은 단지 많고 적음에 따른 차이일 뿐, 그 많고 적음이 본질을 변화시키는 것은 아니기 때문입니다.[4]

네 번째 근심거리는 무신론자의 지식과 관련이 있습니다.[5] 무신론자는 자신이 다음을 주장하는 동안 그것에 대한 지식이 아주 확실하며 또한 당신의 규칙에 따라 아주 명백하다고 주장합니다. "동일한 것들에서 동일한 것을 제하면, 나머지 것들은 동일한 것으로 남게 된다. 삼각형의 세 각의 합은 두 직각과 같다." 그리고 이와 유사한 수많은 것들을 주장하는 동안 말입니다. 왜냐하면 그것들이 아주 확실하다고 믿지 않으면서 그것들
415 을 생각할 수는 없기 때문입니다. 무신론자는, 자신이 믿는 바와 같이 신이 존재하지 않더라도 혹은 신이 불가능한 존재라 할지라도, 신이 진정으로 존재하는 경우와 마찬가지로 위의 진리들에 대해 자신이 확신할 정도로 그것이 참이라고 주장합니다. 그리고 그는 이러한 지식들과 관련해서 그를 일시적으로나마 혼란스럽게 만들거나 의심하도록 만들 수 있는 근거가 제시될 수 있다는 것을 부정합니다. 당신이 의심할 근거를 제시하렵니까? 혹 신이 존재한다면, 신이 그를 속일 수 있다는 것 말씀입니까? 그러나 그는 전능함을 과시하는 신이 그러한 지식들과 관련해서 그를 속일 수 있다는 것을 부정할 것입니다.

이로부터 다섯 번째 근심거리, 즉 당신이 철저하게 부정하는 신의 속임수에[6] 뿌리박혀 있는 근심거리가 나옵니다. 죄지은

---

4) AT III 415쪽 11~15번째 줄, 385쪽 5~6번째 줄 참조.

5) 141쪽 3번째 줄 참조.

6) 52쪽 7번째 줄과 53쪽 23번째 줄 참조.

자는 그가 천사이든 인간이든 신이 그에게 넣어둔 고문(拷問)
불의 관념에 의해(*per ideam ignis torquentis sibi a Deo inditam*)
지속적으로 속고 있다고 생각하는 신학자들이 아주 많습니다.
그런 불이 존재하지 않는데도 불구하고, 자신이 불로 고문당
하고 있다는 것을 아주 명석하게 보고 지각하고 있다고 생각하
며 이를 아주 굳게 믿을 정도로 말입니다. 신이 그와 유사한
관념들을 통해 우리를 속일 수 없겠습니까? 그가 우리의 정신
에 들여보낸 형상이나 관념들을 통해(*speciebus vel ideis, species
vel ideae*) 우리가 지속적으로 속도록 할 수 없겠습니까? 우리
외부에 아무것도 존재하지 않음에도 불구하고 따라서 하늘도
땅도 존재하지 않고 또 우리가 팔도 발도 눈도 가지고 있지 않
음에도 불구하고, 우리가 그것들을 명석하게 보고 또 각각의
감각을 통해 지각한다고 믿도록 말입니다. 당연히 신은 그러
한 일을 부정이나 간악함 없이(*iniuria & iniquitate, iniuria &
iniquitas*) 할 수 있습니다. 왜냐하면 그는 모든 것들 가운데 최
고의 존재이며 자신의 것들을 절대적으로(임의대로, *absolute*)
결정할(*disponere*) 수 있기 때문입니다. 무엇보다도 인간의 오
만함을 꺾기 위해, 인간의 죄를 벌하기 위해 혹은 인간의 원죄
때문에 혹은 우리에게는 알려지지 않은 다른 이유 때문에 말입
니다. 이러한 것들은 실제로 성경의 구절들에 의해, 즉 우리
가 아무것도 알 수 없다는 것을 입증하는 구절들에 의해 확증
되는 것 같습니다. 예를 들자면 《고린도 전서》 8장 2절에 나
오는 바울의 말, 즉 "자기가 무엇을 안다고 생각하는 사람은", 416
바울이 말하길, "아직도 마땅히 알 것을 알지 못하는 것이요"가
그런 구절입니다.[7] 그리고 《전도서》 8장 17절, "나는 하느님

7) 〔역주〕 성경구절 번역은 대체로 가톨릭 성경 번역판을 따랐다. 역자의 번역일 경우 이를 알렸다.

께서 하시는 모든 일과 관련하여 태양 아래에서 이루어지는 일을 인간은 파악할 수 없음을 보았다. 인간은 찾으려 애를 쓰지만 파악하지 못한다(반론가들의 인용문에는 potest라고 되어 있는데, Latin Vulagte에는 possit로 되어 있다). 지혜로운 이가 설사 안다고 주장하더라도 실제로는 파악할 수 없는 것이다." 현자(솔로몬)가[8] 그것을 별 생각 없이 경솔하게(*per transennam*) 말한 것이 아니라 심사숙고하여(*per praemeditatas rationes*) 말한 것임은 그의 책 전반에 걸쳐 확실하게 드러납니다. 무엇보다도 당신이 주장하는 정신의 불멸성에 관한 질문이 제기된 곳에서 특히 그러합니다. 즉, "인간과 짐승의 죽음은 한가지다"[9] 라고 하는 3장 19절에서 말입니다. 당신이 그것은 오로지 육체와 관련해서일 뿐이라고 대답하지 못하도록, 그는 "인간이 짐승보다 나을 것이 하나도 없으니"라는 말을 덧붙입니다. 인간의 혼(*spiritu*, *spiritus*) 그 자체와 관련해서 그는 "인간의 혼(*spiritus*)이 위로 올라가는지", 다시 말해서 불멸하는지, "짐승들의 혼과 함께 땅 아래로 내려가는지"를 아는 자는 없다고 합니다.[10] 당신이 그가 그것을 불경한 사람들의 입장에 서서 주장하는 것이라고 할 어떤 근거도 없습니다. 그랬다면 그는 그것에 대해 경고하고 그가 제시한 것들을 반박했어야만 합니다. 혹 성경이

8) AT III 415쪽 1~11번째 줄 참조.

9) 〔역주〕 반론가들의 인용문은 "eundem esse interitum hominis & jumentorum" 인데, Latin Vulagte에는 "eundem" 대신 "unus〔unum〕"로 되어 있다.

10) 〔역주〕 반론가의 인용문은 *negat* "ullum esse qui noverit an ille sursum ascendat, an vero cum spiritibus jumentorum descendat"인데, 이는 Latin Vulagte와 차이가 있다. "Quis novit si spiritus filiorum Adam ascendat sursum et si spiritus iumentorum descendat deorsum." 이에 대한 가톨릭 성경 번역판은 "인간의 아들들의 목숨이 위로 올라가는지, 짐승의 목숨이 땅으로 내려가는지 누가 알리오?"이다. 반론가들과는 달리, 데카르트는 자신의 답변에서 인용을 정확하게 한다.

신학자들과 관련이 있는 것이기 때문에 당신이 그것에 대해 답할 필요가 없다고 할 어떤 근거도 없습니다. 당신은 기독교인입니다. 그 때문에 신앙에 반하는 어떤 것을 제기하는, 무엇보다도 당신이 확립하고자 하는 것에 반하는 것을 제기하는 모든 사람들에게 답변할 그리고 힘닿는 만큼 그들을 만족시킬 자세를 갖추는 것이 당신에게 어울립니다.

여섯 번째 근심거리는 판단 혹은 자유의 비결정성(*indiffernetia judicii, seu libertatis*)[11]에서 비롯됩니다. 즉, 당신이 선택의 완전성에(*arbitrium perfectionem*) 속한다는 것을 부정하고 오로지 불완전성에 속한다고 하는 것—따라서 무엇을 믿어야 하는지 혹은 해야 하는지 혹은 그냥 넘어가야 하는지를 정신이 명석하게 지각할 때마다 제거되는 비결정성—에서 비롯됩니다. 그렇게 함으로써 당신은 자신이 신의 자유를 훼손시킨다 417
는 것을, 즉 신이 무가 아닌 혹은 다른 세계가 아닌 이 세계를 창조하는 동안 당신이 신의 자유로부터 비결정성을 제거하는 것임을 알지 못합니까? 하나의 세계를 혹은 수많은 세계를 정초할지 아니면 어떤 세계도 정초하지 않을지에 대해 신이 영원히 비결정적이었다는 것은 신앙과 관련된 문제입니다. 그러나 신 자신이 할 모든 것과 하지 않을 모든 것을 항상 아주 명석하게 지각했다는 것을 누가 의심합니까? 따라서 대상들에(*rerum, res*) 대한 아주 명석한 통찰과 지각(*visio atque perceptio*)이 선택의 자유를 제거하는 것은 아닙니다. 만일 이 자유가 인간의 자유와 합치하지 않는다면, 그것은 신의 자유와도 조화를 이루지 못합니다. 대상의 본질은 수의 본질과 마찬가지로 나뉠 수도 변할 수도 없기 때문입니다. 이 때문에 인간의 선택의 자

11) 57쪽 27번째 줄 등 참조.

유와 마찬가지로 신의 선택의 자유도 똑같은 비결정성을 담고 있습니다.

일곱 번째 근심거리는 표면(*superficie*, *superficies*)과 관련되는 것입니다. 당신은 표면에서 혹은 표면을 통해 모든 감각이 일어난다고 합니다.[12] 그런데 우리는 표면이 어떻게 감각되는 물체들의 부분도, 공기 그 자체의 부분도, 증기의 부분도 아닐 수 있는지 이해하지 못합니다. 당신은 표면이 그것들의 어떤 부분이라는 것을, 더 나아가 가장자리(*extremum*)라는 것도 부정합니다. 우리는 또한, 당신이 주장하듯, 신 덕택에 실체 없이도 존재할 수 있는 그리고 실제로 성찬대의 성찬에 존재하는 실제적인 우연한 성질들이 물체나 실체에 속하지 않는다는 것을 전혀 이해할 수 없습니다. 그렇지만 당신이 우리에게 기대감을 갖도록 하는 당신의 자연학에서 어떻게 그것을 증명할지 보기 전까지는 우리의 학자들이 동요할 필요가 없지요. 그들은 자신들이 이전 이론을 거부하고, 당신의 이론을 인정할 수 있을 정도로 그리고 인정해야만 할 정도로 당신의 자연학이 그것을 아주 명석하게 제시하게 될 것이라고 조금도 믿지 않습니다.

여덟 번째 근심거리는 다섯 번째 반박에 대한 당신의 답변에서 유래합니다. 당신이 말하듯, 기하학이나 형이상학의 진리들이 불변하고 영원하지만, 그렇다고 해서 그것들이 신에 의존하지 않는 것은 아니라는 것이 어떻게 가능합니까?[13] 어떤
418 종류의 인과관계를 통해 그 진리들이 신에 의존해 있는 것입니

---

12) 250쪽 27번째 줄 등. AT III 415쪽 11~15번째 줄과 385쪽 5~6번째 줄 참조.

13) 380쪽 1~13번째 줄. AT III 415쪽 15~18번째 줄 참조. 원문은 "Qui fieri posse ut veritates Geometriae aut Metaphysicae, quales sunt a te memoratae, sint immutabiles & aeternae, nec tamen independentes a Deo?"이다.

까? 신이 삼각형의 본성이 존재하지 않도록 할 수 있었다는 것입니까? 어떻게 신이, 말씀해 보십시오, 4 더하기 4는 8이라는 것이 참이 아니도록 할 수 있었다는 것입니까? 혹은 삼각형이 세 각을 갖지 않게 할 수 있었다는 것입니까? 따라서 지성이 그런 진리들을 생각하는 동안, 그 진리들은 오로지 지성에 의존되어 있거나 존재하는 것들에 의존되어 있습니다. 아니면 그것들은 독립적인 것들입니다. 왜냐하면 신이 그런 본질이나 진리들 가운데 그 어느 하나라도 영원히 존재하지 않도록 할 수 있었다고 보이지 않기 때문입니다.

마지막으로, 당신이 감각의 작용을 신뢰해서는 안 되며 지성의 확실성은 감각의 확실성보다 훨씬 크다고 주장함으로써, **아홉 번째** 근심거리는 우리에게 아주 절박하게 느껴집니다.[14] 만일 지성이 제대로 된 감각들로부터 미리 얻은 확실성 이외에는 어떤 다른 확실성도 향유할 수 없다면 어떻게 하시겠습니까? 만일 어떤 감각의 오류를 다른 감각이 먼저 교정해 주지 않을 경우, 지성이 어떤 감각의 오류도 교정할 수 없다면 어떻게 하시겠습니까? 곧은 막대기가 물속에서는 굴절되어 부러진 것처럼 보입니다. 무엇이 이 오류를 교정하는 것입니까? 지성입니까? 결코 그렇지 않습니다. 그것은 촉각입니다. 그리고 우리는 다른 것들과 관련해서도 동일한 판단을 내려야 합니다. 따라서 만일 당신이 제대로 된 그래서 항상 동일하게 작동하는(*idem renuntient, idem renuntiare*) 모든 감각을 사용한다면, 당신은 모든 것들에 대해 인간의 본성이 할 수 있는 만큼의 확실성을 획득할 것입니다. 그러나 만일 당신 자신이 결코 의심할 수 없다고 믿게 되는 것들과 관련해서 자주 오류를 범

---

14) 18쪽 19번째 줄과 82쪽 25번째 줄 참조.

하는 정신의 작용을 신뢰하게 된다면, 많은 경우에 당신은 그런 확실성을 획득하지 못하게 될 것입니다.

무엇보다도 다음이 우리에게 근심거리를(*remoram, remora*) 안겨다 주는 것들입니다. 당신이 그것들에 특정한 표시를 하고 체계화해서(*Quibus etiam subjungas certam rationem, certosque characteres*) 언제 우리가 어떤 것을 다른 것 없이 완전하게, 즉 그 각각이 적어도 신에 의해(*virtute Dei, virtus Dei*), 다른 것과 분리되어 존재할 수 있을 정도로 서로 구분된다는 것이 확실해질 정도로 완전하게 인식하는지 확실하게 해주십시오. 다
419 시 말해서, 어떻게 우리가 〔육체와〕 지성의 상이함이 지성 그 자체에 의해 일어나는 것이 아니라 사실 그 자체로부터 나오는 것임을 명석판명하게 인식할 수 있는지에 대해[15] 아주 확신할 수 있게 만들어주십시오. 신의 정의(*iusitia*)에 대해 생각하지 않으면서 신의 위대함을(*immensitatem, immensitas*) 관조할 때, 혹은 신의 아들이나 성령에 대해 생각하지 않으면서 신의 존재에 대해 생각할 때, 당신이 신체에게서 정신이나 생각을 부정하는 것과 꼭 마찬가지로 우리는 그 존재 혹은 존재하는 것으로서의 신을—무신론자가 그 존재를 부정할 수 있는—신의 아들이나 성령과 무관한 상태로 완전하게 지각하는 것입니까? 따라서 누군가 신의 아들과 성령은 그 아버지이신 신과 본질적으로 상이한 것이라는 혹은 신과 분리될 수 있다는 결론을 내리게 되면 그것이 잘못이듯이, 그 누구도 인간의 정신이나 생각이 육체와 구분된다는 당신의 입장에 동의하지 않을 것입니다. 물론 당신은 그 중 하나를 다른 하나 없이 생각할 수 있으며 또 그 중 하나를 다른 하나에게서 부정할 수 있습니다. 그

15) 78쪽 2번째 줄 참조.

리고 당신은 그것이 당신의 정신에 의한 어떤 추상화 작업을 통해서 일어나는 것이라고 믿지 않을 것입니다. 만일 당신이 진정 이 문제들을 해결한다면, 우리 신학자들과 의견일치가 되지 않는 것은 전혀 남아있지 않을 것으로 생각됩니다.

▪ 부록 (*Appendix*)

다른 사람들이 제기한 한두 가지 문제들을 덧붙이고자 합니다. 당신이 그 문제들을 앞서 제기된 근심거리들과 바로 위에서 제기된 문제와 연관지어 답하도록 하기 위해서 말입니다. 그것들은 동일한 논증에 속하는 것들이기 때문입니다. 학식이 뛰어나고 예리한 몇몇 학자들은 다음 세 가지 점들이 자세히 설명되었으면 했습니다.[16]

1. 나는 어떻게 내가 나의 정신에 대해 명석한 관념을 가지고 있다는 것을 확실하게 아는지.
2. 나는 어떻게 그 관념이 어떤 다른 것에 대한 관념과 전혀 다른 관념이라는 것을 확실하게 아는지.
3. 나는 어떻게 그 관념이 어떤 물질적인 것도(*nihil corporeitatis*) 가지고 있지 않다는 것을 확실하게 아는지.[17] 420

다른 학자들은 다음을 제시했습니다.

철학자들과 기하학자들이 데카르트 씨에게

우리가 우리끼리 우리의 정신에 대한 혹은 인간에 대한 관

16) 78쪽 2~20번째 줄 참조.

17) AT Ⅲ 420쪽 3~11번째 줄 참조.

념이,[18] 즉 인식 혹은 지각이 어떤 육체적인 것을 담고 있는지 아닌지에 대해 아무리 생각해보아도, 우리는 우리가 생각이라고 부르는 것이 어떤 운동에 의해 자극된 신체에도 결코 속하지 않는다는 것을 주장할 엄두가 나지 않습니다. 우리는 생각하지 않는 물체들과 그 밖의 다른 물체들, 예를 들어서 인간 혹은 동물들의 신체들을 식별합니다. 이를 근거로 만일 우리가 생각하는 물체란 존재하지 않는다는 결론을 내린다면, 당신은 우리를 아주 무모한 궤변론자들로 만들어버리지 않겠습니까? 만일 당신이 제시한 신과 정신의 존재에 대한 관념들을 근거로 한 논증을 우리가 먼저 주조한 후 당신이 그것을 당신의 분석(*Analysi*, *Analysis*)〔적 방법〕에 따라 심의했더라면, 우리는 우리가 계속해서 당신의 놀림감이 되어 마땅하다고 생각할 것입니다. 당신은 당신의 분석적 방법에 너무 깊이 빠져 있고 또 너무 깊이 도취되어 있어서 당신의 정신은 이미 마비된 것처럼 보입니다. 그래서 결국 당신의 정신은 당신이 자신 안에서 발견하는 영혼의 고유한 성질들과 작용들 각각이 신체적 운동에 의존한다는 것을 볼 수 있을 정도로 자유롭지 못합니다.

아니면 매듭을 풀어주십시오. 당신이 생각하기에 우리의 정신이 육체의 속박으로부터 벗어나 자유로이 날아가지 못하도
421 록 우리를 구속하는 강철 사슬로 엮여 있는 매듭을 풀어주십시오. 우리가 "3 더하기 2는 5라는 것"을 아주 잘 지각한다는 것, 그리고 "동일한 것들에서 동일한 것을 제하면 동일한 것들이 남게 된다는 것"이 바로 그 매듭입니다. 이것들과 이것들 이외의 다른 수많은 것들에 대해 우리는 확신하고 있습니다. 그리고

---

18) 원어는 Idola인데, AT는 그것이 오류일 것으로 추측한다. 클레르시어의 프랑스어 번역판에는 관념으로(*Idea*) 로 되어 있다.

당신은 당신 역시 그런 확신을 가지고 있다는 것을 발견할 것입니다. 그렇다면 무엇 때문에 이와는 달리 우리는 당신의 혹은 우리의 관념들로부터 인간의 영혼이 신체와 상이하다는 것에 대해 그리고 신이 존재한다는 것에 대해 확신하지 못하는 것입니까? 당신은 이에 대해, 만일 우리가 당신과 함께 성찰을 수행하지 않는다면 당신이 그런 진리를 우리 뼛속에 사무치도록 할 수 없다고 대답하실 것입니다. 우리는 당신이 쓴 것을 일곱 번이나 읽고 우리의 정신을 천사처럼 만들기 위해 최선을 다해 고양시켰다는 점을 아셔야 합니다. 그럼에도 불구하고 우리는 여전히 아무런 확신도 가지고 있지 못합니다. 우리는 당신이 우리의 정신이 스스로를 마비시키는 약에 취해 있어서 우리가 30년이나 수행해온 형이상학적 문제들에 전혀 적합하지 않다고 주장하게 될 것이라고 생각하지 않습니다. 우리는 당신이 오히려 당신이 지금까지 정신과 신에 대한 관념들로부터 취한 근거들이 육체 덩어리로부터 전력을 다하여 자신들을 떼어내고자 하는 학자들의 정신이 복종할 수 있을 정도로 그리고 복종해야만 할 정도의 무게나 힘을 지니고 있지 않다고 해야 한다고 생각합니다. 실제로 우리는, 만일 당신이 당신의 상대편이 당신의 《성찰》을 당신에게 보내어 당신이 그것을 분석적으로 검토한다는 심정으로 당신의 《성찰》을 다시 읽는다면, 우리는 당신도 우리와 똑같은 말을 하게 될 것이라고 생각합니다.

끝으로 당신은 그 누구도 신이 어떤 대상(*subjecto*, *subjectum*) 속에 넣어둔 그리고 넣을 수 있는 모든 것을 신의 계시가 없이는 알 수 없다고 고백합니다. 그렇다면 우리는 물체와 물체의 운동으로부터 무엇이 일어날 수 있는지 알지 못한다는 것인데, 어떻게 당신은 신이 어떤 물체들 속에 생각하는, 의심하는 등의 능력과 고유한 성질을 넣어두지 않았다는 것을 알 수 있었습니까?

이것들이 우리의 논증, 또는 당신이 선호한다면, 우리의 선입견입니다. 만일 당신이 그것들을 치유한다면, 당신의 종묘를 질식하게 만드는 가시들로부터 우리를 해방시켜준 당신에게, 존경하는 이여, 얼마나 많은 감사를 드리게 될지 신을 증
422 인으로 내세웁니다! 최고의 그리고 위대한 신이, 당신이 오직 그의 영광에 당신의 모든 일을 바친 신이 그렇게 예정했기를 바랍니다.

여섯 번째 반박에 대한 답변

1. "생각이 무엇인지 존재가 무엇인지 모른다면, 누구도 자신이 생각한다는 것에 대해 그리고 자신이 존재한다는 것에 대해 확실할 수 없다는"[1] 것은 참입니다." 그것을 알기 위해서, 반성적 지식이나 증명을 통해 얻어진 지식이 요구되는 것은 아닙니다. 그리고 자신이 안다는 것을 알게끔 해주는, 그리고 다시금 자신이 안다는 것을 자신이 안다는 것을 알게끔 해주는 그래서 이런 식으로 무한히 진행되는 반성된 지식에 대한 지식이, 어떤 것과 관련해서도 결코 가질 수 없는 것 같은 그런 반성적 지식이 요구되는 것은 더더욱 아닙니다. 그것을 아는 데에는 항상 반성에 앞서 일어나는 그리고 생각과 존재에 대한 타고난 내적 인식으로 충분합니다. 우리가 아무리 선입견에 사로잡혀 있더라도 그리고 말의 의미보다는 말 그 자체에 주의를 기울이더라도, 우리가 그런 인식을 가지고 있지 않다고 상상할 수는 있지만, 그것을 실제로 가지고 있지 않을 수는 없는 그러한 타고난 내적 인식으로 충분합니다. 따라서 누군가가 자신이 생각한다는 것에 그리고 이로부터 자신이 존재한다는 것이 귀결된다는 것에 주의를 기울일 경우, 비록 앞서 그가 결

1) 413쪽 2~3번째 줄 참조.

코 생각이 무엇이고 존재가 무엇인지에 대해 탐구해보지 않았더라도, 이와 관련해서 자신이 만족할 수 있을 정도로 생각과 존재에 대해 충분히 알지 못할 수가 없습니다.

2. 누군가 자신이 생각한다는 것에 주의를 기울이고 운동이 무엇인지 알고 있을 때, 그가 "자신이 속고 있다고, 그리고 자신이 생각하는 것이 아니라 단지 운동하고 있는 것일 뿐"[2] 이라고 믿는 일은 일어날 수 없습니다. 그가 생각에 대해서 가지고
423 있는 관념이나 개념은 물체운동에 대한 관념과는 전혀 다릅니다. 이 때문에 그가 그 중 하나를 다른 하나와는 상이한 것으로 인식하는 것은 필연입니다. 서로간에 어떤 연관관계도 인식하지 못한 여러 가지 상이한 고유한 성질들을 하나의 동일한 대상에 귀속시키는 습관 때문에 비록 그것을 의심하는 일이, 더 나아가 동일한 하나로서의 자신이 생각하고 장소운동을 한다고 주장하는 일이 일어날 수 있더라도 말입니다. 우리가 상이한 관념들을 가지고 있는 것들을 동일한 하나로 간주할 수 있는 방식에는 두 가지가 있다는 것을 주목해야 합니다. 본성의 단일성과 동일성에 의거한(*unitate & identitate naturae, unitas & identitas naturae*) 방식과 단지 구성의 단일성에 의거한(*unitate compositionis*) 방식이 바로 그것들입니다. 예를 들어, 우리가 지성과 의지에 대해 동일한 관념을 가지고 있지 않듯이, 우리는 모양과 운동에 대해서도 동일한 관념을 가지고 있지 않습니다. 마찬가지로 뼈와 피에 대해서도 동일한 관념을 가지고 있지 않으며, 생각과 연장된 것에(*rei extensae, res extensa*) 대해서도 동일한 관념을 가지고 있지 않습니다. 그렇지만 우리는 모양이 귀속되어 있는 동일한 하나의 실체에 운동성 또한 귀속

2) 413쪽 13~14번째 줄 참조.

되어 있다는 것을 명석하게 지각합니다. 따라서 모양을 가진 것과 운동할 수 있는 것은 본성의 단일성에 의거한 동일한 하나입니다. 마찬가지로 이해하는 것과 의지하는 것은(*rem intellegentem & volentem, res intellegens & volens*) 본성의 단일성에 의거한 동일한 하나입니다. 그러나 우리가 뼈의 모양과 관련해서 고찰하는 것과 피의 모양과 관련해서 고찰하는 것으로부터 그와 같은 지각을 하지는 않습니다. 그 때문에 우리는 그 둘을, 즉 뼈와 피를, 본성의 단일성에 의거해서 동일한 하나로 간주하지 않습니다. 알다시피 동일한 동물이 뼈와 피를 가지고 있는 한, 우리는 그것들을 단지 구성의 단일성에 의거해서 동일한 하나로 간주합니다. 문제는 우리가 사유하는 것(*rem cogitantem, res cogitantem*)과 연장된 것(*rem extensam, res extensa*)을 본성의 단일성에 의거한 동일한 하나로 지각하는지입니다. 즉, 우리가 모양과 운동 간에 혹은 지성과 의지 간에 주목하는 유사성(*affinitatem, affinitas*)이나 연관성(*connexionem, connexio*)을 생각과 연장 간에도 발견할 수 있는지 말입니다.
아니면 뼈와 피가 동일한 동물에서 발견되듯이, 그 둘이 동일 424
한 인간에서 발견되는 한 우리가 그 둘을 구성의 단일성에 의거해서 동일한 하나라고 해야 하는지가 문제입니다. 나는 연장된 것과 사유하는 것 간의 차이와 상이함(*distinctionem & diversitatem, distinctio & diversitas*)이 모든 면에서 피와 뼈 간의 차이와 상이함에 뒤떨어지지 않는다는 것을 주목하기에, 후자를 주장합니다.

그러나 여기서는 권위에 의한 싸움이 벌어지고 있습니다. 이 때문에 나는 권위가 진리에 앞서 판단을 내리지 않도록 하기 위해서, 당신이 덧붙인 것에 대해, 즉 "아무도 나의 증명을 납득할 수 없었다"는 것에 대해 다음과 같은 답변을 하지 않을 수 없습니다. 즉, 비록 아직 많은 사람들이 그 증명을 검토하지 않았지만, 그 증명을 이해하고 있다고 주장하는 사람들이 상당수 있다는 답변을 하지 않을 수 없습니다. 미국에 갔다 온 후 자신이 대척지(*Antipodas*, *Anripodes*)를 보았다고 주장하는 한 명의 증인이, 자신들이 알지 못한다는 이유 하나 때문에 그것이 존재하지 않는다고 주장하는 천 명의 사람들보다 더 큰 신뢰를 얻습니다. 마찬가지로, 증명의 각각의 과정을(*rationum momenta*) 적절하게 검토하는 사람들은 당연히, 아무런 근거도 제시하지 않은 채 그 누구도 그 증명을 이해할 수 없다고 주장하는 다른 천 명의 사람들에게보다 자신이 어떤 증명을 올바르게 이해한다고 주장하는 한 사람에게 더 커다란 권위를 부여합니다. 비록 그들 자신이 그 증명을 이해하지 못하더라도, 그것이 다른 사람들이 그 증명을 이해할 수 없도록 하는 것은 아닙니다. 자신들이 이해하지 못한다는 이유로 다른 사람들도 이해할 수 없을 것이라는 결론을 내린다면, 그들은 자신들이 그 증명을 충분하리만큼 엄밀하게 따라가지 않았다는 것을 보여주는 것입니다. 그렇다면 그들은 커다란 신뢰를 얻을 자격이 없습니다.

끝으로 "내가〔데카르트〕 사람들에게, 즉 그들이 생각하기에 아주 주의 깊고 예리한 자신들에게, 생각이 그러한 물질운동으로 환원된다는 것이 모순임을 보일 수 있다는 것을 확신할 수 있을 정도로, 내가 사용하는 분석을 통해 나를 이루고 있는 미세한 물질(*tuae materiae*, *tua materia*)의 운동들을 모두 속속들이 파헤쳤는지"[3] 하는 물음에 대해, 다시 말해서 내가 해석하자면 생각
425 과 육체운동이 동일한 하나라는 것이 모순임을 보일 수 있다고 확신할 수 있느냐는 물음에 대해, 나는 다음과 같이 답합니다.

3) 같은 쪽 17~21번째 줄 참조.

그렇습니다. 나는 아주 확신합니다. 그렇지만 나는 제아무리 주의 깊고 예리한 판단을 하는 사람들이더라도, 생각과 운동의 차이는 어떤 미세한 물질의 차이를 통해 인식되어야 한다고 상상하는 사람들이 그러했듯이, 순수하게 지성적인 것들에 주의를 기울이지 않고 단지 상상(*res imaginabiles*)에만 주의를 기울이는 한, 그것을 확신할 수 있다고는 약속하지 못합니다. 왜냐하면 그 차이는, 사유하는 것에 대한 개념과 연장된 혹은 운동가능한 것(*res mobilis*)에 대한 개념은 서로 전혀 다른 개념들이며, 적어도 신이 우리가 명석하게 서로 다른 것으로 그리고 서로 독립적인 것으로 인식하는 것들을 분리된 상태로 둘 수 없다는 것은 모순이라는 것으로부터만 인식되는 것이기 때문입니다. 따라서 제아무리 우리가, 예를 들자면 인간에게서처럼, 생각과 육체운동을 하나의 동일한 대상에게서 많이 발견하더라도, 그 둘이 그 때문에 본성의 단일성에 의거한 동일한 하나라고 생각해서는 안 되며, 단지 구성의 단일성에 의거한 동일한 하나라고 생각해야 합니다.

3. 플라톤주의자들과 관련해서 그리고 그 추종자들과 관련해서 여기서[4] 이끌어 들여지고 있는 것은 이미 모든 가톨릭교회가 거부한 것이며, 모든 철학자들 역시 일반적으로 거부한 것입니다. 라테른 공의회가 천사를 그릴 수 있다고 결론지었다는 것은 사실이지만, 그러나 그 때문에 천사가 육체를 가지고 있다는 것을 인정한 것은 아닙니다. 혹 천사가 실제로 육체를 가지고 있다고 믿더라도, 인간에게서와 마찬가지로 천사에게서도 정신이 육체와 분리될 수 없다고 인식할 수는 없을 것입니다. 그리고 만일 인간 영혼이 부모로부터 유래하는 것이라고

---

4) 413쪽 22번째 줄 참조.

상상하더라도, 그 때문에 그것이 육체적이라고 결론지을 수는 없을 것입니다. 단지, 육체가 부모의 육체로부터 생산되듯이, 영혼이 그들의 영혼으로부터 나오는 것이라고 결론지을 수 있
426 을 뿐입니다. 개와 원숭이와 관련해서.[5] 설혹 내가 그것들이 생각을 가지고 있다는 것을 인정하더라도, 이로부터 인간 정신이 신체와 구분되지 않는다는 결론이 나오는 것은 결코 아닙니다. 오히려, 다른 동물들에게서도 정신이 육체와 상이하다는 결론이 나오는 것입니다. 당신들이 그 권위를 칭송한 플라톤주의자들조차, 피타고라스주의자들을 쫓아 그렇게 생각했습니다. 이는 그들의 윤회설에서 분명하게 드러납니다. 그러나 나는, 여기서 가정되어 있듯이, 동물들에는 어떤 생각도 존재하지 않는다고 주장한 것만은 결코 아닙니다. 나는 지금까지 그 누구에 의해서도 반박되지 못한 아주 확고한 근거들을 가지고 그것을 입증했습니다. 그러나 마치 자신들이 개의 심장 속에 들어 있는 것처럼, "개는 깨어있을 때 자신이 달린다는 것을 알며, 더 나아가 잠을 자면서 짖는다는 것을 안다"고 주장하는 사람들은 그것을 주장할 뿐 입증하지 않습니다. 비록 그들이 "동물의 활동을 감각과 생명과 영혼의 도움 없이(내가 해석하자면, 이는 다시 말해서, '생각이 없이'라는 의미이다. 나는 동물에게 일반적으로 생명이라고 하는 것을 의미하는 어떤 것도 또 육체적 영혼을 의미하는 어떤 것도, 유기체적 감각을 의미하는 어떤 것도 부정한 적이 없다) 기계론적으로 충분히 설명할 수 있다는 것을 믿지 않으며 따라서 그것이 불가능하고 또 웃음거리라는 데에 내가〔데카르트〕 원하는 만큼의 돈을 걸고자 한다"고 하지만, 이것이 근거로서 간주될 수는 없는 일입니다. 임의의 다른 어떤 것에 대해서도, 설사 그것이 제아무리 참이더라도, 그런 식으로 주장할

5) 414쪽 1~16번째 줄 참조.

수 있습니다. 입증할 근거들이 존재하지 않는 곳이 아니라면, 일반적으로 사람들은 내기를 하지 않습니다. 거의 마찬가지 방식으로 위대한 사람들이 일찍이 대척지를(*Antipodas*) 비웃었지만, 나는 다른 사람들이 비웃는 것을 바로 거짓으로 간주해서는 안 된다고 생각합니다.

마지막에 덧붙여진 것과 관련해서,[6] 즉 "만일 원숭이나 개나 코끼리가 그와 같은 방식으로 모든 활동을 수행할 수 있다면, 인간 또한, 감각이나 지성의 도움 없이 또한 정신의 도움 없이 〔단 427
지 그것이〕 더 정교한 기계인 덕에 모든 것을 할 수 있다고 주장하게 될 사람들은 그보다 더 많을 것이다"라는 것과 관련해서. 이는 실제로 어떤 것을 입증할 수 있는 근거가 아닙니다. 단지 예외적으로, 어떤 사람들은 모든 것을 그렇게 애매하게 파악하고 또 이전에 단지 피상적으로(*verbo tenus*) 이해한 채 받아들인 의견들에 집착해서 그것들을 바꾸려하기보다는 자기 자신에게서 경험하지 않을 수 없는 것을 자기 자신과 관련해서 부정한다는 것을 입증할 수 있는 근거가 될 수는 있을 것입니다. 우리가 생각한다는 것을 우리가 항상 경험한다는 것은 필연입니다. 따라서 그 누구도 생명을 지닌 동물이(*bruta animantia*) 모든 활동을 생각 없이 할 수 있다는 것으로부터 자신 또한 생각하지 않는다는 결론을 내리게 되지는 않을 것입니다. 다음과 같은 사람은 예외로 하고 말입니다. 이미 동물에게 생각을 귀속시켰기 때문에 자신이 동물과 동일한 방식으로 활동한다는 것을 확신하고 있어서, 동물은 생각하지 않는다는 것을 보여주어도 자신이 동물과 동일한 방식으로 활동한다는 견해를 바꾸려 하기보다는 자기 자신에게서 의식하지 않을 수 없는 생각을 자신으로부터 벗어버리려고 할 정도로 "인간과 동물이 동일한

---

6) 같은 쪽 16~21번째 줄 참조.

방식으로 활동한다"는 말에 아주 강하게 집착하려는 사람은 예외로 하고 말입니다. 그렇지만 나는 그런 종류의 사람들이 많다고는 쉽게 확신할 수 없습니다. 만일 "생각이 신체운동과 구분되지 않는다"는 것이 인정된다면, 인간에게나 동물에게나 그런 동일한 생각이 존재한다는 것을 주장하게 될 사람들이 훨씬 더 많을 뿐더러 더 큰 비율을 차지하게 될 것입니다. 왜냐하면 그들은 우리에게 있는 모든 신체운동이 동물에게도 있다는 것을 주목하게 될 것이기 때문입니다. 그리고 "차이가 있다면, 그것은 단지 많고 적음에 따른 차이일 뿐, 그 많고 적음이 본질을 변화시키는 것이 아니다"라는 것을 덧붙이면서, 비록 그들이 동물에게는 인간보다 적은 이성이 있다고 믿더라도, 그들은 동물에 있는 정신이 우리가 가지고 있는 정신과 완전히 같은 종류라는 결론을 아주 정당하게 내리게 될 것입니다.

428 4. 무신론자의 지식과[7] 관련해서. 그 지식이 불변하지 않는다는 것이나 확실하지 않다는 것을 증명하기란 쉬운 일입니다. 이미 내가 말했듯이, 그가 작은 능력의 창조자를 자신의 기원으로 삼으면 삼을수록, 자신이 자기 자신에게 가장 명백하게 드러나는 것과 관련해서조차 속을 수 있을 정도로 불완전한 본성을 가졌는지 의심하게 될 더 큰 계기를 가지게 됩니다. 그리고 그가 자신이 참되고 속일 줄 모르는 신에 의해 창조되었는지 알게 되지 못한다면, 그는 그러한 의심으로부터 결코 벗어날 수 없게 됩니다.

5. 신이 인간을 속이는 것이 모순임은[8] 명석하게 증명될 수 있습니다. 속임의 형상(*forma deceptionis*)은 최고의 존재가 이끌려 들어 갈 수 없는 비존재입니다. 모든 신학자들은 이에 동

7) 414쪽 24번째 줄 참조.

8) 415쪽 9번째 줄 참조.

의하며, 또 기독교 신앙의 모든 확실성이 그것에 달려 있습니다. 만일 우리가 신에 의해 때때로 속을 수 있다고 믿는다면, 우리가 신의 계시를 믿을 까닭이 어디에 있습니까? 일반적으로 신학자들은 죄지은 자가 연옥의 불에 의해 고통받는다고 단언합니다. 그렇지만 신학자들은 죄지은 자가 "신이 그에게 넣어둔 고문(拷問) 불의 관념에 의해(*per ideam ignis torquentis sibi a Deo inditam*) 지속적으로 속는다고" 생각하지 않습니다. 그들은 죄지은 자가 실제로 불에 의해 고통받는다고 생각합니다. 왜냐하면 "살아 있는 인간의 비육체적 정신이(*incorporeus spiritus*) 자연적으로(*naturaliter*) 육체에 잡혀 있듯이, 죽은 후 그 정신은 신의 힘에 의해 쉽게 물질적인 불에 잡혀 있을 수 있기" 때문입니다〔피터 롬바르드(Petrus Lombardus)의 《명제집》(*Sententiarum libri quattuor*) 4권 Distintio 44 참조〕.[9]

성경구절들과 관련해서, 나는 그것들이 나에게 중요한 어떤 견해와 충돌하지 않는다면 그것들에 답하는 것이 나의 일이라고 생각하지 않습니다. 나의 답변들이 모든 기독교인들이 일반적으로 받아들이는 견해들, 예를 들자면 여기서 반박되고 있는 견해들, 즉 인식이 가능하다는 견해[10]와 인간 정신은 동 429

9) 〔역주〕 데카르트의 인용문은 다음과 같다. "decipi per falsam ideam ignis torquentis sibi a Deo inditam"…"ut viventis hominis incorporeus spiritus tenetur naturaliter in corpore, sic facile per divinam potentiam teneri potest mortem corpore igne, &c."

상응하는 롬바르드의 원문은 다음과 같다. "Si viventis hominis incorporeus spiritus tenetur in corpore, cur non post mortem etiam corpore igneo teneatur? Teneri autem per ignem spiritum dicimus, ut in tormento ignis videndo atque sentiendo puniatur." 이를 번역하면 "만일 살아 있는 인간의 비육체적 정신이 육체에 잡혀 있다면, 무엇 때문에 죽은 후 그것이 불에 잡혀 있을 수 없는가? 우리는 정신이 〔불을〕 보고 느끼면서 불의 고문을 통해 벌을 받기 위해 불에 잡혀 있다고 한다."

물의 영혼과 유사하지 않다는 견해에 대한 추가물들에 불과할 뿐임에도 불구하고, 만일 내가 다른 사람들이 발견한 답변들에 만족하고자 하지 않고 새로운 답변들을 고안해내고자 한다면 나는 거만하다는 비난을 피할 수 없을 것입니다. 왜냐하면 나는 단지 나의 개인적 소양에 도움이 되는 한도 내에서만 신학을 공부했을 뿐이고 또 나는 내가 그런 신성한 일에 부름을 받았다고 믿을 정도로 신의 커다란 은총을 내 자신 속에서 경험하지 못했기 때문입니다. 따라서 나는 다음부터는 그런 것들에 대해 어떤 답변도 하지 않을 것임을 고백합니다. 그러나 사람들에게 내가 앞서 제시된 성경구절들을 충분하리만큼 잘 설명할 수 없기 때문에 침묵하는 것이라는 생각을 할 계기를 주지 않고자 하기 때문에, 여기서 그런 나의 입장을 준수하지는 않고자 합니다.

첫째로, 나는《고린도 전서》8장 2절에 나오는 바울의 말은[11] 단지 사랑과(*charitat*, *charitas*) 관련이 없는 지식에 한하여 다시 말해서 무신론자들의 지식과 관련해서만 이해해야 한다고 주장하는 바입니다. 왜냐하면 신을 제대로(*ut par est*) 이해하는 사람은 신을 사랑하지 않을 수 없으며 또 사랑을 가지지 않을 수 없기 때문입니다. 이는 바로 그 앞에 나오는 말, 즉 "지식은 교만하게 하고 사랑은 성장하게 합니다"(*Scientia inflat*, *charitas vero aedificat*)와 바로 그 뒤를 따르는 말, 즉 "하느님을 사랑하는 사람은, 신을 인식합니다"[12] (이 구절은 역자 번

10) 〔역주〕 원문은 "quod aliquid sciri possit"이다.

11) 415쪽 28번째 줄 참조.

12) 〔역주〕 Latin Vulgate에는 "Si quis autem diligit Deus, hic cognitus est ab eo"라고 되어 있다. 가톨릭 번역판과 영어 성경 번역판은 여기서 hic을 하느님을 사랑하는 사람을 지시하는 것으로 받아들여 "하느님을 사랑하는 사람은 하느님께서도 그를 알아주십니다"라고 되어 있다. 이와는 달리 데카르트는 인

역임) 로부터 입증됩니다. 그러므로 사도가 어떤 지식도 얻을 수 없다고 주장하는 것이 결코 아닙니다. 왜냐하면 그는 신을 사랑하는 사람들은 신을 인식한다고, 다시 말해서 신에 대한 지식을 갖는다고 고백하기 때문입니다. 그는 단지 사랑을 갖지 못한 사람들은, 따라서 신을 잘 알지 못하는 사람들은, 그들이 비록 다른 것들과 관련해서 자신들이 어떤 것을 안다고 믿더라도, 어떻게 알아야 하는지를 아직 인식하지 못하고 있다고 주장하는 것일 뿐입니다. 그것은 신에 대한 인식으로부터 시작해야 하며 그리고 나서 다른 모든 것들에 대한 인식을 그 하나의 인식에 종속시켜야 하기 때문입니다. 나는 이를 나의 《성찰》 430
에서 밝혔습니다. 이 때문에 나를 반박하기 위해 제시된 위 구절은 해당된 주제와 관련해서 오히려 나의 견해를 아주 명백하게 확인해줍니다. 따라서 나는 나와 의견을 달리하는 사람들이 그 구절을 제대로 설명할 수 있다고 믿지 않습니다. 만일 누군가 대명사 "*hic*"("그")이 신을 지시하지 않고 신이 인식하고 인정하는 사람을 지시한다고 주장한다면, 다른 사도, 즉 《요한1서》 2장은 나의 설명을 두둔합니다. 2절〔원래 3절인데 데카르트가 착각한 것임〕은 다음과 같습니다. "우리가 하느님의 계명을 지키면(인용문에는 observamus라고 되어 있는데, Latin Vulagte에는 observemus로 되어 있다), 그것으로 우리가 그분을 알고 있음을 알게 됩니다." 4장 7절은 이렇습니다. "사랑하는 이는 모두 하느님에게서 태어났으며 하느님을 압니다."

《전도서》의 구절들과13) 관련해서도 다르지 않습니다. 그 책에서 솔로몬이 하는 역할은 불경한 사람들의 역할이 아니라 단

용할 때 hic 뒤에 (nempe Deus)라고 덧붙이고 hic이 신을 지시하는 것으로 받아들여야 한다는 입장을 전개한다.

13) 416쪽 2번째 줄 참조.

지 자기 자신의 역할입니다. 죄인으로 전에 신으로부터 버림받았기 때문에 죗값을 치르면서, 그는 자신이 단지 인간의 지혜를 사용했을 뿐 그 지혜를 신에게 돌리지 않았기 때문에 만족할 만한 혹은 공허하지 않은 그 어떤 것도 발견할 수 없었다고 말합니다. 그 때문에 그는 여러 곳에서 신에게 귀의해야 한다고 경고합니다. 이는 예를 들자면, "이 모든 것에 대하여 하느님께서 너를 심판으로 부르심을 알리라"라는 11장 9절과 이에 책 끝까지 이어지는 구절들에서 분명합니다. 특히 8장 17절에 있는 이 말은, 즉 "나는 하느님께서 하시는 모든 일과 관련하여 태양 아래에서 이루어지는 일은 인간은 파악할 수 없음을 보았다"는 어떤 임의의 사람과 관련해서가 아니라 그에 앞선 구절에서, 즉 "낮에도 밤에도 잠 못 이루는 자가 있다"라는 구절에서
431 기술된 사람과 관련해서 이해해야 합니다. 예지자가 그곳에서 경고하고자 하는 것은 학문을 너무 열심히 탐구하는 사람들은 진리를 획득하는 데 적합하지 않다는 것입니다. 물론 나를 아는 사람들은 그것이 나와 관련된 말이라는 것을 쉽게 믿지 않을 것입니다. 그러나 이 말, 즉 "태양 아래에서 이루어지는 일"이라는 말에는 특별히 주의해야 합니다. 그 말은 그 책에서 매우 자주 나오며 항상 자연적인 것들을(*res naturales*) 가리킵니다. 이는 그것들을 신에게 종속시키는 것을 배제하기 위함입니다(*ad exclusionem earum subordinationis ad Deum*). 왜냐하면 신은 모든 것들 위에 계시기 때문에, 신이 태양 아래 있는 것들 가운데 있을 수 없기 때문입니다. 따라서 인용된 구절들의 뜻은, 이미 내가 단언했듯이, 신을 인식하지 못하는 한 인간은 자연적인 것들을 제대로 알 수 없다는 뜻입니다. 끝으로 5장〔원래 3장인데 데카르트가 착각한 것임〕 19절에서 "인간과 짐승의 죽음은 한가지다"(이 구절은 역자 번역임)라고 하는 것이 아

님은 명백합니다. 또한 단지 육체와 관련해서가 아니라면 "인간이 짐승보다 나을 것이 하나도 없다"고 하는 것이 아님은 명백합니다. 왜냐하면 그곳은 오로지 육체와 관련된 것들에 대한 이야기를 하는 곳이기 때문입니다. 그리고 바로 그 다음에 영혼에 관한 이야기가 따로 덧붙여집니다. "인간의 혼이 위로 올라가는지 짐승의 혼이 아래로 내려가는지 누가 알리오"[14] (이 구절은 역자 번역임). 다시 말해서, 신에게 귀의하지 않는 한, 누가 인간의 영혼이 천상의 행복을 누리게 될지 아닐지를 인간의 이성(*per humanas rationes*)만으로 알 수 있겠습니까? 나는 다만 인간 영혼이 육체적이지 않다는 것을 자연 이성을 통해(*naturali ratione*) 입증하는 시도를 했습니다. 나는 인간 영혼이 위로 올라가는지의 문제는 오로지 신앙에 의해 해결될 수 있을 뿐이라는 것임을 인정합니다.

6. 선택의 자유(*arbitrii libertatem*, *arbitrii libertas*)와 관련해서.[15] 신에 있어서 그 근거는 우리의 것과는 전혀 다릅니다.
일어난 일들과 언젠가 일어나게 될 일들과 관련해서 신의 의지 432
가 영구히 비결정적이지 않았다는 것은 모순입니다. 왜냐하면 그 관념이 앞서 신의 지성 속에 존재해 있어서 신의 의지가 그렇게 되도록 결정하지 않는 어떤 선도, 어떤 진리도(*verum*), 믿어야 할 어떤 것도, 이루어져야 할 어떤 것도, 일어나지 않아야 할 어떤 것도 상상할 수 없기 때문입니다.[16] 나는 여기서 시간적 앞섬을(*de prioritate temporis*) 이야기하는 것이 아닙니다. 그렇지만 그 관념이 사람들이 말하듯이 질서나 자연이

---

14) 〔역주〕 원문은 "*Quis novit si spiritus filiorum Adam ascendat sursum, & si spiritus iumentorum descendat deorsum?*"이다.

15) 416쪽 24번째 줄 참조.

16) AT V 159쪽 참조.

나 기도(企圖, *ratione ratiocinat, ratio ratiocinata*)에 앞서 있는 것은 결코 아닙니다. 즉, 선에 대한 관념이 앞서 있어서 그것이 신으로 하여금 어떤 것을 선택하도록 한다는 앞섬이 결코 아닙니다. 예를 들자면, 신이 세계를 시간 속에 창조하고자 원한 것은 그렇게 하는 것이 그가 세계를 영원히 창조한 경우보다 세계가 더 나을 것이라는 것을 알았기 때문이 아닙니다. 또한 그가 삼각형의 세 각의 합이 두 직각과 같도록 원한 것은 그가 달리 할 수는 없다는 것을 인식했기 때문이 아닙니다. 신이 그렇게 한 것은 오히려 그가 세계를 시간 속에 창조하고자 원했기 때문이며, 바로 그 때문에 세계는 세계가 영원히 창조된 경우보다 더 나은 것입니다. 그리고 신이 그렇게 한 것은 삼각형의 세 각의 합이 필연적으로 두 직각과 같기를 원했기 때문이며, 바로 그 때문에 그것이 참이고 또 달라질 수 없는 것입니다. 다른 것들과 관련해서도 마찬가지입니다. 그리고 성자들이 영원한 삶을 획득하는 이유는 그들의 공덕 때문이라고 주장하는 데에 문제가 있을 수 없습니다. 왜냐하면 그들의 공덕이 신이 어떤 선택을 하도록 규정하는 원인이 아니라, 단지 신이 영원히 그것이 원인이기를 원했던 결과의 원인일 뿐이기 때문입니다. 인간과 관련해서, 인간은 모든 선과 진리의 본성이 신에 의해 규정됐다는 것을 발견하고 또 신의 의지는 다른 것으로 향할 수 없기 때문에, 인간이 이를 명석하게 알면 알수록 그만큼 더 즐겁게 그리고 그에 따라 더 자유롭게 선과 진리를 끌어안는다는 것은 명백합니다. 또 무엇이 더 낫고 더
433 참인지 알지 못하거나, 의심할 수 없을 정도로 그것을 자세히 알지 못한 경우를 제외하고는 결코 비결정적이지 않다는 것도 명백합니다. 이처럼 인간의 자유에는 신의 것과는 전혀 다른 비결정성이 속합니다. 대상들의 본성이 나뉠 수 없다고 주장

한다고 상황이 바뀌는 것은 아닙니다. 왜냐하면 본질이 신과 피조물에 똑같은 의미로 적용될 수는 없기 때문입니다. 그리고 비결정성은 인간 자유의 본질에 속하는 것이 아니기 때문입니다. 올바른 것에 대한 무지가 우리를 비결정적으로 만들 때, 우리는 자유롭습니다. 그러나 명석한 지각이 우리로 하여금 어떤 것을 추구하도록 강요할 때, 우리는 가장 자유롭습니다.

7. 우리의 감각을 자극한다고 여겨지는 표면[17]에 대해 나는 모든 수학자들과 철학자들이 일반적으로(또는 적어도 그래야 하는) 가지고 있는 생각과 다르지 않은 생각을 합니다. 그들은 표면을 물체와 구분하고 깊이를 가지고 있지 않다고 가정합니다. 그러나 수학자들은 표면이라는 말을 두 가지 방식으로 사용합니다. 그 중 하나는 물체를 표현하기 위해 사용하는 방식입니다. 물체가 깊이를 가지고 있다는 것을 부정하는 것은 아니지만, 이때 그들은 오로지 물체의 길이와 너비만 고려하고 물체를 깊이 없이 고찰합니다.[18] 다른 하나는 물체의 양태만을 표현하기 위해 사용하는 방식입니다. 물체의 모든 깊이가 부정될 때 말입니다. 이 때문에 나는 혼란을 피하기 위해, 단지 양태일 때 물체의 일부가 될 수 없는 표면에 관해 이야기하는 것이라고 말했습니다. 물체는 실체이며, 양태는 실체의 일부가 될 수 없습니다. 그렇지만 나는 그것이 물체의 가장자리(*extremum*)라는 것을 부정하지 않았습니다. 오히려 그 반대입니다. 그것은 물체를 감싸고 있는 것과 감싸진 물체의 경계(*extremitas*)라고 부르는 것이 가장 적합할 수 있습니다. 가장자리를 공유하는 물체들은 서로 닿아 있다고 하는 의미로서 말입니다. 사실, 두 물체가 서로 닿아 있을 때, 그 두 물체의 가

17) 417쪽 13번째 줄 참조.

18) AT V 164쪽 참조.

434 장자리는 하나로서 동일한 것입니다.[19] 그것은 그 둘 어느 것의 일부가 아니라, 그 둘이 없어져도 정확하게 그 둘의 크기와 모양을 지닌 다른 두 물체가 그 자리를 이어받으면 계속해서 남아있을 수 있는 그 둘의 공통된 양태입니다. 더욱이 아리스토텔레스주의자들이 물체를 둘러싸고 있는 표면이라고(*superficies corporis ambientis*) 주장하는 장소는 실체가 아닌 양태로밖에는 이해될 수가 없습니다. 탑을 둘러싸고 있는 공기는 바뀌더라도 혹 그 탑이 있는 장소에 다른 물체를 대체시켜 놓더라도, 탑이 있던 장소는 바뀌지 않습니다. 여기서 장소로 간주되는 표면은 그것을 둘러싸고 있는 공기의 일부도 아니며 또 탑의 일부도 아니기 때문입니다.

우연한 성질들의 실재성(*accidentium realitatem, accidentium realitas*)을 논박하기 위해, 내가 제시한 근거들 이외의 다른 근거들을 기대할 필요는 없다고 생각됩니다. 첫째로, 모든 감각은 접촉에 의해 일어나기 때문에, 물체들의 표면 이외의 어떤 것도 감각될 수 없습니다. 그러나 만일 실제적인 우연한 성질들이 있다면, 그것들은 양태에 불과한 표면과는 다른 어떤 것이어야 합니다. 그러므로 만일 우연한 성질들이 있다면, 그것들은 감각될 수 없습니다. 그것들이 감각된다고 믿지 않았다면, 누가 그것들이 존재한다고 생각했겠습니까? 둘째로, 실제적인 우연한 성질들이 존재한다는 것은 전적으로 모순입니다. 왜냐하면 실제적인 것은 다른 모든 대상과 분리되어 존재할 수 있기 때문입니다. 그러나 그렇게 분리되어 존재할 수 있는 것은 실체이지 우연한 성질이 아닙니다. 실제적인 우연한 성질들이 자연적으로가 아니라 오로지 신의 능력에 의해(*per divinam*

19) AT V 164쪽 참조.

potentiam) 자신들의 주체와(*a subjectis*) 분리될 수 있다고 주장 435
한다고 상황이 달라지는 것은 아닙니다. 왜냐하면 자연적으로 일어난다는 것은 신의 일상적 능력에 의해 일어난다는 것을 의미할 뿐이기 때문입니다. 신의 일상적 능력은 결코 신의 특별한 능력과 다르지 않으며 다른 어떤 것을 대상들에 부여하지 않습니다. 그래서 만일 주체 없이 자연적으로 존재할 수 있는 모든 것이 실체라면, 신의 특별한 능력에 의해, 그것이 어떠한 능력이든, 주체 없이 존재할 수 있는 것은 그것이 무엇이든 실체라고 해야 합니다. 나는 어떤 실체가 다른 실체에 귀속될 수 있다(*accidere*)는 것을 인정합니다. 그러나 그런 일이 일어날 때, 우연한 성질의 형상을(*formam accidentis*, *forma accidentis*) 가지는 것은 실체 그 자체가 아니라, 단지 양태일 뿐입니다. 예를 들어, 옷이 인간에게 귀속될 때, 옷 그 자체가 우연한 성질이 아니라 "옷을 입고 있음"(*vestium esse*)이 우연한 성질입니다. 철학자들로 하여금 실제적인 우연한 성질들을 가정하도록 한 결정적 이유는 그들이 그 성질들 없이는 감각의 지각을 설명할 수 없다고 믿었기 때문입니다. 내가 나의 자연학에서 각각의 감각과 관련된 설명을 하나하나 제시할 것임을 약속한 것은 바로 그 때문입니다. 사람들이 나를 믿어주기를 바래서가 아니라, 내가 이미 나의 〈굴절광학〉에서 시각에 관해 제시한 설명을 근거로 올바른 판단을 내리는 사람들은 내가 다른 감각들과 관련해서도 어떤 성과를 낼 수 있을지를 쉽게 추측할 수 있을 것이라고 믿었기 때문입니다.

8. 신의 거대함(*immensitatem*, *immensitas*)[20]에 주목하는 사람에게는 신에 의존해 있지 않은 것은 아무것도 없다는 것이

---

20) 417쪽 26번째 줄 참조.

명백합니다. 신에 의존해 있지 않은 그 어떤 존재도(*nihil subsistens*), 어떤 질서도, 어떤 법도, 진리와 선의 어떤 근거도(*nullam rationem veri & boni, nulla ratio veri & boni*) 존재하지 않습니다. 그렇지 않다면 조금 전에 말했듯이 신은 자신이 창조한 것들의 창조에 대해 전혀 비결정적이지 않았을 것이기 때문입니다. 만일 선에 대한 어떤 근거가 신의 예정에 앞섰다면, 그것이 신으로 하여금 최선인 것을 창조하도록 규정했을 것입니다. 그러나 이와는 반대로, 신은 일어나야 할 것들을 스
436 스로 규정했습니다. 《창세기》에서 알 수 있듯이, 그것들이 아주 좋은 것들인 이유는 바로 그 때문입니다. 즉, 그것들이 지닌 좋음의 근거는(*ratio eorum bonitatis*) 신이 그것들을 그렇게 만들고자 했다는 것에 의존해 있습니다. 그리고 그런 좋음이나 형이상학적 진리와 수학적 진리가 어떤 종류의 원인에 의거해서(*in quonam genere causae*) 신에 의존해 있는지 물을 필요가 없습니다.[21] 이때까지 원인의 종류를 열거한 사람들은 그런 원인에(*hanc causandi rationem, haec causandi ratio*) 주목하지 못한 사람들이었을 것이기 때문입니다. 따라서 설사 그들이 그런 원인에 아무런 이름도 부여하지 않았더라도, 이는 전혀 놀랄 일이 아니었을 것입니다. 그러나 그럼에도 불구하고 그들은 이름을 부여했습니다. 그 원인은 작용인이라고 불릴 수 있는데, 이는 비록 법이 물리적 존재가 아니라 단지, 그들이 부르듯이, 도덕적 존재(*ens morale*)임에도 불구하고, 왕이 법을 만든 작용인(*effector*)인 것과 같은 식입니다. 어떻게 신이 4의 두 배가 8이라는 것과 그 밖의 유사한 것들이 참이 아니었게끔

---

21) 원문은 "Nec opus est quaerere in quonam genere causae ista bonitas, aliaeve, tam Mathematicae quam Metaphysicae, veritates a Deo dependeant"이다.

할 수 있었을지 또한 물을 필요가 없습니다. 우리가 그것을 이해할 수 없다는 점을 나는 고백합니다. 그러나 다른 한편으로, 나는 신에 의존해 있지 않은 것은 어떤 종류의 존재일 수도 없다는 점을 올바르게 인식합니다. 그리고 신은 쉽사리 어떤 것들을, 우리 인간이 그것들이 지금의 상태와는 다른 상태로 있을 수 있다는 것을 인식하지 못하도록, 해 놓을 수 있었다는 것도 올바르게 인식합니다. 그렇지만 우리가 인식하지 못하는 더 나아가 그것이 인식되어야 하는지조차 모르는 어떤 것 때문에, 우리가 올바르게 인식하는 것을 의심한다는 것은 상식에 어긋난 일일 것입니다. 따라서 "영원한 진리가 인간의 지성에 의존되어 있거나 혹은 존재하는 것들에 의존되어 있다"고 생각해서는 안 되며, 그것들을 영원히 지정한 최고의 입법자인 신에만 의존해 있다고 생각해야 합니다.

9. 감각의 확실성이 무엇인지를 올바르게 알기 위해서,[22] 우리는 감각과 관련해서 세 가지 단계(*gradus*)를 구분해야 합니다. 첫 번째 단계는 신체기관이 외부대상에 의해 자극되는 것입니다. 그리고 이는 그 기관의 작은 부분들의 운동과 그 운동에 의해 일어나는 모양과 위치의 변화일 수밖에 없습니다. 437
두 번째 단계는 그렇게 자극된 신체기관과 결합되어 있기 때문에 정신에 직접적으로 일어나는 모든 결과들을 포함합니다. 고통과 가려움과 목마름과 배고픔과 색과 소리와 맛과 냄새와 따뜻함과 차가움 등과 같은 것에 대한 지각이 그런 것들입니다. 나는 〈제6성찰〉에서 그런 지각들이 혼합과 같은 정신과 육체의 결합으로부터 나오는 것이라고 설명했습니다. 마지막으로 세 번째 단계는 모든 판단들을, 즉 신체기관의 운동을 계

---

22) 418쪽 10번째 줄 참조.

기로 우리가 어렸을 때부터 외부대상들에 대해 익숙하게 내리는 모든 판단들을 포괄합니다.

예를 들어, 우리가 막대기를 볼 때, 우리는 그 막대기로부터 어떤 "지향적 형상"(*species intentionales*)이 우리 눈으로 날아들어온다고 생각해서는 안 됩니다. 내가 〈굴절광학〉에서 자세히 설명했듯이, 단지 그 막대기에서 반사된 광선들이 어떤 운동을 시신경에 그리고 시신경을 매개로 뇌에 불러일으킨다고 생각해야 합니다. 감각의 첫 번째 단계는 우리에게나 동물에게나 매한가지인 뇌의 그러한 운동으로 이루어집니다. 그런데 이 첫 번째 단계에서 두 번째 단계가 귀결되는데, 이 두 번째 단계는 막대기로부터 반사된 색이나 빛에 대한 지각에만 관여하며, 뇌에서 일어나는 운동에 의해 자극될 정도로 정신이 뇌와 아주 긴밀하게(*intime*) 결합되어 있기 때문에 발생합니다. 만일 우리가 감각을 지성과 엄밀하게 구분하고자 한다면, 그 밖의 어떤 것도 감각과 관련시켜서는 안 됩니다. 내가 나에게 일어난 색 감각으로부터 나의 외부에 있는 막대기가 색을 지녔다고 판단하는 일과 내가 그 색의 연장과 경계와 뇌의 부분들과의 위치관계로부터 그 막대기의 크기와 모양과 거리를 추론(계산)하는 일은 명백하게 오로지 지성에만 의존해 있습니다. 일반적으로 사람들이 그것을 감각에 귀속시키고 또 비록 내가
438 그 때문에 여기서 그것을 감각의 세 번째 단계와 관련지우고 있기는 하지만 말입니다. 나는 〈굴절광학〉에서 크기와 거리와 모양 각각은 추론(계산, *per solam ratiocinationem unas ex aliis*)을 통해 다른 나머지 것들로부터 지각될 수 있을 뿐임을 증명했습니다. 단지 다음과 같은 차이가 있을 뿐입니다. 우리는 우리가 이제야 처음으로 어떤 새로운 이해(*animadversionem, animadversio*)를 토대로 내리는 판단들은 지성에 귀속시키지만,

우리의 감각을 자극하는 것들에 대해 지금과 꼭 같은 방식으로 어렸을 때부터 내려온 판단들이나 추론을 통한 결론들은 감각에 귀속시킨다는 차이만 있을 뿐입니다. 그 이유는 이렇습니다. 우리는 우리의 감각을 자극하는 것들에 대해 습관에 따라 아주 빨리 추론하고 또 아주 빨리 판단을 내립니다. 더 나아가 그것들과 유사한 것들에 대해 우리가 일찍이 내렸던 판단들을 아주 빨리 기억해 냅니다. 그러한 행위들을(*operationes*) 감각의 단순한 지각과 구분하지 못하게 될 정도로 말입니다.

"지성의 확실성은 감각의 확실성보다 훨씬 더 크다"고 함으로써, 내가 의미하는 것은 단지 우리가 중년일 때(*provecto aetate*) 새로운 이해(*animadversiones*)를 계기로 내리는 판단들이 우리가 아주 어렸을 때 분별없이 내렸던 판단들보다 확실하다는 것임은 위의 설명으로부터 명백합니다. 그리고 이는 한 점 의혹이 없는 사실입니다. 나는 여기서 감각의 첫 번째와 두 번째 단계를 다루는 것이 아닙니다. 이 두 단계에는 거짓이 존재할 수 없습니다. 따라서 "곧은 막대기가 물속에서는 굴절되어 부러진 것처럼 보인다"[23]고 하는 것은 마치 그것이 어린애가 그것이 부러져 있다고 판단하는 것과 마찬가지 방식으로 그리고 어릴 때부터 익숙해져 있는 선입견 때문에 우리 또한 그 같은 판단을 내리는 것과 마찬가지 방식으로 우리에게 나타난다고 하는 것과 똑같습니다. 그런데 나는 여기에서 덧붙여진 것, 즉 439
"그런 오류는 지성에 의해서가 아니라 촉각에 의해 교정된다"[24]는 것을 인정할 수 없습니다. 비록 우리가 촉각을 근거로 막대기가 부러지지 않았다는 판단을 내리고 또 어릴 때부터 익숙해져 있는 판단방식에 따라 그렇게 하고 또 그 때문에 이를 "감

23) 418쪽 16~17번째 줄 참조.

24) 418쪽 18~19번째 줄 참조.

각"이라 부르지만, 시각의 오류를 교정하는 데에는 그것만으로 충분하지 않습니다. 그것 이외에도 우리는 시각을 근거로 내려진 판단보다 촉각을 근거로 내려진 판단을 믿어야 한다는 것을 우리에게 가르쳐주는 근거를 가지고 있어야만 합니다. 설사 우리가 그 근거를 태아(유아) 기적부터 우리 안에 가지고 있지 않았더라도, 우리는 그것을 감각이 아니라 오로지 지성에만 귀속시켜야 합니다. 그 때문에 위의 예에서 감각의 오류를 교정하는 것은 오직 지성일 뿐입니다. 우리가 감각보다 정신작용을 더 신뢰하기 때문에 오류가 발생하는 것을 보여주는 예를 제시하는 것은 불가능합니다.

10. 나머지 것들은[25] 반박이라기보다는 미심쩍은 것으로서 제기되었습니다. 아주 뛰어난 많은 학자들과 아주 뛰어난 역량을 지닌 분들이 오늘날까지 미심쩍게 생각하는 것들을 내가 잘 설명하게 될 것이라는 약속을 할 만큼 나는 감히 나를 높이 평가하지 않습니다. 그럼에도 불구하고 나의 역량 안에 놓여 있는 것을 다 하기 위해 그리고 그 문제를(*causae*, *causa*) 내버려두지 않기 위해 나는 허심탄회하게 내가 어떻게 그런 의심들로부터 완전히 벗어나게 되었는지를 이야기하고자 합니다. 만일 그렇게 해서 나와 똑같이 하는 사람들이 있게 된다면, 나는 매우 기쁠 것입니다. 그런 사람들이 없게 되더라도, 적어도 나는 경박하다는 죄의식을 가지지는 않게 될 것이기 때문입니다.[26]

440 나의 《성찰》에서 제시된 근거들을 토대로 인간정신과 신체를 구분하고 우리가 인간정신을 신체보다 더 잘 알 수 있다는 것 등의 결론을 내리자, 나는 그것들에 동의하지 않을 수 없었습니다. 왜냐하면 나는 그 과정에서 정합적이지 않은 것은 하

25) 418쪽 25번째 줄 이하.

26) AT III 420쪽 3번째 줄과 421쪽 20번째 줄 참조.

나도 또 원리들로부터 논리법칙에 따라 귀결되지 않은 것은 하나도 발견하지 못했기 때문입니다. 그러나 나는 내가 그 때문에 그것들에 대해 전적인 확신을 얻는 것은 아니라는 것을 고백합니다. 이는 계산을 통해 태양이 지구보다 몇 배나 더 크다는 것에 대해 확신한 천문학자들에게 흔히 일어나는 상황, 즉 그럼에도 불구하고 태양을 보는 동안에는 태양이 지구보다 작지 않다는 판단을 관철시킬 수 없는 상황과 똑같은 상황이라는 것을 고백합니다. 그러나 나는 그보다 더 나아갔고 또 동일한 토대에 의지하면서 자연 대상들(*rerum physicarum*, *res physicae*)에 대한 고찰로 넘어갔습니다. 나는 내가 내 주변에서 발견한 각각의 대상들에 대한 관념 혹은 개념에 주목하고 나의 모든 판단들이 그것들과 일치하도록 그것들 하나하나를 다른 나머지 것들과 구분했습니다. 그 과정에서 나는 물체의 본성에는(*ratioem coprporis*, *ratio corporis*) 그것이 길이와 넓이와 깊이를 지닌 것으로서 다양한 모양을 띨 수 있고 또 여러 가지 운동을 할 수 있다는 것만이 속한다는 것에 주목하게 되었습니다. 그리고 또한 물체의 모양이나 운동은 물체 없이는 어떤 힘에 의해서도 존재할 수 없는 양태에 불과하다는 것에도 주목하게 되었습니다. 그러나 색과 냄새와 맛과 같은 것들은 나의 생각 안에 존재하는 감각에 불과한 것으로서 색이 고통을 유발하는 화살의 모양이나 운동과 다른 것처럼 물체와 다르다는 것에도 주목하게 되었습니다. 그리고 마지막으로 우리가 물체에서 경험하는 무거움과 딱딱함과 뜨겁게 만드는 능력과 끄는 힘과 정화하는 힘과 같은 성질들은 오로지 물체를 이루는 부분들의 운동이나 운동의 결여와 그 구성에 놓여 있다는 것에 주목하게 되었습니다.

이 견해들은 내가 전에 그것들에 대해 가지고 있었던 것들

441 과 아주 달랐기 때문에, 나는 무엇 때문에 내가 전에는 달리 믿었었는지 그 이유들에 대해 고찰하기 시작했습니다. 나는 결정적 이유가 다음임을 알게 되었습니다. 유아기 때부터 나는 내가 들어선 삶을 보존하는 데 유용하다는 이유에서 자연 대상들에 대해 다양한 판단을 내렸으며, 그때 그것들에 대해 가지게 됐던 의견들을 그 후에도 여전히 가지고 있었습니다. 유아기 때에는 정신이 신체기관을 올바르게 사용하지 못하고 또 신체기관에 아주 견고하게 붙어 있어서 그것 없이는 아무것도 생각하지 못하기 때문에, 정신은 오직 모든 것을 애매하게 볼 뿐입니다(*advertebat*). 그리고 정신이 아무리 자신의 고유한 본성을 의식하고 연장에 대한 관념뿐만 아니라 정신에 대한 관념을 가지고 있더라도, 어떤 것이든 〔그림으로〕 상상되는 것만을 인식할 수 있기 때문에 이 두 능력을 하나의 동일한 능력으로 간주했습니다. 그리고 지적인 것들에 대해 자신이 가지고 있는 모든 개념들을(*notiones*) 물체와 연관지었습니다. 나는 그런 선입견들로부터 나를 해방시키지 않았기 때문에, 그후 어떤 것도 명석하게 인식하지 못했고 또 내가 물질적인 것(*corporeum*)으로 간주하지 않는 것은 그 어떤 것도 인식하지 못했습니다. 내가 물질적인 것으로 간주한 것들에 대해 자주 내가 물체보다는 오히려 정신을 지시하는 관념이나 개념(*ideas sive conceptus*)들을 형성했음에도 불구하고 말입니다.

예를 들어, 내가 무거움을 단단한 물체들에 내재하는 실제적 성질로 파악했을 때, 나는 내가 그것을 그것이 내재하는 물체들과 관련짓는 한에서 "성질"이라고 불렀습니다. 그럼에도 불구하고 그것이 "실제적"이라는 것을 덧붙였기 때문에 실질적으로 나는 그것이 실체라고 믿었습니다. 옷이 옷을 입은 인간
442 과 관련해서는 성질이지만, 그 자체로는 실체이듯이 말입니

다. 그리고 나는 무거움이 무거운 물체에 퍼져있다고 상상했지만, 그것에게 물체의 본성을 이루는 연장을 귀속시키지는 않았습니다. 왜냐하면 물체의 참된 연장은 부분들의 침투성을 전혀(*omnem partium penetrablitatem, omnis partium penetrabilitas*) 허락하지 않는 것이기 때문입니다. 나는 3m(decem pedum) 길이의 나무가 갖고 있는 무거움은 30㎝(unius pedis, unus pes) 길이의 금덩어리나 다른 금속 덩어리에 들어 있는 무거움과 같다고 생각했습니다. 더 나아가 나는 그 무거움이 수학에서 이야기하는 한 점에 모두 모일 수 있다고까지 생각했습니다. 또한 나는 무거움이 무거운 물체와 동일하게 연장되어(*coextensam, coextensa*) 있는 동안에는 무거움이 물체의 어떤 부분에서든 자신의 힘을 모두 행사할 수 있다는 것을 보았습니다. 왜냐하면 그 물체의 어떤 부분이 줄에 매달려 있더라도, 그 물체는 모든 무거움으로 그 줄을 잡아당겼기 때문입니다. 마치 그 무거움이 오직 줄과 닿아 있는 부분에만 존재하지 다른 부분들에 퍼져있는 것은 아닌 것처럼 말입니다. 실제로 지금 나는 정신 또한 이와 같은 식으로 신체와 동일하게 연장되어 있으며 또 전부가 신체 전체에 그리고 전부가 신체의 임의의 한 부분에 있다고 이해하고 있습니다. 내가 무거움에 대한 일부 관념을 내가 정신에 대해 갖고 있는 관념으로부터 취했었던 것임은, 무거움이 마치 지구 중심에 대한 인식을 가지고 있는 것처럼 물체들을 지구 중심으로 이끈다고 내가 믿었었다는 것으로부터 결정적으로 드러납니다. 왜냐하면 그것은 인식이 없이 일어날 수 없으며, 또 정신 이외에는 인식을 가질 수 있는 것이 없기 때문입니다. 그럼에도 불구하고 나는 무거움에 몇몇 다른 것들도 귀속시켰었는데, 그것들은 정신과 관련해서는 같은 식으로 인식될 수 없는 것들입니다. 나뉠 수 있다는 것, 측정할 수 있다는 것 등이 그런 것들입니다.

443 이러한 것들에 대해 자세히 살펴보고 정신에 대한 관념을 물체나 운동에 대한 물질 관념들과 엄격하게 구분하고 내가 전에 가지고 있었던 실제적 성질들이나 실체 형상들(*formarum substantialium*)에 대한 모든 관념들은 내가 그 관념들로부터 합쳐 만든 것임을 발견한 후, 나는 여기서 제기된 모든 의심들로부터 아주 쉽게 벗어날 수 있었습니다. 그 이유는 다음과 같습니다. 나는 "내가 나의 정신에 대해 명석한 관념을 가지고 있다"[27]는 것에 대해 의심하지 않았습니다. 왜냐하면 나는 그 관념을 직접(*intime*) 의식하고 있었기 때문입니다. 그리고 나는 "그 관념이 다른 모든 것들에 대한 관념들과 완전히 다르다는 것[28]과 그 관념이 어떤 물질적인 것도(*nihil corporeitatis*) 가지고 있지 않다는 것"[29]을 의심하지 않았습니다. 왜냐하면 내가 나머지 다른 것들에 대한 관념들을 조사한 후 그 모든 관념들을 대체로(*in genere*) 인식했다고 생각했을 때, 나는 그 관념들에서 정신에 대한 관념과 다르지 않은 것은 하나도 발견하지 못했기 때문입니다. 내가 아무리 집중해서 어떤 두 대상에 대해서 생각하더라도, 정신과 육체의 상이성과 같은 종류의 상이성을 드러내는 것들간의 상이성은, 내가 어느 하나를 다른 하나를 생각함이 없이 이해할 수는 있지만 그 둘을 생각할 때 어느 하나가 다른 하나 없이 존재할 수 있다는 것을 알지 못하는 것들간의 상이성보다 훨씬 더 크다는 것을 알았습니다. 예를 들자면, 실제로 우리는 신의 정의(*iustitiam, iustitia*)에 주목하지 않더라도 신의 거대함(*immensitas*)을 이해할 수 있습니

---

27) 419쪽 23~24번째 줄 참조.

28) 419쪽 25~26번째 줄 참조.

29) 420쪽 1~2번째 줄 참조.

다.[30] 그러나 그 둘에 주목하면서, 신이 위대하다고 생각하지만 정의롭지 않다고 생각하는 것은 명백한 모순입니다. 또한 성스러운 삼위일체의 위격(位格, *Personae*)을 모르더라도, 우리는 신의 존재를 올바르게 인식할 수 있습니다.[31] 실로 그 위격들은 신앙을 통해 빛을 받은 정신에 의해서만 지각될 수 있습니다. 그러나 그 위격들이 지각됐을 경우, 나는 관계에
의거한 상이성이라면 몰라도 신성한 본질에 의거한 상이성이 444
그 위격들간에 인식될 수 있다는 것은 부정합니다.

끝으로, 내가 "인간의 신체와 같이 생각하는 물체들이 존재한다는 것"[32]을 보았기 때문에 이로부터 사유가 물체의 양태라고 주장하기보다는, 생각하지 않는 물체들이 존재한다는 것을 보았기 때문에 아니 오히려 어떤 물체들은 생각 없이 존재할 수 있다는 것을 명석하게 인식했기 때문에, 이로부터 사유가 물체의 본성에 속하지 않는다는 결론을 내리고자 했을 때, 나는 내가 혹 나의 분석적 방법에 빠져[33] 속임을 당하는 것은 아닌가 하는 걱정을 하지 않았습니다. 나는 인간 신체가 사유하는 것을 실제로 보거나 지각한 적이 없기 때문입니다. 단지 나는 생각을 가진 인간과 신체를 가진 인간이 동일한 인간임을 보거나 지각했을 뿐입니다. 나는 이것이 사유하는 것(*rei cogitantis, res cogitans*)과 물질적인 것의 합성(*compositionem, compositio*)에 의해 일어나는 일임을, 사유하는 것과 분리된 상태로 고찰된 물질적인 것의 본성에 어떤 생각도 들어 있지 않듯이 사유하는 것을 신체와 분리된 상태로 검토하면서 사유하는 것에는

30) 419쪽 3~4번째 줄 참조.
31) 419쪽 5~6번째 줄 참조.
32) 420쪽 12~13번째 줄 참조.
33) 420쪽 19번째 줄 참조.

신체에 속하는 어떤 것도 들어 있지 않다는 것을 인식함으로써 분명하게 알았습니다. 그러나 반대로, 정신과 신체의 모든 양태를 검토하면서 나는 정신과 신체의 개념에 의존하지 않는 어떤 양태개념도 주목하지 못했습니다. 우리가 그 둘을 결합된 상태로 자주 그리고 동시에 본다는 것으로부터 우리가 그 둘이 하나이며 동일한 것이라는 결론을 내릴 수는 없습니다. 그러나 우리가 때때로 그 중 하나를 다른 하나 없이 인식한다는 것으로부터 우리가 그 둘이 다르다는 결론을 내리는 것은 최선입니다. 신의 능력이 우리에게 그런 추론을 하지 못하게 한다고 생각해서는 안 됩니다. 왜냐하면 우리가 서로 상이한 것으로
445 서 명석하게 지각하는 2개가 어떤 합성에 의하지 않고 내적으로(본질적으로, *intrinsece*) 하나이며 동일한 것이 된다는 것은 전혀 상이하지 않은 것이 분리된다는 것과 매한가지로 개념적 모순이기 때문입니다. 그 때문에 만일 신이 어떤 물체 안에 사유능력을 넣어두었다면(그가 실제로 인간에게 했듯이), 신은 그 능력을 그 물체와 분리할 수 있습니다. 그처럼 그 능력은 그 물체와 실제로 상이한 것입니다.

나는 내가 감각의 선입견으로부터 자유로워지기 전에도, 비록 "인간의 정신이 육체와 상이하다"는 것은 믿지 않았지만 "2 더하기 3이 5라는 것과 동일한 것들에서 동일한 것을 제하면 동일한 것들이 남게 된다는 것"[34]과 같은 것들은 올바르게 지각했다는 것에 놀라지 않습니다. 나는 내가 어렸을 때 왜 모든 사람들이 똑같이 인정하는 명제들에 대해 잘못된 판단을 내리는 경우가 없었다는 것을 쉽게 알 수 있습니다. 그때는 아직 그 명제들이 내게 필요하지 않았을 뿐더러, 어린 아이들은 2 더하기 3이 5

34) 421쪽 3~7번째 줄 참조.

라는 판단을 할 수 있게 되기 전에는 2와 3의 덧셈을 배우지 않기 때문입니다. 이와는 달리 청소년 시절 나는 정신과 육체를 (이로부터 나는 내가 합성된 것이라는 것을 애매하게나마 주목했는데) 하나로 파악했습니다. 나중에 자세한 검토를 통해 구분되는 다수를 하나로 파악하는 것은 거의 모든 불완전한 인식에서 일어나는 일입니다.

그러나 나는 "30년이나 형이상학적인 문제들과 씨름해온 학
자들이 나의 《성찰》을 일곱 번이나"[35] 읽고 내가 제시한 근거
들에 아무런 오점도 지적하지 못하면서, "만일 나의 상대편이
나의 《성찰》을 내게 보내어 내가 그것을 분석적으로 검토한다는
심정으로 다시 읽는다면[36] 그곳에 있는 근거들에 누구나 동의해 446
야 할 정도의 커다란 무게나 힘을 부여하지 않게 될 것"[37] 이라고
생각하는 데에는 단지 놀랄 따름입니다. 만일 그들이 내가 참
된 증명을 전복시키거나 아니면 거짓된 증명을 아무도 전복시
킬 수 없을 만큼 잘 은폐하고 치장할 수 있는 어떤 분석적 방
법을 사용한다고 믿는다면, 그들은 내게 아주 과분한 평가를,
더 나아가 인간에게 할 수 있는 평가 이상의 평가를 하는 것입
니다. 나는 내가 참된 근거들의 확실성과 거짓된 근거들의 오
류를 인식하는 방법만을 탐구했을 뿐임을 고백합니다. 나는
학자들이 내가 내린 결론들에 동의하지 않기 때문에 당황스러
운 것이 아니라 그들이 나의 근거들을 주의 깊게 그리고 반복
해서 읽었음에도 불구하고 어떤 잘못된 가정이나 그릇된 추론
도 지적하지 못하기 때문에 당황스러울 뿐입니다. 그들이 나
의 결론들을 인정하기 어려워하는 것은 그것들을 달리 판단하

35) 421쪽 11~12번째 줄 참조.

36) 421쪽 17~19번째 줄 참조.

37) 같은 쪽 12~16번째 줄 참조.

는 그들의 오랜 습관 탓일 뿐입니다. 아주 확실한 계산에 의해 태양이 지구보다 크다는 것을 증명하고도 천문학자들이 그것을 실감하기란(*imaginari*) 그리 쉬운 일이 아니라는 것은 이미 오래전부터 잘 알려진 사실입니다. 그러나 그들 그리고 내가 아는 다른 사람들이 지금까지 나의 근거들에 대해 어떤 반박도 하지 못하는 것과 관련해서, 나는 그것들이 모두 참이고 확실하기 때문이라는 것 이외에 달리 어떤 이유도 알지 못합니다. 무엇보다도 그 근거들은 모호하거나 밝혀지지 않은 원리들로부터 연역된 것들이 아니라, 모든 것들에 대한 극도의 의심을 토대로 해서 모든 선입견으로부터 해방된 정신에 아주 명백하고 확실하게 드러나는 원리들로부터 단계적으로 연역된 것들
447 이기 때문에 말입니다. 따라서 그곳에는 평범한 능력의 소유자들이 쉽게 찾아낼 수 없는 종류의 오류가 존재할 수 없다는 결론이 나옵니다. 그 때문에 나는 내가 쓴 것들을 자세히 읽었음에도 불구하고 여전히 그것들에 동의할 수 없는 학자들의 권위에 의해 그것들이 취약해진다는 결론을 내리는 것이 합당하다고 생각하지 않습니다. 반대로, 그렇게 자세하게 검토했음에도 불구하고 나의 증명들에서 어떤 오류나 잘못된 추론을 지적하지 못했기 때문에, 그들의 권위에 의해 내가 쓴 것들이 확증되는 것입니다.

▪ 데카르트 연보

1596 3월 31일, 브르타뉴 지방고등법원 평정관인 조아생 데카르트(Joachim Descartes)의 셋째아들로 프랑스 중서부 투렌의 라에(La Haye: 1802년부터 La Haye-Descartes로 불림)에서 태어나다.

1597(1세) 5월 13일에 어머니를 여의고, 외할머니와 유모의 손에서 자라나다.

1600(4세) 우주는 무한이라고 말한 브루노(G. Bruno)가 화형당하다.

1606(10세) 제수이트 교단이 창설한 라 플레슈(La Flèche) 학원에 입학하다.

1610(14세) 갈릴레이(G. Galilei)가 천체망원경으로 목성의 위성을 발견하다. 앙리 4세가 암살당하다.

1614(18세) 라 플레슈를 졸업하고, 푸아티에대학에 입학해서 법학과 의학을 배우다.

1616(20세) 푸아티에대학에서 법학사 학위를 받다. 이후 세상이라는 커다란 책으로 여행의 길을 떠나다.

1618(22세) 네덜란드로 가서 모리스 드 나소(Maurice de Nassau) 군대에 들어가다. 네덜란드의 의학자이자 수학자인 이삭베크만(I. Beeckman)과 만나 음악과 수학적 자연학에 대해 관심을 갖다. 《음악개론》(*Compendium Musicae*)을 집필하여 베크만에게 헌정하다.

1619(23세) 30년 전쟁이 일어났다는 소식을 접한 후 독일의 구교군인 바이에른 휘하에 들어가다. 프랑크푸르트에서 페르디난트 2세의 대관식을 관람하다. 11월 10일 울름(Ulm) 근교의 작은 마을에서 놀라운 학문의 기초를 발견하는 영감을 받다. 세 번의 꿈을 통해 보편학의 정립에 대한 자신감을 얻다.

1620(24세) 군대를 떠나 다시 네덜란드로 돌아가다. 베이컨(F. Bacon)의 《신 기관》(*Novum Organum*)이 출간되다.

1622(26세) 프랑스로 돌아가 재산을 정리하다.

1623(27세) 이탈리아로 여행을 떠나다. 블레즈 파스칼(B. Pascal)이 태어나다.

1625(29세) 2년 동안 파리에 머물면서 메르센(M. Mersenne) 신부 및 그의 동료와 교제하다.

1627(31세) 오라토리오 수도회의 창립자인 베륄(P. de Bèrulle) 추기경을 만나 자신이 구상한 새로운 철학에 대해 담화를 나누고 격려를 받다.

1628(32세) 1701년에야 비로소 출간된 방법론적 저작 《정신지도를 위한 규칙들》(*Regulae ad Directionem ingenii*)을 집필하다. 네덜란드로 이주하다.

1629(33세) 네덜란드에 정착하여 《형이상학적 논고》(*Traité de métaphysique*)를 집필하다.

1630(34세) 메르센 신부와 서신 대화를 하면서 〈진리의 창조성〉에 대한 입장을 정리하다. 케플러(J. Kepler)가 죽다.

1631(35세) 해석기하학에 대한 연구를 본격적으로 시작하고, 굴절광학이나 해부학 등에 관한 문제에 몰두하다.

1632(36세) 윌리엄 하비(W. Harvey)의 《혈액순환에 관한 연구》를 접하다. 스피노자(B. Spinoza)와 로크(J. Locke)가 태어나다.

1633(37세) 《세계 및 빛에 관한 논고》(*Le Monde, ou traité de la lumière*)를 집필하다. 갈릴레이의 유죄판결로 출간을 보류하다(1644년 출간).

1635(39세) 딸 프랑신(Francine)이 태어나다.

1636(40세) 《방법서설》(*Discours de la méthode*)을 프랑스어로 집필하다.

1637(41세) 《굴절광학》, 《기하학》 및 《기상학》과 더불어 《방법서설》을 출간하여, 당대 학자들 사이에서 논란을 일으키다.

1640(44세) 5살 난 딸 프랑신과 아버지 조아생이 죽다. 《성찰》(*Meditationes de prima philosophia*)을 탈고하다. 원고를 루뱅대학의 신학자인 카테루스(J. Caterus)에게 보내 반론을 받고, 이어 파리의 메르센 신부에게 보내 홉스(T. Hobbes), 아르노(A. Arnauld), 가상디(P. Gassendi) 등으로부터 반론을 받다.

1641(45세) 반론과 답변을 포함한 《성찰》이 파리에서 출간되다. 데카르트가 직접 감수한 프랑스어판이 1647년에 출간되다. 위트레히트대학 학장인 보에티우스(G. Voetius)가 데카르트를 무신론자라고 공박하다.

1642(46세) 보에티우스가 데카르트에 관한 강의를 금지하고, 제자의 이름으로 데카르트의 철학을 반박하는 팸플릿을 돌리다. 데카르트는 이에 맞서 《보에티우스에게 보내는 공개서한》(*Epistola ad celeberrimum virum D. Gisbertum Voetium*)을 작성하다. 부르댕(P. Bourdin) 신부의 《성찰》의 정본이 암스테르담에서 출간되다.

1643(47세) 엘리자베스 왕녀와 서신왕래가 시작되다.

1644(48세) 자신의 철학을 집대성한 《철학의 원리》(*Principia philosophiae*)가 암스테르담에서 출간되다. 피코(A. Picot) 신부에 의한 프랑스어본이 1647년에 출간되고, 철학에 대한 입장을 담은 편지가 프랑스어본의 서문으로 추가되다.

1645(49세) 엘리자베스 왕녀의 요청으로 《정념론》(*Les passions de l'âme*)의 집필을 계획하다.

1647(51세) 레이덴대학의 신학자들이 데카르트의 철학을 불경건한 펠라기우스(Pelagius)주의라고 비난하다. 파스칼과 만나 진공에 대해 담화를 나누다. 자신의 추종자인 레기우스(H. Regius)와 의견 차이로 결별하다.

1648(52세) 평생의 학문 동지였던 메르센 신부의 임종을 파리에서 지켜보다. 《인간론》(*Traité de l'homme*)을 탈고하다(1664년 출간). 레기우스의 《인간 정신 혹은 이성적 영혼이 무엇이고 또 무엇일 수 있는지에 대한 설명》에 대한 반박문인 1647년 말에 네덜란드에서 인쇄된 《프로그램에 대한 주석》(*Notae in programma*)을 작성하다. 버만(F. Burman)과 장시간에 걸쳐 철학적인 대화를 나누다.

1649(53세) 스웨덴 여왕 크리스티나의 계속된 초청으로 스톡홀름으로 떠나다. 도착 직전에 《정념론》이 암스테르담에서 출간되다. 1640년 후반에 대화 단편집인 《자연의 빛에 의한 진리탐구》(*La Recherche de la vérité par la lumière naturelle*)를 집필하다.

1650(54세) 2월 11일에 스톡홀름에서 폐렴으로 죽다.

찾아보기

(용 어)

ㄱ ~ ㄴ

ㄷ ~ ㄹ

ㅁ ~ ㅂ

ㅅ ~ ㅇ

ㅈ ~ ㅊ

ㅌ ～ ㅎ

(인 명)

르네 데카르트 (René Descartes, 1596~1650)

1596년 투랜 지방(Touraine)의 투르 인근에 있는 소도시 라에(La Haye)의 법관 귀족 가문에서 태어난 프랑스의 대표적 수학자, 중·근세철학자이다. 데카르트 좌표계로 대표되는 해석기하학을 창시하여 근대 수학의 길을 열어 놓았고, 처음으로 방정식의 미지수에 x를 쓴 것으로 유명하다. 방법론적 회의를 거쳐 철학의 출발점이 되는 제일원리인 "나는 생각한다, 고로 나는 존재한다"(*Cogito ergo sum*)는 명제를 선언하여 근대 이성주의 철학의 정초를 닦아 근대철학의 아버지라고 불린다. 그의 기계적 우주관은 18세기 프랑스의 유물론에 많은 영향을 주었다.
주요 저서로 《철학의 원리》, 《방법서설》, 《성찰》, 《정념론》 등이 있다.

원 석 영

성균관대 철학과 3년 수료. 독일 괴팅겐대학에서 제1전공 철학, 제2전공 고전 라틴어로 학사 및 석사학위를, 같은 대학에서 제1전공 철학, 제1부전공 고전 라틴어, 제2부전공 사회학으로 박사학위를 취득하였다. 현재 성균관대, 한양대, 경희대 등에 출강하고 있다.
역서로는 데카르트의 《철학의 원리》와 《의식의 재발견》 등이 있고, 논문으로는 박사학위논문 "Das Problem des Skeptizismus bei Descartes und Locke"와 "홉스의 도덕철학과 유물론" 등이 있다.